컴퓨 ~ ~ 위한

소프트웨어 교육 방법

한선관 · 류미영 지음

생능출판

컴퓨팅 사고력을 위한
소프트웨어 교육 방법

1판 1쇄 인쇄 2018년 1월 9일
1판 1쇄 발행 2018년 1월 16일

지은이 | 한선관, 류미영
펴낸이 | 김승기
펴낸곳 | (주)생능출판사
등록 | 제406-2005-000002호(2005년 1월 21일)
주소 | 10881 경기도 파주시 광인사길 143
전화 | (031)955-0761
팩스 | (031)955-0768
홈페이지 | http://www.booksr.co.kr

책임편집 | 최일연
편집 | 신성민, 김민보, 손정희, 정하승
디자인 | 유준범
마케팅 | 최복락, 심수경, 차종필, 백수정, 최태웅, 김범용
인쇄 | 성광인쇄(주)
제본 | 은정문화사

ISBN 978-89-7050-932-7 93000
값 28,000원

새로운 패러다임의 소프트웨어 교육의 교수 · 학습 방법

교사의 전문성은 교과 지식보다 교과의 내용을 전달하는 방법에서 차이가 난다. 새롭고 중요하게 부각된 소프트웨어 교육, 즉 정보교육에서도 이 점은 다르지 않다. 아니 더 중요할지도 모른다. 신생 교과가 현장 교육에 빠르고 바르게 안착되기 위해서는 어떤 내용을 가르칠 것인가도 중요하지만 어떻게 가르칠 것인가에 더욱 큰 관심을 기울여야 한다.

정보기술이 다양한 교육 환경을 만들고 새로운 교육 방법의 가능성을 제시하기 때문에 정보기술을 소재로 하는 소프트웨어 교육의 수업 모형과 교수 · 학습 전략은 교사들에게 당연히 중요할 수밖에 없다. 따라서 현장의 초 · 중등 교사들에게 새로운 패러다임으로 소프트웨어 교육에 적용할 만한 교수 · 학습 방법을 소개하는 것은 매우 중요하다.

이 책의 저자들은 소프트웨어 교육에 대한 경험이 풍부한 연구자와 교사로 현장의 소프트웨어 교육에 활용도가 높은 교수 · 학습 아이디어를 어떻게 제공할지를 늘 고민하였다. 이미 학교 현장에서는 부분적이나마 창의컴퓨팅 수업 전략, 언플러그드 컴퓨팅 전략, 피지컬 컴퓨팅 전략, 플립 러닝 등의 소프트웨어 교육에 대한 다양한 관점의 교육 방법이 소개되어 수업에 적용되고 있다. 이에 이러한 교수 · 학습 전략을 새롭고 체계적으로 정리할 필요성을 느끼며 불철주야 의기투합하여 이 책에 고스란히 담았다.

이 책은 '소프트웨어 교육' 3부작으로 기획된 두 번째 책으로, 컴퓨터 과학에 대한 지식과 프로그래밍 기능 그리고 미래 사회의 가치와 태도에 관한 내용을 효과적으로 가르칠 수 있는 교육 방법을 제시하고 있다. 소프트웨어 교육의 전반적인 이해와 교육 내용을 알고 싶다면 이미 출간한 《소프트웨어 교육》(생능출판사)을 참고하기 바란다. 그리고 교사와 학생 모두가 프로그래밍의 아름다움을 발견하고, 문제 해결을 위한 컴퓨팅 사고(Computational Thinking)를 신장시키고자 할 경우에는 세 번째 책인 《소프트웨어 코딩 스킬》(생능출판사)을 권한다. 이 책을 통해서는 실제적인 코딩 기법의 창의적 아이디어와 사례를 발견할 수 있다.

이 책에서 제공하는 교수 · 학습 방법은 교사들이 수업 모형과 전략을 읽어 보거나 이해하는 수준에서 끝나는 것이 아니라, 소프트웨어 수업을 실제로 진행하면서 해당 내용에 맞는 모형과 전략들을 직접 적용해 보는 교사로서의 전문성을 신장할 수 있도록 하는 데에 있다. 또한 있는 그대로의 모형보다는 수정 보완하며 재구성하는 과정을 거쳐 교사 자신들만의 새로운 소프트웨어 교육 방법으로 재탄생하도록 하는 데에 있다.

이제 교육의 주체인 교사와 학부모, 학생 모두가 기존의 교육 방식만으로는 우리의 미래를 보장할 수 없다는 것과 기존 교육의 틀이 반드시 변해야 우리 모두가 산다는 인식을 새롭게 가져야 한다. 또한 새로운 교육 정책이 나올 때마다 전시 행정이나 금방 사라질 것이라는 편견을 가지고 바라보는 대신 새로운 교육 방법이 교육 변화의 트렌드를 주도할 것이고, 이 변화를 어떻게 받아들여 학생들의 성장에 도움을 줄 수 있을지 고민해야 할 때이다. 이때에 새로운 패러다임으로 소프트웨어 교육의 교수 · 학습 방법을 제시한 이 책의 출간은 매우 시의적절하다 할 것이다.

소프트웨어 교육에 관심 있는 교사들과 미래 사회를 지향하는 교육자들에게 이 책이 조금이나마 도움이 된다면 더할 나위 없이 기쁠 것이다. 또한 앞으로 독자 여러분의 따가운 질책과 조언 속에 계속 보완해 나갈 것을 약속드린다. 마지막으로, 이 책이 나오기까지 함께 강의를 하며 자료를 수집하고 교육 모형과 전략에 깊은 고민과 조언을 해 준 미래인재연구소 연구원들과 가족에게 감사를 드린다.

2017년 12월
저자들 씀

들어가며

교과명의 고찰

    소프트웨어 중심 사회로의 진입, 빅데이터와 사물인터넷 기술의 확산, 초연결 디지털 혁신 사회의 도래, 인공지능과 4차 산업혁명의 시대……

    컴퓨팅 기술의 중요성을 대변하는 이 용어들이 이제는 교육계는 물론이고 일반인에게도 낯설지 않은 시대에 살고 있다. 이와 더불어 미래의 직업 전문성뿐만이 아니라 교육의 혁신적인 변화를 주도하기 위한 테마로서 소프트웨어(정보) 교육이 초·중등 교육의 빅 이슈로 떠오르고 있다.

    전산 교육, 컴퓨터 교육, 정보통신기술 교육, 정보 교육으로 진화해 온 소프트웨어 교육은 초·중등 교육에 새로운 변화를 일으키며 교육계는 물론이고 국내·외의 모든 분야에서 변화를 주도하고 있다. 정보화 교육 분야에서 전 세계적으로 가장 적극적인 변화를 추진해 온 우리나라였지만 실질적이고 체계적인 교과로서의 정보 교과가 이전의 초·중등 교육에 안착하지는 못하였다. 기능 교과로서 그리고 활용 교과로서의 소프트웨어 교육의 특성을 벗어나지 못하면 탈출구가 없는 재귀반복문처럼 또다시 교육의 변두리에서 의미 없는 교과로 끝없이 전락할 수도 있다.

    미래를 바꾸는 가장 혁신적 기술로 정보기술과 소프트웨어 기술이 대세인 지금 교육에서도 직업의 미래와 인간 생존의 새로운 대안으로서 소프트웨어 교육이 매우 중요해지고 있다. 이러한 때 소프트웨어 교육이 본질적인 역할을 함으로써 정식 교과로서의 자리매김은 물론이고 기존 교과의 부족한 점들을 보충하며 교과 간 협업의 길을 열어 갈 수 있을 것이다.

디지털 기술로서의 소프트웨어 교육, 코딩(프로그래밍)으로서의 소프트웨어 교육, 컴퓨터 과학으로서의 소프트웨어 교육 등 다양한 관점에서의 소프트웨어 교육이 전개되고 있는 가운데 우리가 놓치지 말고 깊게 고민해야 할 부분이 있다. 교육의 본질이 인간다운 삶을 추구하는 데에 있다면 소프트웨어 교육은 산업 시대의 독립 교과의 형태로 전개되기보다는 창의적 문제 해결을 신장하는 사고력 중심의 융합 교과가 되어야 한다. 다시 말해, 삶의 질 향상을 추구하고, 타인과의 협력을 중시하며, 사회에의 적응과 기여를 통해 행복을 추구하는 것이라면 소프트웨어 교육의 목표도 달라야 한다. 이러한 목표에 따라 교육과정, 교육 내용, 교육 방법과 교육 평가의 전략도 다르게 접근해야 한다. 우선 고민할 것이 난무하는 교과명의 고찰부터 시작하여 이 책의 주요 내용인 교육 방법, 즉 수업 모형과 교수·학습 전략에 대해 함께 고찰해 보아야 할 것이다.

컴퓨터라는 단어를 들으면 처음 떠오르는 것을 상상해 보자. 또 컴퓨터를 한마디로 표현해 보자. 아마 문득 떠오르는 컴퓨터의 모습은 네모의 본체와 모니터 그리고 그 옆에 달라붙은 주변기기이거나 심지어 과거의 에니악과 같이 건물 크기의 컴퓨터일지도 모른다.

컴퓨터에 대한 이러한 선입견과 왜곡된 상상으로 인해 컴퓨터 교육은 지금까지 기계 교육이나 도구를 다루고 활용하는 교과로 인식이 되었다. 또한 스마트 기기, 사물인터넷 등의 기술 요인으로 기존의 컴퓨터 교육의 명칭은 정보사회와 컴퓨터, 컴퓨터 과학, 생활과 컴퓨터, 정보통신기술 등으로 명명되었다. 이제 이러한 오해를 없애고 교과의 본질적인 내용을 찾기 위한 정교한 교과명이 필요할 때이다.

우선 사소한 이야기 같지만 다른 교과명은 모두 두 자로 구성된 한자어이다. 다른 교과와 비교할 때 차별화된 컴퓨터 교과명은 기본 교과로서의 일관성을 나타내는 데 어려움을 주고 있다. 교과명이 두 자로 구성된 한자어의 경우 대개 그 교과에서 중요한 핵심 키워드로서 그 학문을 대표하고 있다. 예를 들면, 수학은 수를 다루는 학문이고, 국어는 언어를 다루는 학문이며, 미술은 시각적인 아름다움을 다루는 학문이고, 체육은 신체를 다루는 학문이다.

그렇다면 과연 컴퓨터 교과명은 무엇이 적절한가? 이 물음의 답은 결국 컴퓨터 교과가 핵심적으로 다루는 것이 무엇인가에 귀결된다. 그럼 컴퓨터 교과를 나타내는 교과명을 몇 개 선정하여 살펴보자. 다음 용어를 컴퓨터 교과명으로 선정했을 때 떠오르는 느낌은 어떠한가?

전자계산, 전산, 정보, 정보산업, 컴퓨터, 지식, 소프트웨어

2014년 소프트웨어 중심 사회 실현 정책에 의해 교과명이 '소프트웨어'로 불리었고, 이에 따른 교과명이 이미 우리에게 낯설지 않게 되었다. 2015 개정교육과정에서도 소프트웨어 교육으로 명명하고 있는데, 어찌된 일인지 아직까지 교과명이 '정보'로 쓰이고 있어 교과명의 혼란이 깊어지고 있다.

2009 교육과정에서 교과명을 '정보'라고 명명하였는데, 정보가 사회를 발전시키고 정보기술이 미래를 변화시키는 가장 큰 원동력으로 보고 교과명을 결정한 것이었다. 이는 기존의 다른 교과에서 다루고 있는 아날로그 정보를 뛰어넘어 디지털화된 정보를 다루기 위한 교과로서 디지털이라는 수식어를 생략하고 '정보'라는 핵심 키워드를 교과명으로 선정한 것이었다.

이러한 교과의 역사적 배경을 이해하고 우리는 교과명에 대해 다음과 같이 사용하고자 한다.

컴퓨터 교육 = 정보 교육 = 소프트웨어 교육

CONTENTS

차례

Part 1

소프트웨어 교육과 교육 방법

소프트웨어
교육의 이해

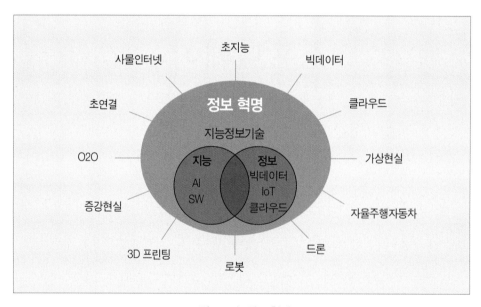

그림 1-1 │ 정보 혁명

소프트웨어 교육의 필요성

대량의 정보와 어디서든 접속이 가능한 초연결 환경, 그리고 초지능 시스템의 등장으로 정보 혁명의 시대가 펼쳐지고 있다. 정보가 넘쳐나는 지식 정보사회에서 디지털 정보를 다룰 수 있는 능력은 생존의 기술로서 누구나 갖추어야 할 핵심 역량으로 요구되고 있다.

문제 해결을 위해 주변에 축적된 많은 디지털 정보와 컴퓨팅 파워를 활용하는 역량을 신장하기 위해 교육에서도 새로운 시도와 변화를 추구하고 있다. 단연 소프트웨어 교육이 중요한 역할을 하고 있는데, 소프트웨어 교육의 필요성을 살펴보면 다음과 같다.

컴퓨팅 파워를 이용한 새로운 문제 해결력을 신장시켜야 한다

대량의 데이터가 다양하게 생산되는 사회에서의 문제들은 과거 사회에서 요구된 문제 해결력으로는 해결하기 어렵다. 따라서 인간이 처리하기 복잡한 문제의 해결, 고도의 자동화 시스템 설계, 인간 행동과 사고 과정을 컴퓨터 과학자의 눈으로 이해하는 컴퓨팅 사고력Computational Thinking, CT을 가르치는 교육이 중요하다.

아날로그 정보와 디지털 정보의 특성을 이해하고 변환할 수 있는 능력을 길러야 한다

생활 속에서 접하는 많은 아날로그 정보는 디지털화될 때 컴퓨팅 기기 안에서 매우 다양하게 응용되고 활용될 수 있다. 뿐만 아니라 문제 해결을 위해 디지털 정보를 아날로그 정보로 변환하여 활용해야 하는 경우도 많이 있다. 바로 정보의 수집, 가공, 공유 그리고 기초 정보의 특성을 이해하고 분석하는 능력은 매우 중요하다.

디지털 정보를 활용하는 방법에 대해 교육해야 한다

디지털 정보는 보통 컴퓨터를 이용하여 처리한다. 컴퓨터가 아날로그 정보를 디지털 정보로 처리하는 과정을 컴퓨터 알고리즘화라고 한다. 디지털 정보를 처리하기 위해서는 컴퓨터에게 컴퓨터가 처리하는 알고리즘에 맞추어 처리할 수 있도록 명령을 내려야 한다. 그 과정이 코딩, 즉 프로그래밍이다. 디지털 정보를 처리하기 위해서는 컴퓨터에게 명령을 입력해야 하는데, 그때의 명령은 컴퓨터 알고리즘에 따라야 한다. 이 알고리즘은 입력하는 정보의 특성과 입력 정보에서 얻고자 하는 결과 정보에 따라서 여러 가지로 분류한다. 디지털 정보를 처리하는 알고리즘의 근간은 이진 처리와 연산이므로 처리 절차의 특수성을 알고 있어야만 알고리즘을 이해할 수 있다. 이렇게 정보를 처리하는 컴퓨터에 대한 기본적인 이해를 바탕으로 디지털 정보 처리와 프로그래밍이라는 중요한 개념을 이해할 수 있게 된다.

생활 속 문제를 디지털화하여 효율적으로 처리하는 과정을 이해해야 한다

문제를 디지털화하기 위해서는 현실의 문제를 디지털 정보로 모델화하고 시뮬레이션할 수 있는 능력을 길러야 한다. 아날로그 정보를 원하는 형태의 디지털 정보로 변환하여 활용할 수 있을 때에 디지털 정보를 활용할 수 있는 기초 능력이 길러진다. 이러한 기초 역량은 컴퓨팅 사고가 기반이 되며, 코딩 또는 프로그래밍으로 쉽게 신장시킬 수 있다.

디지털 정보사회의 문제에 대해 고민하고 그 해결 방안을 이해할 수 있어야 한다

정보사회에서 나타나는 역기능으로는 대표적으로 저작권 침해, 디지털 중독, 개인정보 노출 등이 있다. 정보화 역기능의 문제는 항상 윤리적 이슈와 정보기술적인 소양 영역이 함께 고려되어야 한다. 윤리적인 교육과 정보기술에 대한 소양 교육이 함께 요구되는 부분이므로 분리하여 교육하기 어렵다.

소프트웨어 교육의 목적

　정보사회에서 디지털 정보처리 능력은 생활 속에서뿐만 아니라 모든 산업과 학문 분야에서도 요구된다. 이러한 필요성을 반영하여 2015 개정교육과정에서도 미래 사회가 요구하는 인재들의 역량 함량을 위해 인문학적 상상력과 과학기술 창조력을 갖춘 창의 융합형 인재 양성을 목표로 하고 있다. 이에 맞춰 소프트웨어 교육에서도 정보와 정보처리 기술을 올바르게 활용하고, 컴퓨팅 사고를 기반으로 다양한 문제를 창의적이고 효율적으로 해결하는 능력을 갖춘 인재 양성을 추구하고 있다.

그림 1-2 │ 소프트웨어 교육의 목적

소프트웨어 교육의 방향

　컴퓨팅 사고를 통한 문제 해결력 신장은 초·중등 교육에서 매우 중요하다. 미래 사회를 준비하는 교육으로서 소프트웨어 교육은 앞서 살펴보았던 소프트웨어 교육의 목적에 따라 추구하는 방향이 세 가지로 요약된다.

컴퓨팅 사고력

컴퓨터 과학의 기본 개념과 원리 및 컴퓨팅 시스템을 활용하여 실생활 및 다양한 학문 분야의 문제를 이해하고 창의적 해법을 구현하여 적용할 수 있는 능력을 말한다. 컴퓨팅 사고력의 요소는 다음과 같다.

그림 1-3 │ 컴퓨팅 사고력 요소

추상화 능력은 문제의 복잡성을 제거하기 위해 사용하는 능력으로 핵심 요소 추출, 문제 분해, 모델링, 분류, 일반화하는 역량을 갖도록 하는 것이다.

자동화는 추상화 과정을 통해 도출된 문제 해결 모델을 프로그래밍할 수 있는 능력으로 코딩을 통하여 학습할 수 있다.

창의 · 융합 능력은 추상화, 자동화 능력을 바탕으로 실생활 및 다양한 학문 분야의 문제를 이해하여 창의적으로 문제를 해결할 수 있는 능력을 말한다.

협력적 문제 해결력

협력적 문제 해결력은 네트워크 컴퓨팅 환경에 기반한 다양한 지식·학습 공동체에서 컴퓨팅 사고를 바탕으로 문제 해결 지식의 공유와 효율적인 의사소통, 협업을 통해 문제를 창의적으로 해결할 수 있는 능력이다.

그림 1-4 │ 협력적 문제 해결력 요소

정보문화 소양

정보문화 소양 능력은 정보사회의 가치를 이해하고 정보사회 구성원으로서 윤리 의식 및 시민 의식을 갖추고 정보기술을 활용하여 문제를 해결할 수 있는 능력이다. 이를 통해 미래 사회에서 요구되는 인재로서의 소양을 갖게 된다.

그림 1-5 │ 정보문화 소양 요소

소프트웨어
교육의 내용

초등학교 소프트웨어 교육 내용 체계

초등학교에서는 실과 교과 안에 '인간 발달과 가족', '가정생활과 안전', '자원 관리와 자립', '기술 시스템', '기술 활용'으로 5개 영역을 제시하였다. 그중 소프트웨어 교육은 '기술 시스템 영역'과 '기술 활용' 영역에서 실시가 된다. 2015 소프트웨어 교육 개정안에 따른 학교급별 내용 체계와 요소는 다음과 같다.

표 1-1 │ **초등학교 교육 영역에 따른 내용 체계**

영역	핵심 개념	내용(일반화된 지식)	내용 요소
기술 시스템	소통	통신 기술은 정보를 생산, 가공하여 다양한 수단과 장치를 통하여 송·수신하여 공유한다.	• 소프트웨어의 이해 • 절차적 알고리즘 • 프로그래밍 요소와 구조
기술 활용	혁신	문제 해결 과정에서의 발명과 기술 개발에서의 표준은 국가와 사회의 혁신과 발전에 기여한다.	• 발명과 문제 해결 • 개인 정보와 지식 재산 보호 • 로봇의 기능과 구조

중학교 소프트웨어 교육 내용 체계

중학교 정보 교과의 내용은 '정보문화', '자료와 정보', '문제 해결과 프로그래밍', '컴퓨팅 시스템' 영역으로 구분된다. '정보문화'와 '자료와 정보' 영역은 정보사회 구성원으로서 갖추어야 할 기본 소양을 증진하는 데 중점을 둔다. '문제 해결과 프로그래밍', '컴퓨팅 시스템' 영역은 컴퓨터 과학을 토대로 한 실생활 및 다양한 학문 분야의 문제 해결 능력을 신장하는 데 중점을 둔다.

정보 교과에서 추구하는 교과 역량은 '정보문화 소양', '컴퓨팅 사고력', '협력적 문제 해결력'으로 역량별 의미와 하위 요소는 다음과 같다.

'정보문화 소양'은 정보사회의 가치를 이해하고 정보사회 구성원으로서 윤리 의식과 시민 의식을 갖추고 정보기술을 활용하여 문제를 해결할 수 있는 능력을 말한다. '정보문화 소양'은 '정보윤리 의식', '정보보호 능력', '정보기술 활용 능력'을 포함한다.

'컴퓨팅 사고력'은 컴퓨터 과학의 기본 개념과 원리 및 컴퓨팅 시스템을 활용하여 실생활과 다양한 학문 분야의 문제를 이해하고 창의적으로 해법을 구현하여 적용할 수 있는 능력을 말한다. '컴퓨팅 사고력'은 '추상화abstraction 능력'과 프로그래밍으로 대표되는 '자동화automation 능력', '창의ㆍ융합 능력convergence'을 포함한다. 추상화는 문제의 복잡성을 제거하기 위해 사용하는 기법으로 핵심 요소 추출, 문제 분해, 모델링, 분류, 일반화 등의 방법으로 이루어진다. 추상화 과정을 통해 도출된 문제 해결 모델은 프로그래밍을 통해 자동화된다.

'협력적 문제 해결력'은 네트워크 컴퓨팅 환경에 기반한 다양한 지식ㆍ학습 공동체에서 공유와 효율적인 의사소통, 협업을 통해 문제를 창의적으로 해결할 수 있는 능력을 말한다. '협력적 문제 해결력'은 '협력적 컴퓨팅 사고력', '디지털 의사소통 능력', '공유와 협업 능력'을 포함한다.

중학교 '정보'는 초등학교 5~6학년군 '실과'에서 이수한 소프트웨어 기초 소양 교육을 바탕으로 이수하며, 고등학교의 일반 선택 과목인 '정보' 및 과학계열 전문 교과 Ⅰ 과목인 '정보과학'의 선수 과목으로서의 연계성을 갖는다.

표 1-2 │ 중학교 교육 영역에 따른 내용 체계

영역	핵심 개념	내용(일반화된 지식)	내용 요소	기능
정보 문화	정보 사회	정보사회는 정보의 생산과 활용이 중심이 되는 사회이며, 정보와 관련된 새로운 직업이 등장하고 있다.	• 정보사회의 특성과 진로	탐색하기 분석하기 실천하기 계획하기
	정보 윤리	정보윤리는 정보사회에서 구성원이 지켜야 하는 올바른 가치관과 행동 양식이다.	• 개인 정보와 저작권 보호 • 사이버 윤리	
자료와 정보	자료와 정보의 표현	숫자, 문자, 그림, 소리 등 아날로그 자료는 디지털로 변환되어 컴퓨터 내부에서 처리된다.	• 자료의 유형과 디지털 표현	분석하기 표현하기 수집하기 관리하기
	자료와 정보의 분석	문제 해결을 위해 필요한 자료와 정보의 수집 및 분석은 검색, 분류, 처리, 구조화 등의 방법으로 이루어진다.	• 자료의 수집 • 정보의 구조화	
문제 해결과 프로그래밍	추상화	추상화는 문제를 이해하고 분석하여 문제 해결을 위해 불필요한 요소를 제거하거나 작은 문제로 나누는 과정이다.	• 문제 이해 • 핵심 요소 추출	비교하기 분석하기 핵심 요소추출하기 표현하기 프로그래밍하기 구현하기 협력하기
	알고 리즘	알고리즘은 문제 해결을 위한 효율적인 방법과 절차이다.	• 알고리즘 이해 • 알고리즘 표현	
	프로 그래밍	프로그래밍은 문제의 해결책을 프로그래밍 언어로 구현하여 자동화하는 과정이다.	• 입력과 출력 • 변수와 연산 • 제어 구조 • 프로그래밍 응용	
컴퓨팅 시스템	컴퓨팅 시스템의 동작 원리	다양한 하드웨어와 소프트웨어가 유기적으로 결합된 컴퓨팅 시스템은 외부로부터 자료를 입력받아 효율적으로 처리하여 출력한다.	• 컴퓨팅 기기의 구성과 동작 원리	분석하기 설계하기 프로그래밍하기 구현하기 협력하기
	피지컬 컴퓨팅	마이크로컨트롤러와 다양한 입·출력 장치로 피지컬 컴퓨팅 시스템을 구성하고 프로그래밍을 통해 제어한다.	• 센서 기반 프로그램 구현	

고등학교 소프트웨어 교육 내용 체계

고등학교 정보 과목의 내용 영역과 추구하는 역량은 중학교와 동일하다. 고등학교 '정보'는 중학교에서 이수한 '정보' 교과 교육을 바탕으로 이수하며, 과학계열 전문 교과 I 과목인 '정보과학'의 선수 과목으로서의 연계성을 갖는다.

표 1-3 | 고등학교 교육 영역에 따른 내용 체계

영역	핵심 개념	내용(일반화된 지식)	내용 요소	기능
정보 문화	정보 사회	정보사회는 정보의 생산과 활용이 중심이 되는 사회이며, 정보와 관련된 새로운 직업이 등장하고 있다.	• 정보과학과 진로	탐색하기 평가하기 실천하기 계획하기
	정보 윤리	정보윤리는 정보사회에서 구성원이 지켜야 하는 올바른 가치관과 행동 양식이다.	• 정보보호와 보안 • 저작권 활용 • 사이버 윤리	
자료와 정보	자료와 정보의 표현	숫자, 문자, 그림, 소리 등 아날로그 자료는 디지털로 변환되어 컴퓨터 내부에서 처리된다.	• 효율적인 디지털 표현	분석하기 선택하기 수집하기 관리하기 협력하기
	자료와 정보의 분석	문제 해결을 위해 필요한 자료와 정보의 수집 및 분석은 검색, 분류, 처리, 구조화 등의 방법으로 이루어진다.	• 자료의 분석 • 정보의 관리	
문제 해결과 프로그래밍	추상화	추상화는 문제를 이해하고 분석하여 문제 해결을 위해 불필요한 요소를 제거하거나 작은 문제로 나누는 과정이다.	• 문제 분석 • 문제 분해와 모델링	비교하기 분석하기 핵심요소추출하기 분해하기 설계하기 표현하기 프로그래밍하기 구현하기 협력하기
	알고리즘	다양한 제어 구조를 이용하여 알고리즘을 설계하고, 수행 시간의 관점에서 알고리즘을 분석한다.	• 알고리즘 설계 • 알고리즘 분석	
	프로그래밍	프로그래밍은 문제의 해결책을 프로그래밍 언어로 구현하여 자동화하는 과정이다.	• 변수와 자료형 • 연산자 • 표준 입출력과 파일 입출력 • 중첩 제어 구조 • 배열 • 함수 • 프로그래밍 응용	

소프트웨어 교육에서 다루고 있는 컴퓨터 과학 내용은 컴퓨터의 지식이나 기능은 물론이고, 사회와 인간, 삶의 모델링을 통해 다양한 지식과 기능, 가치와 태도를 포함하고 있다. 컴퓨터 과학의 내용을 자세히 분석하면 실생활과 연계할 수 있는 아이디어를 설계할 수 있다. 다음은 컴퓨터 과학 내용을 실생활의 사례와 연관 지어 교육 관점과 방향을 제시한 경우이다.

컴퓨터 과학 내용	소프트웨어 교육에서의 교육 관점 및 방향
컴퓨터 구조	인간과의 비교, 과학적 원리 발견, 하드웨어에 포함된 기술 공학
운영체제	사회의 지원 체제, 시·군 행정 시스템 이해, 국가 운영 시스템
자료구조	자료의 표현, 디지털 처리와 변환 기술, 자료의 효율적 구성과 정렬
데이터베이스	정보의 구조화, 정보의 활용, 지식 시스템, 빅데이터
네트워크	의사소통, 가상공간, 미래 사회 현상 이해, SNS, 사회 관계, 클라우드
인공지능	인간의 탐구, 지식과 지능, 미래 사회 탐구, 지능과 학습, 자동화
HCI	멀티미디어 처리와 시각화, 설계와 모델링, 인간과 기계의 소통
프로그래밍	문제 해결, 오토마타, 인간 언어 이해, 절차적 처리, 자동화, 기계언어
알고리즘	사고력, 최적화, 논리력 향상, 사고의 구조화, 시스템 사고
이산수학	수학적 사고력, 디지털화, 이산 처리, 이진수
소프트웨어 공학	경제적 활용, 효율화, 모델링과 시뮬레이션, 소프트웨어 산업, SW 융합
보안	정보보호, 윤리, 사회적 이슈, 역기능

소프트웨어
교육 방법의 필요성

　교수와 학습, 즉 가르침과 배움이란 무엇이고 어떻게 일어나는가에 대한 질문과 대답은 많은 학자들로부터 논의되어 왔다. 행동주의, 인지주의, 구성주의 교육 사조로 이어지는 교육계의 화두에 맞추어 다양한 학자들이 가르침과 배움에 대해 논의하였지만, 학교 교육은 학생들이 배움을 스스로 조직하지 못하고 미래를 살아가는 지식을 구성하는 데 미흡한 듯하다. 우리 주변의 교실에서 학생들에게 일방적인 전달식 교육으로 진행하는 수업 장면이 아직도 낯설지 않다는 데 많은 교사들이 동의한다.

　김상홍은 2016년 교수·학습 방법에 대한 조사 결과를 발표하였다. 그에 따르면 초·중등 교사 250여 명에게 SNS를 활용하여 교수법에 대해 설문을 한 결과 약 84% 이상이 강의법 또는 직접교수법이었고, 다음으로 협동 학습이 13%를 차지하였다. 이와 같이 현재 우리 주변의 교사들은 여전히 교실에서 칠판이나 컴퓨터 화면을 통해 강의 내용을 학생들에게 전달하고, 학생들은 그 강의 내용을 공책에 정리하며 조용히 수업을 받고 있다. 주변의 교실에서 익숙하게 볼 수 있는 수업 풍경인 것이다. 많은 교사들이 학생들 개개인이 수업 내용을 이해하고 있는지 자세히 파악하지 못한 채 수업을 진행하고 과제를 내준 뒤, 다음 수업을 위해 서둘러 마무리하는 수업을 하고 있는 것이다. 이러한 수업 속에서는 학생들의 자기 조직화된 배움은 일어나지 않는다.

그렇다면 현재 소프트웨어 교육의 현장은 어떠할까? 교사들이 소프트웨어 교육의 목표와 철학의 깊은 사유 없이 교육 정책 기관에서 전달한 교육과정과 지식을 학생들에게 그대로 전달하고 있지는 않을까? 교사가 개념과 절차를 전달하고 학생들은 그 내용을 암기하고 코딩의 방법 등을 그대로 따라하며 진행하는 수업이라면 컴퓨팅 사고를 통한 문제 해결력이나 창의력을 키우기 어렵다. 그렇다면 소프트웨어 교육은 어떻게 해야 할까? 혹 좋은 수업 방법이 따로 있을 것이라 생각하는가?

오늘날 요구되는 바람직한 수업에 대하여 2005년 제멜만Steve Zemelman과 하이드Arthur Hyde는 다음과 같이 강조하였다.

- 경험적 · 귀납적 · 체험적 학습을 강조하는 수업
- 학생들의 적극적이고 능동적인 학습을 강조하는 수업
- 교사가 지도하고 실행하고 모델이 되는 등 다양한 역할을 수행하는 수업
- 고차적인 사고와 학문의 핵심 개념 및 원리의 학습을 강조하는 수업
- 학생들이 중요한 주제를 깊이 있게 연구하고 탐구 방법을 내면화할 수 있는 수업
- 학생들의 자기 학습에 대한 책임을 강조하는 수업
- 교과서, 팀 파트너, 연구 주제 등 학생들의 선택을 허용하는 수업
- 학생들 간의 협동적인 활동을 격려하는 수업

또한 그들은 바람직하지 않은 수업에 대해 다음과 같이 지적하였다.

- 교사가 모든 것을 주도적으로 진행하는 교실 수업
- 학생들이 앉아서 듣고 정보를 받아들이고 수동적으로 참여하는 수업
- 교사가 학생들에게 지식을 직접 전달하는 수업
- 교실에서 조용한 학생을 칭찬하고 보상하는 수업
- 학생들이 앉아서 필기하는 데 대부분의 시간을 소비하는 수업
- 교사가 모든 교과를 포괄하면서 단지 피상적인 수준에서 가르치는 수업
- 사실의 암기에 중점을 두는 수업
- 경쟁과 성적을 중시하는 수업

바람직한 수업과 바람직하지 않은 수업의 특징을 종합하면 결국 좋은 수업이란 교사의 교육 방법에 대한 전문적인 지식과 교수 역량 그리고 그에 대한 철학에서 나온다는 것을 알 수 있다. 좋은 수업을 위한 교육의 방법은 앞의 학자들이 지적했듯이 새로운 것이 아니다. 행동주의, 인지주의, 구성주의 교육 사조로 발전하면서 강조되었던, 우리가 이미 알고 있는 수업 방법들이다. 이제야말로 천편일률적인 교사 중심의 강의법, 직접교수법에서 벗어나 학생 중심의 발견 탐구 학습, 문제 해결 학습, 창의성 학습, 협동 학습, 토론 학습, 프로젝트 학습 등 우리가 익히 알고 있는 수업 방법의 의의와 절차 그리고 세부적인 전략에 대해 다시 한 번 깊이 고민하고 실천해야 할 때이다.

소프트웨어
교육 방법의 이해

소프트웨어 교육을 위한 효과적인 수업 모형들이 다양하게 연구되어 개발되고 있다. 교육 현장의 교사들은 교수 · 학습 모형model보다는 교수 · 학습 전략strategy과 수업 아이디어skill를 중심으로 한 실제 적용 가능한 교육 방법을 더 선호하고 있다.

수업 모형의 설계 목적대로 수업을 하는 수업 전략은 수업 계획의 한 부분으로 사전에 결정되고, 교사가 의도적으로 취하는 방식이다. 수업 모형은 단위 시간에 주어진 학습 목표를 달성하기 위해 논리적 단계로 잘 구성한 수업의 흐름이고, 수업 전략은 수업 목표를 달성하기 위한 모든 수단이며, 기법skill은 교사들이 수업을 운영해 나가는 개인적인 기술을 의미한다.

수업 모형과 수업 전략은 수업 목표, 학습 내용과 학생의 규모에 따라 선택할 수 있다. 수업 모형은 기존의 교과에서 사용되는 교수 · 학습 모형을 변형하여 적용할 수 있으며, 각 모형 안에서 컴퓨터 과학을 기반으로 한 교수 · 학습 전략의 적절한 활용으로 정보 교육의 효과와 컴퓨팅 사고를 신장시킬 수 있다.

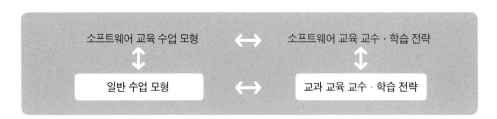

그림 2-1 | 소프트웨어 교육 방법

소프트웨어 교육의
수업 모형

일반 수업 모형을 적용한 소프트웨어 교육의 수업 모형

　다른 교과에 비해 신생 교과인 정보 교과의 교수·학습 모형의 개발에 대한 연구가 활발하게 진행되고 있고, 교과로서의 틀을 갖춘 짧은 기간에도 불구하고 다양한 시도가 이루어지고 있다. 그러나 대부분의 교과가 그렇듯이 자체 교과의 고유한 교수·학습 모형을 개발하기란 매우 어려우며, 개발할지라도 모형보다는 전략이 대부분이다. 정보 교과에서도 기존 교육에서 사용해 오던 교수·학습 모형을 토대로 적절하게 수정하여 내용을 더 발전시키는 방법이 효과적이라 하겠다. 소프트웨어 교육을 위한 대표적인 교수·학습 모형을 살펴보면 다음과 같다. 이 모형들의 구체적인 내용은 다음 장에서 기술한다.

표 2-1 ｜ 소프트웨어 교육의 수업 모형의 예

수업 모형	
• 직접교수 모형	• 창의성계발 모형
• 선행조직자 모형	• 팀티칭 모형
• 개념형성 모형	• 전문가협력학습 모형
• 발견·탐구학습 모형	• 토론 모형
• 문제해결 모형	• 프로젝트 모형

디지털 정보처리 수업 모형

　디지털 정보처리 수업 모형은 2000년 초·중등학교 정보기술ICT 교육 운영 지침과

2005년 개정된 초·중등학교 정보기술 교육 운영 지침에 제시된 ICT 소양 교육과 ICT 활용 교육에서 그 원형을 빌려 수정하고 보완한 수업 모형이다. 이것은 앞서 제시된 일반적인 교수·학습 모형 중 일부분을 변형한 모형이기도 하다.

디지털 정보처리 수업 모형은 정보기능 모형과 정보사고 모형으로 구분할 수 있다.

표 2-2 ｜ 디지털 정보처리 수업 모형의 예

정보기능 모형	정보사고 모형
• 정보접근 모형 • 정보관리 모형 • 정보공유 모형 • 정보검색 모형 • 정보가공 모형 • 정보생성 모형	• 정보인식 모형 • 정보교류 모형 • 정보통합 모형 • 정보평가 모형 • 정보종합 모형 • 정보윤리 모형

정보기능 모형은 컴퓨터 과학적인 지식을 바탕으로 정보처리 기술에 대한 기능적인 활용 능력을 신장시키기 위한 내용으로 구성되며, 정보사고 모형은 정보기술의 지식과 기능 그리고 태도를 함양하는 과정을 통해 고도의 사고력을 계발하도록 도와주는 소양 모형이다. 컴퓨팅 사고CT는 정보기능 모형의 활용 능력과 정보사고 모형의 소양 능력의 연계를 통하여 창의적인 문제 해결 능력을 신장시킬 수 있다. 따라서 이 두 가지 모형은 서로 분리하여 학습하는 것보다 함께 교육과정에 반영하여 학습하는 것이 바람직하다.

디지털 정보처리 수업 모형은 소프트웨어 교육 관점에서의 교과서에서는 보통 직접적으로 다루지는 않는다. 하지만 현재의 소프트웨어 교육이 소프트웨어의 개발과 코딩 기능 신장에만 치우치지 않도록 컴퓨터 과학의 지식과 디지털 정보처리 활용 능력도 균형 있게 다루어야 한다. 그러기 위하여 다양한 수업 모형과 교수·학습 전략에 이러한 내용을 적절히 녹여 제시하여야 한다. 이 점은 소프트웨어 교육 방법을 실제 교육 현장에서 적용하는 교사와 교육 전문가들도 교수·학습 설계 시 고려해야 한다.

과거 정보교육, 즉 소프트웨어 교육의 정책을 살펴보면 정책의 주요 이슈에 따라 정보소양 중심의 교육과 활용 중심의 교육이 주기적으로 번갈아가면서 진행되어 왔다. 소프트웨어 교육 정책의 바람직한 적용 방향은 소양과 활용 역량이 고르게 신장되도록 두 영역을 균형감 있게 다루는 것이다.

소프트웨어 교육의 교수·학습 전략

소프트웨어 교육의 교수·학습 전략의 개요

소프트웨어 교육의 교육 내용과 수업 목표에 도달하기 위해 일반 수업 모형의 큰 틀을 잡고 세부적으로 교수·학습 전략을 구성할 수 있다. 교수·학습 전략은 일반 교과 교육에서 사용되는 교육 방법론과 교육 철학 그리고 인지과학을 중심으로 개발된다. 소프트웨어 교육을 위한 교수·학습 전략은 컴퓨터 과학이 가지고 있는 고유한 특성과 원리, 법칙 등을 적용하여 개발할 수 있다. 왜냐하면 컴퓨터 과학 자체가 인간과 사회·과학 현상을 시뮬레이션하거나 모델링한 학문이기 때문이다. 또한 코딩과 같은 핵심적인 기능을 신장시키기 위한 전략으로 컴퓨터 과학자 또는 프로그래머가 사용하고 있는 사고력과 구현 방법을 교수·학습 전략으로 개발할 수 있다. 교수·학습 전략을 개발하는 방법과 교수·학습 전략의 유형은 다음과 같다.

소프트웨어 교육의 교수·학습 전략을 개발하는 방법

- 컴퓨터 과학의 개념을 그대로 활용하여 개발하는 방법
- 컴퓨터와 네트워크의 속성을 이용하여 개발하는 방법
- 소프트웨어 공학적인 방법으로 개발하는 방법
- 절차적 사고와 알고리즘을 적용하여 개발하는 방법

소프트웨어 교육의 교수·학습 전략의 유형

- 컴퓨팅 사고 기능 신장을 위한 교수·학습 전략 : DMM 전략, UMC 전략, DDD 전략, NDIS 전략, DPAA(P) 전략 등
- 정보에 대한 사용자의 인지 기반 교수·학습 전략 : 디지로그 교수·학습 전략, 정보보호 교수·학습 전략, 디지털 소통 교수·학습 전략 등
- 컴퓨터 과학 원리 기반 교수·학습 전략 : 알고리즘 교수·학습 전략, 객체지향 교수·학습 전략, 제약 기반 교수·학습 전략, 사례 기반 교수·학습 전략, 프로그래밍 교수·학습 전략 등
- 정보기술 환경 기반 교수·학습 전략 : e-러닝 교수·학습 전략, u-러닝 교수·학습 전략, 스마트 교수·학습 전략, 디지털 교과서 교수·학습 전략, 온-오프라인 플립러닝 전략 등
  (이 전략들은 소프트웨어 교육의 활용 영역이므로 이 책에서는 다루지 않는다.)

소프트웨어 교육의 교수·학습 전략 개발의 실제

다음은 소프트웨어 교육의 교수·학습 전략의 실제 사례이다. 컴퓨터 과학에서 사용되는 과학적 원리와 개념들을 추출한 뒤 수정하고 보완하여 전략화한 것이다.

- 알고리즘 교수·학습 전략 : 최적화 모형, 사고력 신장을 위한 문제해결 모형에서의 해결 전략 평가, 결과의 피드백, 문제 해결 과정의 최적화 판단 단계가 가장 중요하게 여겨질 수 있다.

- 제약 기반 교수·학습 전략 : 문제해결 모형을 변형한 단계별 문제 해결 학습 모형의 교수·학습 전략이다. 주어진 복잡한 문제를 해결하기 위하여 단계별로 제시된 제약을 해결해 나가면서 점진적으로 커다란 문제를 해결하도록 한다. 현실의 문제처럼 다양한 제약을 만족시키는 해를 도출하도록 수업을 진행하면서 수준별 학습 등을 제공할 수 있다.

- 사례기반 교수·학습 전략 : 사례 기반 추론 전략 또는 추론을 통한 사례 기반 학습 전략을 적용한 교수·학습 전략이다. 이전에 해결된 유사한 문제 사례를 통하여 주어진 문제의 개념을 이해하고 해결 과정을 추론하여 문제를 해결하도록 한다.

- 소프트웨어 공학 교수·학습 전략 : 소프트웨어를 개발하기 위한 공학적인 방법을 교육에 적용한 교수·학습 전략이다. 소프트웨어 개발 모형 중 폭포수 모형, 나선형 모형처럼 설계(디자인) 능력과 모델링(추상화) 능력, 디버깅 능력을 향상시키기 위해 적용할 수 있다.

- 객체지향 교수·학습 전략 : 문제를 해결해 나가는 요소를 객체로 구성하고 그에 따른 변숫값과 처리 함수를 정의하여 구현함으로써 자연과 사회의 관계 및 그 안에 포함된 개념들을 프레임frame 지식 구조로 이해하는 전략이다.

- 정보보호 교수·학습 전략 : 정보윤리에 정보소양 기술을 통합하여 적극적인 방법으로 정보를 보호할 수 있는 능력과 그것에 대한 윤리적 태도를 내면화시키는 통합적 교수·학습 전략이다.

이 책에서 다루고 있지는 않지만 컴퓨터 과학에서 다루고 있는 개념과 원리를 적용하여 다음과 같은 교수 · 학습 전략도 개발할 수 있다.

- 온라인 세미나 교수 · 학습 전략 : 학습자가 아이디어를 제시하고 연구하여 개발한 내용을 사이버 공간에서 제안하고 공유하며 그 문제의 해결 전략을 상호 평가하고 새로운 방법을 함께 발견하는 온라인 프로젝트 교수 · 학습 전략이다.
- 지식 표현 교수 · 학습 전략 : 인공지능의 지식 표현 방법을 적용한 전략으로 선언적 지식과 절차적 지식의 표현과 가공을 통해 그 특징과 차이를 이해하고 개념을 형성할 수 있다. 예를 들면, 전문가 시스템의 규칙을 구축 과정을 통해 마인드 툴 mindtool로서의 학습을 제공할 수 있다.
- 신경망 교수 · 학습 전략 : 계열화된 수업을 위해 마련된 전략으로 절차적으로 수업하는 과정에서 학습되어야 할 결과를 전달하며 다른 학습에 전이되도록 도와주는 교수 · 학습 전략이다.
- e−러닝, u−러닝, s−러닝, 플립러닝 : 자기 주도적 학습을 하도록 지원하는 모형으로 사이버 가정 학습 내에서의 새로운 교육과 무크mooc 시스템에서 운영되는 수업 전략이다.

이처럼 제시된 교수 · 학습 전략은 다양한 전략들 중 하나이며 더 많은 전략들을 적용하여 개발할 수 있다. 즉, 교육 철학과 교육 원리 그리고 교육 사회학, 교육 심리학적 측면을 심도 있게 적용하면 소프트웨어 교육에 적합한 모형 또는 전략들을 다양하게 구성할 수 있다.

한편, 소프트웨어 교육을 위해 개발한 앞의 수업 모형과 교수 · 학습 전략을 자세히 분석해 보면 기존 교수 · 학습 모형이나 전략과 유사한 점을 발견할 수 있다. 새롭게 등장한 모형과 전략들이 어떤 모형을 근간으로 수정, 변형되어 발전되었는지 살펴보면 소프트웨어 교육을 보다 효율적으로 가르칠 수 있는 방법을 모색할 수 있다.

Chapter 03

소프트웨어 교육을 위한
교수 설계

소프트웨어 교육을 위한
교수 설계의 이해

　　교수 설계는 최적의 수업 과정을 디자인하는 것으로 교수의 과정을 이해하고 학습자의 요구와 교수 목표를 분석해야 한다. 수업 관련 변인과 학습 요소를 체계적systematic 또는 체제적systemic으로 조직하여 운영하고, 그 처방을 위한 교수 계획을 수립하는 과정이라고 볼 수 있다.

　　교수 설계는 체계적 접근과 체제적 접근 방식으로 나뉜다. 체계적 접근은 선형 구조를 가지며 단계적, 순차적으로 전개되고 선순환을 거쳐 심화, 발전한다. 체제적 접근은 비선형적인 구조를 가지며 비순차적, 단계별 역동성, 상호작용적인 접근을 한다. 두 가지 접근 방식은 그림 3-1과 같다.

　　20세기 포스트모더니즘의 영향으로 과거 절대적 진리를 추구하는 객관주의를 중심으로 하는 행동주의와 인지주의 학습 이론이 상대적 진리와 주관주의를 중심으로 하는 구성주의 학습으로 변화하였다. 학습은 교사에 의해 일방적으로 지식이 전달되어 주입되는 것이 아니라 학습자 내부에서 구성된다는 인식의 전환으로 교수 · 학습 설계에 큰 영향을 미쳤다.

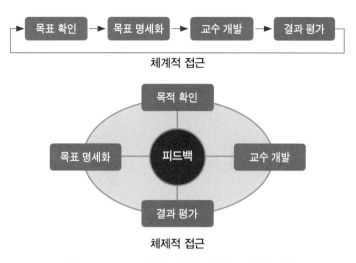

그림 3-1 │ 교수 설계의 체계적 접근과 체제적 접근

 **참고**하기

- 인지적 구성주의(cognitive constructivism, 피아제) : 인간의 경험과 지식의 변화는 뇌의 인지 구조의 변화로 매칭된다고 생각하고, 학습을 인지 구조의 재구성이라고 보는 이론이다.
- 사회적 구성주의(social constructivism, 비고츠키) : 인간의 사회적 현상이나 의식이 사회 속에서 인간과 다른 인간의 상호작용에 의해 형성된다고 보는 이론이다.
- 조작적 구성주의(operational constructivism, 페퍼트) : 제대로 된 학습은 교사가 잘 가르칠 수 있는 방법을 찾는 것이 아니고, 학습자 내면의 지식을 잘 구성하도록 기회를 제공하기 위해 실생활의 구체적인 사물을 직접 조작하게 하고 만드는 과정을 통해 학습이 이루어진다는 이론이다.
- 분산 구성주의(distributed constructivism, 레즈닉) : 페퍼트의 로고 프로그램을 스크래치로 확장한 것으로, 인터넷의 사이버 공간을 통하여 학습자들이 서로의 지식을 공유하며 새로운 지식을 구축해 가는 과정을 통해 학습이 이루어진다는 이론으로 대표적으로 스크래치 사이트(http://scratch.mit.edu)에서 확인할 수 있다.

분산 구성주의 사이트(스크래치)의 예

소프트웨어 교육에서 학습의 성취는 학습 동기와 밀접한 관계를 가지고 있다. 켈러 John Keller의 동기 설계 이론에 의하면 네 가지 요건, 즉 ARCS를 충족시키도록 수업을 설계하면 효과적인 수업 목표를 달성할 수 있다.

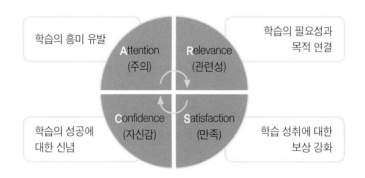

그림 3-2 │ 켈러의 동기 설계 이론

출처 : https://www.arcsmodel.com

교수 설계의 관련 모형에는 다음과 같이 크게 네 가지가 있다.

그림 3-3 │ 교수 설계 관련 모형

SMCR 모형은 메시지를 창출하는 대상(송신자Source), 내용을 전달하는 기호 체계(언어 수신호 등의 동작Message), 메시지를 전달하는 도구(채널Channel), 메시지를 전달받는 대상(수신자Receiver)으로 구성된 커뮤니케이션 모형이다.

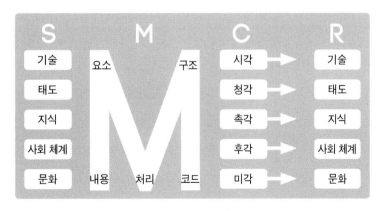

그림 3-4 │ SMCR 모형

출처 : https://racheluclan.wordpress.com/2011/11/22/smcr-communucation-model

ADDIE 모형은 소프트웨어 공학에서 다루는 소프트웨어 개발 절차 모형 중 하나와 일치한다. 교수 설계는 5단계로 진행하며 소프트웨어 교육의 특성을 고려하여 효과적으로 변형하여 수업에 적용할 수 있다.

그림 3-5 │ ADDIE 모형

우선 요구 분석 단계에서 학습자의 수준 및 교수 학습의 환경을 파악해야 한다. 학습자의 선행 수업 현황과 지식 수준을 분석하고 교육 환경을 고려한다. 설계 부분에서는 소프트웨어 교육 내용의 세부 영역을 선정하고 전체적인 수업의 체제와 흐름, 선·후속 차시의 학습 내용을 설계한다. 그리고 수업 내용에 적합한 교수·학습 모형을 선정하고 교수·학습 전략을 선정한다. 교수·학습 모형과 전략에 적합한 교수·학습 과정안을 개발하고 수업에 사용될 교육 자료 및 교구를 수집하여 개발한다. 단계에 맞는 수업을 통해 효과적으로 수업하며 평가를 실시한다. 그 결과를 토대로 피드백한다.

Dick & Carey 모형은 교수 설계 모형 중 가장 대표적인 모형으로 교수 설계 및 수업 개발의 전 과정을 체계적으로 제시한다. 이 모형은 다음과 같이 9단계의 절차를 거친다.

- 단계 1 : 수업 목표 확인
- 단계 2 : 수업 분석 수행
- 단계 3 : 도입 행동 및 학습자 특성 확인
- 단계 4 : 수행 목표 진술

- 단계 5 : 평가 기준과 도구 개발
- 단계 6 : 수업 전략 개발
- 단계 7 : 수업 자료 선정 및 개발
- 단계 8 : 형성 평가 설계 및 개발
- 단계 9 : 총괄 평가 설계 및 개발

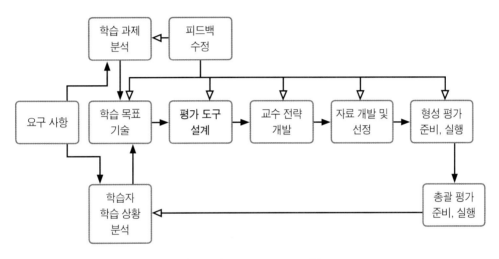

그림 3–6 │ Dick & Carey 모형

출처 : http://www.instructionaldesign.org/models/dick_carey_model.html

Kemp 모형은 ADDIE 모형과 Dick & Carey 모형과는 달리 교수 설계 및 개발을 실행의 서열화된 절차와 관계없이 유동적으로 수행되도록 개발된 모형으로 교수 · 전략 설정 작업을 상세화하여 구성한다.

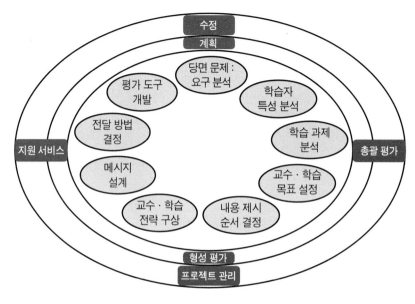

그림 3-7 │ Kemp 모형

출처: http://educationaltechnology.net/kemp-design-model

    교수 설계는 한 차시의 미시적 수업 설계와 한 개의 단원 또는 그 이상의 수업 내용
을 포함하는 거시적 수업 설계로 나뉜다. 한 차시의 수업 전략은 수업 모형의 적용 또는
교수·학습 전략을 적용하여 미시적인 수업을 설계할 수 있다. 여러 차시로 구성되거나
한 개 이상의 단원으로 구성된 거시적 수업 설계의 예를 살펴보면 표 3-1과 같다. 표에
서 가로 영역은 한 주제에 대한 단원의 적절한 수업 모형을 단계별로 제시한 것이고, 세
로 영역은 한 차시에 대한 단계의 적절한 수업 모형을 제시한 것이다. 각 단계별로 제시
된 수업 모형의 적합성은 일반적이므로 수업 내용에 따라 다르게 설계할 수 있다.

표 3-1 | 수업의 단계에 따른 수업 모형 적용 설계의 예시

차시 단계	도입 차시	전개 차시	발전 차시	정리 차시
단원 전개	수업 인식, 기초 개념 및 사례	개념, 지식, 기능 확장	응용, 일반화, 내면화	정리, 평가
수업 모형	직접교수 선행조직자 개념형성 발견학습	직소학습 탐구학습 팀티칭	문제해결 창의성계발	토론학습

교수 · 학습 주체에 따른 소프트웨어 교육 수업 모형의 분류

소프트웨어 교육을 위한 교수 설계에서 수업의 내용에 적합한 교수 · 학습 모형을 선택하기 위해서는 수업 모형의 특징을 이해하고 그 수업의 활동 주체가 교사 주도인지 학생 주도인지를 알아야 한다. 또한 학습 환경의 제약을 고려하여 적합한 모형과 전략을 분석하고 실행해야 한다. 표 3-2는 교수와 학습 활동 주체에 따른 수업 모형을 분류한 것이다. 이러한 분류는 절대적인 것은 아니며 교수 · 학습 과정에서 교사와 학생의 상대적인 활동의 비중에 따라 다르게 분류할 수 있다.

표 3-2 | 교수 · 학습 주체에 따른 수업 모형의 분류 예시

교사 중심	교사–학생 상호작용	학생 중심	개방형
직접교수 선행조직자 개념형성 팀티칭	발견학습 탐구학습 문제해결 창의성계발	전문가협력학습 의사결정학습 토론학습 프로젝트학습	e-러닝 u-러닝 s-러닝 x-러닝

← 수렴적 사고 　　　　　　　　　　　　　　　　　　발산적 사고 →
← 폐쇄적 수업 　　　　　　　　　　　　　　　　　　개방적 수업 →

소프트웨어 교육을 위한
교수 설계의 실제

소프트웨어 교육을 위한 교수·학습 모형 간의 계열 연계 전략

교수·학습 모형의 특징과 절차를 처음 배우는 경우에 배우는 사람들의 선행 경험과 모형에서 요구하는 인지 부하의 정도에 비추어 안내되어야 한다. 교수·학습 모형을 안내할 때 아무 순서 없이 제시하면 학습자들이 혼란스러워하거나 세부적인 내용을 이해하기 어렵다. 일반적으로 수업에서 익숙하게 경험했던 모형이나 역사적으로 먼저 개발된 모형 순서로 안내한다. 모형을 접해 본 경험이 적거나 모형의 단계가 복잡하고, 모형을 이해하기 위한 선행 지식이 부족한 경우에는 좀 더 잘 살펴보고 안내하는 것이 효과적이다. 모형에도 계열성이 존재하며 학습자에게 안내하는 전문가는 이러한 점을 숙지하여 모형을 위계적으로 안내하거나 시범을 보여 주어야 한다.

예를 들어, 팀티칭의 경우 팀을 이루고 있는 교사의 집단이 소집단 활동을 할 때 교사의 선호도에 따라 직접교수나 문제해결, 개념형성으로 가르칠 수 있기 때문에 팀티칭을 이해하기 위해서는 직접교수나 문제해결과 같은 수업 모형을 미리 이해해야 한다. 정보윤리 모형의 경우 컴퓨터 교육의 초입부터 학습자들의 윤리적인 문제를 거론하고 매우 중요하다는 인식을 제시하기 위해 가장 먼저 소개할 수도 있다. 발견학습 모형과 문제해결 모형 그리고 창의성계발 모형 등을 상호 비교하며 통합적으로 안내하는 것이 효과적이다.

소프트웨어 교육 수업 모형을 이해하기 위한 위계를 순서대로 제시하면 표 3-3과 같다.

표 3-3 │ 소프트웨어 교육 수업 모형 간 계열

수업 모형	주요 학습 영역
정보윤리 모형	태도, 윤리성
직접교수 모형	선언적 지식 지식, 기능, 개념
선행조직자 모형	
개념형성 모형	
역할놀이 모형	
발견학습 모형	절차적 지식 원리, 법칙 등 고등 사고력
탐구학습 모형	
문제해결 모형	
창의성계발 모형	
팀티칭 모형	집단 지식 대인 관계, 커뮤니케이션 능력, 협력, 배려, 팀워크
전문가협력학습 모형	
온라인토론 모형	
프로젝트학습 모형	
정보보호 교수 · 학습 전략	태도, 사회적 이슈
소프트웨어 교수 · 학습 전략	모든 영역을 고르게 포함

공개를 목적으로 하는 장학 수업이나 연구 수업의 경우에는 특징 있는 수업 모형을 선정하여 그 절차에 따라 정교하게 설계하여 수업에 적용하는 등의 계획적인 수업을 한다. 그러나 일반적인 수업의 경우 수업 모형의 형식에 너무 치우칠 필요는 없다. 학습 자에게 수업 모형 자체를 가르치는 것이 교육의 본질이 아니며 교육 목표를 달성하는

것이 중요하기 때문이다. 그리고 수업의 계열성을 고려하여 선수, 후속 학습 및 학습의 주제와 방법 등을 명확하게 인식하고 수업을 설계하여야 한다.

소프트웨어 교육을 위한 교수 · 학습 모형의 경우 일반 교수 · 학습 모형과의 차이점을 구분하여 컴퓨터 과학이 가지고 있는 개념이나 정교한 원리가 나타나도록 지도해야 한다.

객체지향 교수 · 학습 설계

우리가 일상생활에서 사용하는 사고력을 바탕으로 적용한 프로그래밍 방식은 순차적 프로그래밍 방식procedural programming method이다. 즉, 프로그램의 흐름에 따른 순차적 프로그램을 코딩하면 되는 방식이다. 먼저 프로그램에서 필요로 하는 변수들을 정의하고 앞부분부터 프로그램의 진행 방식에 따라서 코딩을 해 나가면 된다. 하지만 이러한 방식은 프로그램의 재사용적인 측면과 유지 보수의 측면에서 많은 문제점을 가지고 있다. 그래서 새롭게 등장한 개념이 객체지향 프로그래밍 개념이다.

객체지향이란 객체를 중심으로 프로그래밍하는 기법이다. 객체 중심으로 프로그래밍을 하기 위해서는 사고방식의 전환이 필요하다. 순차적 프로그래밍은 프로그램을 기능적인 프로시저procedure로 나눈 다음에 자료구조를 고려했다. 하지만 객체지향 프로그래밍은 객체(데이터를 동작시키는 절차와 데이터를 내장하고 있는 개별적인 단위)를 중심적인 측면으로 고려해야 한다.

지금까지의 교육 역시 계열성을 가지는 교육 내용을 순차적으로 교수 · 학습의 과정으로 제시하고 있다. 그러나 이제는 교육 패러다임의 전환에 따라 객체지향적인 방식으로 모듈화하여 학습을 진행하고 각각의 학습을 재조립하여 새롭게 문제를 해결하는 전략으로 접근하고 있다. 이러한 구성주의적 접근이 객체지향 수업 설계이다. 객체지향 수업 설계는 수업의 작은 단위들을 하나의 객체로 표현하며 이러한 객체들은 작은 수업 절차와 단위 목표를 가지고 있다. 객체화된 수업을 여러 가지 방법으로 연결하여 수업을 전개하면 수업 내용의 변함없이 학습자의 수준에 따라 다양한 수업이 가능하다. 또한 다른 수업에서도 필요한 경우 해당 단위 수업 객체들을 재사용할 수 있게 된다.

Part 2

소프트웨어
교육을 위한
수업 모형

Chapter 04 | 직접교수 모형

직접교수 모형의 개요

직접교수 모형은 베를리너D. C. Berliner와 로젠샤인B. V. Rosenshine이 1977년 개발한 부진아 프로그램에서 처음 사용하였다. 직접교수 모형은 기본적으로 분할 정복 방식, 즉 전체를 부분으로 나눈 후 각 부분들을 차례대로 모델링하여 가르치게 되면 전체를 이해할 수 있다고 가정한다. 이 모형은 고도로 복잡한 기능을 수행해야 하는 우주항공기나 잠수함을 조종하는 사람들을 훈련시키기 위해 적용되었다.

직접교수 모형은 일반적으로 알려져 있는 강의법, 도제 수업, 실습법의 교수 방법과 혼동하는 경우가 있다. 강의법의 경우 설명 중심의 수업으로 많은 양의 지식과 기능을 빠른 시간에 언어로 전달하는 특징을 지니고 있지만 학습 효과의 저하와 피드백의 어려움이 있다. 직접교수 모형은 차라리 도제식 모형에 가깝다. 교사가 대집단의 학생들에게 새로운 개념이나 기술을 설명하고, 교사의 지시에 따라 학생들이 연습하여 이해 정도를 조사하고 교사의 지도하에 계속 연습하도록 하는 교수 형태이다.

직접교수 모형은 실제적인 학습authentic learning을 강조한다. 학습 과제를 할당하고, 학생 각자에게 책임을 부여하여 그것을 완수하게 하는 방식으로 수업을 진행한다. 교사의 설명이나 시범은 그 자체로 가치를 갖는 것이 아니라 학생이 교사를 모델로 삼아 모방을 통해 학습하게 하려는 것이다. 직접교수 모형은 가르치는 측면에서 교사 중심 모형이다. 하지만 활동 측면에서 교사의 활동 격려와 융통성을 적용한다면 다른 수업 모형 못지않게 학습자 중심 모형이 될 수 있다.

이 모형은 기본적인 기능을 획득, 학습하는 교육 내용을 교육의 목표로 삼을 경우에 효과적이다. 하지만 단순히 내용을 학습하거나 암기하는 경우에는 별 도움이 되지 않는다.

이 모형에서 학생은 과제를 선택하거나 집단을 선택할 자유가 거의 없으나 목표와 전략이 먼저 주어지기 때문에 문제 해결 능력에 집중할 수 있어 짧은 시간에 학습 효과를 높일 수 있다. 다음은 직접교수 모형의 특징을 설명한 것이다.

- 교사 주도적인 모형이다.
- 고등 사고 기능까지 안내할 수 있다.
- 원리를 이해하고 반복 학습을 강조하는 내용에서 효과가 높다.
- 실제적인 학습을 강조한다.
- 학습 대상의 제약 없이 적용 가능하다.

직접교수 모형의 절차

직접교수 모형의 수업 절차는 표 4-1과 같다.

표 4-1 | 직접교수 모형의 수업 절차

도입	시범		질문	반복 활동	
설명	교사의 설명	교사의 시범	질문과 대답	단계적 연습	독립적 연습
• 전략(기능) 소개 • 전략의 필요성 • 전략의 중요성	• 전략이 사용된 예 • 제시 • 전략 사용 방법 안내 • 교사의 시범		• 세부 단계별 질문 및 답변	• 실제 상황 반복 연습 • 문제점 탐색 • 다른 상황에 적용 • 자기 점검 및 조정 • 일반화(정리)	

- 설명 : 교사는 수업 내용을 결정하고 선행 학습 검토, 수업 목표와 수업 절차를 설정하고 설명한다.
- 시범 : 새로운 개념이나 기술을 설명하고 시범을 보이며 과제를 시각적으로 안내하고 학생의 이해 정도를 검사한다.
- 질문 : 연습 문제를 소집단별로 풀어 가면서 지도하고, 교사의 질문과 학생의 답변을 통해 교정 과정을 제공하며 긍정적 강화를 한다.
- 지도 연습 : 학생의 반복 연습, 교사의 순회 점검, 칭찬과 지도를 통한 피드백을 제공한다.
- 독립적 연습 : 학생 스스로 연습하되 피드백은 나중에 준다. 반복 연습을 실시한다.

소프트웨어 교육을 위한
직접교수 모형

소프트웨어 교육에서 직접교수 모형은 따라하기 수업, 반복 학습 등을 요구하는 실기와 기능 중심 수업에 적합하다. 예를 들어, 그래픽 편집 프로그램의 기능을 메뉴별로 가르치기와 같은 활동을 통해 실기 능력을 향상시킬 수 있다. 물론 그래픽 편집 프로그램의 기능을 가르치는 것이 소프트웨어 교육의 본질에 적절하지 못하다는 비판도 있지만 그래픽의 원리나 응용 프로그램에서 제공하는 개념 등을 이해시키기 위한 실습이나 실기 수업에서 직접교수 모형이 적절하다.

또한 프로그래밍 작성과 같은 사고력을 요하는 영역에서도 직접교수 모형을 적용할 수 있다. 즉, 반복적인 프로그래밍 지도를 통해 다양한 프로그램을 작성하게 함으로써 학습자들이 알고리즘적 사고를 향상시킬 수 있고, 질 좋은 소프트웨어를 개발할 수 있는 능력을 신장시킬 수 있다.

소프트웨어 교육에서 직접교수 모형은 반복학습 모형이라고도 할 수 있다. 명령어의 문법, 응용 애플리케이션 메뉴의 설명 등과 같은 기능을 여러 번 반복함으로써 기능과 지식을 습득하고 다른 앱이나 기능 수업에서도 같은 기능과 지식이 전이될 수 있다. 이러한 반복 기능 중심 모형은 '설명–시범–질문–활동'을 순환하며 진행할 수 있다. 기능 실기의 능력을 효과적으로 전달하고 배우기 위하여 절차적인 부분을 나누어 학습하거나 전체를 학습한다.

예를 들면, 스크래치scratch 프로그래밍에서 조건문, 반복문, 변수의 기능을 배우면 엔트리entry나 파이썬python의 명령어 문법에 쉽게 전이된다. 응용 소프트웨어 프로그램의 활용에서도 워드프로세서의 표 작성 기능에 대해 배우면 스프레드시트, 그래픽 프로그램, 데이터베이스 프로그램 등 다른 응용 프로그램에서도 유사한 기능과 원리에 대해 쉽게 이해하고 적용할 수 있어 지식과 기능의 전이 능력을 경험할 수 있다.

소프트웨어 교육에서 직접교수 모형 적용의 유의점

소프트웨어 교육에서 직접교수 모형의 단계 중 가장 중요하게 고려해야 할 부분은 '설명하기'와 '시범 보이기'이다. 예를 들어, 프로그래밍의 '함수(방송하기, 불러오기)'에 관한 정의와 기능, 함수의 유형과 활용에 관한 내용을 가르치는 차시에서는 그에 관련된 내용을 먼저 교사가 자세하게 설명하여 안내한 뒤, 여러 가지 시청각 자료나 실생활의 예시 자료를 통해서 그에 관한 내용을 실제적으로 연계하여 더 명확히 익힐 수 있게 한다.

이후 분명하지 못한 부분이나 관련된 의문점들을 '질문하기' 단계에서 이해하기 쉽게 추가 설명한 뒤, 개념의 형성을 위해 '활동하기' 단계에서 이전 단계에서 배웠던 내용을 바탕으로 함수의 정의와 활용을 직접 구현해 보도록 한다. 설명 단계에서 중요한 점은 학생들로부터 의도적으로 질문을 받지 않도록 한다. 만약 학습자가 질문이 있다면 글로 기록하게 하여 질문 단계에서 토의하고 토론하게 하는 것이 효과적이다.

직접교수 모형의 네 가지 단계에서 실질적인 중요도는 '설명하기'와 '시범 보이기'이므로 한 차시를 정리하는 마무리를 할 때는 앞의 단계에서 강조했던 프로그래밍 함수의 정의와 기능, 함수의 유형과 활용에 관해 다시 이야기하여 회상recall하도록 하는 것이 중요하다.

실기 수업에서 응용 프로그램의 기능을 설명하는 수업은 특정 프로그램의 기능을 안내하는 것에 치우치지 않으며 일반화할 수 있고 다른 프로그램에 전이될 수 있는 부분을 모듈화하여 안내해야 한다. 특히, 하나의 프로그램을 배우고 나면 그와 유사한 기능을 가진 프로그램이나 비슷한 모듈을 가진 프로그램을 학습자 스스로 활용할 수 있도록 교사가 전이 지식을 강조해야 한다.

소프트웨어 교육에서의 직접교수 모형

직접교수 모형의 수업 예시

- 프로그래밍 언어 문법 익히기(명령어의 난이도 순서대로 지도)

- 정렬 알고리즘 설명하기(쉬운 알고리즘부터 지도)

- 응용 프로그램의 특수 기능 실습하기(복사 기능, 인쇄, ctrl+z 기능 등)

- 통계 프로그램으로 자료 분석하기(빈도 분석, 교차 분석, t-검증 등)

- 멀티미디어 콘텐츠 개발하기(그림, 음악, 영상, 애니메이션 공통 개념 요소)

- 웹사이트 개발하고 관리하기(HTML의 태그 순서대로)

- DB 스키마 설계하고 SQL 실습하기(DB의 개념부터 시작하여 데이터 검색, 처리 등)

직접교수 모형의 교수 · 학습 아이디어

(1) 응용 소프트웨어 활용 방법에 대한 교육

• 다양한 폰트를 활용하여 적합한 문서 꾸미기 •

학습 절차	학습 내용	자료 및 유의점
도입	• 폰트에 따른 특징 살펴보기 읽기 좋은 폰트, 예쁜 폰트, 힘찬 폰트, 부드러운 폰트 • 자신이 제일 좋아하는 폰트 뽑아 보기	폰트 뷰어
설명 하기	• 폰트가 문서에서 쓰일 때 고려할 점 설명하기 제목의 폰트, 본문의 폰트, 강조할 때 쓰는 폰트 등 • 폰트가 바르게 사용된 문서와 그렇지 않은 문서 비교 복잡한 폰트가 내용을 이해하기 어렵게 하는 문제 이해	바람직한 문서와 그렇지 않은 문서 예시
시범 보이기	• 폰트를 바르게 사용한 보고서의 내용 정리해 보기 폰트를 변경하여 작성하는 방법의 시범과 따라하기	문서 제작 애플리케이션
질문 하기	• 폰트를 활용할 때 나타나는 방법에 대한 질의 응답	
활동 하기	• 주어진 보고서의 내용을 이해하기 좋게 꾸며 보기 폰트 사용 방법에 따라 폰트를 이용하여 문서를 변형해 보기	개인 또는 팀별 활동
정리	• 폰트 사용 방법에 대한 정리와 평가	

• 학습 자료 •

한글 폰트   영문 폰트

(2) 저작권 표기와 같은 명확한 기초 지식에 대한 교육

• 저작권의 개념 및 CCL 표기법 이해하기 •

학습 절차	학습 내용	자료 및 유의점
도입	• 저작권의 법적 문제 관련 기사 소개	학생 수준의 예시
설명 하기	• 저작권의 개념 소개하기 • 저작권 표기에 쓰이는 방법의 소개 　웹에 쓸 때와 문서에 인용할 때 표기 방법의 이해	표기법 설명 학습지
시범 보이기	• 실제 문서 작성에서 표기하는 방법 실습하기 　– 인터넷에서 찾은 내용의 인용 정보 표기 방법 시범 보이기 　– 책이나 다른 문헌에서 찾은 내용의 인용 정보 표기 방법 시범 보이기	문서 작성 프로그램
질문 하기	• 저작권 표기 방법(CCL)에 대한 질의 응답	
활동 하기	• 주어진 주제에 따라 내용을 작성하면서 인용 정보 표기해 보기 　복사하는 방법과 다시 정리하는 방법의 차이 이해	개인 또는 팀별 활동
정리	• 저작권 표기법에 대한 정리와 평가	

• 학습 자료 •

copyright　　　copyleft　　　creative commons

저작권 기호 및 표기 방법

(3) 코딩 명령어에 대한 사용 방법 교육

• 조건문을 이용한 명령어 이해하기 •

학습 절차	학습 내용	자료 및 유의점
도입	• 친구들과 만났을 때의 행동 발표하기	

설명하기	• 스프라이트가 만난다는 것의 의미 이해하기
	• 만났을 때의 조건에 따라 다양하게 결과 나타내기
	  – 반갑게 인사하기, 손 흔들기
	  – 부딪히지 않게 옆으로 피하기 등
		실생활 사례 연계

시범 보이기	• 스크래치를 이용하여 구현 방법과 절차 보여 주기
	  – 스프라이트가 닿았는지 확인하는 명령어 구성하기
	  – 스프라이트가 닿으면 실행되는 명령 구성하기
		• 스크래치
		• 엔트리
		• 파이썬

질문하기	• 개발할 때 주요하게 사용되는 명령어 찾도록 질문하기 • 예상되는 오류와 그 해결 방안 묻기	• 유사한 명령어 차이점 • 예상되는 오류 발문
활동하기	• 주어진 과제에 따라 조건에 맞는 명령어 실습하기 • 점진적 확대, 실수를 통한 다양한 실습 경험하기 • 과제의 기능을 확장해 보며 명령어 이해하기	• 개발 제약 조건 실습지 • 확장 아이디어 제시
정리	• 개발한 프로그램을 친구들에게 소개하기 • 개발된 자료를 업로드하여 친구들과 공유하기	스크래치 사이트 또는 엔트리 사이트에 개발 자료 업로드

조건 명령 이해하기

도입

• 친구들과 만났을 때의 행동 발표하기

설명하기

• 스프라이트가 만난다는 것의 의미 이해하기 : 실생활 사례 연계
• 만났을 때의 조건에 따라 다양하게 결과 나타내기
  – 반갑게 인사하기, 손 흔들기
  – 부딪히지 않게 옆으로 피하기 등

시범 보이기

• 스크래치를 이용하여 구현 방법과 절차 보여 주기
  – 스프라이트 2개를 화면에 배치한다.

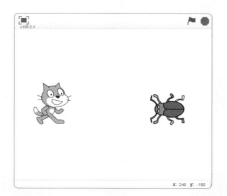

– 왼쪽 스프라이트를 앞으로 이동시킨다.

– 다른 스프라이트를 만나면 인사하기

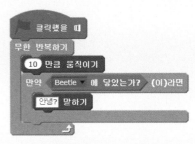

질문하기

• '무당벌레에 닿았는가?' 대신 '벽에 닿았는가?'로 바꾸면 어떻게 될까?

• 고양이가 인사하고 멈추게 하려면 어떻게 해야 할까?

• '안녕?'을 2초 동안 말하기 명령과 어떻게 다른가?

• 고양이 대신 무당벌레가 인사하려면 어떻게 해야 할까?

– 학생들의 답을 존중하고 직접 구현하여 결과를 확인하도록 한다.

– 오류가 생기면 스스로 수정하도록 한다.

- 주어진 과제에 따라 조건에 맞는 명령어 실습하기
- 점진적 확대, 오류의 수정을 통한 다양한 실습 경험하기
- 과제의 기능을 확장해 보며 명령어 이해하기
  - 만나면 인사한 다음 뒤로 돌아가게 하기, 벽에 닿으면 튕기기 등

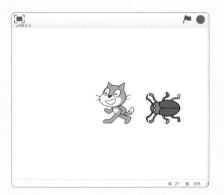
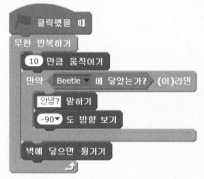

  - 학생들이 도전 의식을 갖도록 쉬우면서 재미있는 다양한 제약 조건을 제시한다.
  - 결과에 따른 성취감을 주도록 다양한 확장 아이디어를 제시한다.

- 개발한 프로그램을 친구들에게 소개하기
- 개발된 자료를 업로드하여 친구들과 공유하기
  - 스크래치 사이트 또는 엔트리 사이트에 개발 자료 업로드하기

Chapter 05 | 선행조직자 모형

선행조직자 모형의 개요

교사가 수업 내용을 가르칠 때 개념, 원리, 지식 등을 학습자들이 보다 쉽게 이해할 수 있도록 이미 선행으로 알고 있는 내용을 연결하여 설명하거나 비교할 수 있다. 이때 이미 선행으로 알고 있는 것을 '선행조직자'라고 한다. 선행조직이라는 의미는 학습자가 이전에 알고 있는 지식이나 경험, 사례 등이 유의미하게 뇌에 인지되어 있는 것을 말한다. 따라서 선행조직자를 사용한다는 것은 학습자가 이미 가지고 있는 지식을 이용하기 위해 연동하는 가공된 자료를 제시한다는 의미를 내포하고 있다. 즉, 기본 지식을 문제 해결의 최종 목표로 연결하는 중간다리 역할을 하도록 도와주는 모형이다. 선행조직자 모형의 원리는 인지주의에서 주장하는 유의미 학습에 근거를 두고 개발된 구성주의 모형이다.

이 모형은 선행조직자를 학생들에게 적시에 제공함으로써 보다 효과적이고 의미 있게 가르치고자 한다. 선행조직자 수업은 비유, 사례, 용어, 개념, 명제, 일반화, 원리, 법칙 등을 선행조직된 것과 연관시키기 위해 멀티미디어 자료와 실생활의 구체적 자료를 제시하면서 효과적으로 수업을 전개할 수 있다.

선행조직자의 유형은 비교조직자와 설명조직자로 구분한다. 비교조직자는 부정적인 유형이나 유사한 유형의 선행 지식을 통해 핵심 목표 개념을 형성시키고자 사용된다. 비교조직자는 기존 개념과 새로운 개념 간의 유사성으로 인한 혼동의 우려가 있을 경우, 이들 개념 간의 차이점과 유사점을 밝히기 위해 사용된다. 특히, 학습자가 관련 정보를 지니고 있으나 이를 적절히 재생^{recall}하지 못할 때 효과적이다.

반면, 설명조직자는 핵심 키워드를 이해하도록 하는 자료이다. 설명조직자는 학생들에게 친숙하지 않은 논리회로, 데이터베이스, 네트워크, 운영체제, 인공지능 등의 개념과 코딩, 프로그래밍, 알고리즘 원리 등에 대하여 이해의 발판을 마련해 주기 위해 선행 지식이 사용된다.

수업에 사용할 선행조직자를 이해하고 개발하는 단계는 다음과 같다.

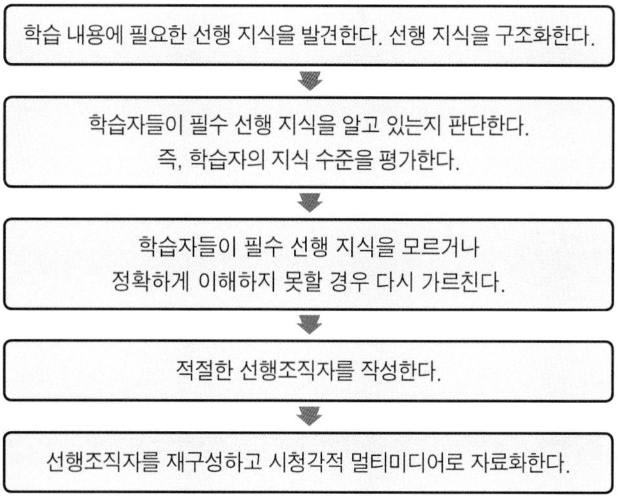

학습 내용에 필요한 선행 지식을 발견한다. 선행 지식을 구조화한다.

↓

학습자들이 필수 선행 지식을 알고 있는지 판단한다.
즉, 학습자의 지식 수준을 평가한다.

↓

학습자들이 필수 선행 지식을 모르거나
정확하게 이해하지 못할 경우 다시 가르친다.

↓

적절한 선행조직자를 작성한다.

↓

선행조직자를 재구성하고 시청각적 멀티미디어로 자료화한다.

그림 5-1 │ 선행조직자 개발 단계

선행조직자 모형의 절차

표 5-1 │ 선행조직자 모형의 수업 절차

선행조직자 제시	학습 및 자료 제시	인지 구조 강화하기
• 수업 목표 명료화 • 선행조직자 제시 • 관련 지식 및 경험 일깨우기	• 학습 자료 제시 • 주의 집중 방법 제시 • 조직화를 명료화하기 • 자료의 논리적 순서 명시	• 통합적 일치의 원리 사용 • 능동적 수용 학습 촉진 • 자료의 비판적 접근 촉진 • 명료화

표 5-2 │ 선행조직자 모형의 일반 · 확장 단계

단계	내용
일반적 단계	• 도입 – 선행조직자 투입 – 학습 과제 • 자료 제시 – 인지 강화 – 평가
확장 단계	• 도입 – 선행조직자 투입 – 선행조직자 투입 – 선행조직자 투입 –학습 과제 • 자료 제시 – 인지 강화 – 평가

선행조직자 모형의 절차는 일반적 단계와 확장 단계로 구분한다. 일반적 단계는 선행조직자 제시 및 탐색, 학습 단계 및 자료 제시, 인지 구조 강화의 단계로 이루어진다. 확장 단계는 선행조직자 투입을 반복적으로 제시하면서 더 정교한 인식 기회를 제공한다.

선행조직자 모형을 적용하여 다양하고 효과적인 자료를 제공한다고 해도 학습자의 상상력과 사고력을 충분히 끌어내는 발문과 주제가 필요하다. 선행조직자 수업의 단계를 명확히 해야 자료의 일반적 제시를 막을 수 있다. 학습의 중간 단계마다 부분 정리와 반복 학습이 필요하다. 단순한 자료의 제시는 흥미만 유도할 뿐 학습의 근본적인 목표에는 도달하지 못한다. 이렇게 단순히 흥미와 관심을 유발하는 자료가 바로 동기 유발 자료로 선행조직자와 구별된다.

➡ 선행조직자와 동기 유발 자료

선행조직자는 학습 목표를 도달하기 위한 핵심 자료이며 학습 단계이다. 선행조직자는 동기 유발 자료와는 다르다는 점을 상기해야 한다.

동기 유발 자료는 다루고자 하는 수업 내용을 이해하는 데 직접적인 관련성이 없다 할지라도 학습자의 주의를 집중시키거나 흥미를 유발하기 위해 활용되는 모든 종류의 정보와 자료 등을 말한다. 예를 들어, 스티커를 주거나, 기타 다른 보상에 대한 공지도 동기 유발 자료가 될 수 있다.

반면, 선행조직자는 다루고자 하는 지식의 학습 내용과 유사한 속성, 아이디어를 담고 있어서 추후 그 학습 내용을 이해하는 데 직접적인 관련성을 가지고 있는 경험, 자료, 정보 등을 말한다.

물론 학습의 내용에 따라 동기 유발 자료나 선행 지식 자체가 선행조직자가 될 수도 있다. 그러나 동기 유발을 위해서 선행조직자를 활용할 수는 있으나 동기 유발 단계에 쓰이는 교사들의 여러 가지 내용 제시 방법이 곧 선행조직자와 일치한다고 볼 수는 없다. 마찬가지로 선행 지식을 확인, 점검하는 것 또한 단지 지난 시간의 수업 내용을 확인하거나 본시 학습 과제를 해결하기 위한 전 단계의 학습 내용의 확인이라는 측면에서 선행조직자와 구별된다.

소프트웨어 교육을 위한
선행조직자 모형

컴퓨터에서의 선행조직자는 신경망의 인지 구조를 따르고 있다. 선행 지식이 형성된 뉴런의 강화에 따라 후속 뉴런도 활동을 하게 되고 이것이 연합하여 새로운 경험과 지식을 구축하여 학습하게 된다. 따라서 인지 강화 또는 유의미한 자료가 선행조직자가 되고 다른 신경망(후속 학습)에 영향을 미치는 것(학습의 전이)을 고려하여 소프트웨어 교육에서 선행조직자의 모형을 바라보는 것은 매우 흥미가 있다.

소프트웨어 교육에서의 선행조직자는 컴퓨터 과학의 새로운 개념을 이해하기 위해 선행으로 안내되었던 기존 개념이나 지식들, 수업의 목표에 도달하고 수업 핵심 내용을 쉽게 이해하기 위하여 투입되는 구체적 자료들 또는 선행적으로 조작할 수 있는 자료들을 말한다고 볼 수 있다. 교사가 설명하기 어렵거나 새로운 원리와 개념에 대해 실제 보여 줄 수 없거나 안내하기 어려운 경우에 이것을 디지털화된 자료로 제작하여 제공하는 것도 선행조직자의 좋은 구성 전략이다. 선행조직자의 경우 다른 어떠한 자료보다도 정보기술을 활용한 디지털 콘텐츠가 매우 적절하다.

선행조직자의 개발은 디지털 미디어의 특징을 잘 살려야 한다. 단일 감각에 의존한 자료를 개발하기보다 두 가지 이상의 감각의 영역을 충족시킬 수 있는 멀티미디어 자료가 효과적이다.

소프트웨어 교육에서 선행조직자 모형은 교사 중심으로 전개되는 수업이다. 이러한 관점에서 매우 쉬운 수업으로 볼 수 있으나 적절한 선행 조직을 위한 자료의 준비가 수업의 성패에 가장 중요한 관건이 된다. 정보기술을 이해하고 기능도 탁월한 교사의 전문성과 노력이 필요한 수업이며, 선행조직의 효과적 생성을 위한 디지털 자료의 편집 및 정보기기의 조작 능력이 필요하다.

또한 교사의 관련 기자재를 다루는 기술과 정보기술 소양 및 활용 능력이 요구된다. 성공적인 수업을 위해서는 사용될 기자재와 프로그램, 시스템 등의 특성과 유형 등을 미리 파악해야 한다. 선행조직을 효과적으로 제시하기 위해 예견되는 오류나 결함, 오작동 등을 사전에 예방하는 노력을 해야 수업이 성공할 수 있다.

소프트웨어 교육에서 선행조직자 모형 적용의 유의점

선행조직자 수업에서 선행조직 자료를 제시하는 시기가 적절해야 성공적인 수업을 할 수 있다. 제시하는 시기가 너무 이르거나 늦을 경우 선행조직자의 기능과 역할이 감소될 수 있기 때문이다. 수업 전 선행조직자의 노출로 학생들이 모두 인지했을 경우 선행조직자 모형의 수업보다는 개념형성 모형의 수업으로 전개하여 가르치고자 하는 개념의 다양한 사례와 속성 등을 찾아 더 정교하게 안내하는 것이 좋다. 또한 교사가 학습자의 선행 지식 상태를 확인하지 않고 준비된 선행조직 자료를 투입하는 경우 수업 효과의 감소와 수업의 흐름이 깨질 수 있으므로 사전에 철저하게 확인하고 준비해야 한다. 선행조직자를 적용했을 때 학습자의 인지적 개념에 더 많은 혼란이 일어나는 경우나 선행 지식의 오개념을 가진 학습자의 경우에는 더 심각한 학습의 부작용이 나타날 수 있으므로 수업 중 세심한 관찰이 필요하다.

선행조직자를 준비하고 개발하는 경우 자료의 저작권 문제, 콘텐츠 허가권 등에 관한 지식과 그에 대한 교육 및 안내도 필요하다. 선행조직자를 사용할 때 그 근거와 출처, 저작자를 밝힘으로써 교사뿐만 아니라 학습자에게 학습 목표 외에 저작권에 대한 지적재산권 수업도 같이 할 수 있다.

선행조직자 중 긍정적 자료와 부정적 자료의 시연 시간 배분과 순서는 매우 중요하다. 수업의 의도와 목적에 맞도록 적절하게 제시되어야 한다.

다음은 소프트웨어 교육에서 선행조직자를 투입할 때 고려할 사항이다.

- 선행조직자의 투입이나 구성이 학습자의 수준과 해당 연령의 난이도에 적합한가?
- 선행조직자로 사용될 어려운(영어로 된) 컴퓨터 용어를 학습자의 수준이나 여건에 맞추어 제시하였는가?(한국어로 바꾸어 사용하기, 두 가지 용어 혼용하기, 새로운 용어 사용하기)
- 선행조직자를 단순한 디지털 자료나 프레젠테이션 자료로 오해하고 있지는 않은가?
- 선행조직자를 준비하지 않고 바로 학습자들에게 자료를 찾게 하거나 교사가 바로 검색하여 투입할 경우 적절한 자료를 찾지 못하여 수업에 지장을 주는 경우가 발생하지는 않은가?
- 선행조직자로 안내된 현실 사례가 컴퓨터 또는 디지털 사례와 다른 점도 있음을 학생들이 인식하도록 그 차이점도 언급하였는가?(**예** 사람의 바이러스와 컴퓨터의 바이러스)
- 학습 내용을 충분히 숙지하지 못한 채 학생들에게 오개념을 전달하지는 않은가?

수업을 준비하는 교사는 이러한 질문에 대해 바른 답을 할 수 있어야 한다. 상업용 사이트에서 제공하는 학습 콘텐츠를 분석도 없이 바로 학습에서 제시만 하는 클릭–교사click teacher가 양산된 이유 중 하나도 이미 개발된 디지털 콘텐츠를 수업에 맹목적으로 사용하였기 때문이다. 소프트웨어 교육에서 정보기술을 활용하는 것 자체가 소프트웨어 교육의 본질은 아니다. 정보기술을 활용하는 것은 단지 소프트웨어 교육을 지원하기 위한 방편일 뿐이다.

하지만 다른 교과에서 사용되는 정보기술을 활용한 수업 못지않게 소프트웨어 교육에서도 정보기술을 활용한 수업이 이루어져야 한다. 그 이유는 소프트웨어 교육의 근간이 정보기술의 소양과 활용 능력을 바탕으로 이루어졌고, 그것에 의해 다양한 경험이나 선행 지식이 생성될 수 있기 때문이다. 따라서 교사는 학습자들의 이해를 돕고 수업 목표를 효과적으로 성취하기 위해서는 정보기술 소양 수업과 활용 수업을 적절하게 융합해야 한다.

이 과정에서의 정보기술은 본래의 수업 목표 및 내용을 활기 있게 도와줄 수 있는 유용한 도구이며, 이때의 선행조직자는 학습 목표를 이해하기 쉽게 도와주는 핵심 자료이다. 선행조직자로 인한 인지 구조 강화 단계에서의 오개념이나 누락된 개념은 추가로 제시해 주고, 실습이나 교구 등을 활용한 다양한 경험을 통해 인지 구조를 강화하도록 안내한다.

소프트웨어 교육에서의 선행조직자 모형

선행조직자 모형의 수업 예시

- 이진수와 비트의 개념을 이해하기 위해 진공관, 트랜지스터를 대체하는 선행조직자 제시, 언플러그드 자료(카드 등)를 이용하여 학습(csunplugged.org 참고)
- 암호의 기법과 알고리즘을 설명하기 위해 현실의 자물쇠-열쇠 등의 사례를 통해서 디지털화된 개념이나 지식에 대해 학습하기
- 컴퓨터 그래픽 내용 중 비트맵과 벡터의 그림 자료, 비트맵의 그림을 그리는 모눈종이 자료 활용하기
- 감기 바이러스와 컴퓨터 바이러스의 차이점과 공통점 이해하기
- 멀티탭의 비유를 통한 네트워크 스위치와 허브의 개념 이해하기
- 하루 일과의 스케줄링, 교통 신호등, 택배 업무, 최적화를 통한 라우팅 알고리즘 설명하기
- 사회적인 관계와 도로망 등을 통한 네트워크의 세부 개념 학습하기
- 시간표, 주소록, 아파트 구성 체계 등을 이용하여 데이터베이스와 관련된 세부 개념 이해하기
- 국가 정부 시스템과 주민 센터의 행정 처리 등을 통해 운영체제의 의미 이해하기
- 객체지향 프로그래밍에서 클래스와 오브젝트의 선행조직자로 붕어빵 틀, 자동차 등을 예시로 설명하기

선행조직자 모형의 교수 · 학습 아이디어

(1) 생활의 여러 현상과 빗대어 설명한 데이터 구조 및 원리에 대한 교육

• 디스크 조각 모음의 원리를 파악하고 효용성 이해하기 •

학습 절차	학습 내용	자료 및 유의점
도입	• 동기 유발을 위한 동영상 제시 정리하지 않은 방 때문에 연필을 찾기 어려웠던 경험 이야기하기	동영상 자료

선행조직자
제시 및 탐색
	• 선행조직자 제시
	  − 순서가 뒤섞인 주소록에서의 정보 찾기
	  − ㄱㄴㄷ순으로 정렬이 된 주소록에서의 정보 찾기
	• 관련 경험 상기시키기
	  정리가 되어 있지 않아서 어려움을 겪은 경험이나 잘 정리된 상황에
	  서 쉽게 찾을 수 있었던 경험 발표하기
		두 가지 다른
		종류의 주소록

과제, 자료 제시	• 놀이를 통한 디스크 조각 모음의 원리 이해 소마 큐브로 같은 색끼리 조각 모아 보기	소마 큐브

인지 구조
강화
	• 활동들의 연관성 찾기를 통한 개념의 정착 및 발전
	  − 주소록, 소마 큐브, 디스크 조각 모음의 연관성 찾기
	  − 디스크 조각 모음을 하면 처리 속도가 빨라짐을 이해하기
	• 디스크 조각 모음 실습해 보기
		컴퓨터

평가 및 정리	• 디스크 조각 모음의 개념 및 효용성 정리 • 학습지로 개념 정리하기	학습지

• 학습 자료 •

소마 큐브

HDD

디스크 조각 모음

(2) 컴퓨터 과학 용어의 개념과 원리를 쉽게 이해하기 위한 교육

• 컴퓨터 그래픽의 개념과 표현 방법 이해하기 •

학습 절차	학습 내용	자료 및 유의점
도입	• 생활에서 쉽게 접할 수 있는 컴퓨터 그래픽에 관한 예 제시	

선행조직자 제시 및 탐색	• 선행조직자 제시
	  – 타일 벽화를 통해 픽셀의 개념 이해하기
	  – 해상도가 다른 두 장의 그림 비교하며 해상도의 개념 이해하기
	  – 물감이나 크레파스와 그래픽 편집 프로그램의 팔레트를 비교하며
	    컴퓨터에서의 컬러 이해하기
	• 관련 경험 상기시키기
		타일 벽화 그림,
		해상도가 다른
		두 장의 그림

학습 과제 및 자료 제시	• 컴퓨터 그래픽 표현 방법 이해하기 스마일 그리기 활동으로 비트맵과 벡터 이해하기	학습지, 모눈종이
인지 구조 강화	• 비트맵과 벡터 방식이 적용되는 각각의 경우 탐색을 통한 장·단점 비교하기, 파워포인트 그림 자료 비교하기	파워포인트
평가 및 정리	• 디지털 그래픽의 특징 및 활용 정리	학습지

• 학습 자료 •

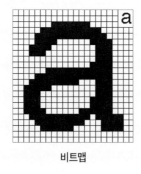

비트맵

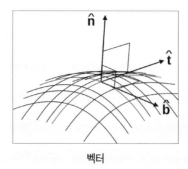

벡터

(3) 코딩의 문법과 명령에 대한 의미를 이해하기 위한 교육

• 변수의 의미를 이해하고 활용하기 •

학습 절차	학습 내용	자료 및 유의점
도입	• 이번 시간에 개발될 프로그램의 개요 보여 주기	
선행조직자 제시 및 탐색	• 변수를 쉽게 설명할 수 있는 선행조직자 제시하기 • 변수의 선행조직자가 가진 특징 탐색하기 • 변수가 사용되는 현실 사례와 코딩 사례 발표하기	• 선행 경험 지식 연계 • 실 사례 및 코딩 사례에서 찾기
학습 과제 및 자료 제시	• 변수가 꼭 필요한 상황 제시하기 • 스크래치를 이용하여 변수가 사용되는 예 구현하기 • 변수의 유형(자료형, 숫자, 문자 등)과 특징 파악하기	• 스크래치 • 엔트리 • 파이썬
인지 구조 강화	• 변수가 사용된 다른 프로그램 찾아보기 • 변수를 가진 다른 프로그램 구현하기 • 변수의 선언과 특징 이해하기	• 변수 활용을 통한 특징 이해
평가 및 정리	• 변수의 용어와 그 의미에 대해 논의하기 • 현실 세계에서 변수가 사용되는 사례 찾아보기	• 현실 세계와 연계

도입

• 야구와 농구 경기, PC 게임 장면 보여 주기

선행조직자 제시 및 탐색

• 야구, 농구의 전광판과 점수판 보여 주기

– 선행 경험 지식 연계

– 점수판의 점수는 고정되어 있나요?

– 점수가 어떻게 되나요?(골을 넣거나 홈으로 들어오면 점수가 바뀐다. 변한다)

• 컴퓨터와의 게임에서 내가 이길 경우와 질 경우 점수는 어떻게 되나요?

– 점수가 늘어나거나 줄어들면서 변한다.

학습 과제 및 자료 제시

• 스크래치를 이용하여 변수가 사용되는 예 구현하기

– 주사위를 던져서 나온 숫자를 계속 더해 가는 코딩 구성하기

– 주사위를 화면에 나타내기(그림판 이용)

– 데이터에서 '주사위' 변수 만들기

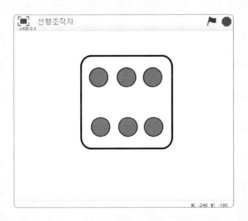

– '스페이스' 키를 클릭하면 화면에 무작위로 주사위 던지기

– '합계' 변수 만들기
– '주사위' 점의 개수를 '합계' 변수에 합하기

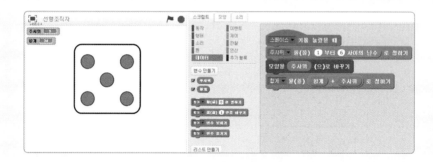

– 'a' 키를 클릭하면 주사위 점수를 '0'으로 바꾸기

– 주사위를 던진 횟수를 나타내기 활동 추가

인지 구조 강화

- 변수가 사용된 다른 프로그램 찾아보기
  - 벽돌 깨기 점수, 속도를 제어하는 자동차 경주 등

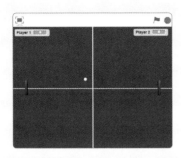 

- 변수가 사용된 다른 프로그램 개발하기
  - **예** 충돌 게임 : 사과를 먹으면 점수가 올라가고 유령에 닿으면 점수가 떨어지도록 한다.
  - 변수가 꼭 필요한 프로그램으로 제시
  - 개발 전에 변수의 역할과 특징 디자인하기
- 변수의 역할과 사용 방법 인식하기
  - 변수의 역할을 이해하고 변화하는 패턴 파악하기
  - 변수 만들기(선언하기)
  - 변수의 값 결정하기(숫자형, 문자형)

평가 및 정리

- 변수의 용어와 그 의미에 대해 개발된 자료 공유 후에 논의하기
  - 스크래치 사이트 또는 엔트리 사이트에 개발 자료 업로드
- 현실 세계에서 변수가 사용되는 사례 찾아보기
  - 기차역 안내판, 통장 잔액, 시계의 숫자 등

개념형성 모형의
개요

우리는 개념을 통하여 세상을 바라보고 이해할 수 있다. 즉, 우리는 공통된 약속에 의해 명명되고 생성된 개념의 이해를 통해 세상의 지식을 이해할 수 있는 것이다. 개념이란 공통적인 특성을 공유한 구체적인 사물, 상징 또는 사건의 집합체로서 특정 사건, 객체, 사물, 의미 등의 명칭이나 상징으로 나타낸 것이라고 정의할 수 있다.

개념을 형성한다는 것은 인지적 경험을 통하여 새로운 용어를 일반화시키는 과정이다. 다른 견해로는 새로운 카테고리를 만들어 내는 과정을 개념형성이라 하고, 그 카테고리를 명명한 용어의 속성을 명확히 하는 과정을 개념추구라고 한다. 그러므로 개념형성 학습은 개념의 속성을 확인하는 것으로 간주되어야 하는데, 개념을 학습하기 위해서는 학생들에게 그 개념을 구체화시킬 수 있는 다수의 경험을 접하게 해야 한다. 따라서 구체적인 사물이나 경험, 사례를 통하여 개념을 형성하는 방법이 유효하다.

브루너J. Bruner는 모든 개념은 명칭, 긍정적 또는 부정적 사례, 속성(본질적/비본질적), 속성 값, 규칙 등의 요소를 가지고 있어 이것을 파악하는 것이 개념을 형성하는 것으로 보았다. 하워드R. W. Howard는 개념형성 모형을 속성 모형, 원형 모형, 사회상황 모형으로 구분하였다. 상위 개념을 형성한 후 하위 개념과 그에 따른 공통 속성들의 개념을 이해하도록 하는 것은 속성 모형에 속한다. 또한 자신의 과거 경험, 지식 등을 통합적으로 유추하여 가장 유사한 사례를 찾고 모델링하는 사례 기반 학습, 모델 기반 추론 등이 개념형성 모형 중 원형 모형에 속한다.

그림 6-1 │ 개념형성 모형의 유형(하워드, 1987)

개념의 형성 과정은 선행 경험과 사례를 통한 뒤 개념을 형성하는 귀납적 접근과 개념의 용어를 정의하고 그에 따른 사례나 경험을 찾는 연역적 접근의 두 가지가 있다. 이러한 두 가지를 혼합하여 제시하는 통합의 과정도 적용할 수 있다. 즉, 귀납 → 연역 → 통합적 방법을 적용한다.

개념형성 모형의 절차

개념형성 모형의 수업 절차는 표 6-1과 같다.

컴퓨터의 정보처리 과정은 눈에 보이지 않는 디지털 세계의 추상적 현상이다. 하지만 정보처리 과정과 원리는 현실 세계를 반영하고 있다. 가상 세계의 정보처리 결과가 현실 세계에 구체적으로 영향을 미치므로 학생들은 현실 세계를 통하여 개념을 형성하

표 6-1 | 개념형성 모형의 수업 절차

과제 파악	탐색	해결	일반화
• 선수 학습 요소 해결 • 목표 인지 • 과제 파악	• 해결 계획 수립 • 문제 해결 탐색	• 개념 추구 　구체물의 조작 안내와 조작 활동 • 개념화 　용어와 기호화 : 언어화, 기호화, 문자화 • 문제 해결	• 개념의 적용 　개념을 언어화, 문 　자화, 기호화하기

고 컴퓨터에 적용되는 원리를 이해함으로써 컴퓨터에서의 정보처리 과정을 정확하게 이해하고 조작 능력을 신장시킬 수 있다. 이와 같은 개념형성 모형을 단계별로 구조화 하면 그림 6-2와 같다.

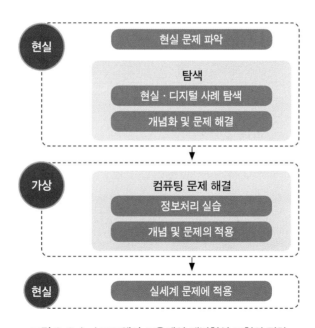

그림 6-2 | 소프트웨어 교육에서 개념형성 모형의 절차

소프트웨어 교육에서의 개념형성 모형의 절차는 기존 개념형성 모형의 수업 절차와 약간의 차이점을 보이고 있다. 디지털 처리의 과정을 통해 개념을 강화하고 확대하는 경험이 수업의 단계에 포함되어 있다. 네트워크라는 개념을 가르치기 위한 개념형성 학습의 단계를 보면 표 6-2와 같다.

표 6-2 | '네트워크'의 개념형성 학습의 단계

단계	학습 과정	개념형성 과정
과제 파악	동기 인식	정보처리 단계 파악
탐색	현실 사례 탐색	정보처리 계획
	디지털 사례 탐색	현실에서의 탐색 발견
해결 (실습)	개념화 문제 해결	컴퓨터 조작 적용 컴퓨터 조작 실습
일반화	개념의 적용	정보처리 과정 이해
정착	문제의 적용	정보처리 실생활 적용

- 동기 인식 : 용어의 기원과 필요성 안내, 인간의 생존과 문제 해결의 관점에서 정보전달의 유리한 점 등에 대해 안내한다.
- 현실 사례 탐색 : 학습 주제의 개념과 관련된 것으로 현실에서 발견할 수 있는 아날로그적 사례(현실 사례)들을 찾아보고 그 특징과 기술 발전의 역사 그리고 나타나는 문제점 등을 발견한다(예 봉화, 연, 파발마, 전보, 전화 등).
- 디지털 사례 탐색 : 실제 정보화 사회에 사용되는 사례(디지털 사례)를 제시하여 개념 간의 관계를 발견하게 하고 사례를 제시한다(예 스마트폰, 인터넷).

- 개념화 및 문제 해결 : 학습과 관련된 개념의 용어 정의, 하위 개념, 속성, 관련된 핵심 용어 등(**예** 프로토콜, TCP/IP, 게이트웨이, 도메인, 라우터, 주파수 등)을 정리하고 개념화한다. 이때 명확한 지식이 필요하며 그 관련 학문에 대한 전체 내용을 이해해야 한다. 그리고 정리된 개념을 바탕으로 주어진 문제를 해결한다.
- 개념의 적용 : 학습 주제와 관련된 개념을 디지털적인 정보처리의 방법으로 이해시키기 위해 적용한다. 정보기기와 디지털 처리의 실습과 실기를 통하여 개념을 형성하도록 심화한다(**예** IP 설정, FTP 사용, 메일 보내기, 메신저, 휴대폰 SMS 등).
- 문제의 적용 : 심화 과제나 발전 과제를 통해 현실에서 활용될 수 있는 유사한 문제에 적용시켜 개념 이해를 확인한다. 이를 통해 개념을 강화한다.

소프트웨어 교육을 위한 개념형성 모형

개념형성 모형은 추상적인 개념을 많이 포함하는 교과에서 그 개념을 현실 세계 속에서 생각을 하거나 구체적인 조작 활동을 통해서 개념에 대해 좀 더 쉽게 이해할 수 있도록 하는 데 있다.

컴퓨터 과학에 대한 지식 관련 수업의 거의 모든 내용은 개념 수업이다. 왜냐하면 정보 교육, 소프트웨어 교육, 코딩 교육은 새로운 교육일 뿐더러 컴퓨터 과학의 용어 자체가 추상적인 의미를 포함하고 있기 때문이다. 소프트웨어 교육에서 컴퓨터와 정보처리에 관련된 일반적 용어는 학생들이 대부분 생소해하거나 외래어로 표기되어 개념형성이 필요한 용어가 많이 포함되어 있다.

학습자들은 정보기기를 매일 접하고 인터넷과 같은 네트워크에 의존하여 살고 있다. 그들은 컴퓨터 과학에 관련된 하드웨어적이고 소프트웨어적인 내용을 많이 알고 있지만, 컴퓨터 과학 용어의 개념이나 신기술 관련 용어는 제대로 이해하지 못하고 있다. 더욱이 소프트웨어 교육과 관련된 컴퓨터 기술, 네트워크 기술들의 용어가 외래어로 표현되다 보니 개념 인식에 더욱 어려움을 겪고 있다.

따라서 소프트웨어 교육에 있어서 개념형성 모형을 적용하는 것은 매우 중요하다. 각 개념들 간에는 서로 긴밀한 계열성을 가지고 있기 때문에 상위 개념을 이해해야 하위 개념도 이해할 수 있기 때문이다.

대부분의 컴퓨터 조작 과정이나 프로그래밍 과정은 데이터를 처리하여 새로운 정보를 추출해 내는 과정이다. 따라서 이와 관련한 컴퓨터 소양 교육에서의 개념형성 모형의 수업은 현실 속에서 정보처리 과정에 대한 이해를 돕고 정보처리를 효과적으로 하기 위한 방법으로 접근하는 것이 필요하다.

정보처리 과정은 실세계의 사실을 자신에게 필요한 자료와 정보로 추출해 내는 과정으로 정보기기를 통해서 처리한다. 컴퓨터가 등장하기 전에는 대부분 사람이 직접 처리하며 기억하고 계산하는 작업을 해야 했지만, 현재는 컴퓨터를 이용하여 보다 쉽고 빠르게 처리함으로서 훨씬 정확하고 빠르게 정보를 얻을 수 있다. 따라서 디지털 정보처리 과정에 대한 정확한 이해 없이는 올바른 정보를 효과적으로 추출해 낼 수 없다.

학생들은 컴퓨터의 처리 과정을 실세계에서 처리하는 과정으로 개념적 접근을 함으로써 '어떻게 처리하는지?', '왜 그렇게 처리하는지?'라는 물음에 대한 해답을 찾아갈 수 있다. 그러한 학습 과정은 정보처리의 개념, 즉 컴퓨터의 조작 방법과 작동 원리에 대한 개념을 형성시킬 수 있다.

소프트웨어 교육에서의 개념형성 모형은 단위 수업 설계에서 컴퓨터 과학의 특정 단원의 1차시 수업과 같은 초기 단계에서 적용하기에 적절하다. 특히, 컴퓨터의 핵심 용어나 세부 영역의 주제 자체가 핵심 개념이므로 학습 초기에 개념을 형성하는 것이 중요하다.

예를 들어, 데이터베이스라는 단원을 배우기 위해 데이터베이스$^{Data\ Base,\ DB}$라는 개념을 형성하고, 네트워크라는 단원을 배우기 위해 네트워크^{network} 개념을 배우는 단계를 거친 후, 다음 단원부터는 해당 개념의 하위 개념이나 원리와 기능에 대한 수업을 하거나 적용·발전시키는 내용을 연계하는 것이 좋다.

프로그래밍이나 코딩에서도 제일 먼저 인터프리터, 컴파일러 등에 대한 용어를 정확히 이해해야만 기계가 단순히 스크립트를 구동시키기 위한 도구만이 아니라는 것을 알게 된다. 더 나아가 개념의 이해에 따라 코딩의 가치를 인식하고 현실 세계의 적용을 통해 컴퓨팅 사고를 신장시킬 수 있다.

학생들에게 새로운 용어, 혹은 상위 개념과 하위 개념의 구분이 명확하게 제시된 내용을 선정하여 개념형성 모형으로 안내하는 것이 좋다. 예를 들어, 컴퓨터, 운영체제, 데이터베이스, 네트워크, 프로그래밍, 알고리즘, 인공지능, 보안 등과 같은 컴퓨터 과학의 세부 영역들의 명칭 자체를 개념형성 모형으로 가르치면 효과적이다.

어떠한 수업 모형이든 소프트웨어 교육에서 교사가 컴퓨터 소양 능력과 전문 지식이 없을 경우 수업에 어려움을 겪게 되며, 결국 교사 스스로 개념 지식이 부족하여 학생들에게 오개념을 형성시키는 문제가 일어날 수 있다. 따라서 교사는 끊임없는 자기 주도 학습과 연구, 연수를 통해 자기 발전에 투자해야 한다.

 참고하기

효과적인 개념형성 모형 수업 설계를 위한 개념도

개념형성 모형을 이용한 수업 설계를 위해 개념도(concept map)를 이용하면 효과적이다. 시멘틱 웹에서 지식의 온톨로지를 구축하듯 수업을 맵의 형태로 설계하면 가르칠 개념에 대해 명확하게 표현하고 이해할 수 있다. 개념을 맵으로 설정할 경우에 각 개념 간의 공통점과 차이점을 구분하여 관계를 추출하고 개념도에 반영하는 것이 좋다.

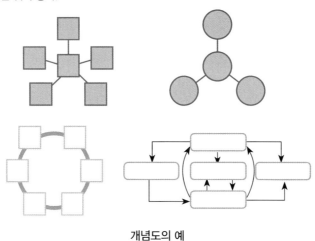

개념도의 예

소프트웨어 교육에서의 개념형성 모형 적용의 유의점

개념형성 모형 수업의 현장 사례를 들여다보면 교사가 알고 있는 지식과 개념을 말로 설명하고 칠판의 글로 설득하는 설명식(강의식) 수업이 흔하게 이루어진다. 이러한 강의식 수업은 수업을 지루하게 만들고 학습자의 집중력을 떨어뜨려 분절된 이해로 개념을 잡기가 매우 어렵다. 따라서 개념형성 모형의 수업도 선행조직자 모형의 수업처럼 정보기술을 적극적으로 활용하여 멀티미디어를 통한 명확한 개념을 형성하도록 교사의 많은 노력과 준비가 필요하다. 소프트웨어 교육에서 개념형성 모형을 적용할 때의 몇 가지 유의 사항을 구체적으로 살펴보면 다음과 같다.

첫째, 교사의 전달식 설명보다는 학습자가 생각하고 개념과 관련된 사례를 찾아내게 하며 관련된 용어와 개념을 정확히 연결할 수 있도록 유도하는 세심한 준비와 노력이 요구된다. 컴퓨터 과학의 학문 분야는 인간의 지적 능력과 행위의 구현을 통한 추상화와 자동화를 추구하는 것을 목표로 하고 있다. 따라서 실생활에서의 비유와 인간의 지적·행동적 특징을 통해 안내한다면 학습자들의 이해를 쉽게 이끌어 낼 수 있을 것이다.

둘째, 디지털화한 적용 사례와 정보처리의 실습도 요구된다. 학생들의 올바른 개념형성을 위해서는 교사의 발문이 중요하다. 또한 교사가 먼저 그 개념들을 정리하여 말해 주는 것보다 학생들이 여러 가지 활동들을 통하여 개념을 스스로 찾아내도록 한 후 교사가 정리해 주는 것이 좋다.

셋째, 교사의 확실한 개념 이해와 다양한 전달 능력이 선행되어야 한다. 개념형성, 발견학습, 탐구학습, 문제해결, 창의성계발 모형과 같은 대부분의 모형들은 학습 내용을 학생들에게 효과적으로 가르치기 위한 것이지만 결국 교사가 먼저 개념이 확실히 형성되어야 한다. 교사의 원리나 법칙을 발견하는 능력과 탐구 능력, 문제 해결 능력 및 창의력 등이 뒷받침되어야 한다. 이러한 전문성과 교수·학습 능력을 가져야 한다는 것이 당연한 사회적 요구일 때 교사는 언제나 뛰어난 인재가 되어야 하며 끊임없는 자기 계발의 노력을 해야 한다.

 **참고하기**

⇨ 개념형성을 위한 용어의 선정 및 정의

학생들 수준에서 컴퓨터 과학과 소프트웨어의 개념을 가르치기 위한 용어가 한글, 영어, 혼용한 형태 중 어떤 것이 적절한가에 대한 질문은 개념형성 학습에서 매우 중요한 논의점이다.

(1) 컴퓨터(영어), 전자계산기(한자식 표기), 셈틀(순수 한글 표현)/네트워크(영어), 통신(한자), 연결체계(한 글식 풀어쓰기) 중 어떤 용어가 개념형성을 위해 적절할까?

(2) 운영체제란 용어의 개념을 설명할 때 Operating Systems과 영어 약어 OS라는 표현을 모두 해야 할 까?

(3) 자료구조, 데이터 구조, 데이터 스트럭처(Data Structure) 등 한글과 영어 혼용식 표현 용어를 모두 가르쳐야 할까?

외래어로 된 용어에 대한 논의가 소프트웨어 교육의 개념형성 학습에서 가장 큰 어려움이라고 볼 수 있다. 소프트웨어 교육에서의 개념형성 모형은 매우 중요한 역할을 하지만 학습에서 사용되는 용어의 정의와 표기에 대한 사회적, 교육 정책적인 합의가 선행되어야 한다.

소프트웨어 교육에서의 개념형성 모형

개념형성 모형의 수업 예시

'네트워크란 무엇인가?'라는 수업에서 그 용어의 뜻을 직접 묻기보다 그 필요성과 장점, 기원, 실생활의 사례(아날로그, 디지털 사례) 등을 학습자 스스로 발견하고 인식해야 한다. 개념이라는 것은 단지 복잡한 현상이나 용어를 표현하는 도구에 불과하기 때문에 개념을 스스로 조직화하고 구성해야 한다. 네트워크의 개념을 설명하거나 관련된 기능을 실습할 경우 상위 핵심 개념을 형성하기 위한 개념과 핵심 용어, 속성을 체계적으로 구성해야 한다. 그리고 조직된 내용을 계열화하여 차근차근 지도한다.

네트워크 개념을 위한 실제 사례 및 실습 내용으로 메신저, 메일, FTP, 휴대폰, 인터넷, IoT, 클라우드 등을 적용할 수 있다. 또한 이러한 사례들을 적용할 경우에 학생들에게 공간, 거리, 시간에 관한 인식과 함께 디지털화된 것의 장·단점과 아날로그화된 것의 장·단점을 비교하여 인식하도록 한다. 네트워크와 관련된 세부 속성들에 대한 실습 내용은 프로토콜 설정, IP, 매체, 채널, 포트 등을 다룰 수 있다.

네트워크 하위 개념 중 프로토콜에 대한 이해를 위해 역할극 수업의 사례를 적용하여 네트워크에서 프로토콜의 개념을 인식하고 그 필요성과 특징을 설명할 수도 있다. 예를 들어, 다른 두 나라 사람의 대화(한국인과 중국인)에서 몸으로 표현을 한다거나 통역사의 역할 그리고 그와 관련된 영상을 이용하여 상황을 제시하고 표준화된 어떠한 규정을 프로토콜이라는 개념으로 정의내릴 수 있다.

수업 사례 ① IP의 개념 수업

인터넷상의 모든 컴퓨터는 IP라 불리는 주소를 가지고 있다. 컴퓨터의 주소는 다른 컴퓨터가 알아보기 쉽게 0과 1로 이루어진 32비트 숫자로 되어 있다. 하지만 사람이 알아보기 쉽게 십진수로 바꾸어 4자리 수로 이를 표현하고 있는 것이 IP이다.

이를 실생활과의 연계를 통해 그 개념을 이해하도록 한다. 컴퓨터 네트워크는 현실 생활의 정보의 이동망과 매우 유사하다. 그중 IP라는 개념은 많이 접하지만 실제로 어떤 개념인지 명확하게 인식되어 있지 않은 경우가 많다. IP 개념은 네트워크의 가장 기본이 되는 개념이라고 할 수 있다.

따라서 본 수업에서는 실생활에서 주소의 필요성과 주소를 찾는 방법을 살펴보고, 이 주소가 컴퓨터 네트워크상에서 어떻게 적용되는지 실습해 봄으로써 IP 개념을 형성시키도록 한다. 학생들은 실생활과 연관된 사례와 함께 디지털 사례를 살펴봄으로써 IP에 대한 개념을 쉽게 정립할 수 있다. 이를 위해 다음과 같은 관점으로 지도할 수 있다.

첫째, IP 개념을 실생활과 관련된 사례를 통해 학습함으로써 개념을 쉽게 이해하도록 한다. IP 개념은 실제 상황에서의 주소 체계와 거의 흡사하다. 따라서 학습자들에게 친숙한 주소 체계에 빗대어(⑩ 우편배

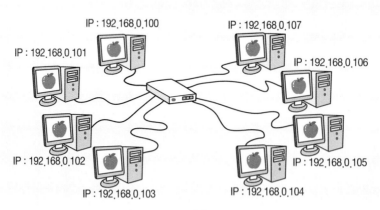

IP 개념도

달) IP 개념을 이해시킴으로써 IT 분야의 어려운 개념을 쉽게 지도할 수 있다.

둘째, IP 개념과 함께 IP 체계의 필요성과 그 체계의 속성에 대한 학습도 이루어지도록 한다. IP 체계는 실생활에서 우리가 새로운 사람을 만났을 때 의사소통을 하는 방법과 매우 흡사하다.

셋째, 네트워크 환경에서 IP가 어떤 역할을 하는지 이해하도록 한다. 네트워크 환경에서 IP는 각각의 컴퓨터의 주소 역할을 한다. 학생들은 IP의 역할을 이해함으로써 네트워크 환경에서의 IP의 역할도 이해할 수 있다. IP 개념 이해를 통해 상위 개념인 프로토콜로 확장할 수 있으며, 네트워크 개념의 이해로 관련된 지식의 개념을 확장할 수 있다.

 **수업 사례 2 운영체제의 개념 수업**

운영체제에 대한 일반적인 개념은 일상생활에서의 부모, 매니저, 교사 등의 역할로 설명할 수 있다. 조직이나 기관의 경우 관공서, 정부, 국가 등 주변 상황에서 볼 수 있는 예를 이용한다. 작게는 엘리베이터 관리자에서 시작하여, 아파트 관리자, 중앙 통제 시스템(은행 시스템, 인터넷) 등으로 넓혀 이용할 수 있다. 운영체제는 우리 주변에 흔히 볼 수 있으며, 인간의 사회 자체가 운영체제이므로 우리는 이러한 체계적이고 구조화된 범주 안에서 살아간다는 것을 인식시킬 수 있다.

학생들은 궁극적으로 운영체제의 개념형성을 통해 우리 주변의 보이지 않는 시스템과 기관, 체제 등을 이해할 수 있으며, 모든 컴퓨터 시스템에는 사용자가 잘 인식하지 못하지만 이것을 지원하는 시스템이 있다는 것을 이해할 수 있다. 실세계에서 우리는 혼자서는 살 수 없으며, 행정 체제와 조직의 도움으로 생존이 가능하다는 것도 이해할 수 있다. 또한 컴퓨터 시스템도 인간의 사회와 형식, 그리고 세계의 구조를 그대로 모방하여 유지된다는 것을 인식할 수 있다. 더불어 미래 사회에서의 운영체제 모습(유비쿼터스 환경, IoT 등)을 예측할 수 있으며, 그에 따른 역기능으로 우리 주변의 감시 체계와 사생활 침해, 개인 정보 노출 등의 부작용도 인식할 수 있다.

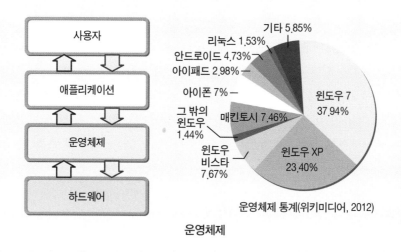

운영체제

운영체제 통계(위키미디어, 2012)

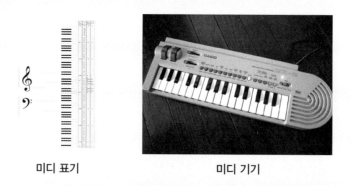

수업 사례 **3** 미디의 개념 수업

　　미디midi는 음의 디지털 표현과 처리에 대한 표준 약속과 규정을 나타낸 것으로 개념형성 모형의 수업을 위해 음악적인 요소와 컴퓨터적인 요소(디지털적인 요소)를 모두 사용할 수 있다. 미디 수업의 목표를 제대로 결정하지 못할 경우 미디 개념형성 학습이 음악 수업인지, 컴퓨터 수업인지, 음악 정보기술 활용 수업인지, 컴퓨터 정보기술 활용 수업인지 모호한 상황이 되어 수업이 혼란에 빠질 수 있다.

미디 표기　　　　　　　미디 기기

미디 수업에서의 교수·학습의 중점을 미디의 개념, 음악의 디지털화 처리에 대한 기초 개념, 트랙의 개념, 포트의 개념, 채널의 개념, 뱅크의 개념 등에 초점을 맞추면 소프트웨어 교육의 개념형성 수업으로 전개할 수 있다. 반면, 미디 음악 개발을 위한 오선보의 개념, 박자의 개념, 화음의 개념, 리듬의 개념, 조성의 개념을 중점적으로 다루게 되면 음악 교과의 개념형성 수업이 될 수 있다.

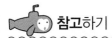 참고하기

⇨ 개념형성 모형과 선행조직자 모형의 차이

선행조직자 모형에서 개념을 가르치는 것과 개념형성 모형에서 개념을 가르치는 것은 같게 볼 수도 있지만 그 수준에 따라 다르게 볼 수도 있다. 선행조직자 모형의 경우 개념을 설명하기 위해 기존의 경험이나 가르치려는 개념의 이해를 돕기 위해 선행조직자를 사용한 반면, 개념형성 모형은 가르치려는 개념(운영체제)의 하위 개념(파일 관리, 메모리 관리, 장치 관리, 프로세스 관리 등) 및 그 개념들의 속성과 값(마우스, 램, CPU, 키보드, 모니터 등)을 총체적으로 이해하는 쪽으로 교수·학습이 진행된다.

선행조직자 모형과 개념형성 모형은 개념을 형성시켜 주는 모형으로서는 매우 비슷하나 다소 차이가 있다. 선행조직자 모형은 원리나 법칙, 지식, 개념 등을 전체적으로 안내하는 반면 개념형성 모형은 관련 개념의 속성과 하위 개념을 총체적으로 안내한다. 예를 들면, 1차시 수업에서는 선행조직자 모형을 이용하여 DB의 전체적인 개관을 이해하는 데 선행조직자로 도서관이나 책꽂이, 아파트 구조를 제시할 수 있다. 그리고 다음 2, 3, 4차시 수업에서는 개념형성 모형을 적용하여 DB 관련 속성과 하위 개념들, 즉 테이블, 레코드, 필드, 인덱스, SQL 등의 개념을 가르칠 수 있다.

구분	개념형성 모형	선행조직자 모형
교사 제공	개념의 속성, 예, 상황	기존의 경험, 선행조직자
교수·학습 효과	가르치려는 개념의 속성 이해→총체적 개념 이해	개념의 설명, 가르치려는 개념의 이해
이론적 기초	인지심리학	유의미 학습 이론

이러한 개념형성 모형과 선행조직자 모형 수업은 교사가 일방적으로 설명하는 강의법으로 전개될 수 있으므로 개념을 이해하기 위한 정보기기 실습과 체험 활동을 통해 흥미를 유발하고 개념을 기능과 연계하여 직접 체험할 수 있도록 하면 좋다.

개념형성 모형의 교수 · 학습 아이디어

(1) 게임 등의 다양한 활동을 이용한 속성 파악으로 개념 형성

• 이름 찾기 활동을 통해 데이터베이스 이해하기 •

학습 절차	학습 요소	교수 · 학습 활동	자료 및 유의점
과제 파악	동기 유발	• 도입(동기 유발) 　책을 쉽게 찾는 학생과 책을 쉽게 찾지 못하는 학생의 자료를 제시하고 분류의 필요성을 인식한다.	이미지 자료
	목표 인지	• 학습 목표 　데이터베이스 개념을 이해하고 활용의 필요성을 알 수 있다.	
탐색 및 해결	현실 사례 및 디지털 적용 사례	• 정보 찾기 활동 　– 전화번호, 이름, 취미, 성별이 적힌 카드와 전화번호, 혈액형, 메일 주소가 적힌 카드를 나눠 준다. 　– 남자면서 O형이며 전화번호가 02로 시작하는 사람은? 　– 정보 찾기의 어려움을 인식한다.	데이터 카드
		• 데이터베이스의 필요성 및 개념 설명	
일반화	적용	• 데이터베이스 프로그램 실습	엑셀, 엑서스
정착	정리	• 데이터베이스 개념 정리 및 차시 예고	

• 학습 자료 •

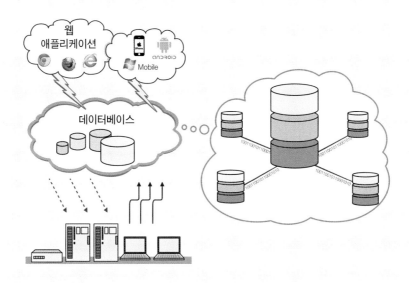

(2) 생활에서의 경험과 연관 지어 지도하는 개념형성

• 도로 상황과 연계하여 운영체제 이해하기 •

학습 절차	학습 요소	교수 · 학습 활동	자료 및 유의점
과제 파악	동기 유발	• 도입(동기 유발) 축구에서 감독의 필요성과 역할을 이야기해 본다.	축구 동영상
	목표 인지	• 학습 목표 운영체제의 개념을 이해할 수 있다.	
탐색 및 해결	현실 사례 및 디지털 적용 사례 제시	• 도로의 교통 상황 통제 − 신호등, 교통 표지판, 인도와 차도 등의 역할과 연계성 인식 − 신호등과 교통 표지판이 불일치할 때의 문제점 파악	교통 표지판, 신호등 그림
		• 컴퓨터 내부 구조와 각 역할을 이야기해 보기 • 컴퓨터 운영체제의 개념 설명	컴퓨터 내부 그림이나 실물
일반화	적용	• 윈도우 탐색기, 장치 관리자 등의 실습	컴퓨터
정착	정리	• 차시 예고 운영체제 전망과 문제점	

• 학습 자료 •

교통신호

항공 제어

(3) 코딩의 함수에 대한 개념을 학습하기 위한 교육

• 함수의 개념을 이해하고 추가 블록을 만들어 활용하기 •

학습 절차	학습 요소	학습 내용	자료 및 유의점
과제 파악	동기 유발	• 같은 행동이나 기능을 여러 번 반복하는 상황 안내하기	
	목표 인지	• 학습 목표 제시하기 함수의 개념을 이해할 수 있다.	학습 목표의 용어 제시하기
탐색 및 해결	현실 사례 및 디지털 사례	• 함수의 대표적 원형(긍정 사례, 부정 사례)을 찾아 안내하기 • 함수의 특징과 속성 파악하기 • 함수의 기능과 효과적 활용의 상황 인식하기	• 스크래치, 엔트리, 파이썬 • 개념형성 모형의 3가지 방법을 한 가지만 사용하거나 또는 2~3가지를 통합적으로 적용 가능
일반화	적용	• 추가 블록을 사용하여 함수가 적용된 프로그램 구현하기 • 추가 블록을 만들며 함수의 유형 파악하기 • 추가 블록을 호출하며 함수를 다양하게 활용하기	변수의 활용을 통한 특징 이해
정착	정리	• 함수의 개념에 대해 논의하기 • 함수가 사용된 현실 세계의 사례 찾아보기	현실 세계와 연계

추가 블록을 이용하여 함수 만들기

과제 파악

• 동기 유발 : 같은 행동이나 기능을 여러 번 반복하는 상황 안내하기
  – 리모콘 없이 손으로 TV 채널 돌리기
  – 주판을 이용하여 여러 번 반복되는 덧셈 계산하기

• 목표 인지 : 학습 목표 제시하기
  – 스크래치의 추가 블록 기능을 이용하여 프로그램을 개발하고 함수의 개념을 이해
    할 수 있다.
  – 학습 목표의 용어 제시하기

- 현실 사례 및 디지털 사례
- 함수의 대표적 원형(긍정 사례, 부정 사례)을 찾아 안내하기
  - 리모컨으로 TV 채널 바꾸기
  - 축구 경기 시 반칙 호루라기, 엘리베이터의 닫기 버튼

- 함수의 특징과 속성 파악하기
  - TV 리모컨 : 숫자를 찾아 버튼을 누른다.

    TV는 숫자에 맞는 채널을 찾아 화면을 바꾼다.
  - 전자계산기 : 수와 연산자의 버튼을 누른다.

    수를 누르면 화면에 숫자를 나타내고 연산자를 입력하면 더하거나

    뺀 값을 화면에 보여 준다.

– 초인종 : 차임벨 버튼을 누른다.

집 안에서 누구인지 확인하고 문을 열어 준다.

• 함수의 기능과 효과적 활용의 상황 인식하기

– 반복되는 기능이나 행동, 작동에 간단한 호출을 통해 자동화시킨다.

– 사과를 크기별로 나누어서 상자에 담기

– 심판이 호루라기를 불면 행동을 멈추도록 약속하기

일반화

• '점프' 추가 블록을 사용하여 프로그램 구현하기

– 고양이 스프라이트를 화면에 배치하고 '점프' 추가 블록 만들기

– '점프' 블록에 명령어를 추가하여 뛰는 것처럼 나타내기

– '스페이스' 키를 클릭하면 고양이가 점프하기

• '점프1' 블록에 숫자를 추가하여 점프의 높이 다르게 하기

– '점프1' 블록에 명령어를 추가하여 호출될 때 받은 값을 이용하여 점프의 높이를 다르게 하기

– '위쪽 화살표'를 클릭하면 5~15의 무작위 난수를 만들어 '점프1' 블록에 값을 전달하여 호출하기

• 추가 블록을 만들 때 꼭 필요한 속성이 무엇인지 탐색하기
  – 필요한 속성 : 블록 이름(함수 이름), 블록 안의 명령 블록, 블록 호출하기, 블록을 호출할 때 전달하는 매개변수 등
  – 추가 블록의 속성을 파악하여 함수의 개념 확장하기

정착

• 함수의 개념에 대해 논의하기
• 함수가 사용된 현실 세계의 사례 더 찾아보기
  – 수학에서 사용되는 함수, 자동차 기능 버튼, 자동 연주기 등
  – 현실 세계와 연계

Chapter 07 | 발견학습 모형

발견학습 모형의 개요

구소련에서 발사한 스푸트니크Sputnik호의 충격으로 미국의 학자들과 교육 전문가들이 1959년에 모여 '미래 경쟁을 위해 초·중등학교에서의 교육을 어떻게 개선할 것인가' 등에 관하여 논의하였다. 그 결과가 브루너Jerome S. Bruner의 교육과정으로 브루너는 여기에서 교육의 내용은 지식의 구조로 구성되어야 한다고 주장하였다.

발견학습 모형에서 강조하는 것은 문제 해결의 기술과 학습 방법이다. 교사의 역할은 학생들이 스스로 학습할 수 있도록 여건을 조성해 주는 것이다. 발견학습 모형은 학생들이 기존의 원리나 법칙을 발견하고, 이를 통해 새로운 정보를 찾고자 하거나 새로운 결론에 도달하기 위하여 정보를 탐구, 조작, 변환하는 것이다.

발견학습 모형에서는 일련의 행위나 원리를 정교화된 하나의 알고리즘으로 다루고 있으며, 이것은 가공된 형태로 학습자에게 제시된다. 학생들은 이렇게 제시된 단서를 토대로 전체의 원리나 법칙 등을 발견한다.

1970년대 이후 학문 중심 교육과정의 보급과 함께 발견학습 모형이 강조되었는데,

최근의 개념 학습에서 보면 개념을 교사가 설명해 주지 않고 학생들이 어떤 개념의 특징을 스스로 찾아내고 그 공통성을 발견함으로써 개념을 이해하도록 하고 있다.

발견학습 모형의 절차

표 7-1 │ 발견학습 모형의 수업 절차

문제 파악	예상	검증	일반화	적용
• 선수 학습 요소 확인 • 학습 문제의 명확화	• 해결 방안의 직관적 예상 • 해결 결과의 예상 • 해결 방향과 순서	• 해결하기 • 검증하기 • 논리적 추론을 통해 결론 도출	• 타당성 검토 • 발견한 원리, 법칙, 성질, 공식 등을 기호화	• 개념, 원리, 법칙을 유사 과제에 응용 • 수준별 과제 제시

발견학습 모형은 적극적인 학생이 성공의 즐거움을 맛볼 수 있도록 자아실현을 촉진하고, 자주적 학습 능력, 창의적 사고력, 귀납적 사고력 등을 자극하는데, 최근에 주장되고 있는 고급 사고력을 함양하는 장점을 가지고 있다. 그러나 시행착오 때문에 시간이 많이 걸리고, 체계적으로 학습하지 못하는 등의 단점이 있다.

발견학습 모형은 탐구학습 전략으로, 지식의 구조와 학생의 심리적 구조를 일치시키는 학습 모형이다. 이 모형은 탐구학습 모형과 유사하지만, 탐구학습 모형은 연역적 접근을 하는 데 비해 발견학습 모형은 귀납적 접근을 한다. 또한 학생들의 사고 과정을 중요시하므로 학습자 스스로 교과를 조직하도록 요구한다.

발견학습 모형은 탐구학습 모형과 상보 관계로, 가설을 설정하고 학습자 스스로 가설을 검증하는 탐구학습 모형과 함께 수업을 진행한다. 그리하여 개념과 탐구 과정을 종합적으로 적용하여 지식을 구축하도록 한다.

소프트웨어 교육을 위한
발견학습 모형

소프트웨어 교육에서 발견학습이란 정보 과학과 관련된 기초 개념, 사실, 경험, 법칙, 원리, 이론 등을 소재로 하여 기존의 법칙이나 새로운 법칙, 원리, 공식 등을 발견하는 것을 말한다.

예를 들어, 자료구조는 아날로그 자료를 디지털 자료화하여 정보처리를 위해 구조화하는 방법에 관한 학문이다. 인간과 컴퓨터의 자료 표현과 정보처리 방법의 차이를 살펴보면 인간은 직관력, 감성, 지혜를 장점으로 가진 반면 컴퓨터는 속도, 정확성, 논리성을 장점으로 가지고 있다. 따라서 정보처리를 위해서는 인간에게 적합한 자료와 컴퓨터에게 적합한 자료를 다르게 구성하여 제시하여야 한다.

'컴퓨터와 인간의 사고 과정에는 어떤 차이가 있을까?'라는 질문에서 인간은 병렬처리를 하고 컴퓨터는 직렬처리를 한다는 차이가 있으나 실제 인간의 병렬처리는 느끼지 못할 정도로 빠른 직렬처리의 조합을 기반으로 하고 있다는 사실을 알아야 한다. 이렇게 소프트웨어 교육에서의 발견학습 모형은 컴퓨터와 인간의 정보처리 방법의 차이, 인간과 컴퓨터와의 관계 등을 발견하는 데서 시작한다.

발견학습 모형은 주로 과학 교과의 수업에 활용되고 있으므로 소프트웨어 교과의 발견학습 모형으로 활용하려면 소프트웨어 교과의 내용으로 수정하고 그 핵심 내용은 디지털 정보와 기기의 작동 원리나 법칙을 기반으로 해야 한다.

소프트웨어 교육에서 발견학습 모형의 유형은 다음의 두 가지로 구분할 수 있다.

표 7-2 │ 강한 발견학습 모형과 약한 발견학습 모형

강한 발견학습 모형	약한 발견학습 모형
• 학습 전체가 하나의 원리나 법칙 등을 발견하는 것으로 구성한다. • 교사가 제시한 자료나 사례만을 가지고 학습자가 스스로 발견하도록 한다.	• 학습의 일부분의 원리나 법칙 등을 발견하고 다른 내용은 직접교수나 선행조직자 등의 모형을 적용한다. • 귀납법과 연역법에 의한 발견을 통합적으로 시도할 수 있다.

● **강한 발견학습 모형** ●

학습 전체가 하나의 원리나 법칙 등을 발견하는 것으로 구성된다. 단원의 전체 차시가 원리와 발견 과정으로 진행된다. 교사가 제시한 자료나 사례를 가지고 학생 스스로 원리를 발견하도록 한다.

● **약한 발견학습 모형** ●

학습의 일부분의 원리나 법칙 등을 발견하고 다른 내용은 직접교수나 선행조직자 등과 같은 모형을 연계하여 적용한다. 학습자들은 교사의 절차적 도움으로 수업 목표를 발견하게 된다.

또한 귀납법과 연역법에 의한 발견을 시도하는 것으로, 저학년의 경우 귀납법적인 발견학습을 통해 기초 지식과 이론, 원리 등에 대한 이해를 향상시키고, 고학년의 경우 연역법적인 발견학습을 통해 사고력을 향상시킨다. 연역법적인 발견학습은 개념형성 학습과 밀접하다고 할 수 있으며, 탐구학습과의 통합적 연계를 통해 지식이 확장된다.

소프트웨어 교육에서 발견학습 모형 적용의 유의점

소프트웨어 교육에서 발견학습 모형을 적용하기 위해 다음과 같은 몇 가지 유의점을 살펴보도록 한다.

첫째, 많은 수의 학생이 한 교실에서 수업을 받는 학습 환경으로 인해 한 학생이 수업에 제시된 원리를 발견한 것을 모든 학생이 이해한 것으로 오해하지 않아야 한다. 발견학습을 이용한 수업 중에 원리나 법칙을 먼저 발견한 학생들이 아직 발견하지 못한 다른 학생들에게 발견한 것에 대해서 성급히 공개하거나 알려 주지 않도록 약속해야 한다. 학생들은 교사의 안내에 따라 학생들의 대다수(가급적 모든 학생들)가 찾고자 하는 원리나 법칙을 발견했을 때, 그 원리와 법칙을 공유하도록 사전에 반드시 약속해야 한다. 그렇지 않으면 수업에서 발견하려는 내용이 소수의 학습자들에 의해서만 이루어지고, 나머지 학생들은 발견한 내용에 대해 설명을 듣거나 아니면 이해를 못하고 넘어가는 무기력한 수업이 될 수 있다.

먼저 원리를 발견한 학생들은 발견한 내용을 공개하지 못하도록 그것에 대해서 오답이든 정답이든 말하지 않게 하고, 비밀 글로 쓰거나 온라인 게시판에 올리거나 메일(SNS, talk 등)로 교사에게 제출하는 방법 등을 이용하게 하여 수업 시간 현장에서는 공개하지 못하도록 약속한다. 또한 제시된 힌트를 가지고 끝까지 발견하지 못하는 학생들에 대한 지도 전략도 필요하다.

둘째, 학습자의 수준을 사전에 파악하여 학습 수준을 적절히 조정하여 제시해야 한다. 학생들이 발견해야 할 개념, 문제, 법칙 또는 원리의 수준이 낮은 경우, 그에 대한 대안적 수업 내용을 가지고 있거나 관련 자료의 난이도를 조정하여 제시한다. 반대로 많은 학생이 발견을 하지 못하는 경우 난이도가 너무 높거나 학년의 수준에 맞지 않는 경우이기 때문에 적절한 힌트를 꾸준히 제시하여 수업 목표를 달성할 수 있도록 한다.

발견 정도에 대한 난이도 수준은 교사의 꾸준한 적용과 교육적 실험을 통하여 조절한다. 학생들의 성장과 발달 정도에 따라 교사가 자연스럽게 그 수준을 알 수도 있으나, 환경적이고 경험적인 차이에 따라 교사가 융통성 있게 구성해야 하는 경우도 있다.

셋째, 적절한 보상을 통해 학생들의 흥미와 동기를 유발해야 한다. 발견학습을 전체 차시에서 진행할 때 여러 번 어려운 문제나 과제를 제시하기 때문에 학생들이 힘들어하는 경우가 생길 수 있고, 심지어는 학생들이 포기하는 경우가 발생할 수 있다. 따라서 그에 따른 적절한 보상과 칭찬 그리고 재미있는 흥미 유지용 자료를 준비하여 동기부여, 도전 의식이 생기도록 한다.

 **참고**하기

➪ 발견학습 모형과 다른 모형과의 비교

발견학습 모형과 선행조직자, 개념형성, 문제해결, 창의성계발 모형과 다른 점을 살펴보면 다음과 같다.

선행조직자 모형은 선행 개념을 통하여 새로운 개념을 형성하도록 도와주는 것이고, 개념형성 모형은 선행 사실이나 사례 그리고 속성을 통하여 새로운 개념을 이해하는 것이며, 문제해결 모형은 주어진 조건을 가지고 제시된 문제를 다양하게 해결하여 정답을 찾아내는 것이고, 창의성계발 모형은 주어진 조건으로 다양한 지식을 창출하는 것이다. 이에 반해 발견학습 모형은 선행 개념, 사실, 경험, 법칙, 원리를 이용하여 새로운 법칙이나 원리를 발견하는 데 그 특징이 있다.

선행조직자 모형	개념형성 모형	문제해결 모형	창의성계발 모형	발견학습 모형
선행 개념을 통해 새로운 개념 형성에 도움	선행 사실이나 사례, 속성을 통해 새로운 개념 이해	주어진 조건을 가지고 제시된 문제를 다양하게 해결하여 정답을 찾아냄	주어진 조건으로 다양한 지식의 창출	선행 개념, 사실, 경험, 법칙, 원리를 이용하여 새로운 법칙, 원리 발견

소프트웨어 교육에서의 발견학습 모형

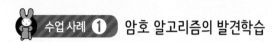
학습자들은 발견학습 모형의 수업을 하면서 암호의 원리와 특징을 원통나무 암호, 시저 암호 프로그램을 통하여 발견한다.

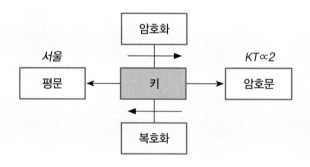

암호 알고리즘의 원리와 특징

암호 수업에서 궁극적으로 암호가 수학의 교과 내용이 아니고 소프트웨어 교육 내용의 주제가 되려면 기존 아날로그 암호보다는 디지털 암호의 특성에 맞게 안내되어야 한다. 디지털 처리를 해야만 암호가 해석된다거나, 기존 아날로그 암호는 디지털 기기에 의해 쉽게 해석된다거나, 아날로그적인 암호들도 디지털적으로 처리할 수 있는 것들을 제시함으로써 소프트웨어 교육에 맞는 목표에 도달하도록 해야 한다. 즉, 컴퓨터 알고리즘의 특징을 이해하기 위해 컴퓨터의 특성을 이해해야 하며, '컴퓨터는 빠르다, 정확하다'에서 '처리 속도를 빠르게 해도 풀 수 없는 암호가 필요하다'는 것과 인간처럼 애매모호하거나 불완전한 것을 처리하기 위한 기법에 대해 인식하도록 안내해야 한다.

결국 암호의 원리는 아날로그적인 암호 기법을 바탕으로 디지털적인 암호의 원리나 법칙 기준 등을 통해 발견하도록 해야 한다.

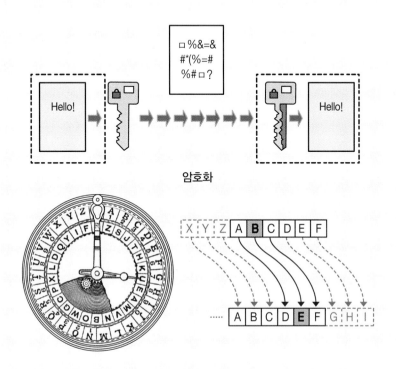

암호화

시저 암호

프로그래밍에서 디지털 처리 방법은 수학 교과나 과학 교과의 영역과 차별화되는 주요한 키워드이다. 오류 검사를 컴퓨터가 할 경우 패리티비트가 필요한데, 이러한 주제가 학생들에게 다소 어렵기는 하지만 선행 수업이 있다면 충분히 가르칠 수 있다. 마찬가지로 알고리즘, 자료구조 등의 대학생 수준의 개념과 같이 어렵다고 생각하는 것들도 가르칠 수 있다.

종이 자료는 아날로그 자료이지만 종이에 쓰여진 문제나 사례를 비트화하면 디지털 자료로 활용하기 좋다. 예를 들면, ○ × 문제, 2색 칠하기 문제 등을 디지털화할 수 있다.

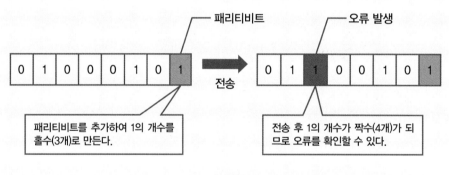

오류 검출

숫자의 정렬이나 문자의 정렬은 자료구조의 가장 기본적인 알고리즘이다. 정렬의 방법을 인간의 직관적 사고를 기준으로 처리하는 것이 아니라 컴퓨터 구조(램, 레지스터, CPU 등)의 기반하에서 처리하도록 하여 디지털 정보처리의 원리나 규칙, 법칙을 발견하도록 한다. 인간의 경우나 아날로그 처리 방식을 기반으로 하는 다른 알고리즘의 경우도 디지털화된 방법으로 접근하여 발견하도록 한다.

그 외에 발견학습이 가능한 주제는 다음과 같다.

- 트리 운행 방법 발견
- RGB 값의 원리 발견
- 압축의 원리 발견
- 라우팅의 원리 발견
- 알고리즘 최적화 원리 발견
- 배낭 문제 알고리즘 발견
- 휴리스틱 알고리즘 발견

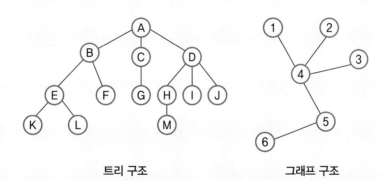

트리 구조   그래프 구조

발견학습 모형의 교수 · 학습 아이디어

(1) 컴퓨터의 동작 원리 및 데이터 처리 과정을 발견하는 교육

• 고대 시대의 원통형 암호의 원리를 발견하는 수업 •

학습 절차	학습 요소	교수 · 학습 활동
문제 파악	동기 유발	• 도입(동기 유발) 고대 시대의 암호를 해결해 보자 – 원통형 암호
	목표 인지	• 학습 목표 암호의 원리를 발견할 수 있다.
	학습 문제 제시	• 상황 제시 그리스 시대의 원통 암호를 해결하여 전쟁에 필요한 첩보를 해결해야 한다.
예상	해결 방안 예상	• 해결 방법 예상하기 – 해결 방법을 예상해 본다. – 암호가 어떤 내용인지 해결 결과를 예상해 본다.
검증	해결 및 결론	• 활동을 통해 해결하기 : 모둠별 대항 등 • 예상 방법과 비교 검토하기 • 규칙 발견하기(다양한 사례 제시로 규칙을 발견하도록 수업 절차 설계)
일반화	규칙 정리	• 다른 문제에 적용해 보기 • 규칙을 공식이나 말로 정리하기, 순서도로 표현하기
적용	응용	• 다양한 암호 문제 풀어 보기

• 학습 자료 •

스키테일 암호

원통 암호

(2) 컴퓨터의 동작 원리 및 데이터 처리 과정을 발견하는 교육

• 인공지능의 깊이우선 탐색과 너비우선 탐색의 원리를 발견하는 수업 •

학습 절차	학습 요소	교수 · 학습 활동
문제 파악	동기 유발	• **도입(동기 유발)** 지난 시간에 배운 인공지능의 뜻 상기하기
	목표 인지	• **학습 목표** 깊이우선 탐색과 너비우선 탐색 방법의 원리를 발견할 수 있다.
	학습 문제 제시	• **상황 제시** 집에서 여러 장소를 거쳐 도서관 가는 길 찾기
예상	해결 방안 예상	• **해결 방법 예상하기** – 해결 방법을 예상해 본다. – 가는 방법 빨리 찾기, 가장 짧은 거리로 가는 방법 찾기
검증	해결 및 결론	• **활동을 통해 해결한 후 예상 방법과 비교 검토하기** • **규칙 발견하기** – 깊이우선과 너비우선 탐색 방법(다양한 사례 문제 제시)
일반화	규칙 정리	• **다른 문제에 적용해 보기** 너비우선이 좋은 미로 찾기와 깊이우선이 좋은 미로 찾기 제시 • **규칙을 공식이나 말로 정리하기, 순서도로 표현하기**
적용	응용	• 컴퓨터 대 인간의 체스 동영상을 보면서 응용 생각해 보기

• 학습 자료 •

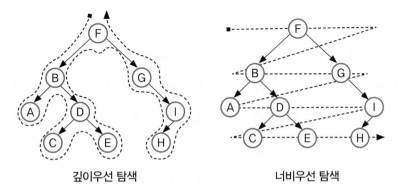

깊이우선 탐색　　　　　　너비우선 탐색

(3) 컴퓨터의 동작 원리 및 데이터 처리 과정을 발견하는 교육

• 자료구조에서 제시되는 정렬의 원리를 발견하는 수업 •

학습 절차	학습 요소	교수 · 학습 활동
문제 파악	동기 유발	• 도입(동기 유발) 　정렬되어 있는 책꽂이에서 책 찾기
	목표 인지	• 학습 목표 　컴퓨터의 정렬의 원리를 발견할 수 있다.
	학습 문제 제시	• 상황 제시 　순서 없이 늘어서 있는 숫자 카드를 오름차순으로 정렬하기
예상	해결 방안 예상	• 해결 방법 예상하기 ▶ 버블 정렬의 원리 파악을 위한 문제 제시 전 유의 사항 알림 　– 문제 제시 : 아무런 순서 없이 나열되어 있는 5개의 숫자를 보여 준 후, 이 숫 　　자들이 어떠한 규칙에 의해서 작은 수부터 큰 수의 순으로 정렬하는지 규칙 　　찾아내기 　　4 1 9 8 3 (아래를 순서대로 제시한다) 　　→ 1 4 9 8 3 　　→ 1 4 8 9 3 　　→ 1 4 8 3 9 　　→ 1 4 3 8 9 　　→ 1 3 4 8 9 　　– 해결 방법을 예상해 본다. 　　– 정렬이 되는 순서와 원리 발견하기
검증	해결 및 결론	• 활동을 통해 해결한 후 예상 방법과 비교 검토하기 • 규칙 발견하기 – 버블 정렬의 방법
일반화	규칙 정리	• 다른 응용 문제에 적용해 보기 　숫자가 아닌 문자를 정렬하기, 사람의 키를 순서대로 정렬하기 • 규칙을 공식이나 말로 정리하기
적용	응용	• 사람의 정렬 방법에 대해 생각해 보기

• 학습 자료 •

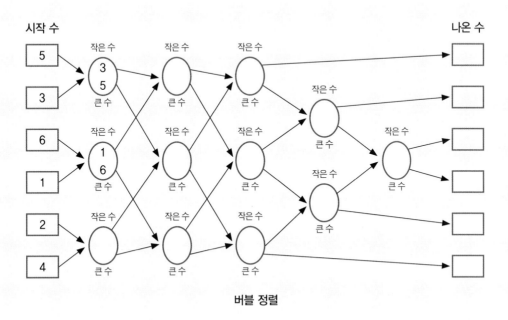

버블 정렬

(4) 코딩을 이용하여 수학적 원리를 발견하기 위한 교육

• 입력받은 값으로 정다각형을 그리는 코딩 수업 •

학습 절차	학습 내용	자료 및 유의점
문제 파악	• 동기 유발 • 학습 목표 제시하기 • 해결해야 하는 학습 문제 제시하기	학습에서의 용어 제시하기
예상	• 정다각형의 유형 분류하기 • 정다각형의 특징과 용어 이해하기 • 도형 그리는 프로그램 디자인하기	외각의 변화 규칙 테이블
검증	• 도형을 그리는 프로그램 작성하기 • 프로그램에 값을 입력하여 나타난 흔적 관찰하기 • 다양한 시도를 통하여 도형 그려 보며 규칙 발견하기	• 코딩을 통한 원리 이해 • 스크래치, 엔트리, 파이썬
일반화	• 정다각형의 한 외각의 크기 공식 구하기	• 원리의 추상화 과정을 통한 일반화
적용	• 다양한 사례에 적용해 보기	• 현실 세계와 연계

문제 파악

- 동기 유발 : 실생활의 정다각형 사례
  - 피라미드, 색종이, 벌집 등

- 학습 목표 제시하기

코딩을 통하여 정다각형을 그리고, 다각형의 한 외각의 크기를 구하는 방법을 안다.

- 해결해야 할 학습 문제 제시하기
  - 정다각형, 외각의 특징 찾아내기

- 정다각형의 유형 분류하고 특징 찾기

다각형	삼각형	사각형	오각형	육각형	…		
변의 수							
꼭짓점 수							
꼭짓점 각도							

- 정다각형의 각도의 용어 이해하기
  - 외각, 내각의 의미는?

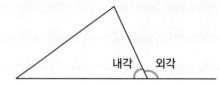

  - 외각과 내각의 관계는 어떠한가?
  - 도형의 꼭짓점 개수에 따라 외각과 내각은 어떠한가?
- 도형 그리는 프로그램 디자인하기
  - 필요한 스프라이트 : 고양이(선을 그리는 캐릭터)
  - 기능 : 묻고 기다리기, 펜 기능으로 그리기, 펜 지우기
  - 변수 : 대답 변수

- 도형을 그리는 프로그램 작성하기
  - 화면에 고양이 배치하기
  - '스페이스' 키를 클릭하면 각도 묻기

  - 묻기 창에 각도를 입력하면 정다각형 그리기

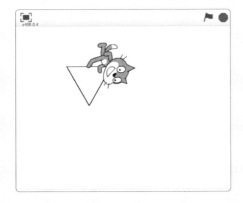

– 여러 번 실행하기 위해 'a' 키를 클릭하면 화면을 지우고 고양이 위치 초기화하기

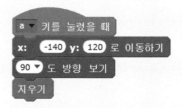

• 프로그램에 각도의 값을 입력하여 나타난 도형 관찰하기

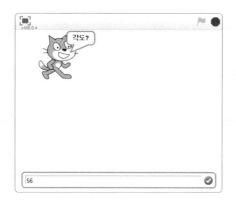

• 다양한 시도를 통하여 도형 그려 보며 규칙 발견하기

입력한 숫자(각도)	5	90	170	…			
나타난 도형	꺾인 직선	정사각형	여섯 각의 별				

• 정다각형의 한 외각의 크기 공식 구하기

　－ 다음의 각도를 입력해서 나타난 도형을 관찰해 보자.

입력한 숫자(각도)	120	90	72	60	51	45	40
나타난 도형							

　－ 각각의 입력된 값은 어떤 규칙을 가지고 있는가?

　－ 정다각형의 외각을 구하는 공식을 구해 보자.

$$n각형\ 외각의\ 크기의\ 합 = 360°$$
$$정n각형\ 한\ 외각의\ 크기 = \frac{360°}{n}$$

적용

• 다양한 사례에 적용하여 보기

　－ 십각형을 그려 보자.

　－ 십오각형을 그려 보자.

　－ 현실 세계와 연계하여 정다각형을 찾아보자.

Chapter 08 | 문제해결 모형

문제해결 모형의 개요

문제를 포괄적인 의미로 본다면, 우리 삶의 생존 자체가 문제해결의 과정이라 볼 수 있다. 당면한 문제를 해결하는 것은 아주 사소한 것에서부터 생명을 다루는 위중한 일까지 모두 포함하고 있다. 소프트웨어 교육이 궁극적으로 추구하고자 하는 것이 컴퓨팅 사고를 바탕으로 문제해결력을 키워 주는 데 있다면 이 모형은 소프트웨어 교육에서 매우 중요한 위치를 차지하고 있다.

문제해결 모형은 학습자 스스로 문제를 파악하고 분석하여 실행하는 모형으로서, 잘못된 점을 찾아서 고쳐 나가는 과정을 연습하고 결과 자체보다는 그 결과에 도달하기까지의 과정을 강조하는 모형이다. 학생들이 실생활에서 당면하는 현실적인 문제들을 해결해 나가는 과정을 통해 지식, 기능, 태도 등을 종합적으로 획득하여 반성적 사고를 함양하는 데 그 목적이 있다.

문제해결 모형의 이론적 배경은 실용주의pragmatism에 기반을 두고 있다. 사고는 문제 상황에서 가장 활발히 촉진되며, 지식은 그 자체로서가 아니라 이를 활용하여 문제를 해결하는 과정에서 의미를 갖는다. 또한 듀이J. Dewey가 1944년 주장한 다음의 경험주의 교육 이론을 기반으로 학습자의 지적 호기심과 흥미를 중시하고 있다.

"교육에서 영원히 성공하는 방법은 학교 밖의 일상생활에서 성찰할 수 있는 상황으로 돌아가는 것이다. 학습자들에게 배워야 할 무엇을 주는 것이 아니라 무언가 할 것을 주어야 한다. 사고를 요구하고 의도적으로 지식의 연결을 요구하는 자연스럽게 할 것doing, 즉 문제를 주어야 한다. 그것에 따라 학습은 자연스럽게 나타나는 결과이다."

문제해결 모형의 절차

표 8-1 │ 문제해결 모형의 수업 절차

문제 확인하기	해결 방법 찾기	해결하기	일반화하기
• 문제 상황 사례 제시 • 목표 확인 • 가설 설정	• 문제해결 방법 탐색 • 학습 계획 및 학습 절차 확인	• 문제해결 활동 • 원리 터득 • 전략 습득 여부 확인	• 전략의 적용 및 연습 • 적용상의 문제점 추출, 대안 제시 • 전략의 정착 및 일반화

소프트웨어 교육에서의 문제해결 모형의 단계는 그림 8-1에서 보듯이 표 8-1의 문제해결 모형의 수업 절차에서 한 가지 단계를 추가한 모형으로 변형, 확장하고 있다.

새롭게 추가한 아날로그와의 연결 및 인식 단계(실세계 활용 가능성 모색 단계)는 소프트웨어 교육에서 추구하는 실생활 문제의 해결 관점에서 매우 중요하다. 주어진 문제를 해결하기 위해 제시된 주제를 설계하고 구현하고자 하는 소프트웨어를 코딩할 때, 실생활의 문제와 연결하는 과정은 학습자들이 자신의 설계와 구현의 노력이 빛을 발하는 과정이다. 문제해결 과정에서 마지막 단계가 없는 문제해결 모형은 학습자 또

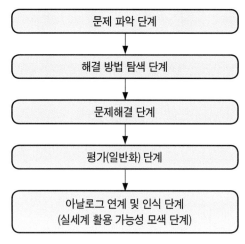

그림 8-1 | 소프트웨어 교육에서의 문제해결 모형 단계

는 교사의 관점에서 필요성이나 중요성을 인식하지 못하는 문제가 있으므로 꼭 추가하여 학습하도록 한다.

(1) 문제 파악 단계 : 문제 상황이 제시되고 학습자들이 목표를 확인하는 단계이다. 학습 목표의 제시가 확실해야 하며 활동 및 해결의 내용이 명확해야 한다. 그리고 제시된 문제가 현실의 문제와 연결되어 안내되어야 한다. 실제 문제와 결부되지 않을 경우 코딩의 결과가 간단한 게임 개발이나 놀이 과정으로 인식될 수 있다. 교사의 구체적인 해결 요청과 제한 변수의 제시 수준에 따라 학습자의 고차원적인 성취도와 활동을 기대할 수 있다. 따라서 문제해결 단계와 결과를 학생의 해결 수준보다 조금 더 어렵게 구성해야 한다. 예를 들면, 인터넷으로 물건을 구입할 경우 돈을 적게 준다거나 생활 자체를 웰빙의 기준으로 좋은 것을 산다거나 많이 축적할 수 있다거나 등의 기준을 명확히 해야 한다.

(2) 해결 방법 탐색 단계 : 문제해결 방법을 탐색하여 미리 예측하고 그에 대한 해결 전략을 준비하는 단계이다. 문제의 제시 부분에서 탐색 과정 자체도 학습자가 인식하고 문제를 파악하는 단계가 중요하다. 정교하게 준비하고 조직화하여 미리 예측하고 그에 대한 답변을 준비해야 한다. 충분히 인식하고 목표를 가질 수 있도록 안내하고 토론의 과정을 통해 목표를 숙지해야 한다. 개인별 또는 모둠별 활동으로 진행할 수 있으며, 모둠별 활동일 경우 공동체가 서로의 의견을 일치시키고 같은 목표로 추진하도록 공유하는 노력이 필요하다. 특히, 한두 명의 의견이 의사 결정을 지배하는 것이 아니고 모두의 의견을 고루 반영하여 진행하도록 한다.

(3) 문제해결 단계 : 계획한 문제해결 방법으로 직접 문제를 해결하는 활동을 해 보는 단계이다. 주어진 과제의 내용 중 일부가 애매한 경우 교사가 그 상황에서 제약을 명확하게 제시해 주는 순발력과 기술이 요구된다. 수업의 과정 중에 나타나는 분쟁과 의견 불일치를 해결할 수 있는 방법이 모색되거나 해결이 될 때까지 기다려 주는 인내력 또한 요청된다. 교사는 학생들에게 과제만 제시하는 것이 아니라 꾸준히 학생들을 살펴보며 돕는 역할을 해야 한다. 또한 정보통신 기기를 어떻게 활용하는가 하는 소양의 문제가 소프트웨어 교과에서는 더욱 필요하다.

(4) 평가(일반화) 단계 : 전략을 정착하거나 일반화하고 평가하는 단계이다. 평가 단계가 확실하게 이루어지도록 조절해야 한다. 특히, 학생들이 학습을 끝내고 주의가 분산되지 않도록 지속적인 관심을 유도하고 학습에 참여하도록 주의 집중 방법과 정리 방법이 요구된다. 문제를 해결한 경우 그 해결 방안에 대해서도 평가가 되고 공유되어야 하며, 서로의 아이디어를 통해 같이 배우는 기회를 제공해야 한다. 특히, 학생들이 해결한 결과뿐만 아니라 해결의 과정도 평가에 포함되어야 한다. 평가의 방법은 정보기술 기기를 적극적으로 활용해서 안내하고 결과를 공유하여 짧

은 시간에 처리하는 것이 좋다. 예를 들면, 프레젠테이션을 이용한 설명, 빔 프로젝터, 웹 게시판, 파일로 저장 후에 공유하는 방법을 사용할 수 있다. 기기의 특성에 대해 잘 파악하고 적극적으로 활용할 수 있어야 한다. 평가 결과지를 사용할 경우 결과만 쓰는 것이 아니라 해결 과정과 전략 등을 같이 기술하도록 구성하는 것이 좋다. 결과에 대한 비교 분석에서 다른 학생이 의견을 제시하거나 다른 대안을 제시하도록 교사가 적극적으로 개입하여야 한다. 평가의 최종 결론은 합리적이고 신뢰할 수 있는 기준을 적용하고 개인적인 의견도 존중하도록 안내한다. 그리고 해결한 내용을 일반화시키기 위한 전략이 요구된다. 평가의 시간이 부족한 경우 웹에 올려놓고 그에 대한 반론과 변론의 내용을 작성하도록 유도해야 한다.

(5) 아날로그 연계 및 인식 단계(실세계 활용 가능성 모색 단계) : '이러한 프로그램이 혹은 해결 전략이 우리 현실 세계에서는 어떻게 사용될 수 있을까'를 생각해 보며 학습 내용을 현실 세계와 연결 짓는 융합의 단계이다. 학생으로 하여금 배운 내용을 어떻게 활용할 수 있을지 직접 생각해 보도록 하거나 교사가 제시할 수 있어야 한다.

소프트웨어 교육을 위한 문제해결 모형

소프트웨어 교육과 연관짓기 위해 문제해결 모형에서 '문제'란 궁극적으로 무엇인지 살펴볼 필요가 있다. 타 교과에서 사용되는 문제해결 모형의 문제는 국어과에서는 언어적 문제, 수학과에서는 숫자와 관련된 문제, 과학과에서는 과학적 탐구 문제, 사회과에서는 사회 현상 문제, 미술과에서는 미적인 문제 등으로 정의된다. 따라서 정보 교과의 관점에서는 정보(정보처리)적인 문제로 초점을 맞추어 소프트웨어 교육에 적용해야 한다.

정보적인 문제란 컴퓨터와 컴퓨팅에 의해 나타난 현상을 다루는 문제로 디지털적인 문제해결의 관점으로 볼 수 있다. 디지털적인 관점의 용어로서 정보적 사고(컴퓨팅 사고computational thinking)와 정보적 문제(컴퓨팅 문제computational problem)에 대해서는 앞으로 많은 논의와 연구가 필요한 부분이다.

수학 교과에서는 주로 수와 관련된 문제(입력 부분)의 상황을 안내하고 해결과정을 통해 수와 관련된 답을 찾게 된다. 그러나 소프트웨어 교과에서는 주로 결과 또는 원하는 목적을 먼저 제시하고, 그 문제에 대한 정의 및 설계를 하도록 한 후 해결 과정(코딩을 통한 자동화) 자체를 찾도록 한다. 예를 들면, 엘리베이터 구동 프로그램을 작성하기 위해 엘리베이터를 효율적으로 운행한다가 결과이고, 이를 해결하는 과정 자체가 그 목적이 되는 것이다. 따라서 이러한 문제는 수학 교과와는 달리 실제적인 문제들로 이루어져 있다.

• 수학 교과의 문제해결 과정

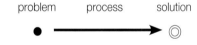

• 소프트웨어 교과의 문제해결 과정

그림 8-2 │ 소프트웨어 교과에서의 문제해결 과정
(process 자체가 해답이다)

소프트웨어 교육에서의 문제를 크게 세 가지로 구분하면 다음과 같다.

표 8-2 | 소프트웨어 교육에서의 문제

소프트웨어 교육에서의 문제	문제의 목적
정보기술과 관련된 과학적 문제	정보과학과 관련된 지식, 이해, 원리의 문제들을 통하여 학습자의 사고력 신장, 컴퓨터 과학 지식 등
정보기술을 이용해야만 해결할 수 있는 문제	정보기술의 기능적 활용을 통한 문제해결, 코딩 등
정보화에 의해 나타난 사회적 문제	정보화에 의해 나타난 여러 가지 사회적 문제에 대한 올바른 가치 및 태도 함양, 미래 기술 등

소프트웨어 교육에서의 문제해결 내용은 현실의 문제와 결부되어야 한다. 그래야 학생들이 현실적으로 해결할 수 있는 능력이 생긴다. 예를 들어, 자료구조의 정렬 문제에서 정렬의 방법은 다양하고, 그 쓰임새가 다르며, 효과도 다르다. 따라서 정렬을 하는 이유와 왜 빠르게 효과적이며 정교하게 정렬해야 하는지에 대한 현실에서의 문제를 제시해야 한다. 순서를 결정하고 처리의 효율성에 대한 현실의 예로서 귤 선별하기, 동전 선별하기 등의 문제를 들 수 있다.

일반적으로 문제의 유형은 문제의 해결 절차에 따라 다음과 같이 3가지로 구분할 수 있다.

- 문제를 인식하는 것이 중요한 경우의 문제(Why 문제)
- 문제의 해결 과정이 중요한 경우의 문제(How 문제)
- 문제의 해결 결과가 중요한 경우의 문제(What 문제)

그리고 문제의 해결 과정과 결과에 따라 문제의 유형을 다음과 같이 3가지로 구분할 수 있다.

- 해결의 정답이 하나인 것(수렴)
- 해결의 정답이 여러 개인 것(발산)
- 해결의 정답이 있지만 주관적인 것(창의적 문제해결)

이러한 구분들 중에서 문제해결의 과정과 정답이 다양하게 나타난 경우, 이를 다른 학습자와 공유하고 문제의 해결 과정에 대해 논의하도록 다양한 기술과 수업 전략을 활용한다. 소프트웨어 교과에서의 문제들을 세부적으로 분류하여 사례와 함께 제시하면 다음과 같다.

표 8-3 │ 소프트웨어 교육에서의 문제 사례

문제의 분류	사례
컴퓨터 지식 문제	• 전문 지식과 관련된 문제 • 컴퓨터 과학 지식과 관련된 문제
컴퓨터 기능 문제	• 기능과 관련된 문제 • 하드웨어적 문제 • 컴퓨터 및 통신 문제
컴퓨팅 사고력 문제	• 문제해결력 • 알고리즘적 사고 문제 • 컴퓨팅 사고 문제(정보적 사고 문제, 컴퓨터 과학적 문제)
정보의 활용 및 적용 문제	• 실생활 활용 및 적용 문제 • 정보기술 활용 수업 관련 문제 • 디지털 정보처리 문제(수집, 분석, 생성, 수정, 평가 등)
정보에 대한 가치와 태도 문제	• 윤리적, 사회적, 전문적 과제와 관련된 문제, 미래 사회 예측 문제

이와 같은 관점에서 소프트웨어 교육에서의 문제해결은 다음과 같은 특징을 가진다.

첫째, 소프트웨어 교육에서는 정보적 문제가 현실 사회와 연결되어야 한다. 국어과에서는 언어적 문제를 다루고, 수학과에서는 수에 관한 문제를 다루고, 사회과에서는 사회적 문제를 다루기 위해 본 모형을 적용한다고 본다면 소프트웨어 교육에서는 정보적 문제에 집중해야 한다. 정보적 문제는 디지털 정보와 그것을 처리하기 위한 컴퓨팅 기술, 지식, 이해, 태도, 현상, 원리, 이론 등을 근거로 해결되어야 할 문제라고 정의한다.

둘째, 소프트웨어 교육에서의 문제해결 수업에서는 효과성과 효율성을 추구하는데, 효율성(최적화) 문제를 선행적으로 해결한 후에 효과성(근사화, 휴리스틱적) 문제를 해결하도록 한다. 따라서 효과성과 효율성의 문제를 구분하여 학습 목표를 설정해야 한다. 효율성efficiency은 제한된 자원으로 최대의 산출물을 제공하는 속성이다. 이것은 '능률적이다', '비능률적이다'라는 의미를 새겨보면 이해된다. 소프트웨어 교육에서는 최적화라는 의미와 유사하게 사용한다. 효율성의 예로는 올바른 일을 하는 것, 올바른 문제를 푸는 것, 올바른 문제라는 것을 명확히 인식하고 올바로 푸는 방법을 이해하는 것 등을 들 수 있다. 효과성effectiveness은 요구된 목적을 달성하기 위한 속성이다. 이것은 '효과가 있다', '효과가 없다'라는 의미를 되새겨보면 알 수 있다. 소프트웨어 교육에서는 근사화(휴리스틱, 경험적)라는 의미와 유사하게 사용한다. 효과성의 예로는 일을 올바로 하는 것, 주어진 문제를 올바르게 푸는 것, 주어진 조건을 가지고 적합하게 해결해야 하는 것 등을 들 수 있다.

효율성 및 효과성 차원의 문제를 예로 들면 다음과 같다.

- 내가 모르는 도시를 여행하며 특정 위치로 가려 할 때
- 유럽 여행 시 비용을 적게 들이면서 여행하려 할 때
- 우체부가 120군데의 주소에 소포를 쉽게 배달하려고 할 때
- 100명의 친구 중에 행사에 맞는 친구들만 초대하려 할 때
- 6명의 친구들과 캠핑하고자 먹을 거리를 맞게 사려고 할 때
- 원하는 대학을 진학하려 할 때
- 인생의 진로를 결정하려 할 때

소프트웨어 교육에서의 문제해결 모형 적용의 유의점

첫째, 문제해결 모형은 지식이나 개념을 가르칠 때도 적합하다. 경우에 따라서는 기능이나 전략을 가르칠 때 학습자들의 탐구 활동을 강조하는 경우에 적용할 수도 있다.

둘째, 교사의 직접적인 개입을 최대한 줄이고 학습자들의 탐구 활동을 통한 자기 주도적 문제해결 과정을 최대한 강조한다.

셋째, 수업 내용은 교사가 재미있으면 학생들도 재미있다. 교사가 숙련된 기능과 지식을 가지고 있어야 수업을 마음대로, 실력대로 발휘하고 발산시킬 수 있다.

넷째, 학습 능력이 부족한 학습자에게 적용하기 어려운 면이 있으므로 사전에 학습 훈련을 충분히 시킬 필요가 있다. 처음부터 일련의 문제해결 과정을 거치기보다는 부분적인 한두 개의 과정에서 학습자 주도의 활동을 하도록 한다.

다섯째, 문제해결 모형의 적용은 대체로 시간이 많이 걸린다. 따라서 문제해결 수업의 절차적 단계에서 각 단계가 어느 정도의 시간이 걸릴지 미리 예측해야 한다.

여섯째, 학습자의 수준차를 고려하여 다양한 문제를 준비하고 제시해야 한다.

일곱째, 학생들이 해결 과정에서 인지적 장애를 겪어 포기하지 않도록 배려해야 한다. 학생들은 힘든 과정을 겪으면 그 다음부터 자신감을 상실하고 수업마저 포기하는 경우가 있다. 따라서 점진적 발전과 해결의 성공 과정을 거치도록 문제를 가공하여 준비한다.

여덟째, 문제해결의 전략은 스스로 세우도록 하고, 해결 과정은 다양하도록 하며, 해결 결과도 다양하도록 하는 것이 좋다. 또한 문제해결은 주어진 조건과 자료를 가지고 해결할 수 있어야 한다. 학습자의 수준을 높이기 위해 제약 조건이 적은 수준에서 다양한 조건으로 발전시켜 해결하도록 한다. 주어진 조건이 처음부터 많을 경우 사고 수준에 어려움을 초래할 수 있다.

아홉째, 주어진 자료가 많을 경우 문제해결 수업 모형으로는 적합하지 않다. 특히, 교사가 많은 것을 사전에 알려 주는 경우 문제해결 과정에서 학생들의 고차원적인 사고력을 기대하기 어렵다. 살아가면서 문제에 봉착한다는 것은 주어진 자료가 부족하다는 것이고, 항상 부족한 상태에서 새로운 해결 방안을 도출하는 것이 진정한 문제해결의 과정이라 할 수 있다.

열째, 문제해결의 수업은 그 전 차시와 후속 차시의 계열성이 중요하며 단원 수업 설계의 경우 모형 선정을 적절하게 해야 한다.

열한째, 수업에 사용될 핵심 문제의 선정은 다양한 학습 환경(일반 교실, 모둠 학습실, 컴퓨터실, 야외 학습장, 원격 학습 상황 등)을 고려하고 학생의 지식, 기능, 태도 중에서 어떠한 학습 영역을 중점으로 두고 계발할 것인가를 고려해야 한다.

사고력 차원의 문제의 특징은 다음과 같다.

- 학습자들의 문제해결 과정에서 뇌의 기능을 강화할 수 있다.
- 컴퓨팅 사고(분해−패턴−추상화−알고리즘−자동화)가 신장된다.
- 문제해결에 있어 효과성과 효율성을 파악할 수 있다.
- 나와 다른 사람의 문제해결 방법의 차이점을 인정할 수 있다.

소프트웨어 교육에서의 문제해결 모형

문제해결 모형의 수업 예시

소프트웨어 교육에서의 문제해결 수업의 소재들은 다음과 같이 여러 가지 측면에서 살펴볼 수 있다.

첫째, 교사의 제시 자료에서 일부러 문제점(오류)을 발생시키고 이를 학생들이 해결할 수 있도록 제시하는 것도 문제해결 수업의 좋은 소재와 방법이다. 한 가지 방법으로 해결하였다면 발견학습 모형이고 다양한 방법으로 해결하였다면 문제해결 모형이라고 할 수 있다.

둘째, 시간과 공간이 제약된 문제해결의 경우이다. 이 경우 학생의 인지적인 측면에서의 순발력과 문제해결 측면에서의 순발력이 요구된다. 같은 문제와 같은 해결 과정, 같은 답을 찾는 경우 가장 빠른 시간 안에 문제를 해결할 때 사용한다. 이러한 시·공간의 제약에서의 문제해결은 다른 사람이 해결한 뒤에는 그 가치를 잃게 되므로 정보사회에서의 생존과 문제해결 역량에 큰 영향을 준다.

셋째, 개인이 혼자 해결하는 개별적 문제해결 모형(개별 프로그래밍)과 여럿이 함께 해결하는 협력적 문제해결 모형(페어드 프로그래밍, 짝 프로그래밍 등)으로 구분할 수 있다.

다음은 문제해결 수업의 사례이다.

- 프로그래밍을 이용한 게임 개발 문제
- 최단 거리를 찾는 등의 최적화된 알고리즘 문제
- 로고와 같은 GUI 기반 프로그래밍을 활용한 도형 그리기 문제
- 자료구조에서 사용되는 정렬과 탐색 알고리즘 문제
- SQL을 이용하여 데이터를 검색하는 문제
- 컴퓨터 고장의 원인과 문제 해결
- 스프레드시트의 함수를 이용하여 원하는 데이터를 처리하는 문제
- 윈도우즈 운영체제를 활용한 파일 처리 문제
- 네트워크 라우팅 알고리즘으로 교착 상태를 해결하는 문제
- 빅데이터를 이용한 정보탐색 및 검색, 종합, 평가력 등의 문제
- 인간의 인지 추론 능력 문제와 결과 예측 문제
- 신경망(딥러닝) 문제, 유전자 알고리즘 등의 기계학습 문제

프로그래밍을 가르칠 때의 보편 교육의 관점은 복잡한 수학적 알고리즘이나 함수 등에 있는 것이 아니라 문제해결과 사고력의 과정으로 인식하는 것에 있다. 따라서 학생들의 알고리즘적 사고를 키우기 위해 쉬운 현실 사례나 비유, 문장 등을 이용하여 가르친다. 가급적 교육용 프로그래밍 언어Educational Programming Language, EPL를 이용하는 것이 좋다.

 **참고하기**

⇨ 소프트웨어 교육과 수학에서의 알고리즘 기반 문제해결 모형의 차이

프로그래밍을 주제로 문제해결 수업을 진행하다 보면 누구나 수학에서의 알고리즘과 컴퓨터에서의 알고리즘이 어떻게 다른가에 대한 궁금증이 생기게 마련이다. 컴퓨터에서의 알고리즘이 수학을 기반으로 만들어졌기 때문에 이 두 가지의 구분을 명확히 한다는 것은 어렵다. 하지만 교육을 하는 입장이나 연구를 하는 입장에서는 적절한 한계선을 긋고 수업을 차별화하여 적용해야 할 필요가 있다.

일반적으로 수학에서의 알고리즘은 추상화된 소재를 선택하여 이론 수업에 가깝게 온실 수업 형태로 진행한다. 이는 계열화를 통한 수학의 문제해결로 제약이 따르는 데 반해, 컴퓨터에서의 알고리즘은 이론적인 내용을 구체화하여 실제 수업에 더 가깝게 전개한다. 다시 말해, 소프트웨어 교육은 실제 수업(authentic instruction)의 방향을 그대로 따른다.

컴퓨터에서의 알고리즘은 전자계산, 전산학이라는 용어에서 알 수 있듯이 수학을 기반으로 한다. 그러나 수학보다는 다기능, 다지식, 통합적 지식이 필요한데, 특히 지식과 기능, 활용 능력, 실제화 능력이 더 필요하다. 문제해결보다는 효율성을 추구하여 최적화, 디지털화의 관점에서 접근한다. 그리고 프로그램에서의 알고리즘은 컴퓨터라는 기계와 인간의 공통점, 차이점을 이해하는 데 도움을 준다. 인간의 모델로서 컴퓨터가 새로운 종족, 새로운 생명체의 특징, 진화의 단계를 이해할 수 있도록 도와줄 수 있다. 결국 컴퓨터도 인간 존재의 이유와 본질에 접근하는 수단으로 인간의 특징, 감성, 지성, 사회문화, 역사 등을 이해하는 데 큰 도움을 준다. 따라서 미래 사회의 변화를 이끄는 동인으로서 큰 영향을 미친다는 점을 인식하고 미래를 대비하기 위한 수단으로 활용하면 좋다.

해결의 방법이 인간과 유사하다고 하는 것은 컴퓨터가 인간을 모델링화했다는 의미이다. 어떤 해결 방법이 인간과 유사하다는 것은 일반적인 수준의 학습자에게 통용되는 방법이고, 색다른 해결 방법은 개성이 있는 개별 학습자의 특성을 나타낸 것으로 고수준의 사고를 요구하는 좋은 학습 재료가 된다.

해결의 과정이 일반화되어 묶음(모듈)으로 처리하는 것은 인간의 특성으로 인간의 뇌가 병렬 처리하기 때문이며 오감을 동시에 사용하기 때문이다. 해결 과정의 묶음을 풀어서 처리하게 되면 여러 단계의 해결 절차가 발생하며, 이렇게 처리하는 것은 컴퓨터가 가진 알고리즘의 특징을 이해해야 한다. 즉, 순차 처리와 속도, 메모리 등의 특징을 이해해야 알 수 있다. 이와 같은 사고를 통해 학생들은 컴퓨터가 문제를 해결할 때 어떻게 처리할지에 대해 알 수 있다.

다음의 문제해결의 예를 보면 수학과 컴퓨터의 알고리즘에 대한 차이점을 쉽게 이해할 수 있다. 로고 프로그램으로 거북이가 이동하는 경우에는 그림과 같이 두 가지 다른 방법이 있다.

수학적으로 접근한다면 우리는 '①번과 ②번의 길이는 같다'라고 해도 아무런 모순이 없을 것이다. 그러나 컴퓨터적으로 접근할 경우에는 최적화, 효율화, 단순화라는 관점에서 '①번보다 ②번이 더 효율적이다'라고 말해야 할 것이다. 왜냐하면 ②번의 경우에는 명령어를 작성하는 라인 수가 줄어들고, 사용자의 관리가 편하며, CPU의 처리가 두 번 만에 끝난다는 효율성이 있기 때문이다. 이와 같이 프로그래밍의 효율성 평가의 기준은 명령어의 라인 수, 쉬운 명령어의 사용, 모듈화, 순서의 적합성, 자원의 최소 사용 등을 들 수 있다.

➪ 프로그래밍과 인간의 비교

문제해결을 위한 좋은 주제로 알고리즘과 프로그래밍이 사용된다. 프로그래밍(알고리즘)에 사용되는 로직들은 인간의 사고 과정과 사회 시스템의 모습을 반영한다. 사회와 인간의 모습을 반영한다는 것은 곧 인간의 문제를 해결하는 방법을 제시한다고 볼 수 있다. 따라서 프로그래밍에 사용되는 논리적인 기술들, 즉 순차 반복, 조건, 호출 원리들이 모두 인간의 사고력을 반영하고 문제해결의 실마리를 준다고 할 수 있다.

다음은 그 의미를 선행조직자의 관점에서 해석한 내용이다.

- 선언문 : 문제의 목표와 초기 주어진 조건이나 설정된 값들
- 실행문 : 일상의 주어진 과제와 처리해야 할 일들, 성취 과제들
- 변수 : 항상 변화하고 그에 적응하기 위해 바꾸어야 하는 값들과 환경, 문제해결의 가변적인 조건들

- 상수 : 변하지 말아야 하는 값, 원칙, 불변의 규칙
- 반복문 : 반복하는 일상의 루틴한 과정, 반복을 통한 효과적 문제해결
- 조건문 : 조건에 따라 선택하는 과정, 최적의 값을 선정하는 의사 결정력
- 함수 : 효과적인 과거의 경험을 활용, 반복적으로 사용하는 과정의 모듈화
- 호출문 : 효과적인 경험과 반복적인 작업 재사용
- 모듈화 : 각각의 관계를 맺고 서로 협동하며 사는 모습, 사회적 기능 시스템
- 분기문 : 불필요한 것을 스킵해서 건너뛰는 방법, 무조건 분기함으로 인해 망가지는 스파게티 소스식 일 처리
- 재귀문 : 자기 자신의 내적인 통찰과 스스로 처리하는 문제 처리 과정, 메타 사고
- 객체지향 : 각각의 객체의 삶에 대한 독립성, 객체의 특성과 기능들의 묶음, 세상의 모든 사물들

이러한 주관적인 정의나 의미는 소프트웨어 교육의 교수·학습에 도움이 될 수 있으며, 프로그램을 작성하면서 일상생활의 의미 있는 사례와 연결하는 것도 좋은 수업 방법의 하나이다.

⇨ 문제해결 모형과 창의성계발 모형의 비교

문제해결과 관련된 사고력은 비판력과 창의력 그리고 수렴적 사고와 발산적 사고의 상보적 관계라 할 수 있다. 문제해결 모형과 창의성계발 모형의 차이점을 살펴보면 다음과 같다.

문제해결 모형은 주어진 조건에 의해 정답도 어느 정도 결정되어 있고 해결하기 위한 조건도 많이 주어진다. 또한 해결의 과정은 다양해야 하며 일반화시켜서 일련의 단계를 알고리즘화해야 한다. 이러한 문제해결 과정을 통해 비판적인 사고와 수렴적 사고를 통합적으로 발달시킨다.

창의성계발 모형은 학생 자신이 조건을 설정할 수 있으며 명확한 정답은 없다. 대신 봉착한 문제나 현재 상황을 타개할 대안을 산출한다. 어떤 정답이 나올지도 예상하기 어려운 경우가 대부분이다. 해결을 위해 주어진 조건이 거의 없기 때문에 자기 주도적인 해결 전략이 필요하다. 학습자는 이러한 과정을 통해 발산적 사고와 창의성을 신장시킬 수 있다. 예를 들어 보면, 프로그래밍에서 라인 명령어를 이용하여 자신이 살 집 그리기와 같은 문제를 들 수 있다.

⇨ 문제해결 모형과 다른 모형의 비교

문제해결 모형은 학습자 위주의 학습 모형으로, 문제기반학습 모형Problem-Based Learning, PBL과 혼동이 되지 않도록 한다. 문제기반학습 모형은 비슷한 문제의 유형을 반복적으로 제시하여 문제를 해결하는 인지 처리 모형이다. 알고리즘 모형은 문제해결 모형과 유사하나 최적화 단계와 일반화 단계를 통해 원리나 알고리즘, 해결 방법을 고착화하고 일반화한다. 특히, 최적화, 효율성, 근사화, 휴리스틱적인 인간의 사고 능력을 요구한다. 결국 문제해결 모형과 발견학습 모형 및 창의성계발 모형을 통합한 모형이 알고리즘 모형이다.

문제해결 모형과 문제기반학습 모형은 어떤 관계일까? 문제를 기반으로 하는 것은 같지만 문제해결 모형은 문제를 인식하고 해결하는 방법을 모색하며 다양한 해결 단계를 거치고 정답도 여러 개가 존재하는 점에서 문제기반학습 모형과 다르다. 문제해결 모형은 문제기반학습 모형을 포함하기도 한다.

문제해결 모형의 교수 · 학습 아이디어

(1) 컴퓨터의 동작 원리 및 자료 처리의 원리 문제에 관한 교육

• 정렬 원리를 통하여 숫자를 정렬하는 문제해결 학습 •

학습 절차	학습 요소	교수 · 학습 활동
문제 파악	동기 유발	• 도입(동기 유발) 로또 당첨 동영상 제시
	목표 인지	• 학습 목표 정렬 원리를 이용하여 문제를 해결할 수 있다.
해결 방법 탐색	문제 확인	• 문제 제시 처음에 컴퓨터에 입력된 자료를 제시한다. (8, 3, 4, 9, 7) • 가장 작은 수부터 가장 빠른 방법으로 정렬해 보세요. • 조건은 한 번에 두 개의 숫자만 비교 가능하고 자리는 서로 맞바꾸는 것만 가능해요.
	문제 해결 탐색	• 정렬 방법 생각해 보기 어떤 정렬 방법을 적용하면 쉽게 해결할 수 있을지 생각해 본다.
문제 해결	문제 해결	• 선택한 정렬 방법을 통해 문제 해결하기
평가	평가	• 문제 해결 방법을 공유하고 다른 문제에 적용해 보기
적용	활용 가능성 모색	• 상호 간의 차이점 인식 및 실생활 문제에 적용 가능성 탐색

(2) 일상생활에서 컴퓨터를 활용하여 문제를 해결하는 교육

• 아날로그 정보를 디지털 정보로 바꾸어 문제를 해결하는 학습 •

학습 절차	학습 요소	교수 · 학습 활동
문제 파악	동기 유발	• 도입(동기 유발) 중요한 자료를 집에 두고 가신 아빠의 당황하는 모습
	목표 인지	• 학습 목표 아날로그 정보를 디지털 정보로 만들어서 문제를 해결할 수 있다.
해결 방법 탐색	문제 확인	• 문제 제시 중요한 자료를 집에 두고 가신 아빠가 5분 이내에 회사에서 그 자료를 받아야 한다면 어떻게 해야 할까?
	문제 해결 탐색	• 문제 해결 방법 탐색 해결 방법을 토의해 보기
문제 해결	문제 해결	• 다양한 방법을 통해 주어진 문제를 해결해 보기 디카로 찍어서 이메일로 전송, 스캔을 떠서 전송, 휴대폰으로 찍어서 전송, 팩스 전송 등
평가	평가	• 문제 해결 방법을 공유하고 다른 문제에 적용해 보기
적용	활용 모색	• 상호 간의 차이점 인식 및 실생활 문제에 적용 가능성 탐색

• 학습 자료 •

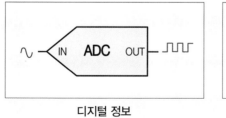

디지털 정보

스캐너

(3) 코딩을 이용하여 게임 개발 시 발생하는 문제를 해결하는 교육

• 스쿼시 게임을 구현하는 코딩 수업 •

학습 절차	학습 내용	자료 및 유의점
문제 파악	• 동기 유발 • 학습 목표 제시하기 • 학습 문제를 제시하고 파악하기 • 스쿼시 게임의 종료 규칙 만들기	문제 상황의 제시 및 학생 인식
해결 방법 탐색	• 스쿼시 공이 라켓에 맞지 않는 상황 구현하기 • 다양한 해결 전략 구안하기 • 해결 전략에 대해 발표하고 아이디어 보완하기	해결 전략의 상호 비교표
문제 해결	• 스쿼시 프로그램 구현하기 • 다양한 시도를 통하여 제시된 문제를 해결하며 완성하기	• 코딩을 통한 문제 해결 • 스크래치, 엔트리, 파이썬
평가	• 스쿼시 공이 라켓에 맞지 않는 상황을 구현한 결과 발표하기 • 상호 해결 결과를 비교하고 수정 보완하기	• 해결 방법의 다양함을 인식하기 • 해결 방법을 최적화하기
적용	• 해결 방법을 다른 게임에 적용하기	현실 세계의 문제 해결에 적용 가능성 탐색

문제 파악

- 동기 유발 : 실생활의 게임과 스포츠 사례
  - 테니스, 스쿼시, 벽돌 깨기 게임 등

- 학습 목표 제시하기

> 벽돌 깨기 또는 스쿼시 게임을 개발하면서 라켓으로 공을 놓친 상황을 코딩으로 구현할 수 있다.

- 해결해야 할 학습 문제 파악하기
  - 벽돌 깨기와 스쿼시 게임의 특징 파악하기
  - 공은 자유롭게 움직이며 벽이나 라켓에 부딪히기
  - 공이 라켓 또는 막대에 맞지 않을 경우 점수를 잃거나 종료하기
  - 공이 라켓에 맞지 않았다는 것을 어떻게 구현해야 할까?

- 해결해야 할 문제를 코딩의 관점에서 이해하기

  - 공이 라켓에 맞지 않았다는 것을 컴퓨터가 이해할 수 있을까?

  - 컴퓨터가 시각, 촉각 등의 센서나 라켓을 인식할 수 있을까?

- 문제의 해결 전략에 대해 다양하게 구안하기

  - 스크래치 프로그램의 특성으로 해결 방안 찾기

  - 수학적인 관점에서 해결 방안 찾기

  - 게임 또는 운동 경기에서 해결 방안 찾기

- 해결 전략에 대해 발표하고 아이디어 보완하기

  - 공과 라켓 뒤에 배치한 스프라이트가 닿았는지 조건 확인하기

  - 라켓 뒤에 배치한 스프라이트의 색 확인하기

  - 라켓 스프라이트의 세로 위치와 공의 세로 위치 비교하기

문제 해결

- 스쿼시 프로그램 구현하기

  - 공과 라켓을 화면에 배치하기

  - 공은 자유롭게 이동하면서 벽에 부딪히면 튕기도록 하기

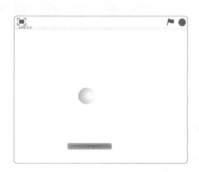

‒ 라켓 좌우로 움직이기

마우스로 좌우 움직이기 → 라켓의 x 좌표를 마우스 x 좌표로 변화시키기

‒ 공이 라켓에 부딪히면 튕기기

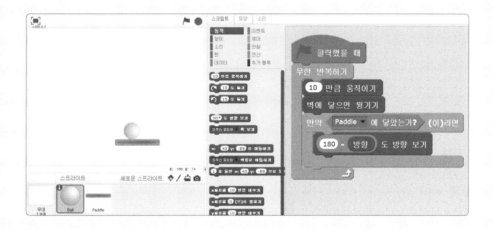

• 문제 해결하기 : 공이 라켓에 맞지 않은 상황 구현하기

  ‒ 해결 1안 : 화면 하단에 라인 스프라이트 배치하기

    공이 라인 스프라이트와 닿았는지 조건식 만들기

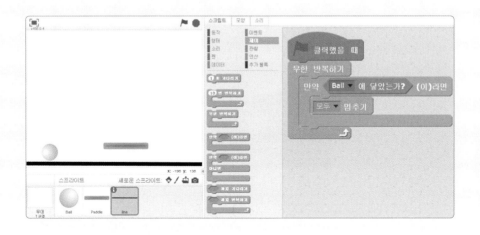

– 해결 2안 : 화면 하단에 빨간색 라인 스프라이트 배치하기

공이 빨간색과 닿았는지 조건식 만들기

– 해결 3안 : 공의 y 좌표와 라켓(막대)의 y 좌표 비교하기

공의 y 좌표가 라켓 y 좌표보다 작은지 확인하는 조건식 만들기

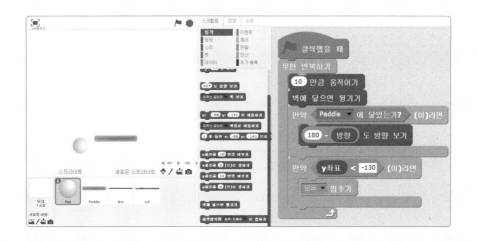

평가

• 문제 해결 결과 발표하고 수정 보완하기

– 각자 구현된 프로그램을 시연하며 해결 전략 발표하기

– 상호 해결 전략을 탐색하고 자신의 해결 전략과 비교하기

– 다른 사람의 해결 전략을 이용하여 자신의 프로그램에 수정 보완하여 적용하기

• 문제 해결 전략의 효과성 분석하기

– 효과적인 해결 전략을 상호 평가하기

– 해결 전략의 평가 기준 정하기

해결 전략 평가 기준	구현의 용이성	명령의 개수	알고리즘 이해도	실행 속도	합계
점수					

– 해결 전략의 다양성 이해하기

적용

• 해결한 방법을 다양한 프로그램에 적용하기

– 핑퐁, 테트리스 게임 등에 적용해 보자.

– 현실 세계와 연계하여 실제 스포츠 경기에서 공을 적용할 수 있는 사례를 찾아보자.

  (달리기 결승선 순서 판독, 실제 테니스 경기에서 공이 라인 밖으로 나간 것 감지 등)

Chapter **09** | 창의성계발
모형

창의성계발 모형의
개요

 창의성계발 모형은 학생의 창의성을 계발하고자 할 때 적용할 만한 수업 방법이다. 창의성은 이미 알려져 있지 않은 참신한 아이디어나 그런 아이디어의 복합체를 생산해 내는 능력을 말한다. 또한 사물을 새롭게 탄생시키는 과정이나 새로운 관계를 지각하거나 비범한 아이디어를 산출해 내거나 전통적 사고의 유형에서 벗어나 전혀 새로운 유형으로 사고하는 능력으로 정의된다. 창의성의 구성 요소로는 독창성, 유창성, 융통성, 민감성, 정교성, 재구성력 등이 있다.

 창의성을 기르기 위해서는 문제를 여러 각도에서 볼 수 있는 능력을 증진할 필요가 있으므로 처음부터 정답을 요구하기보다는 문제를 여러 각도에서 보고, 주어진 문제를 해결하기 위한 방안을 모색하도록 분위기를 조성해 주는 것이 중요하다.

 다음은 창의성계발 모형의 수업 절차이다.

표 9-1 | 창의성계발 모형의 수업 절차

문제 발견하기	아이디어 생성하기	아이디어 평가하기	적용하기
• 문제 확인 및 분석 • 문제 재진술	• 다각도로 문제 검토 • 다양한 아이디어 산출	• 집단 토의 • 최선의 아이디어 선택 및 일반화	• 일반적 상황 적용 • 문제점 및 적용 • 가능성 탐색

소프트웨어 교육을 위한
창의성계발 모형

창의성계발 모형은 소프트웨어 교육에서 가장 관심을 가지고 개발해야 할 모형이다. 현재의 소프트웨어 교육이 ICT 활용에 너무 치우치거나 코딩 기능에만 매달려 있기 때문에, 학생들의 컴퓨팅 사고력 신장과 창의성 신장을 위해서 매우 중요한 모형이라 할 수 있다. 창의성계발 모형의 적용 사례는 교육 현장에서 쉽게 찾을 수 있다. 예를 들면, 정보기술이나 지식과 관련된 발명, 특허 교육과 같은 방법으로 수업을 재구성하거나 영재교육 방법을 적용해도 된다. 특히, 정보영재 관련 자료를 학습에 투입할 수도 있다.

프로그래밍을 이용한 문제해결 모형에서 활용한 주제를 확장하여, 정답보다는 문제해결 과정의 다양화를 통해 결과도 다양하게 산출하면 창의성계발 모형으로도 변형이 가능하다. 알고리즘 문제나 프로그래밍 문제를 적용하여 주어진 조건에 따라 프로그램을 작성하고 입력과 출력을 제시하면 문제해결 모형으로 전개가 가능하지만 입력이나 출력을 제한하지 않고 효과적이거나 효율적인 프로그램을 작성하게 하여 창의성계발 모형으로 발전시킬 수 있다.

예를 들어, 게임을 개발하는 프로그래밍 문제나 교육용 프로그램을 개발하는 것 등이 창의성계발에 도움을 줄 수 있다. 이를 통해 컴퓨터 교육이 단순히 게임을 통한 두뇌계발뿐만 아니라 학습자들의 사고력을 신장시키고 고도의 두뇌를 계발하는 유용한 도구임을 이해할 수 있게 된다.

창의성계발 모형은 학생이 활동 중심인 모형이지만 교사의 지식과 기능 그리고 그 역할이 중요하다. 개념을 가르치기 위해 우선 교사가 문제에 포함된 개념을 형성해야 하며, 문제해결 모형을 안내하기 위해 교사가 먼저 문제를 해결해야 하고, 발견학습을 안내하기 위해 교사가 먼저 원리나 법칙을 발견하거나 이해해야 한다. 마찬가지로 창의성을 계발하기 위해서는 교사 또한 창의성을 계발하기 위해 노력해야 한다.

창의성계발 모형을 위한 교육 내용을 재구성하기 어려울 때는 창의성계발을 돕기 위한 창의성 도구나 방법을 적용할 수 있다. 예를 들어, 육색모자 기법(드보노 기법), 스캠퍼 기법, 마인드맵 기법, 브레인스토밍BS, 브레인라이팅BW 등의 다양한 방법을 적용하여 학습자의 창의성을 끌어낼 수 있다. 가급적이면 컴퓨터 과학의 기술과 지식을 바탕으로 창의성을 끌어내도록 주제를 선정한다.

창의적 문제해결 모형은 창의성계발 모형과 문제해결 모형을 통합한 모형이다. 문제를 주되 제약은 적게 하고 다양한 절차와 방법으로 문제를 해결하며 독창적이고 융통성 있게 해결하도록 유도한다. 다음 그림은 창의적 문제해결 모형의 개념도이다.

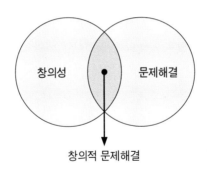

그림 9-1 │ 창의적 문제해결 모형의 개념도

창의적 문제해결 모형은 수렴적 사고 후 발산적 사고를 사용하여 더 강력한 사고력을 갖게 만든다. 요즘 사람들에게 가장 싫어하는 것을 물어보면 '생각하는 것'이라고 한다. 특히, 컴퓨터와 통신의 발달로 인터넷에 원하는 것을 물어보면 바로 해답을 제시하기 때문에 자신의 뇌 기능을 적극적으로 사용하려 하지 않는다. 점점 뇌 기능이 감소되고 자신의 독창적인 생각이 아닌 다른 사람의 생각을 내 생각인 양 치부하는 인간이 되어가고 있는 것이다.

아이러니컬하게도 정보기술의 발달로, 특히 인터넷(컴퓨터)에 의해 인간은 더 사고력이 떨어지고 뇌의 기능이, 상상력이, 의욕이 감퇴되고 있다. 이러한 현상에 대해 어떤 이는 디지털 치매라고 정의하며, 이제라도 컴퓨터의 발달을 늦추고 사용을 자제하여 자연 상태로 돌아가자고 주장하기도 한다. 하지만 이러한 주장에 반해 어떤 이는 컴퓨터와 인터넷의 디지털 기술에 의해 인간의 뇌 기능이 감소되는 것이 아니라 뇌 기능이 다른 필요에 의해 역할이 바뀌어 간다고 주장하기도 한다.

인류의 발달을 고찰해 볼 때 정보기술의 발달은 늦춰지거나 멈추지 않고 오히려 더 빨라지고 있다. 멈출 수 있는 통제력도 이미 상실한 지 오래다. 이러한 상황에서 사용을 멈추고 적게 사용하게 되면 생존 자체가 위협을 받게 될지도 모른다.

미래 정보기술이 극한적으로 발달할수록 인간은 이처럼 여러 가지 어려움에 봉착하지만, 반대로 생각하면 더 많은 기회를 가질 수도 있다. 그 해법 중의 하나가 바로 자신의 사고력을 더 많이 사용하고 정보기기가 할 수 없는 능력을 개발하는 방법이다. 따라서 정보기술의 발달을 인식하고 이를 사고력 발달에 활용하는 교육이 이루어진다면 더 훌륭한 기회를 잡을 수 있다. 바로 소프트웨어 교육이 그 역할을 하게 될 것이고, 그 필요성은 더욱 커질 것이다. 혹자는 사고력 향상을 위해 기존의 기초 정보활용 교육이면 충분하지 않느냐는 주장도 편다. 하지만 새로운 정보기술에 대해 모르고서 과거의 역사만 붙잡고 과거의 방식만 고집하게 되면 새로운 사회의 흐름에 적응하지 못하게 될 것이다. 따라서 창의성계발 모형은 소프트웨어 교육에서 매우 중요한 모형으로 자리를 차지하고 있다.

창의성의 구성 요소에 따라 정보기술과 교육이 제공해야 하는 내용은 다음과 같다.

- 독창성 : 정보기술과 관련된 독특한 아이디어 산출, 정보기술로 해결하지 못하는 문제의 기발한 해결 능력
- 유창성 : 정보적 사고와 정보기술을 활용한 대안을 많이 산출하고 다양한 알고리즘을 사용하여 해결하는 능력
- 융통성 : 정보기술을 통해 주어진 제약을 벗어나 해결하고, 디지털로 해결해야만 하는 것을 벗어나 아날로그로 처리할 수 있는 디지로그 융합 능력
- 민감성 : 정보사회에 대한 명확한 인식과 현실 이해 능력, 정보기술에 따른 미래 예측 능력
- 정교성 : 정보기술의 정확한 사용, 디지털 정보와 아날로그 정보를 구분하여 적절하고 효과적으로 활용하는 능력
- 재구성력 : 기존 아날로그적인 영역을 디지털화하여 변환하는 능력, 과거의 경험을 토대로 지식 정보화 사회에 나타날 유사한 패턴의 예측과 대비 능력

아는 만큼 독창성이 생긴다고 했다. 어디선가 배워서 자신만이 아는 아이디어를 그것을 모르는 사람들로만 구성된 그룹에서 발표할 경우 독창적이라고 할 수 있다. 따라서 그러한 독창성을 계발하기 위해서는 다양한 경험과 과감한 학습의 도전이 필요하다.

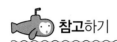 **참고**하기

 **각 모형의 차이점**

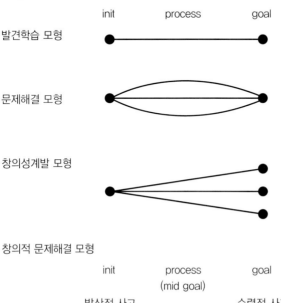

발견학습 모형

문제해결 모형

창의성계발 모형

창의적 문제해결 모형

(처리 과정, 즉 중간 목표를 창의적으로 산출하도록 안내하고 중간 평가를 한다.)

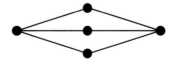

논리적 문제해결(수렴적 사고) ⎫ 통합
창의적 문제해결(확산적 사고) ⎭ ⟶ 논리적 사고(비판적 능력), 독창적 사고(창의적 능력)

소프트웨어 교육에서 창의성계발 모형 적용의 유의점

창의성계발 모형의 적용에서 주의할 사항은 다음과 같다.

첫째, 많은 아이디어를 산출하는 데 그치지 않고 과정과 결과를 검증하는 과정을 거쳐야 하기 때문에, 학습 능력이 부족한 학습자들에게 적용하기 어려운 측면이 있다. 특히, 소프트웨어 교육에서 나타난 아이디어는 미래 지향적인 내용들(예를 들어, 미래 사회, 미래 기술)이 많고 영화에서만 볼 수 있는 약간 과장된 내용을 결과로 제시하기 때문에 검증하기 어려운 점이 있다.

둘째, 정답을 요구하기보다는 다양한 각도에서 자신의 생각을 나타내고 검증해 보게 할 때 적용하기 알맞은 방법이다. 소프트웨어 교육에서 자신의 다양한 생각들을 제시하기 위해서는 기반이 되는 이론과 그 근거, 기술의 이해가 필요한데, 소프트웨어 교육의 기초 원리 교육이 부족한 상태에서 적용하기 어려운 점이 있다.

셋째, 학습자들에게 틀에 박힌 정답을 요구하지 않도록 한다. 저학년의 경우에는 다양한 아이디어를 산출할 수 있도록 하는 데 초점을 두고, 점차적으로 그 아이디어를 검증해 나가는 단계에 이르도록 한다. 결국 학습자들의 결과에 대해 긍정적인 점을 찾고 칭찬과 격려를 아끼지 말아야 한다.

넷째, 아이디어를 검증하는 단계에서 어려움을 겪는 학습자들에게는 적절한 질문을 하거나 실마리를 제공해 주는 방법 등을 통해 도와줄 필요가 있다.

소프트웨어 교육에서의 창의성계발 모형

창의성계발 모형의 수업 예시

창의성계발 모형의 전개는 내용으로 전개하는 것과 방법으로 전개하는 것으로 구분된다. 첫째, 내용으로 전개하는 것은 수업의 주제 자체가 창의적인 아이디어를 끌어내도록 구성된 것에 적합하다. 둘째, 방법으로 전개하는 방식은 기존에 개발된 창의력계발 도구, 예를 들어 브레인스토밍, 드보노 기법, KJ법, 마인드맵 기법 등을 수업에 적용하여 수업을 전개하는 방식이다.

창의성계발 모형을 이용한 학습 주제는 크게 두 가지로 나누어 볼 수 있다. 우선 정보화 사회 및 미래 사회의 변화에 대한 예측 및 상상을 하거나 다양한 프로그래밍을 통한 새로운 산출물을 내는 등의 확산적인 활동이 가능하다. 반면, 아이디어의 확산과 수렴을 통해 컴퓨터 및 정보사회와 관련된 특정 문제들을 창의적으로 해결해 나가는 활동을 할 수 있다. 즉, 창의성계발 모형은 일반화된 창의성(상상력), 문제 기반 창의성(독창적 문제해결)으로 나뉜다. 일반화된 창의성이란 일정한 제한이나 틀을 가지지 않고 확산적인 산출물을 내는 것을 말하며, 문제 기반 창의성은 무작정 상상하고 결과를 평가 기준 없이 산출하는 것이 아니라 기존의 것을 응용, 분석, 이해하여 독창적으로 주어진 문제를 해결하는 것이다.

교육적인 환경에서 무에서부터 유를 창조하는 것은 어렵다. 그러므로 창의성계발 모형은 주어진 문제를 해결하기 위한 사고력 신장 도구로서 창의성을 사용하게 도와주는 주요한 교수·학습 모형이다. 다음은 창의성계발 모형의 수업 사례들이다.

- 미래의 컴퓨터와 자동화 기기 상상하기
- 컴퓨터와 인간이 결합하게 되면 어떤 능력이 생길까?
- 게임 속의 캐릭터가 되어 모험하는 장면 표현하기
- 창의적인 게임 스토리 만들기
- 내가 컴퓨터라면?
- 자연어 처리가 완벽해진다면 어떤 상황이 벌어질까?
- 멀티미디어로 창의적 작품 개발하기
- 정보기술 제안서를 작성하여 세상을 놀라게 할 아이디어 구안하기
- 정보기술을 활용하여 인간을 편리하게 하는 연구 주제 쓰기
- 정보기술을 생명 기술과 융합하여 새로운 종 만들기
- 증강현실이 포함된 애니메이션 영화 제작하기
- 정보기술로 인해 미래에 사라지거나 새롭게 탄생할 직업 추측하기

게임 스토리

증강현실 앱

- 사이버 공간의 나에게 생길 수 있는 문제점 해결
- 암호를 해독하는 프로그램 알고리즘 해결하기
- 컴퓨터의 데이터 처리 과정에서 발생할 수 있는 여러 가지 문제를 창의적으로 해결하기(교착 상태, 오버플로 등)

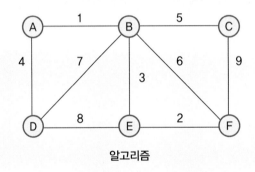

알고리즘

교착 상태

창의성계발 모형의 교수 · 학습 아이디어

(1) 기반 기술의 이해를 바탕으로 하여 미래 사회 예측 교육

• 컴퓨터 역사 이야기를 통한 미래 컴퓨터 형태 제시하기 •

학습 절차	학습 요소	교수 · 학습 활동
문제 발견	동기 유발	• 도입(동기 유발) 과거의 컴퓨터 사진을 연대별로 제시
	목표 인지	• 학습 목표 컴퓨터의 변화 과정을 이해하고 미래의 컴퓨터는 어떤 모습인지 창의적으로 표현할 수 있다.
아이디어 생성	아이디어 구안 및 생성	• 컴퓨터의 발전 과정 이해하기 컴퓨터의 역사와 주변 인물에 대한 시나리오 찾아 이해하기 • 미래의 컴퓨터 모습 구상하기 – 브레인라이팅(Brain Writing) 기법 사용 – 과거 컴퓨터의 발전과정을 토대로 미래 컴퓨터의 모습을 창의적으로 표현하기
아이디어 평가	아이디어 평가	• 학습자들이 표현한 컴퓨터의 모습을 발표하고 상호 좋은 점 이야기하기 컴퓨터의 모습을 독창적으로 표현하고, 발전의 과정으로 볼 때 타당한 점을 인지시켜 주기(사라진 컴퓨터, 입는 컴퓨터 등)
적용하기	정리 및 평가	• 영화에 나타난 미래 컴퓨터 감상하기 • 학습 정리 및 과제 제시

• 학습 자료 •

미래 컴퓨터

(2) 새롭게 설계하거나 프로그래밍하여 작품을 제작하는 교육

• 컴퓨터 게임 시나리오를 독창적으로 작성하기 •

학습 절차	학습 요소	교수 · 학습 활동
문제 발견	동기 유발	• 도입(동기 유발) 많이 접하는 스마트 앱 게임과 온라인 게임 소개하기
	목표 인지	• 학습 목표 컴퓨터 게임의 문제점을 분석하고 자신의 아이디어를 적용한 게임 시나리오를 독창적으로 개발할 수 있다.
	문제 인식	• 기존 컴퓨터 게임이 가지고 있는 문제점 분석하기 　– 게임을 이용하면서 불편했던 점과 시나리오의 부적절한 점을 인식하고 표현하기 　– 질문지법(체크리스트), 스캠퍼 기법
아이디어 생성	아이디어 구안 및 생성	• 자신의 게임 만들기 　– 게임명, 게임 인터페이스, 기초 환경 구상하기 　– 마인드맵 기법 사용하기 • 자신의 게임 시나리오 개발하기 　– 기존 게임 시나리오 변형하기 　– 흥미 있고 학습에 적절한 게임 시나리오 개발하기
아이디어 평가	아이디어 평가	• 학습자들이 작성한 게임 시나리오를 게시판에 공유하고 답글을 통해 시나리오 평가 후 보완 사항 제시
적용하기	정리 및 평가	• 게임 중독과 관련된 문제점들을 이야기하고 해결 방안 모색(윤리 교육 안내) • 게임 산업의 전망과 가능성 제시 • 학습 정리 및 과제 제시

• 학습 자료 •

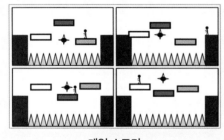

게임 스토리

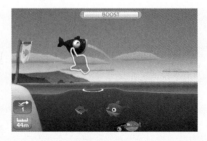

게임 스크린

(3) 피지컬 교구를 이용하여 다양한 아이디어를 산출하는 교육

• 센서 보드(피코 보드)를 이용하여 실생활에서 볼 수 있는 동작을 구현하는 코딩 수업 •

학습 절차	학습 내용	자료 및 유의점
문제 발견	• 동기 유발 • 학습 목표 제시하기 • 학습 문제를 제시하고 문제점 파악하기 센서 보드의 특징을 살펴보고 다양한 센서의 기능 파악하기	학습 문제 인식 및 주어진 상황 파악
아이디어 생성	• 센서 보드를 이용하여 창의적 아이디어 산출하기(유창성, 독창성, 유연성 등) • 피지컬 컴퓨팅의 아이디어를 구현하기 위한 디자인하기 • 피지컬 컴퓨팅을 이용한 창의적인 프로그램 구현하기	• 피지컬 컴퓨팅을 통한 창의성 신장 • 다양한 창의성 신장 기법 적용 • 스크래치, 엔트리, 피코 보드
아이디어 평가	• 구현된 프로그램의 아이디어 발표하고 시연하기 • 상호 아이디어를 비교하고 아이디어 적용하여 수정 보완하기	창의성 평가 기준표
적용	• 상호 아이디어를 적용하여 새로운 프로그램 개발하기 • 실생활의 적용 방법 연계하기	현실 세계의 적용 가능성 탐색

센서 보드를 이용하여 피지컬 컴퓨팅 구현하기

문제 발견

- 동기 유발 : 실생활에 적용된 자동 센서 시스템 찾아보기
  - 가로등 자동 점등, 소음 측정기, 스피드 건 등

- 학습 목표 제시하기

실생활에서 볼 수 있는 행동이나 동작들을 센서 보드를 사용하여 창의적 프로그래밍을 할 수 있다.

- 학습 문제를 제시하고 문제점 파악하기
  - 센서 보드의 특징을 살펴보고 다양한 센서의 기능을 파악한다.

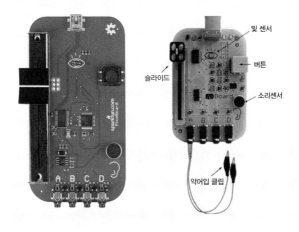

센서 이름	센서 기능
버튼	
슬라이더	
빛 센서	
소리 센서	
저항 A, B, C, D	

– 센서 보드에 적용된 센서의 기능을 이용하여 실생활에서 사용되는 자동 센서 시스템을 구현하기 위한 아이디어를 산출해 보자.

아이디어 생성

• 센서 보드를 이용하여 창의적 아이디어 산출하기(유창성, 독창성, 유연성 등의 관점)
  – 센서의 특징을 다양한 관점에서 변형하기(발산적, 수렴적 기법 적용)

– 브레인스토밍과 마인드맵으로 다양한 아이디어 산출하기

– 스캠퍼(SCAMPER) 기법으로 센서의 기능 또는 실생활의 문제를 다양하게 살펴보기

스캠퍼	센서의 기능 및 실생활의 문제
S–대체(Substitute)	실생활의 수동 시스템을 더 편리한 기능으로 대체할 수 있을까?
C–결합(Combine)	센서 보드의 빛 센서와 슬라이더를 결합하면 어떨까?
A–적합화(Adapt)	다른 센서 시스템들의 기능적인 아이디어가 현재 해결하려는 문제와 적합한가?
M–변경(Modify) 확대(Magnify)	저항 센서의 값 A, B, C, D를 습도 센서로 변경하면 어떨까?
P–다른 용도 (Put to other)	소리 센서를 바람 센서로 사용할 수 없을까?
E–제거(Eliminate) 축소(Minimize)	실생활 시스템에서 마이크를 없애거나 다른 기능으로 축소해서 사용할 수 있는 것이 있을까?
R–반전(Reverse) 재정렬(Rearrange)	센서 보드를 뒤집어 사용하거나 센서들의 기능을 다르게 재배치할 수 있을까?

- 피지컬 컴퓨팅으로 창의적 아이디어를 구현하기 위한 디자인하기
  - 박쥐가 위아래로 움직인 동작을 선으로 나타낼 수 있을까?
  - 앵무새가 소리에 반응하여 날갯짓을 하게 할 수 있을까?
  - 빛의 밝기에 따라 댄스하는 모습을 바꿀 수 있을까?
  - 빛이 너무 어둡거나 소리가 너무 크면 캐릭터가 말하게 할 수 있을까?
- 피지컬 컴퓨팅을 이용한 창의적인 프로그램 구현하기
  - 센서 보드 설정하기

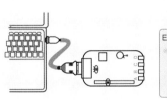

**컴퓨터에 센서 보드
연결하기**

**추가 블록 명령에서
'피코 보드' 선택하기**

**피코 보드의 센서 명령
사용하기**

  - 창의적인 프로그램 예 1 : 버튼과 슬라이더를 이용하여 박쥐의 움직임을 선으로
    나타내기

– 창의적인 프로그램 예 2 : 소리에 반응하여 앵무새가 날갯짓하기

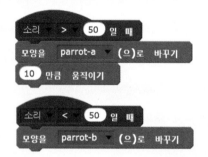

– 창의적인 프로그램 예 3 : 빛의 밝기에 따라 댄스하기

– 창의적인 프로그램 예 4 : 어둡거나 시끄러운 상황 인식하기

아이디어 평가

- 구현된 프로그램의 아이디어를 발표하고 프로그램 시연하기
  - 개발 아이디어와 센서의 기능 및 특징에 맞추어 아이디어 설명하기
  - 개발된 프로그램의 창의적인 부분을 강조하여 시연 발표하기

- 상호 아이디어를 비교하고 아이디어 적용하여 수정 보완하기
  - 창의성 평가하기

창의적 요소	아이디어의 독창성	구현 내용의 창의성	센서 기능의 적절성	합계
배점				

  - 자신의 개발 내용에 적용할 수 있는 아이디어 모방하여 수정하기

적용

- 상호 아이디어를 적용하여 새로운 프로그램 개발하기
- 실생활의 적용 방법 연계하기

Chapter 10

팀티칭 모형의
개요

팀티칭 모형이란 한 명의 교사가 수업을 담당하던 기존의 방식을 벗어나 두 명 이상의 교사가 팀을 이루어 협동적으로 수업을 계획하고 교수하는 수업 방식이다. 교사가 역할을 분담하여 여러 학급의 학습자를 분리한 후 팀으로 구성해 한 무리의 학생을 필요에 따라 대집단, 중집단, 소집단, 개별 등 탄력적으로 집단을 편성하여 학습하는 방식이다.

학생 집단 규모는 30~40명에서 500명에 이르기도 하며, 대그룹으로 일제 수업을 하거나, 수업 목적에 따라서 10~20명의 중그룹으로 나누어 각각의 교사가 분담하여 지도할 수 있다. 이때 중그룹의 편성에는 능력별이나 내용별 등 여러 방법이 있으며, 이를 다시 5~6명의 소그룹으로 나누어서 개별적인 지도나 개별 학습을 시키기도 한다.

팀티칭을 위한 수업 집단은 일반적으로 정규의 학급 정원을 훨씬 초과하는 수의 학생으로 편성된다. 동일 학년을 학습 영역별로 편성할 수도 있고 2~3개의 학년을 통틀어 교과별로 편성할 수도 있다.

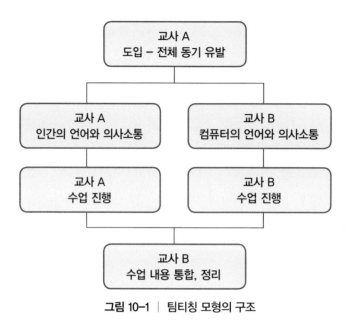

그림 10-1 │ 팀티칭 모형의 구조

팀티칭 모형의 장점은 다음과 같다.

첫째, 교사들의 전문성을 최대로 이용할 수 있어 학생들에게 보다 풍부한 경험을 제공할 수 있다.

둘째, 교사들이 교과 과정의 계획, 준비에 적극적으로 참여할 수 있어 수업 자료 활용의 중복을 피하고 새로운 자료를 개발할 수 있다.

셋째, 교사들은 학생들의 개인 능력에 맞추어 다양한 학습 집단에 다양한 교수 방법을 제공할 수 있다.

반면, 팀티칭 모형은 다음과 같은 단점을 가질 수 있다.

첫째, 하나의 팀을 구성하고 그 속에서 조화롭게 협동하면서 일할 수 있는 전문적인 교사를 조직하기 어렵다.

둘째, 초등학교에서는 융통성 있는 수업 집단을 편성하기가 쉽지 않으며, 중 · 고등학교에서는 교과목 수가 많아져서 수업 시간표를 작성하는 데 어려움이 따른다.

셋째, 팀에 속하지 않는 교사들은 사기 저하가 우려되며 학급 담임과의 친밀한 관계 형성에 지장이 생기거나 학생 생활 지도에 어려움이 생길 수 있다.

팀티칭 모형의 수업을 할 때 팀 편성은 학년 규모에 따라 하거나 필요에 따라 탄력적으로 할 수 있다. 팀티칭 모형의 수업에서는 소외당하는 학생에 대한 세심한 배려가 필요하다. 교사 간의 팀을 구성할 경우에는 전문성을 인정받은 교사와 팀을 이루도록 한다. 따라서 교사들 간에는 상호 간의 전문성을 인정해 주어야 한다. 전문직 교사뿐만 아니라 성적 처리, 서류 정리 등을 도와줄 수 있는 보조 교사도 포함시킬 수 있으며 팀 리더가 팀워크를 돕고 활동을 협의하게 할 수 있다. 잘 계획된 열린 공간을 확보하는 것이 바람직하고 그렇지 못할 경우 복도를 사이에 둔 교실의 문을 열고 복도까지 이용한다. 나란히 있는 두 교실의 문을 열어서 양쪽 교실을 함께 이용하기도 한다.

팀티칭 모형의 절차

팀티칭 모형을 이용한 수업의 전체적인 흐름 및 구조는 다음과 같다.

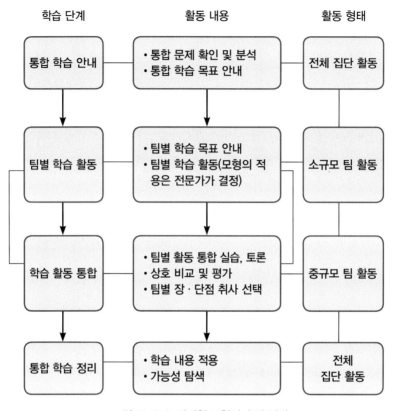

학습 단계	활동 내용	활동 형태

통합 학습 안내 → • 통합 문제 확인 및 분석 / • 통합 학습 목표 안내 → **전체 집단 활동**

팀별 학습 활동 → • 팀별 학습 목표 안내 / • 팀별 학습 활동(모형의 적용은 전문가가 결정) → **소규모 팀 활동**

학습 활동 통합 → • 팀별 활동 통합 실습, 토론 / • 상호 비교 및 평가 / • 팀별 장·단점 취사 선택 → **중규모 팀 활동**

통합 학습 정리 → • 학습 내용 적용 / • 가능성 탐색 → **전체 집단 활동**

그림 10-2 │ 팀티칭 모형의 수업 절차

첫째, 두 명의 교사와 두 개의 팀으로 구성된 경우에 먼저 전체 학생을 대상으로 한 명의 교사(A 혹은 B)가 도입 부분에서 문제를 확인하고 분석하여 제시하고 전체적인 학습 목표를 안내한다.

둘째, 교사의 안내에 따라 학생들은 두 팀으로 나뉘어 각각의 전문가 교사에 의해 팀별 학습을 진행한다. 각 팀에서 교사들은 팀별 학습 목표를 제시하고 팀별 활동을 한 후 정리한다.

셋째, 각 팀은 서로 교대로 두 가지 수업에 참여하며 모두 경험한다.

넷째, 두 팀이 모든 활동을 마치면 다시 모여 두 학습 활동을 통합하도록 한다. 교사는 팀별 활동을 통합하기 위한 토론이나 상호 비교 및 평가 활동을 통해 두 학습 요소의 특징을 파악하도록 한다.

다섯째, 결과적으로 교사는 학생들이 두 학습 내용을 어떻게 적용하고 활용해야 하는지에 대한 가능성을 모색해 보도록 한다.

소프트웨어 교육을 위한 팀티칭 모형

팀티칭 모형은 기계적으로 팀을 나누어 분리 수업을 하는 것이 아니고 여러 개의 전문 모듈이 하나의 개념, 원리, 지식, 사실을 이루는 주제를 선정해야 한다. 또한 교사의 전문성이 드러나는 분야를 적절하게 선정하여 교사의 전문성이 발휘되도록 해야 한다.

팀티칭 모형은 팀 간의 수업 시간 배분이 매우 중요하다. 2~4개의 팀이 비슷한 시간으로 수업이 진행되어야 하며 스톱워치, 무전기 등의 도구를 잘 활용하고 연락병 등의 역할이 잘 이루어져 조화로운 수업이 되도록 한다. 팀 간의 운영은 교사가 이동하는 경우와 학생이 이동하는 경우 그리고 모두 이동하는 경우 등을 상정하여 한다.

팀티칭 모형의 각 모듈 수업은 기존의 수업 모듈을 이용하여 교사의 전문적 지식과 교수법을 동원한다. 학습 과제에 따른 팀티칭 모형은 복수의 학습 과제를 팀티칭 방식으로 학습하는 것이기 때문에 계통성이 비교적 약한 영역에 알맞다. 서로 간에 순서적 연계성을 가지고 있으면 과제의 순서에 따라 수업이 성공할 수도 실패할 수도 있다. 따라서 순서를 선택하되 순서 선택과는 무관하게 학습 목표를 달성할 수 있는 '순서 선택 학습 방식'이어야 한다.

예를 들어, 아날로그와 디지털은 서로 상반되는 특징을 가지고 있는 영역이다. 두 개념의 정의나 특징을 학습할 때 어느 것을 먼저 학습하여도 후속 학습에는 영향을 미치지 않는다. 각각의 개념 정의와 특징은 순서에 상관없이 학습의 목표를 달성하는 데 무관하다. 또한 아날로그와 디지털의 두 개념은 그것의 통합적 개념인 디지로그 digilog(아나디지anadigi)를 이끌어 낼 수 있다는 점에서 각각의 고유의 전문적인 영역이지만 학습을 통해 하나의 목표를 성취하는 것 역시 가능하다는 점에서 적합한 주제이다.

팀티칭 모형에서 전문 교사가 기존 수업을 전문적으로 한다는 것은 수업 지식, 수업 내용, 수업 전략, 교수 모형, 사전 준비, 학습자 제어 등을 모두 고려해야 한다는 것이다. 아날로그 전문가와 디지털 전문가는 다음의 두 가지 관점에서 주의해야 한다.

첫째, 아날로그와 디지털 기술의 전문성을 중심으로 자기가 맡은 수업 영역에 대한 자부심과 필요성을 강조해야 한다.

둘째, 아날로그와 디지털에 대한 상호 배척과 부정적인 특징을 강조하는 자세는 버리고 이를 효과적으로 통합하여 사용하도록 하는 노력과 지식이 필요하다.

소프트웨어 교육에서 팀티칭 모형 적용의 유의점

첫째, 학습 내용의 계열이나 인식, 학습 순서에 따라 학습의 효과가 차이가 날 수 있으므로 수업 설계 시 어떤 소재로 해야 하는지에 대한 선정이 중요하다.

둘째, 컴퓨터실이나 일반 교실 등의 수업하고자 하는 교실 환경을 고려해야 한다.

이는 교실 환경에 따라 수업 방식이나 효과가 다르기 때문이다. 만약 컴퓨터실에서 한다면 컴퓨터를 켜놓고 이론 수업을 하는 것과 컴퓨터를 끄고 이론 수업을 진행하는 것 중 어느 것이 좋은지 고민해야 한다.

셋째, 교사가 수업 내용에 자신이 없어서 그 수업을 다른 교사에게 부탁하는 것이 아니라, 자신의 전문 분야가 있어서 그것을 여러 학생들에게 전문적으로 가르치려는 것이 바로 팀티칭 모형의 수업이라는 것을 전제해야 한다.

소프트웨어 교육에서의 팀티칭 모형

팀티칭 모형의 수업 예시

디지털과 아날로그의 두 가지 주제를 팀티칭 모형으로 수업할 경우의 사례를 살펴보자.

그림판을 활용하는 수업은 그리기의 기능을 배우는 것이 아니다. 즉, 미술 수업이 아니라 컴퓨터의 핵심인 디지털 정보를 이해하고 아날로그 정보와 통합하기 위해서 미술의 소재와 정보기술 교육을 활용한 수업임을 인식해야 한다. 따라서 학습 주제는 멀티미디어 수업, 디지털의 세계 등으로 안내되어야 한다.

아날로그 방식으로 그림 그리기 수업을 하는 경우 미술 전문가는 미술 수업을 소재로 아날로그 정보의 접근, 검색, 수집, 관리, 수정, 추가, 평가, 종합 등의 처리 과정을 이해하도록 수업해야 한다. 반면, 디지털 수업은 컴퓨터 그래픽을 소재로 디지털 정보의 특징을 이해하도록 한다. 특히, 그림(그래픽) 자료만 디지털이 아니고 멀티미디어적인 요소가 모두 디지털의 영역임을 인식하도록 안내한다. 따라서 디지털 수업을 하는 교사는 컴퓨터 그래픽 전문가가 진행하는 것이 좋다. 아날로그 미술 전문가와 컴퓨터 그래픽 전문가가 상호 영역을 인정하고, 통합해야 하는 부분과 내용에 대해 상호 학습 및 선행 준비를 해야 한다.

학습자들이 실습을 통하여 자연스럽게 디지털과 아날로그의 차이점 및 특징, 장·단점을 이해하도록 수업이 설계되어야 하며, 교사의 의도적인 발문 및 학습 활동을 통해 유도되어야 한다. 두 영역 모두 교사는 의도적으로 디지털과 아날로그 각각의 특징을 학생들이 정확히 인식할 수 있는 미션 활동(초대장의 내용 수정하기, 멀리 있는 친구에게 편지 보내기 등)을 제시하거나 적절한 발문을 해 주어야 한다. 또한 워드프로세서나 미디프로그램 등의 소프트웨어 기능보다는 디지털의 특징과 아날로그의 특징을 발견하도록 실습과 발문으로 학습 목표를 유도해야 한다.

정리 단계에서는 아날로그와 디지털의 특징, 장·단점, 유형과 사례 등을 학습자들이 스스로 찾도록 하게 함으로써 팀티칭 수업을 통합하려는 노력이 요구된다. 또한 아날로그와 디지털의 연계에 대한 안내와 인식이 중요하다. 왜냐하면 아날로그 수업은 기존 수업과 같은 방식으로 전개되기 때문에 그냥 쉽게 수업하는 경우가 많기 때문이다. 아날로그와 디지털은 수식어이다. 정작 중요한 것은 정보이며 아날로그 정보 및 디지털 정보의 관점에서 팀티칭이 이루어져야 한다.

정보통신의 핵심 활동 요소를 주제로 접근access, 관리manage, 통합integrate, 평가evaluate, 생성create의 정보처리 영역에서의 5가지 활동을 중심으로 팀티칭이 정교하게 구성되는 것도 바람직하다.

정보 교과에서의 팀티칭 모형의 수업 예시는 다음과 같다.

- 디지털과 아날로그 자료의 이해
- 컴퓨터 구성 요소 이해 : 하드웨어, 소프트웨어, 데이터 등 사용자의 관점에서 구분하여 특징 학습
- 전문 지식과 전문 기능(CAD, 3D, 미디 등)
- 만화 그리기(일반 만화와 애니메이션 프로그램 등)
- 미디 수업

팀티칭 모형의 교수 · 학습 아이디어

(1) 두 가지 이상의 개념이나 원리를 전문가들이 동시에 지도하기

· 3가지 매체의 특성이 들어간 멀티미디어 콘텐츠 개발하기 ·

학습 절차	학습 요소	교수 · 학습 활동
통합 수업	동기 유발	• 도입(동기 유발) 사진 자료, 음악 자료, 동영상 자료의 차이점을 안내한다.
팀별 수업	팀별 세부 목표 인지	• 각 팀별 학습 목표 – 그래픽 자료의 특징을 알고 효과적인 그래픽 편집 작업을 할 수 있다. – 소리 자료의 특징을 이해하고 효과적으로 음악 편집 작업을 할 수 있다.
	학습 전개	• 사진 자료 가공하기(그래픽 전문가) – 사진 자료의 특징 이해하기 – 그래픽 프로그램을 이용하여 사진 자료 편집하기 **[팀별 이동]** • 소리 자료 가공하기(미디 전문가) – 소리 자료의 특징 이해하기 – 미디 프로그램을 이용하여 음악 자료 편집하기
통합 수업	학습 내용 통합	• 사진 자료와 음악 자료를 통합하여 동영상 자료 개발하기(동영상 전문가) 자신의 편집된 사진과 미디 배경음악을 이용하여 전자 앨범 꾸미기
	정리 및 평가	• 학습 내용 복습 • 학습 내용 정리 및 평가하기

· 수업 자료 ·

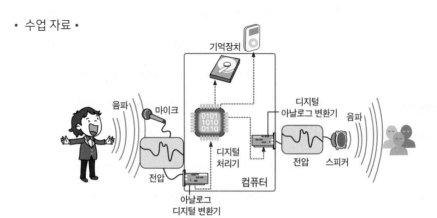

(2) 다양한 기능을 효과적으로 익히기 위한 교육

• 운영체제의 특징에 따른 고급 기능 익히기 •

학습 절차	학습 요소	교수 · 학습 활동
통합 수업	동기 유발	• 도입(동기 유발) 운영체제의 의미와 종류 안내하기
	목표 인지	• 운영체제의 유형을 구분하고 각 운영체제의 특징과 고급 기능을 이해할 수 있다.
팀별 수업	팀별 세부 목표 인지	• 각 팀별 학습 목표 – 윈도우즈 계열의 운영체제 특징을 이해하고 GUI 방식의 고급 기능을 활용할 수 있다. – 리눅스 계열의 운영체제 특징을 이해하고 텔넷 명령어를 활용할 수 있다.
	학습 전개	• 윈도우즈 운영체제 익히기(윈도우즈 전문가) – 윈도우즈 특징 이해하기 – 윈도우즈 GUI 방식의 숨은 고급 기능 실습하기(디스크 탐색 기능, 화면 설정, 단축 키 등) [팀별 이동] • 리눅스 운영체제 익히기(리눅스 전문가) – 리눅스의 특징 이해하기 – 텔넷 프로그램을 이용하여 리눅스 명령어 실습하기(ls, mkdir, cd, chmod, chown 등)
통합 수업	학습 내용 통합	• 운영체제의 차이점을 이해하고 각각의 특징에 맞게 활용하기 리눅스(홈페이지 구성), 윈도우즈(개인 작업 지원 등)
	정리 및 평가	• 향후 운영체제의 발전 동향 • 학습 내용 정리 및 평가하기

• 학습 자료 •

윈도우

리눅스

(3) 미술 – 수학 – 코딩을 팀으로 나누어 가르치는 교육

• 황금비를 이용하여 아름다운 그림을 그리는 코딩 수업 •

학습 절차	학습 내용	자료 및 유의점
통합 수업	• 동기 유발(아름다운 자연물) • 학습 목표 제시하기 자연에서 발견되는 아름다운 사물의 특징을 이해하고 미술적 요소와 수학적 원리를 이용하여 코딩으로 구현하기	팀별 수업에 대한 전체 소개 및 개별 활동 안내
팀티칭 개별 수업	• 팀별 세부 목표 인지하기 – 미술 작품에서 나타나는 황금비를 이해하고 아름다움에 대해 설명할 수 있다. – 황금비에 나타난 수학적인 원리를 이해할 수 있다. – 황금비와 피보나치 수의 수학적인 규칙성을 이용하여 아름다운 도형을 코딩으로 구현할 수 있다. • 세부 활동 전개 및 팀별 이동 – 몬드리안 등 유명 화가들의 회화 속의 황금비 – 황금비의 수학적 원리 활동 – 황금비 사각형 그리기 코딩 활동	• 세부 활동별 수업 모형은 팀 수업 강사진이 결정하여 전개 • 스크래치, 엔트리, 파이썬 등
통합 수업	• 학습 내용 통합하기 • 정리 및 평가하기	• 팀별 수업의 공통 목표 통합 • 상호 내용 연결

미술, 수학, 코딩으로 황금비 이해하기

통합 수업

• 동기 유발 : 자연에서 발견할 수 있는 아름다운 것들

  – 장미꽃, 소라, 식물 등

• 학습 목표 제시하기

자연에서 발견되는 아름다운 사물의 특징을 이해하고 미술적 요소와 수학적 원리를 이용하여 코딩으로 구현할 수 있다.

팀티칭 개별 수업

미술과 황금비

• 학습 목표 안내하기

미술 작품에서 나타나는 황금비를 이해하고 아름다움에 대해 설명할 수 있다.

• 아름다운 장면 살펴보기

  – 좌우 그림 중 어떤 그림이 보기 좋은가?

• 아름다운 그림 감상하기

- 유명 회화 속의 황금비

- 아름답게 보이는 그림의 구도에 대해 황금비로 이해하여 감상하기

수학과 황금비

- 학습 목표 안내하기

황금비에 나타난 수학적인 원리를 이해할 수 있다.

- 황금비의 정의
  - 황금비(Golden ratio) 또는 황금 분할은 어떤 두 수의 비율이 그 합과 두 수 중 큰 수의 비율과 같도록 하는 비율로, 근삿값이 약 1.618인 무리수이다.
- 황금비의 특징
  - 황금비는 어떠한 선으로 이등분하여 한쪽의 평방을 다른 쪽 전체의 면적과 같도록 하는 분할이다.

– 정오각형의 한 변의 길이와 대각선 길이의 비는 황금비이다.

– 피보나치 수는 황금비를 포함한다.

• 도형으로 이해하는 황금비

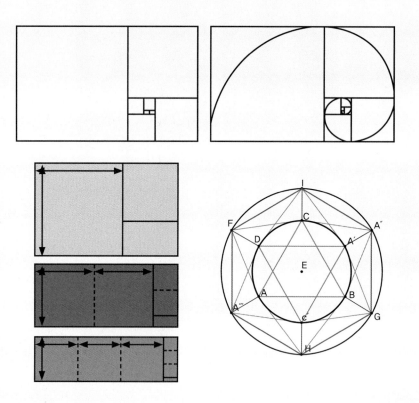

• 황금비 수학식

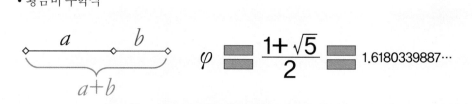

코딩과 황금비

• 학습 목표 안내하기

> 황금비와 피보나치 수의 수학적인 규칙성을 이용하여 아름다운 도형을 코딩으로 구현할 수 있다.

• 초기 화면 구성하기

   – 황금비를 가진 사각형을 그리기 위한 캐릭터를 배치한다.

   – 캐릭터가 그림을 가리지 않도록 한다.

• 황금비를 가진 도형 그리기

   – 사각형의 크기가 반으로 줄며 나타난 패턴을 반복 명령으로 구현하기

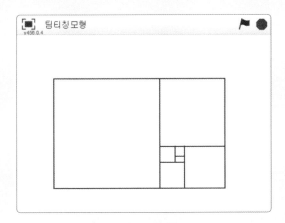

• 피보나치 수열을 이용하여 안으로 수렴하는 곡선 그리기

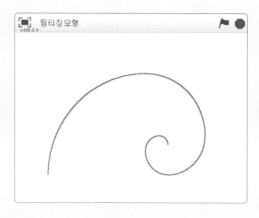

• 황금비로 나타낸 사각형 안에 피보나치 수열을 이용한 곡선 포함시켜 그리기
• 배경에 아름다운 그림을 넣어 황금비 곡선에 맞추어 보기

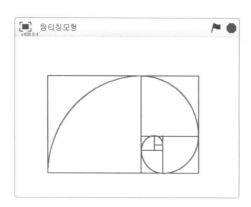

통합 수업

- 학습 내용 통합하기
  - 팀별 수업의 공통 목표 통합하기
  - 상호 내용 연결하기
- 정리 및 평가하기

전문가협력학습
모형의 개요

전문가협력학습 모형은 일반적으로 직소Jigsaw학습 모형이라고도 하며, 학습자 스스로 특정한 주제에 대해 깊이 있게 공부하여 서로가 서로를 가르치는 모형이다. 열린 교육 붐이 일었을 때 많이 사용했던 학습 모형으로 열린 교육 정책이 실패하면서 모형의 가치가 많이 상실되었다. 그러나 전문가협력학습 모형이 가지고 있는 장점을 잘 활용하면 소프트웨어 교육에서 많은 가치를 제공할 수 있다.

이 모형은 학습자들이 깊이 있게 공부하는 과정에서 탐구 능력을, 서로 배우고 가르치는 과정에서 협동심과 의사소통 능력을 기를 수 있다. 교사가 학습 과정에서 어느 정도 개입하되 최대한 학습자 스스로 문제를 찾고 해결하게 한다.

학습자 주도형이어서 자신이 배워서 가르친다는 것은 매우 효과적인 학습 방법이다. 그리고 짧은 시간에 많은 지식과 기능을 습득할 수 있다. 자신이 새로운 지식이나 기능을 배운다는 것 외에도 다른 학습자 앞에서 자신 있게 가르쳐 본다는 경험이 중요하다. 이러한 학습 방법은 장기적으로 학습 효과가 긍정적으로 나타나는데, 교사의 치밀한 사전 준비와 적절한 지원이 요구된다. 교사가 역할이 없는 것 같이 보이지만 실제 현장에서는 교사의 전문성과 노력이 많이 요구되는 수업이라고 할 수 있다.

전문가협력학습 모형의 절차

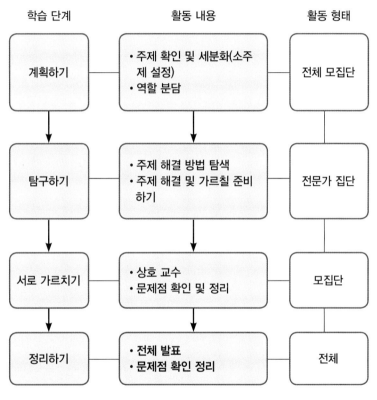

그림 11-1 │ 전문가협력학습 모형의 수업 절차

소프트웨어 교육에서 전문가협력학습 수업 단계는 다음과 같다.

(1) 도입 단계

전문가협력학습에 대한 사전 학습, 사전 조직 및 준비가 필요하다. 전문가협력학습 활동에 대한 주도성과 자신의 역할을 인식하고 학습 과제에 대해 잘 알고 있어야 한다. 그리고 학생들의 역할 부여 및 과제의 내용을 결정해야 한다. 역할을 부여할 때 학습자 수준과 특성에 맞게 해야 한다. 즉, 잘하는 분야, 못하는 분야를 잘 선택하도록 서로 배려해야 한다. 이를 위해 학습자의 특성에 대해 서로 잘 이해해야 한다.

소란스러운 학습 상황과 진행 관리의 어려움은 교사의 수업 진행을 어렵게 하기 때문에 인내심이 필요하며 많은 노력과 준비가 요구된다. 교실에서 학기 초에 어떻게 학습자들과 수업을 할 것인지의 약속이 중요하며 엄격하고 체계화된 학습 방법을 적용해야 한다.

(2) 전문가 개별 활동 단계

교사는 학습자를 격려하고, 학습 내용을 주지시키며, 조언하고 발전시키고, 부족한 팀을 지원하는 역할을 한다. 개별 활동 팀 중 수준이 떨어지거나 내용이 어려워 시간이 많이 소요되는 팀에게 가서 팀의 활력을 불어넣어 주고 문제의 해결을 위한 힌트를 제시해야 한다. 다른 팀과의 보조를 맞추기 위해 각별히 노력해야 하고 각 개별 활동에 대한 제약과 범위를 명확하게 주어 모집단 활동에서 해결할 방법을 제시하는 노력도 필요하다. 개별 활동 단계에서 어떤 형태로 하는 것이 성공할 수 있는가에 대한 끊임없는 질문과 노력 그리고 전략들을 개발해야 한다.

또한 학생들에게 활동 시간을 명확히 안내해야 한다. 이것을 토대로 학습의 계획을 세울 수 있고, 그에 따라 학습자가 긴장감을 가지고 수업에 임할 수 있다. 만약 개별 활동 시간이 부족할 경우 시간을 연장하는 방법을 고려해야 한다. 이때 부족한 시간을 어떻게 보충할 것이며 다른 단계와의 조절은 어떻게 할지를 고민해야 한다. 수업 중 소란

할 수 있으므로 교사의 인내심이 필요하며, 적절한 제약과 규칙이 있어야 한다. 활동할 때 분위기에 맞는 음악을 사용하는 것도 효과적이다.

(3) 모집단 전문가 지식 통합 단계

이 단계에서 고민할 사항은 우선 협력이 잘되는 모집단과 협력이 안 되는 모집단의 특징을 이해하는 것이다. 교사는 협력이 잘 안 되는 상황을 파악하고 협력하도록 도와야 한다. 왜 협력이 안 되는지, 학습 내용을 잘 알고 있기 때문에 협력이 안 되는지 등에 대하여 다양한 관점으로 분석하고 해결 방안을 제시해야 한다.

학습 내용에 대해 잘 알고 있는 경우에는 굳이 개입하지 않아도 되지만, 전체적인 맥락에서는 협력 작업에 모두 참여해야만 직소 수업의 목표에 부합된다는 것을 강조하여 안내해야 한다.

(4) 개별 평가 및 정리 단계

이 단계에서 개별 평가가 중요한지 모집단 전체 평가가 중요한지는 수업의 목표에 따라 다르다. 모집단 활동에서 했던 과제와는 다르게 제시해서 평가하는 것이 반복학습과 일반화 과정에 도움이 된다. 개별 평가에 대한 피드백과 다른 학습자와의 공유도 중요하다.

전체 평가, 모집단 평가, 개별 평가 단계를 진행하는 데 시간이 부족할 경우 가정학습 과제로 제시하는 방법도 있다. 협동 학습 강화를 위하여 놀이 방식으로 정리하고 모둠별 발전을 위해 보상을 줄 수 있다.

전문가협력학습 모형이 다양한 수업 내용을 짧은 시간 내에 많이 배울 수 있다는 장점이 있는 반면 지식의 습득에 대한 학습자의 평가가 많이 부족하다는 단점이 있다. 이를 해결하기 위해 기본 직소 학습을 개선하여 직소 1, 직소 2, 직소 3까지의 모형을 개발하였다.

표 11-1 | 직소 모형의 절차

유형		절차
직소1 직소2	1단계	모집단 : 과제 분담 활동
	2단계	전문가 집단 : 전문가 활동
	3단계	모집단 : 동료 교수 및 질의 응답 (직소 2에서는 STAD 평가)
직소3	4단계	일정 시간 경과
	5단계	모집단 : 퀴즈 대비 공부
	6단계	퀴즈(STAD 평가 방법으로 평가)

소프트웨어 교육을 위한
전문가협력학습 모형

소프트웨어 교육에서 전문가협력학습 모형을 프로젝트학습 모형과 통합하는 경우 기간에 따라 학습 활동이 달라진다. 단기간에 교실에서 수업하는 경우 컴퓨터의 구성 요소, 지식 내용 등을 수업할 수 있다. 약간의 기간이 소요되는 경우나 집에서 과제로 해결하는 경우에는 프로그래밍 문제 해결, 검색 문제 등을 적용할 수 있다. 장기간의 경 우 프로젝트학습 모형과 연계할 수 있는데, 오랜 시간 동안 준비해서 서로 가르치고 내 용을 공유하여 안내하는 경우 게임 제작, 멀티미디어 예술 작품 개발, 한 학기 과제 등 을 지도할 수 있다.

전체적인 단계에서 전문가협력학습 모형은 선행조직 및 훈련이 요구된다. 교사는 학습 활동을 보조하고 지원해야 하므로 무척 피곤하지만 무엇을 알고, 무엇이 부족한지 파악하기 위해 부단히 학생들을 살펴보고 사전에 어떤 작업을 해야 하는지 알아야 한다. 그리고 수업의 단계에서 언제 이러한 전문가협력학습 모형으로 수업을 할지에 대한 교사의 통찰력과 전문성이 필요하다.

인간의 사고력과 교육을 통해 끌어낸 경험을 전제한다면 어떠한 어려운 주제라도 학생들이 서로 논의하고 고민하면 문제를 해결할 수 있다는 점을 이해하고, 전문가협력학습 모형을 적절히 적용하는 노력이 필요하다.

소프트웨어 교육에서 전문가협력학습 모형 적용의 유의점

첫째, 효과적인 협력 학습을 위한 다양한 전략이 필요하다. 이 모형의 수업을 돕기 위해 시간을 표시하는 타이머, 소음 방지를 위한 약속, 이동 시 음악의 활용, 수업 규칙이 필요하다. 그리고 학습자가 원하는 방향대로 수업을 이끌고 있는지에 대해 녹음이나 영상으로 모니터링하는 것이 좋다. 그리고 글로 남기는 경우에는 더욱 효과적으로 협력을 유도할 수 있다.

둘째, 학생 좌석 배치는 가급적이면 소집단으로 하는 것이 참여도를 높일 수 있다. 전문가 집단에 교사가 개입할 경우 마이크로 티칭으로 갈 수 있다. 교사 대신 전문가 집단의 대표를 통하여 의견을 조율하고 자료를 나누어 주는 것이 효과적이다.

셋째, 학습자들의 전문가 활동 시간을 5분씩 나누어서 작은 과제를 3개 수행하는 것과 15분 동안 3개의 과제를 수행하는 것 중에 어떤 것이 좋을지에 대해서 고려해 볼 수 있다. 학습자들에게 주어진 시간 내에 문제를 해결하고 주어진 시간의 약속을 지키는 것도 학습의 한 요소로, 지능 발달 중 순발력과 사고력 신장에 많은 도움을 준다. 반면, 서둘게 되면 깊은 사고를 할 수 없게 되어 피상적 활동이나 대충 넘어가는 사례가 발생할 수 있다.

넷째, 전문가 활동에서 수업의 편차를 줄이기 위한 방안으로 교사의 참여가 필요하다. 더 깊은 사고와 다른 방향의 문제 해결을 유도할 수 있다. 전문가의 협력 학습 정리는 가급적 교사가 정확하게 안내하여 수업 중 부족했던 부분을 피드백해 주어야 한다.

다음은 전문가협력학습 모형의 문제점과 그 해결 방안을 제시한 것이다.

표 11-2 │ 전문가협력학습 모형의 문제점과 해결 방안

문제점	해결책
교사의 부담이 큼	• 담당 학년 교사 간 공동 연구, 방학 중에 준비
암기식 수업이 되기 쉬움	• 전문가 활동지 제작 및 자료 준비를 철저히 해야 함 • 학생들 스스로 학습 주제에 대한 특징 및 장점을 찾아보는 등의 탐구 활동의 형식으로 과제 제시(⑩ 네트워크 – 실 전화기 이용하여 특징 찾기)
전문가 활동 시간의 확보 부족	• 주제를 적절히 분배 • 2시간 연강하거나 교사가 자료를 최대로 확보해서 교실에서 전문가 활동이 이루어지도록 함
혼란스러워질 수 있음	• 이동할 때 혼란을 막을 방법 고안(⑩ 자리 안내, 깃발 사용)
모집단에서 발표를 위한 자료 만들기	• 시청각 기자재 활용 훈련 필요
소집단 활동 훈련 요구	• 질서 유지 • 서로 간에 예의 지키기 • 발표 방법을 훈련시킴 • 소집단에서의 적극성을 위한 동기 유발 제공(⑩ 최고의 전문가 뽑기)

소프트웨어 교육에서의 전문가협력학습 모형

전문가협력학습 모형의 수업 예시

소프트웨어 교육에서의 전문가협력학습이 가능한 세부적인 사례를 분류하면 다음과 같다.

- 지식 관련 학습 : 컴퓨터와 관련된 지식, 컴퓨터 내용학, 컴퓨터 공학, 컴퓨터 과학 내용 등
- 기능 중심 학습 : 프로그래밍, 애플리케이션 사용법, 멀티미디어 제작 등
- 작품 제작 활동 : 타 교과 지원, 정보기술 활용 수업 등

또한 각각의 세부적인 예시를 제시하면 다음과 같다.

- 검색 엔진의 유형 이해 : 주제(디렉터리) 검색, 키워드(텍스트) 검색, 메타 검색, 자연어 검색
- 파일(멀티미디어) 유형 및 특징 이해 : 문서, 그림, 음악, 동영상, 일반 파일, 응용 프로그램, 상품
- 집합과 명제 등을 이용한 인공지능 논리식과 추론의 이해
- 논리게이트를 이용한 컴퓨터 작동 원리 등

논리게이트

논리게이트 수업을 통하여 디지털과 비트 그리고 메모리(저장장치), 연산 방법 등을 종합적으로 이해할 수 있다. 논리게이트 수업은 실습 키트를 활용하여 매우 적절하게 진행할 수 있다. 그러나 이러한 논리게이트의 수업은 과학, 수학, 실과의 수업으로 오해 받을 소지가 있으므로 이를 극복하기 위한 방안으로 융합 교육의 전략을 적용하되 디지털의 개념과 비트, 그리고 컴퓨터 구조에 초점을 맞추어야 한다. 수학과 과학을 컴퓨터에 통합시켜 학습자에게 보다 효과적으로 논리적 사고와 정보적 사고를 신장시키도록 한다.

논리게이트 수업을 하고 난 후 컴퓨팅 사고력 신장(논리적 사고, 발견 학습, 창의 학습 등), 실습 능력 향상, 컴퓨터 구조 이해도 증가, 디지털과 비트에 대한 개념 형성 등의 학습 효과를 거둘 수 있다.

논리게이트와 같은 수업을 어린 학습자들에게까지 해야 하는가에 대한 물음은 소프트웨어 교육이 지향하는 목표인 디지털 정보의 이해와 미래 사회 인식 등을 달성하기 위한 세부 소재로서 매우 훌륭한 자료임을 인식하면 자연스럽게 이해되는 부분이다.

전문가협력학습 모형의 교수 · 학습 아이디어

(1) 개별 책임 부여를 통해 동시에 여러 개의 활동 주제에 대해 탐구하고 협력 학습을 하기 위한 교육

• 회로 장치를 이용하여 논리게이트의 특성을 파악하고 기억장치의 원리 이해하기 •

학습 절차	학습 내용	자료 및 유의점
도입	• 저장장치에 대한 선수 학습 내용 상기 • 저장장치들이 자료를 어떻게 기억하는지에 대한 학습 목표 제시	
학습 계획	• 컴퓨터가 자료를 저장할 때 필요한 약속(AND, OR, NOT, XOR)에 따라 전문가 집단 구성	
전문가 집단 활동	• 전문가 집단 활동을 위한 기본 학습 내용 안내하기 　집단별로 각각의 회로를 나누어 주고 회로 그림과 비교한 후 각각의 회로에 쓰인 논리게이트 명을 알려 줌 • 전문가 집단 활동을 통한 학습 내용 탐구 　전문가 활동지를 통해 각 회로의 특성 파악	• 논리회로 교구 • 전문가 활동지
모집단 활동	• 모둠별 활동지를 통해 논리회로의 과정 이해 　- 논리회로에서 과정을 설명하고 결과 발표, 서로 가르치기 　- 실제 저장에 쓰이는 플리플롭 제시	• 모둠 활동지 • 플리플롭
정리	• 논리게이트의 특성 정리	

• 수업 자료 •

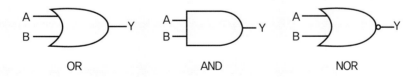

(2) 같은 주제를 학습하거나 조사한 학생들의 좀 더 깊이 있는 학습을 돕기 위한 교육

• 수치 자료 처리 프로그램의 주요 기능을 알고 생활에 적용하기 •

학습 절차	학습 내용	자료 및 유의점
도입	• 수치 자료 처리 프로그램에 대한 선수 학습 내용 상기 • 저장장치들이 자료를 어떻게 기억하는지에 대한 학습 목표 제시	
학습 계획	• 수치 자료 처리 프로그램의 주요 기능(자료 입력 및 정리, 계산, 그래프, 피벗 테이블 기능)에 따라 전문가 집단 구성	전문가 활동지
전문가 집단 활동	• 전문가 집단 활동을 통한 학습 내용 탐구 주요 기능과 관련된 각각의 수치 자료 처리 문제 해결	수치 자료 처리 프로그램
모집단 활동	• 모둠별 활동지를 통해 논리회로의 과정 이해 – 전문가들끼리 서로 각각의 기능 가르치기 – 주요 기능을 활용한 실습 과제 제시 및 해결	모둠 활동지
정리	• 팀별 평가 및 보상 • 개별 과제 제시	평가지

• 수업 자료 •

엑셀

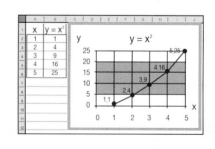

엑셀 그래프

(3) 주제에 대한 특징을 이해하고 서로 비교해 보기 위한 교육

• 운영체제의 정보처리 유형 •

학습 절차	학습 내용	자료 및 유의점
도입	• 일괄 처리 사례 살펴보기 • 일을 나누어서 처리하는 사례 살펴보기 • 음식점 주인의 일 처리 방식에 따른 사업 성공 여부 생각해 보기	
학습 계획	• 컴퓨터 운영체제의 정보처리 유형을 비교하고 특성을 이해할 수 있다. • 정보처리 유형의 특징과 장·단점을 안다.	전문가 활동지
전문가 집단 활동	• 전문가 집단 활동을 통한 학습 내용 탐구 　– 5~6명으로 6조를 구성하여 활동 　　전문가 집단 1 : 일괄 처리 　　전문가 집단 2 : 시분할 처리 　　전문가 집단 3 : 다중 프로그래밍 　　전문가 집단 4 : 다중 처리 　　전문가 집단 5 : 실시간 시스템 　　전문가 집단 6 : 분산 처리 • 유형의 특징 정리하기 　전문가 집단 내에서 맡은 처리 유형의 특징 정리하기	수치 자료 처리 프로그램
모집단 활동	• 각 유형의 특징 알아보기 　– 전문가들끼리 서로 각각의 기능 가르치기 　– 주요 기능을 활용한 실습 과제 제시 및 해결	모둠 활동지
정리	• 팀별 평가 및 보상 • 개별 과제 제시	평가지

• 수업 자료 •

에니악

도스

현대 컴퓨터

(4) 교육용 프로그래밍 언어의 명령 문법을 서로 탐구하고 협력하여 교육

• 스크래치의 기본 명령군을 학생 스스로 배워 서로 가르치는 수업 •

학습 절차	학습 내용	자료 및 유의점
도입	• 동기 유발 • 학습 목표 파악하기 스크래치의 기본 명령을 이해하여 협력하며 가르치기	학습 문제 인식 및 주어진 상황 파악

학습 계획	• 주제 확인 및 세분화된 소주제 탐색
	  – 프로그래밍을 위한 기초 명령어 배우기
	  – 각 팀별로 새롭게 학습해야 할 명령어 확인하기
	• 역할 분담하기
		전체 모집단 활동

전문가
집단 활동
	• 전문가 집단으로 나뉘어 맡은 주제 협력 학습 및 문제 해결 방법 탐색하기
	  – 동작 명령 블록
	  – 형태 명령 블록
	  – 소리 명령 블록
	  – 펜 명령 블록
	• 가르치기 위한 내용과 방법 준비하기
		전문가 단위 활동

모집단 활동	• 모집단으로 모여 전문가 활동에서 배운 내용 서로 가르쳐 주고 배우기 스크래치 명령어 중 기본 명령 블록을 가르치며 문법 체계 완성하기 • 문제점 확인 및 수정 보완하여 전체 학습 내용 통합	모집단의 전문가 지식 통합 단계
정리	• 개별 평가, 팀별 평가 및 보상 • 개별 과제 제시 및 정리	지식의 통합 부분에서 부족한 부분 보충

프로그래밍 언어의 기본 명령 배우기

도입

• 동기 유발 : 다양한 프로그래밍 언어 살펴보기

　– 스크래치, 엔트리, 파이썬, 자바 등을 간단하게 소개하기

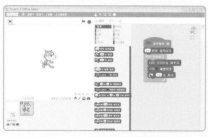

스크래치

엔트리

파이썬

자바

• 학습 목표 제시하기

스크래치의 기본 명령을 이해하여 프로그래밍의 문법을 서로 협력하며 가르칠 수 있다.

• 주제 확인 및 세분화된 소주제 탐색
  – 프로그래밍을 위한 기초 명령으로 시작 이벤트, 기본 이동과 회전 명령 블록 배우기

  – 각 팀별로 새롭게 학습해야 할 명령어 확인하기

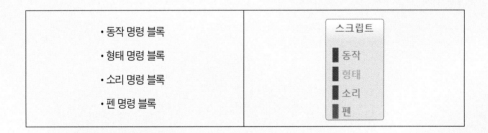

• 역할 분담하기
  – 각 학생의 수준에 맞게 분담하거나 무작위로 선정하여 형평성을 유지하도록 한다.

• 전문가 집단으로 나뉘어 맡은 주제 협력 학습 및 문제 해결 방법 탐색하기

동작 명령 블록	형태 명령 블록	소리 명령 블록	펜 명령 블록
전문가 집단 1	전문가 집단 2	전문가 집단 3	전문가 집단 4

• 가르치기 위한 내용과 방법 준비하기
  − 각 전문가 집단에서 맡은 부분의 명령어들을 다양하게 실행해 보면서 명령의 특징과 기능을 이해하고 상호 토론한다.
  − 어려운 명령 블록이나 학생들이 이해하기 어려운 부분은 교사가 사전 준비한 자료와 소스를 제공하여 학습자들이 탐색하면서 이해하도록 돕는다.
  − 모집단으로 돌아가 가르칠 내용을 분석하고 관련된 자료와 소스를 수집하여 정리한다.

모집단 활동

- 모집단으로 모여 전문가 활동에서 배운 내용을 서로 가르쳐 주고 배우기
  - 스크래치 명령어 중 제어문의 명령 블록을 가르치며 문법 체계 완성하기
  - 동작 명령 블록을 서로 가르치는 예

 두 명령의 차이점을 설명하고 기능을 실습하며 안내

  - 형태 명령 블록을 서로 가르치는 예

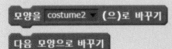 스프라이트의 애니메이션을 구현하기 위해 모양 바꾸기를 설명

  - 소리 명령 블록을 서로 가르치는 예

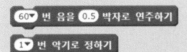 간단한 음악 자료를 이용하여 악기의 소리를 바꾸거나 박자를 변경해 가며 설명

  - 펜 명령 블록을 서로 가르치는 예

 펜을 내렸다가 올렸다가 하면서 간단한 도형 그리기

- 상호 티칭의 내용 확인 및 통합 문제 제시
  - 맡은 부분의 명령어들을 서로 가르치고 난 뒤 토론하기
  - 이해가 부족한 부분 질문하면서 지식과 기능 보충하기
  - 종합적인 미션을 제시하고 해결하기

사용 스프라이트	기능	적용 여부(○, ×)
• 고양이 스프라이트 • 물고기 스프라이트	앞으로 움직이며 벽에 부딪히면 튕기기	
	몸의 색깔을 변화시키기	
	움직인 흔적을 선으로 나타내기	
	몸의 크기가 작아졌다 커졌다 하기	
	드럼 소리를 점점 크게 내기	
	스프라이트를 여러 개 나타나도록 도장 찍기	

- 문제점 확인 및 수정 보완하여 전체 학습 내용 통합하기

정리

- 개별 평가, 팀별 평가 및 보상
  - 지식의 통합 부분에서 부족한 부분 보충하기
- 개별 과제 제시 및 정리

Chapter 12 | 온라인토론 모형

온라인토론 모형의 개요

온라인토론 모형은 어떤 특정 주제에 대해서 참여가 허락된 사람들 또는 불특정 다수 중 누구나 각자의 생각이나 의견을 채팅이나 게시판, 전자우편, SNS 등의 인터넷 매체를 활용하여 게시하고 나누는 학습의 한 유형이다.

물론 토론은 기존의 학습에서도 이루어지고 있는데, 특정 주제에 대해서 학생들이 자신의 의견을 발표하는 수업은 어느 학습에서나 이루어지고 있다. 이러한 토론 학습의 장을 사이버 공간으로 옮겨 놓은 것이 바로 온라인토론 모형의 학습이다. 특별히 온라인토론 모형은 온라인상에서만 가능한 여러 가지 장점들이 있기 때문에 교실 공간에서 학습하는 것보다 훨씬 학습의 재미와 효과를 높일 수 있다.

온라인토론 모형의 필요성은 우선 사회적 요구이다. 우리 사회가 정보사회로 진입하면 할수록 많은 사람들이 일상생활 속에서 필요한 정보나 소식들을 인터넷을 통해서 얻게 되며, 앞으로도 이러한 정보통신 기술의 발달과 그에 따른 생활양식 변화는 더욱 가속화될 것이다. 이러한 사회적인 흐름 속에서 학습 환경 역시 사이버 공간으로 점점 더 확대되고 있으며, 이러한 변화에 대비하여 인터넷을 기반으로 하는 다양한 학습 방법들이 요구되고 있다.

인터넷의 보급으로 인해서 인터넷을 사용하는 학생들의 수는 점점 더 늘어가고 있지만, 이와는 반대로 인터넷상에 게재된 학생들의 글은 대부분 깊은 사고력이나 창의성이 배제된 단편적인 내용들이다. 이러한 실태를 바로 보고, 온라인 공간에서도 학생들의 사고력을 촉진시키고 학습 잠재력을 신장시켜 줄 수 있는 긍정적인 방향으로 학생들을 유도해야 한다. 온라인토론 모형은 온라인 기반의 토론 활동을 통하여 학생들의 비판적 사고력과 합리적 의사 결정력 등을 기르는 데 도움을 줄 수 있다.

온라인토론 모형의 특징을 살펴보면 아래와 같다.

- **시·공간의 초월** : 온라인토론 모형의 특징은 우선 학습자들이 채팅이나 게시판, SNS, 전자우편 등의 인터넷 매체를 통해서 학습에 참여하기 때문에 시간과 공간을 초월하여 대화를 나누거나 의견을 제시할 수 있다는 것이다. 일반적인 학급 공간 내에서 하는 토론 학습보다 훨씬 더 시간과 공간의 제한을 덜 받게 된다.

- **논리적인 의견 개진** : 온라인토론 모형은 참여자들의 분석적이고 논리적인 의견 제시를 가능하게 한다. 일반적인 학급 공간 내에서는 일단 한 번 의견을 제시하고 나면 다른 참여자들이 그 내용을 100% 기억할 수 없지만, 온라인토론 모형에서는 상대방의 의견이 사이버 공간에 계속 누적되어 있기 때문에 상대방의 주장을 면밀히 분석하여 논리적인 찬반 의견을 제시할 수 있다.

- **자유로운 의사 표현 기회 확대** : 온라인토론 모형은 참여자들의 의사 표현 기회를 확대시켜 준다. 평상시에 사람들 앞에 서서 면대면으로 자기 주장 표현을 부담스러워하는 학습자들까지도 온라인 공간에서는 자유롭게 자신의 의견을 표현할 기회를 가질 수 있다.

온라인토론 모형의 절차

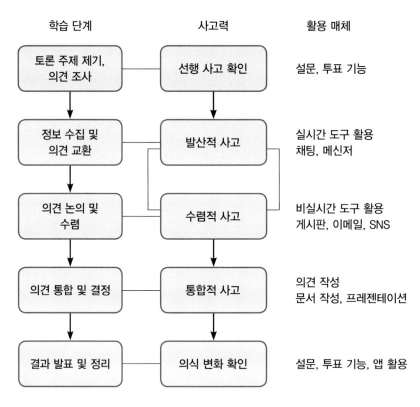

그림 12-1 │ 온라인토론 모형의 수업 절차

온라인토론을 효과적으로 진행하기 위해서는 학습자의 인식 변화를 살펴볼 필요가 있다. 웹 설문 또는 투표 기능을 이용하여 학습자의 인지적 변화를 살펴보고 변화에 대한 요인을 살펴볼 수 있다.

온라인토론 모형은 협력학습 모형이나 프로젝트학습 모형으로 확대 진행할 수 있다. 즉, 온라인토론으로 끝나는 것이 아니라 온라인토론 도구로 협력 문제해결 학습을 진행할 수 있다.

온라인 토론 모형의 더 확대된 모형으로 협력산출학습 모형을 들 수 있다. 클라우드 기술을 바탕으로 하는 협력학습 도구와 온라인토론 도구를 이용하여 디지털 정보를 가진 자료나 산출물을 생산하는 수업을 진행하는 것이다. 예를 들면, 간단히 자신의 생각을 프레젠테이션, 워드프로세서, 웹 문서 등이 아니라 실제 사용 가능한 프로그램이나 응용 멀티미디어 자료 등으로 산출하기 위한 협력 산출 활동을 할 수 있다.

온라인토론 모형의 수업 방식을 다음과 같이 구분할 수 있다.

- 순수 동기 시스템 적용 수업 : 채팅, 화상회의 시스템 등
- 순수 비동기 시스템 적용 수업 : 블로그, 게시판 등
- 동기+비동기 시스템 적용 수업 : SNS, 채팅 도구 등
- 비동기+동기 시스템 적용 수업 : SNS, 채팅, 메신저 도구 등
- 동기+비동기+동기 시스템 적용 수업 : 메신저→블로그→메신저
- 비동기+동기+비동기 시스템 적용 수업 : 블로그→채팅→블로그
- 온라인+오프라인 수업 : 거꾸로 교육flipped learning
- 오프라인+온라인 수업 : 사이버 가정 학습cyber home school
- 순수 온라인 수업 : 무크 시스템mooc system

온라인토론 모형의 도구는 그 기준에 따라 여러 가지 관점으로 구분할 수 있지만 시간의 관점에서 실시간(동기적) 도구와 비실시간(비동기적) 도구로 구분한다.

 **참고하기**

소프트웨어 교육을 위한
온라인토론 모형

온라인토론 모형은 주로 토론(논쟁)을 통해 쌍방의 옳음을 결정해 가는 것이 아니라, 토의 과정을 통하여 합리적이고 논리적인 사고를 끌어내는 과정이다. 즉, 토론 모형이라기보다 토의 모형이라고 함이 더 정확하다고 할 수 있다. 특히, 정보통신 기술의 내용을 토대로 어떠한 기술이 그 상황에 적절한지 타당한 근거를 들어 주로 토의한다.

온라인토론 모형을 수업에 적용하기 위해 교사는 토론 모형에 대한 인식과 온라인

토론에 대한 기술적 인식이 있어야 한다. 실제 온라인토론 모형을 실시해 보면 교실에서 바로 옆자리에 있는 학생들과 온라인 토론을 굳이 해야 하는가 하는 의문이 들 것이다. 또한 면대면으로 마주 보면서 이야기하고 자유롭게 표현할 수 있는데, 답답하게 정보기기로 통신하며 이야기해야 하는 불편을 감수하는가에 대한 의문이 들 것이다. 이러한 의문은 교실에서의 온라인토론의 장점을 이해하면 수긍이 될 것이고, 교육적 효과에 대해서도 이해하게 될 것이다. 교실에서의 온라인토론은 다음과 같이 여러 가지 장점을 가지고 있다.

- 거리, 시간, 장소를 극복하여 학습할 수 있다.
- 학생들이 말을 하지 않기 때문에 조용한 분위기에서 수업 진행이 가능하다.
- 소극적인 학생도 적극적으로 학습 활동에 참여할 수 있다.
- 토론 내용의 구체화 과정을 통해 토론과 동시에 글로 남길 수 있다.
- 사전에 이루어진 토론 내용을 바탕으로 장기적으로 토론을 유도할 수 있다.
- 다양한 온라인토론 도구와 디지털 능력, 커뮤니케이션 능력을 배울 수 있다.
- 토론 기반 프로젝트 학습으로 확대하여 전개할 수 있다.
- 글이 남기 때문에 이전의 상황 맥락, 대화의 내용을 쉽게 보관하고 공유할 수 있다.
- 의견에 대한 책임을 인식하기 때문에 신중한 의사 결정을 하게 된다.
- 교실도 하나의 작은 사회이고 그곳에서 인위적인 사회를 배우는 것처럼 온라인 토론도 사이버 공간에서 예의 바르게 토론할 수 있는 교육을 받을 수 있다.

반면, 교실에서의 온라인토론의 단점은 다음과 같다.

- 시스템을 갖추기가 어렵다.

- 온라인토론 도구를 활용하기 위한 소양 능력이 요구된다.
- 현실과 같이 대화하기가 어렵다.
- 학생들이 어떠한 토론을 하는지 모니터링하기가 어렵다.
- 학생들의 일탈적인 행동에 대한 대비가 이루어져야 한다.
- 신체 표현을 할 수가 없어 뉘앙스나 감정 표현을 하기 어렵다.

이러한 단점은 정보기술과 HCI 기술의 발달로 인하여 조금씩 극복되고 있다. 온라인토론이 교실 내에서 이루어지는 것이 중요한 이유는 학생들이 현실 세계에서의 사회화 과정을 실험실 내에서 경험할 수 있다는 점이다. 즉, 개방된 사이버 공간에서 네티켓과 역기능도 모른 채 방치되어 정보윤리의 기초부터 지도가 되지 못하고 나쁜 습관에 익숙해지는 것을 바로잡을 수 있는 사전 교육이 가능하다는 것이다.

온라인토론 모형은 사이버 학습 체제나 이러닝의 일상화로 인하여 미래 수업에 자주 적용되고 일상화될 학습 모형이다. 학교 교육이 온실 교육이고 기초 교육임을 감안할 때, 온라인토론 수업도 교실 내의 제한된 환경과 시스템 내에서 적절하게 교육을 받아야 한다. 따라서 교사는 학습자들의 토론이 잘 진행되고 있는지 중간중간 잘 모니터링해야 한다.

이를 위해 교사와 학생 모두 다양한 온라인 도구와 시스템에 대한 소양 능력이 요구된다. 사전 준비 작업으로 토론 시스템을 구축해야 하며 토론을 활성화시킬 수 있는 다양한 도구를 발굴하고 활용해야 한다. 예를 들어, 온라인토론을 위한 온라인 투표 기능을 이용하여 학습자들의 인식의 변화를 확인할 수 있다. 단시간 내에 인식의 변화 과정을 알 수 있으며 변화한 이유와 근거를 밝히는 것도 매우 흥미로운 과제가 된다.

한편, 온라인토론 모형의 학습 목표는 어떻게 해야 할까? 온라인토론을 위한 기술과 공간의 의미를 이해시키는 것을 목표로 해야 할까? 그렇다면 학생들이 과연 사이버 공간이라는 추상적인 개념과 현실을 이해하고 인식할 수 있는지 알아보아야 한다. 사이버 공간에 대해 학습자의 사고 수준이 어떠한지, 미래 사회를 위하여 사이버 공간에 대한 인식은 어떠한지 살펴보아야 한다. 또한 사이버 공간이라는 개념과 필요성 그리고 그 중요성에 대해 자연스럽게 인식이 되도록 해야 한다. 따라서 교사는 온라인토론 활동을 통하여 사이버 공간에 대한 학습자들의 인식이 명확해지도록 도와야 한다. 학생들의 사이버 공간에 대한 이해를 돕기 위해 교사는 블로그, 메일, 미니 홈페이지, 인터넷 신문 기사, SNS, 게임 공간, 3D, VR(가상현실), AR(증강현실) 기술 등을 이용하여 안내할 수 있어야 한다.

이러한 관점에서 온라인토론 모형의 학습 목표 유형을 다음의 세 가지로 구분할 수 있다.

첫째, 온라인토론의 주제인 학습 내용을 이해할 수 있다.

이를 위해서는 온라인토론을 위한 기본적인 프로그램 사용 능력과 토론의 규칙 방법 등의 노하우가 필요하다. 직소 학습처럼 선행 학습으로 학기 초에 지도가 되어야 한다. 특히, 스마트폰의 보급으로 온라인토론 모형의 학습이 확대될 가능성이 크기 때문에 현장에서 많은 활용과 지도가 필요하다.

둘째, 온라인토론 도구의 특징을 이해하고 적절하게 활용할 수 있다.

웹 기술과 정보기술 활용 능력이 요청된다. 즉, 다양한 토론 도구를 개발하고 수업에 사용하는 방법을 익히도록 교사의 준비와 능력이 요구된다. 학습자가 온라인토론 도구에 대한 특징의 이해와 사용 방법에 대한 기능이 부족할 경우 토론의 목표보다는 토론 도구 기능 및 활용에 대한 이해와 기능 중심의 수업이 선행되어야 한다.

셋째, 사이버 공간에서 토론을 할 수 있다.

수업의 주요 목적이 토론할 수 있는 능력, 태도, 자세를 배우는 것으로 학습 목표를 정할 수 있다. 이러한 관점에서는 소프트웨어 교육에서 사전 학습 지도가 필요하지 않다. 다른 교과에서 지도하고 있는 토론의 방법과 내용 등을 그대로 안내하면 된다.

소프트웨어 교육에서 온라인토론 모형 적용의 유의점

첫째, 동기적 온라인토론과 비동기적 온라인토론의 차이는 무엇인지 인식하고 각 특징을 고려해서 어떤 토론 도구를 적용시킬 것인가가 온라인토론 수업의 성패를 좌우한다. 채팅과 같은 동기적 도구를 이용할 경우에는 난상 토론이 될 가능성이 있으나 초기의 논의 과정에서 활용하기에 편리하다는 장점이 있다. 게시판과 같은 비동기적 도구는 토론 내용이 기록된다는 점, 토론자에게 책임성을 부여하게 된다는 점 등의 특징을 지니고 있다.

둘째, 토론 그룹의 조직은 교실에서 물리적으로 같이 앉아 있는 학생들을 클러스터링하는 것보다 온라인토론 장에 미리 모둠별 이름을 제시하여 학습자들이 거리를 극복하고 자연스럽게 토론이 되도록 안내를 해야 한다. 토론 그룹의 조직은 교사의 조직적 사고력, 소양 능력, 웹 디자인, HCI, 학습자 인지 사고 등의 이해력을 요구한다.

셋째, 온라인토론 방에 학습자 조직이 구성되면 토론 활동의 순서와 결과를 한눈에 볼 수 있도록 효과적인 인터페이스를 제시해야 한다. 학습자가 혼란을 겪지 않도록 인터페이스를 단순하게 하고 클릭 한 번으로 모든 것이 처리되도록 구성한다.

넷째, 교사가 모둠장이나 모둠원의 역할을 구분하는 것이 좋을지 아니면 자연스럽게 학습자들이 대표를 선정하고 주도적이고 자율적으로 진행하는 것이 좋을지 고민해 보아야 한다.

다섯째, 토론 도구를 다양하게 쓰는 것이 효과적인지, 한 가지 도구만 이용하는 것이 좋은지에 대해 고려해야 한다. 수업의 형태나 내용에 따라 다르겠지만 일반적으로 동기적인 도구를 사용한 뒤 의견을 모아서 비동기적인 도구를 활용하여 글로 남기도록 해야 한다. 동기적인 도구가 간단한 의견 조언이나 다른 사람의 의도를 이해하는 데 편리하며, 비동기적인 도구가 장기적인 의견을 모으고 책임감을 부여하는 데에 좋으므로 적절하게 혼용해서 사용해야 한다. 그리고 동기적 도구든 비동기적 도구든 간에 토론의 주제가 한 곳으로 집중하도록 잘 조직해야 한다. 온라인토론 공간에 로그인하는 것과 로그인하지 않았을 때의 토론의 차이점을 보면 진지한 진행, 의견의 책임감, 네티켓 등의 관점에서 매우 중요한 차이점을 발견할 수 있다.

여섯째, 채팅 도구를 효과적으로 사용하기 위한 방안을 마련해야 한다. 채팅과 같은 동기적 도구를 이용한 토론은 난상 토론으로 그치고 수업 효과도 떨어질 수 있다. 심지어 학습 목표 자체를 훼손시키는 경우도 있기 때문에 온라인 토론에서의 예절과 규칙을 철저하고 반복적으로 지도해야 한다. 이를 위해 특수 기능을 가진 메신저를 사용한다. 예를 들면, 채팅 횟수 제한, 채팅 후 점수 부여 등의 방법도 있고 채팅 결과 화면을 저장하여 제출하고 평가하기 등의 방법이 있다. 동기적 도구가 생동감이 있게 진행되어 좋으나, 토론의 주제와는 다른 방향으로 벗어나고 진지하지 못한 태도로 이어질 수 있기 때문에 교사의 모니터링, 사전 지도, 장기적인 프로젝트를 통한 지도가 이루어져야 한다.

소프트웨어 교육에서의 온라인토론 모형

온라인토론 모형의 수업 예시

MP3 불법 다운로드에 대한 토론은 도덕 수업인가, 사회 수업인가, 정보 수업인가? 학습 내용이 정보 교과와 관련이 있는가?

윤리적인 양심의 문제나 사회적 현상을 중심으로 온라인토론 모형의 수업을 할 경우에는 비소프트웨어 교과의 내용이며 정보기술 활용 수업이 될 수 있다. 그러나 그 기능에 대한 배경, 소양, 디지털화, 정보화 등을 주제로 대안을 내거나 상대편의 주장을 반박할 수 있는 기술적 증거를 가지고 논의할 경우에는 정보 교과의 내용이라고 할 수 있다. 이때에는 상대방의 주장을 반박하기 위한 첨단 정보기술을 제시하면 더욱 좋다. 그러나 너무 세부적이고 기술적인 내용보다는 내용학적인 부분을 토론의 주제로 삼아야 한다.

컴퓨터 소양 내용을 온라인토론으로 제시하고 그 소양 내용을 안내하기 위한 툴을 원격으로 제공함으로써 미래 사회를 미리 조망할 수도 있다. 또한 온라인토론 도구들의 효과에 대해 토론을 진행하여 이해하는 것도 좋으며, 컴퓨터 소양(데이터베이스, 인공지능 등)의 내용을 토론하게 할 수도 있다.

예를 들면, '전자책이 기존 책을 대체할 것인가', '전자책의 한계를 어떻게 극복할 것인가' 등이다. 이 토론 주제를 통해 정보통신 기술의 발전에 대해 인식하고 그 기술의 특징을 이해하며 가능성을 찾을 수 있다. 또한 사회의 변화와 지식의 특성, 디지털의 특성을 이해할 수 있다. 이러한 토론에서는 명확한 증거나 자료를 제시하기 위하여 지식과 기술에 대한 경험과 인식 그리고 탐색의 과정이 필요하다. 즉, 온라인토론 모형의 학습은 단기적인 학습이지만 장기적인 학습으로 그 증거 자료를 제시하고 토론을 진행할 수 있다.

온라인토론 모형의 좋은 학습 주제로는 둘로 나뉘는 찬반 주제, 3개 이상의 선택 주제, 찬반으로 나뉘지는 않고 여러 가지 대안을 찾는 토의 주제, 나뉜 뒤에 대안을 발전시킬 수 있는 주제 등이 좋다.

온라인토론 모형의 적용을 위해서는 학습자의 소양 능력과 사고력(토론 능력)이 필요한데, 토론에서 학습자의 타이핑 실력이 동기적 도구와 비동기적 도구에 많은 영향을 미친다. 마치 현실에서는 사고력은 높지만 내성적이고 자신감이 없는 학생이 토론을 잘 못할 것이라는 오해를 불러일으키는 것처럼, 온라인에서도 타이핑 실력이나 컴퓨터 소양 능력이 부족한 학생이 토론을 위한 사고력이 떨어지는 학생으로 오인되기 쉽다. 따라서 평소 타이팅 훈련과 기초 응용 프로그래밍 사용에 대한 소양 교육이 필요하다.

온라인토론 모형의 교수 · 학습 아이디어

(1) 주제에 대한 여러 대안을 찾는 주제 토론 학습을 위한 교육

• 온라인의 사적 공간이 개인에게 미치는 영향 •

학습 절차	학습 내용	자료 및 유의점
토론 주제 안내	• 온라인상에서의 사적 공간이 개인에게 어떤 영향을 미치는가?	
토론 학습 설계	• 비동기적 의견 개진 확인 사전 과제로 본 주제에 대하여 게시판에 댓글을 달아 두도록 하고 살펴보기 • 토론 학습 과정 안내하기(동기적−비동기적)	
온라인토론 학습 진행	• 토론방, 게시판, 메신저 등을 이용한 토론 공간 마련하기 • 동기적 토론방을 이용하여 모둠별로 주제 토의하기 주제와 관련된 기사들을 제시하고 주제 토론 진행하기 • 모둠별로 정리된 내용을 게시판에 정리하기 저작권 침해 등의 문제점을 해결하기 위한 기술적 방안(복사 방지 기능, 자동 출처 기술(xml), 정보보호 기술 등) 찾기 • 다른 모둠의 글 읽고 댓글 달기	• 관련 기사 • 토론방, 메모장, 게시판
정리 및 평가	• 학습 결과 확인 및 정리	

• 수업 자료 •

게임 중독

스마트폰 중독

디지털 역기능

(2) 두 가지 이상의 쟁점을 두고 토론하는 찬반 토론을 위한 교육

• 사이버 공간에서의 변형된 언어에 대해서 어떻게 생각하는가? •

학습 절차	학습 내용	자료 및 유의점
토론 주제 안내	• 동기 유발 및 문제 확인 사이버 공간에서 변형된 언어(일명 외계어)를 사용하는 것이 바람직한가?	
토론 학습 설계	• 토론 학습 순서 개별 찬반 토론−의견 정리−전체 토론−토론 내용 정리	• 토론 순서의 이해
온라인토론 학습 진행	• 찬반 토론장 개설 찬반 토론 게시판을 이용하여 찬성과 반대 의견으로 나누어 의견을 개진하도록 한다. • 찬성과 반대 의견 정리 교사가 찬성과 반대 의견을 정리하여 지금까지 나온 의견을 비교 설명해 준다. • 전체 토론으로 확대 현재까지의 의견에 보충한다.	• 게시판 활용법 안내 • 전체 의견 정리 시 객관성 유지
정리 및 평가	• 토론 내용 정리 토론 내용을 정리하고 교사의 바람직한 정책을 안내한다.	• 학교에서의 정책 안내

• 변형 언어 예시 •

어서 오세요 ⇒ 어샵샤   죄송합니다 ⇒ ㅈㅅㅅㅅ
재미있었다 ⇒ 잼써따   축하합니다 ⇒ ㅊㅋㅊㅋ

나름대로 ⇒ 날흠뒈룩   기숙사 ⇒ 긱사
안녕 ⇒ 아반녀벙   강아지 ⇒ 강쥐
우리 ⇒ 울히   드디어 ⇒ 드뎌

말하지 않아도 ⇒ 말ㅎ!·ㅈ!않Ø!·도
당신의 홈페이지가 참 예쁘군요 ⇒ 님아 홈피가 참 ㄹㅃYo

(3) 정보기술의 이해를 토대로 한 토론

• 전자책이 기존의 책을 대신할 수 있는가? •

학습 절차	학습 내용	자료 및 유의점
토론 주제 안내	• 전자책이 기존의 책을 대신할 수 있는가?	
토론 학습 설계	• 전자책에 대해 조사하기 : 과제 　사전 과제로 본 주제에 대하여 게시판에 사전 조사 내용 올리기 • 토론 학습 과정 안내하기(동기적−비동기적)	
온라인토론 학습 진행	• 토론방, 게시판, 메신저 등을 이용한 토론 공간 마련하기 • 동기적 토론방을 이용하여 모둠별로 주제 토의하기 　주제와 관련된 기사들을 제시하고 주제 토론 진행하기 • 모둠별로 정리된 내용을 게시판에 정리하기 　전자책의 기술, 전자책의 장·단점, 현재 책과의 비교, 대체 가능성 • 토론 결과 발표하기	• 관련 기사 • 토론방, 메모장, 게시판
정리 및 평가	• 학습 결과 확인 및 정리	

• 학습 자료 •

전자책

(4) 기계가 인간의 직업에 미치는 영향에 대해 토론하는 교육

• 프로그래밍을 통한 자동화가 우리의 직업에 미치는 영향에 대해 토론하는 수업 •

학습 절차	학습 내용	자료 및 유의점
토론 주제 안내	• 동기 유발 • 학습 문제 확인하기 　프로그래밍의 자동화가 인간의 직업에 미치는 영향	학습 문제 인식 및 정보 기술의 이해
토론 학습 설계	• 토론 주제에 대한 사전 인식 조사 　- 자동화 시스템은 인간의 직업을 소멸시킬 것인가? 　- 찬반 의견을 온라인 설문 도구 또는 통계 스마트 앱을 활용하여 개진하기 • 토론 주제에 대한 기초 지식 안내하기 • 토론 순서 및 절차 구성(동기-비동기 시스템 사용)	• 사전 인식 조사 • 비동기적(게시판, SNS 등) 도구와 동기적(메신저, 채팅 등) 도구 활용
온라인토론 학습 진행	• 동기적 토론방을 이용하여 모둠별로 주제 토론하기 　채팅 등을 이용하여 자유롭게 발산적인 의견 개진하기 • 모둠별로 정리된 내용을 비동기적 토론방에 작성하기 　의견을 비동기 게시판에 등록하여 자신의 의견 확정하기 • 의견이 다른 토론방에 자신의 의견 추가하기 • 토론 주제에 대한 다양한 의견 확인하기	• 동기 : 발산적 사고, 의견 개진 • 비동기 : 수렴적 사고, 의견 확정
정리 및 평가	• 토론 주제의 의견에 대해 온라인 설문 도구를 이용하여 인식 변화 확인하기 • 토론 주제에 대해 정리하기	사후 인식 조사

자동화가 우리의 직업에 미치는 영향에 대해 토론하기

토론 주제 안내

• 동기 유발 : 자동화된 기계와 정보기술 자료 제시

　− 로봇팔, 공장 자동화, 캐드 등 소개하기

• 학습 목표 제시하기

> 프로그래밍을 통한 자동화가 우리의 직업에 미치는 영향에 대해 토론할 수 있다.

토론 학습 설계

• 토론 주제에 대한 사전 인식 조사

토론의 주제 : 자동화 시스템은 인간의 직업을 소멸시킬 것인가?	
찬성	자동화 시스템은 인간의 직업을 축소하거나 소멸시킬 것이다.
반대	자동화 시스템으로 인간은 편해지고 다른 직업이 생길 것이다.

　− 찬반 의견을 온라인 설문 도구 또는 통계 스마트 앱을 활용하여 개진하기

　− 사전 인식의 찬반 인원수가 가급적 균형 있게 나올수록 토론 수업하기에 좋다.

• 토론 주제에 대한 기초 학습 자료 제시하기

토론의 주제 : 자동화 시스템은 인간의 직업을 소멸시킬 것인가?	
찬성	• 사라진 직업의 사례 제시 : 버스 안내원, 전화 교환원, 타자원 • 정보기술과 인공지능의 역습 • 창의적인 영역까지 침범하는 사례(디지털 화가) 등 
반대	• 새롭게 나타난 직업의 사례 제시 : 직업 조언사, 여행 설계자, 보안 전문가 • 산업시대 이후 새로운 직종의 탄생 • 정보기술도 인간이 제어, 감성적인 부분 등 

• 토론 순서 및 절차 구성하기
  – 동기적인 시스템과 비동기 시스템을 구축하여 준비한다.

온라인토론 학습 진행

• 동기적 토론방을 이용하여 모둠별로 주제 토론하기
  – 채팅 등을 이용하여 자유롭게 발산적인 의견 개진하기

• 모둠별로 정리된 내용을 비동기적 토론방에 작성하기
  – 의견을 비동기 게시판에 등록하여 자신의 의견 확정하기

- 의견이 다른 토론방에 자신의 의견 추가하기
- 토론 주제에 대한 다양한 의견 확인하기

정리 및 평가

- 토론 주제의 의견에 대해 온라인 설문 도구를 이용하여 인식 변화 확인하기
  - 사후 인식 조사를 통하여 사전 인식의 변화를 확인한다.
- 토론 주제에 대해 정리하기
  - 의견 내용에 대해 옳고 그름이 아니라 균형 있게 두 의견을 존중한다.

Chapter 13 | 프로젝트학습 모형

프로젝트학습 모형의 개요

1920년대에 프로젝트법이 소개되면서 교육 현장에서 프로젝트학습 모형은 문제기반 학습, 과제기반 학습과 더불어 다양한 수업과 과업에서 광범위하게 적용되기 시작하였다. 프로젝트학습 모형은 한 명 또는 두 명 이상의 학습자가 논의를 통해 학습 주제를 정하고 그 주제를 심층적으로 탐구하여 문제를 해결해 가는 협력적 활동이다. 즉, 개인 또는 소집단의 학생들이 의견을 모아 학습할 가치가 있는 수업 주제를 정하고, 그것에 대해 계획적으로 탐구하며 주어진 문제 해결 과정을 수행해 가는 목적 중심의 활동이다.

프로젝트학습 모형의 수업은 교사가 부과한 활동이나 과제가 아닌 학습자가 제안한 주제나 문제를 수행하게 되는데, 학습자가 역할을 분담하여 하나의 복잡한 문제를 놓고 자기가 맡은 분야를 탐색해 나가는 과정에서 경쟁적인 활동보다 협력적인 상호작용의 과정을 경험하게 된다.

프로젝트학습 모형의 목표는 우선 학생들로 하여금 새로운 지식을 습득하도록 돕는 것이다. 그리고 프로젝트 활동을 통해 학습자들은 인지적, 사회적, 의사소통 및 신체적 능력 발달에 필요한 기술들을 획득한다. 탐색 활동에 흥미를 가지고 몰입하고 장기간에 걸쳐 문제를 해결하려는 성향이 신장된다. 교사는 학생들로 하여금 프로젝트 활동에 기여할 수 있도록 여러 가지 방법들을 안내함으로써 학생 각자가 집단의 역할과 기여 그리고 협력적 역량을 갖도록 도와준다.

프로젝트학습 모형의 교수 · 학습 원리는 다음과 같다.

- 학습자들의 자기 주도적 동기에서 유발되어 학습이 진행될 때 효과적이다.
- 교사의 주도가 아닌 학습자 중심의 프로젝트 활동을 중요시한다.
- 프로젝트에 학습자의 자발적인 참여와 책임을 중요시한다.
- 학습자의 아이디어가 교사와 동료 학습자들에게 수용되며 자존감이 향상된다.
- 협력적 집단 학습의 프로젝트는 학습자들에게 협력, 의사소통, 배려심을 갖게 한다.
- 학습의 주제는 실생활의 사례나 문제, 소재 등을 탐구의 대상으로 한다.
- 학습의 방법은 수집, 조사, 분석, 실험, 평가, 인터뷰 등의 다양한 방법을 통하여 진행하게 함으로써 분석, 탐구, 표현, 기능, 태도 등을 신장한다.
- 프로젝트학습 목표와 내용을 수정, 추가하거나 삭제하는 등 학습 단계를 스스로 조절하며 유연성과 민감성, 유창성의 사고가 신장된다.
- 체험적 프로젝트학습 기회를 통하여 실세계를 직접 관찰하는 일차적 경험을 한다.

프로젝트학습 모형의 절차

표 13-1 | 프로젝트학습 모형의 수업 절차

단계	준비	주제 결정	활동 계획	탐구/표현	마무리
학습 과정	• 교사의 잠정적 주제 목록 정하기	• 주제 확정하기	• 학습 소주제 결정하기 • 학습 활동 모둠 구성하기 • 학습 활동 계획하기	• 탐구하기 • 협의하기 • 표현하기	• 전시 및 발표하기 • 반성하기 • 평가하기

첫째, 준비하기의 과정에서 교사와 학습자가 프로젝트학습을 하기로 결정한다. 프로젝트의 주제를 잠정적으로 결정하되 교사가 우선 잠정적 주제망을 선정하여 학습자들에게 안내한다. 이에 따라 프로젝트학습에서 사용할 수 있는 자원 목록을 잠정적으로 작성한다.

둘째, 주제 결정하기의 과정에서 학습자들이 스스로 주제를 확정한다. 주제를 결정한 뒤에는 학습자들이 주제와 관련된 경험을 최대한 끌어내어 프로젝트학습의 단계에서 예상되는 문제와 해결 전략을 작성한다. 이후 세부 주제에 대해 교사와 학습자가 함께 주제망을 작성하여 세부 활동 계획을 수립한다.

셋째, 활동 계획하기의 단계에서 학습자들이 학습할 소주제를 결정한다. 프로젝트를 함께 학습할 활동 모둠을 구성하되 프로젝트의 성격과 업무, 역할에 대한 균등한 기회를 제공하도록 신중하게 모둠을 구성한다. 프로젝트 진행 시 예상되는 질문 목록을 작성하고 학습 활동을 계획한다. 학습자들이 사용할 수 있는 교실 및 외부 학습 공간에서의 자원을 확보하고 관련된 자료를 비치한다. 가정 학습과 연계하여 확장할 수 있도록 부모에게 가정 통신문을 보내 협력을 요청한다.

넷째, 프로젝트 탐구하기의 과정으로 학습자들이 직접 프로젝트를 단계별로 진행한다. 문헌 조사, 문헌 자료 활용하기, 현장 조사, 현장 활동하기, 견학 활동, 현상 실험 실습하기, 자원 확보, 설문, 면접 등의 다양한 방법이 사용되도록 안내한다. 탐구하여 조사한 자료를 바탕으로 모둠원들 간의 의견을 조율하고 협의를 진행한다. 협의된 내용을 바탕으로 프로젝트 과제를 구체화하는 과정에서 다양한 방법으로 표현할 수 있도록 한다. 표현 방식은 언어적, 수학적, 소리, 그림, 입체, 신체 표현뿐만 아니라 정보통신 기술을 이용하여 다양한 멀티미디어 자료로 구성하도록 한다.

다섯째, 전시 및 발표 계획을 수립한다. 문집, 그림, 구성물, 멀티미디어 자료로 구성하고 발표 전략을 기획한다. 발표 내용 및 다른 학습자들의 의견을 반영하여 개인 및 집단의 활동 내용을 반성하도록 한다. 프로젝트의 전반적인 내용을 평가하기 위해 작품 분석, 일화 기록, 체크리스트, 면접, 가정 조사서, 사회성 측정법 등을 다양하게 사용하도록 한다.

프로젝트 수업의 절차에서 확인해야 할 사항은 다음과 같다.

- 1단계(준비하기) : 프로젝트를 계획할 때 먼저 고려할 점과 자원을 제시한다.
- 2단계(계획 수립) : 학습자들이 얻어야 할 일반 목표와 결과를 정의하여 제시한다.
- 3단계(질문하기) : 학습자들이 자신들의 노력에 초점을 두어 활용할 수 있는 도전적인 소주제나 문제를 개발한다.
- 4단계(활동 요소) : 해당 프로젝트 활동을 수행하기 위한 산출물, 학습 활동, 수업의 지원을 확인한다.

- 5단계(전략) : 학습 환경을 조성하고, 학습 지원에 필요한 자원, 인력 구성을 확인한다.
- 6단계(평가) : 학습자들의 활동 평가와 프로젝트를 평가하기 위한 균형 있고 통합적인 계획을 세운다.

프로젝트학습의 유형은 크게 어떤 방식으로 진행하느냐에 따라 정보 리터러시 프로젝트, 교육 과정 중심 프로젝트, 주제 중심 프로젝트 등으로 구분한다. 그리고 수행 범위의 크기에 따라 학습자 개별 프로젝트, 소그룹 또는 학급 내 프로젝트, 한 개 학급 프로젝트, 지역 간 학급 프로젝트 등으로 구분할 수 있다.

소프트웨어 교육을 위한
온라인 프로젝트학습 모형

소프트웨어 교육이라고 해서 프로젝트학습 모형이 크게 다르지 않다. 교육용 프로그래밍 언어를 이용하여 새로운 프로그램을 개발하거나 피지컬 컴퓨팅 수업을 통하여 다양한 메이커 활동을 하는 프로젝트의 수업도 기존 프로젝트 수업의 철학과 단계를 따른다.

하지만 소프트웨어 교육이 정보기술을 바탕으로 하기 때문에 프로젝트학습도 정보기술을 활용하여 자료를 수집, 분석, 생성, 수정, 공유하고 평가하기 용이하도록 구성할 수 있다. MIT 스크래치 사이트, 코드닷 오알지 사이트가 대표적인 온라인 프로젝트학습 사이트이다.

온라인 공간의 특징을 이용하여 학습자들이 상호작용 증진을 통해 높은 학습 효과

MIT 스크래치 사이트(http://scratch.mit.edu)   코드닷 오알지 사이트(http://code.org)

그림 13-1 ┊ 대표적인 온라인 프로젝트학습 사이트

를 꾀하는 수업 방법이 온라인 프로젝트학습 모형이다. 기존의 프로젝트 수업에서 자료 제시 등의 제한된 수업 전략의 문제점을 극복하고 학습자 간 활발한 상호작용을 통하여 협력 학습을 이끌어 공동의 학습 목표를 성취하게 한다는 점에서 새로운 모형으로서 의미를 찾을 수 있다. 온라인 기반의 프로젝트학습은 기존의 전통적 소집단 협동 학습에서 기대하기 힘든 다양한 정보 자원의 취득과 가공, 온라인 교류와 평가를 통해 성공의 경험을 하도록 한다.

온라인 프로젝트학습 모형도 구성주의 학습을 기반으로 하기 때문에 프로젝트 수행이 결과보다는 과정에 비중을 두고 이루어져야 한다. 과정 평가에는 학습자의 고차원적 사고력, 문제 해결 능력, 창의성, 협동 학습 능력, 의사 결정, 배려심, 토론 방법과 사이버 공간의 윤리 태도 등이 들어간다.

온라인 프로젝트학습 모형은 크게 3가지의 특징이 있다.

첫째, 학습에 사용되는 자료와 콘텐츠의 범위 및 유형이 기존의 프로젝트 수업에서 확대된 형태이다. 기존의 프로젝트학습 모형은 종이, 인쇄 자료 등 주로 현실에서 물리적으로 접할 수 있는 제한된 학습 자원을 활용한다. 자료의 제약은 교사의 준비와 지원에 부담을 주며 학습자 주도적인 수업에 제약을 가한다. 온라인 프로젝트학습 모형에서는 온라인 공간의 학습 콘텐츠와 자원을 수집하고 검색하는 활동을 포함하기 때문에 자료의 범위가 넓으며 쉽게 접근하고 획득할 수 있다. 또한 코딩으로 개발된 소스 등은 디지털화되어 쉽게 클라우드 공간에 저장, 공유되며 다른 학습자들이 수정 및 재생산의 가공을 할 수 있다.

둘째, 학습자들의 상호작용의 기회가 확대되며 협력의 질이 우수하다. 온라인 프로젝트학습 모형에서는 학급 내의 친구뿐만 아니라 다른 학교, 심지어는 세계 어느 나라의 학습자도 가리지 않고 교류하며 의사소통이 가능하다. 또한 정보통신 기술을 적극 활용함으로써 게시판이나 대화방, 이메일, SNS, 화상 통화, 가상현실, 증강현실 기술 등의 실감나는 도구를 사용하여 보다 적극적이며 질적으로 우수한 상호작용이 이루어진다.

셋째, 산출물의 형태가 아날로그뿐만 아니라 디지털화되어 그 유형이 다양하다. 기존 프로젝트학습 모형에서의 주된 산출물은 아날로그화된 인쇄 자료인 구체적인 산출물이다. 온라인 프로젝트학습 모형에서는 주로 디지털화된 자료를 사용하기 때문에 멀티미디어 자료를 산출하게 되고, 이 경우 미래 교육의 관점에서 프로젝트학습의 의도를 더욱 알차게 구성할 수 있다. 뿐만 아니라 온라인 사이트에 직접 커뮤니티를 구성하여 산출물을 게시하고 동료 학습자와 함께 다른 학교, 세계 어느 나라의 학습자들과도 클라우드상에서 디지털화된 산출물을 공유할 수 있다. 표 13-2는 기존의 프로젝트학습 모형과 온라인 프로젝트학습 모형의 특징을 비교한 것이다.

표 13-2 | 프로젝트학습 모형과 온라인 프로젝트학습 모형의 특징

구분	프로젝트학습 모형	온라인 프로젝트학습 모형
자료의 범위	제한적	제한이 비교적 적음
자료의 유형	아날로그 자료	디지털 자료
학습 주도성	상대적으로 낮음	상대적으로 높음
상호작용 범위	소규모 모둠	공간 제한 없음
상호작용 유형	오프라인 모임	온라인
산출물	종이, 실물 등	온라인 자료

온라인 프로젝트학습 모형의 절차

온라인 프로젝트학습 모형의 수업 절차는 기존 프로젝트학습 모형의 수업 절차와 크게 다르지 않다. 학생들이 자율적인 활동에 의하여 자신들의 관심 분야나 능력에 따라 주제를 분석하여 과제를 해결할 수 있도록 프로젝트의 특성에 맞게 기존 프로젝트학습 모형을 재구성하여 수업을 구안하고 시행한다. 온라인 프로젝트 학습 모형의 수업 절차 사례를 보면 표 13-3과 같다.

표 13-3 | 온라인 프로젝트학습 모형의 수업 절차

단계	주요 활동 과정	세부 활동 내용
온라인 프로젝트 준비 단계	• 프로젝트 대주제 선정 • 관심 분야 탐색 • 온라인 사이트 구성 • 필요한 자료 준비 • 프로젝트 기초 기능 학습	• 함께 활동할 상대 정하기 • 관심 분야에 대해 토의하기 • 프로젝트를 지원하는 온라인 사이트 구성하기 • 활용 가능한 자원 및 자료 점검하기 • 프로젝트 기초 학습 방법 익히기

단계	주요 활동 과정	세부 활동 내용
온라인 프로젝트 제1단계 (계획)	• 주제망 활동 계획 • 조사 탐구 문제 목록 작성 • 학습 과제 선정 • 해결 방법 토의, 학습 계획서 작성	• 개인별 주제망 구성하기 • 모둠별로 의견 모으기 • 주제망에 따른 질문 목록 작성하기 • 구체적으로 학습 과제 선정하기 • 모둠별로 해결 방법 토의하기 • 능력별로 과제 분담하기 • 온라인 프로젝트학습 계획서 작성하기
온라인 프로젝트 제2단계 (실행)	• 정보 자료 검색 • 자료 수집 및 분석 • 자료 정리 • 보고서 작성	• 인터넷 사이트, 전자 도서실 자료, 웹 자료를 이용하여 조사, 탐구 활동 전개 • 과제 해결에 필요한 자료를 모아 분석, 정리하기 • 다양한 디지털 자료의 형태로 보고서 작성하기 • 활동 결과 토의하기
온라인 프로젝트 제3단계 (평가 및 정리)	• 프로젝트 활동 마무리 • 프로젝트 발표 • 웹 자료 제작 • 평가, 반성	• 온라인 프로젝트 활동 과정 검토하기 • 활동 결과 발표하기 • 온라인 토론 과정을 거쳐 수정, 보완 • 보고서 온라인 사이트에 탑재하기 • 활동 결과 반성하기

　　수업 설계는 온라인 프로젝트학습 모형의 수업 절차에 따라 한다. 수업을 설계할 때에는 온라인 프로젝트 목표 설정, 온라인 프로젝트 활동 유형 및 수행 시간 계획, 온라인 프로젝트 내용 구성, 모둠원 구성 설계, 자원 지원 및 활용 계획 등 다섯 요소를 고려한다. 물론 수행하려고 하는 프로젝트학습 특징에 따라 어떤 단계를 생략할 수도 있고 보완 확장할 수도 있다.

표 13-4 | 온라인 프로젝트학습 모형의 수업 설계

영역	고려 사항
온라인 프로젝트 목표 설정	• 교육과정과의 연계성 고려 • 온라인 사이트의 기능 및 특징 활용 • 학습자 간의 교육 목표 상호 공유
온라인 프로젝트 활동 유형 및 수행 시간 계획	• 온라인 기반 활동 유형 선정 • 모둠원 구함 공고일 • 프로젝트 기한 • 프로젝트 결과 제출 기한 • 프로젝트 활동 일자
온라인 프로젝트 내용 구성	• 프로젝트 내용의 범위 • 프로젝트 활동 유형 • 학습자 세부 활동 • 프로젝트 산출 세부 내용 • 공유 자료의 종류
모둠원 구성 설계	• 모둠원의 조건 확정 • 모둠원의 규모 확정 • 모둠원의 역할 분담 • 모둠원의 협력 부문 결정 • 온라인 모둠원 모집
자원 지원 및 활용 계획	• 컴퓨터실, 전자 도서실 • 지역 사회 및 기관 • 온라인 커뮤니티 • 온라인 자료

수업 설계를 쉽게 하기 위해 기획서를 표 13-5와 같이 마련하여 학습자들에게 제공할 수 있다. 이 기획서는 사례일 뿐이고 그대로 따를 필요는 없다. 프로젝트 수업의 특징과 절차에 따라 수정, 추가, 삭제 등의 변경 작업을 통해 보다 도움이 되도록 재구성해서 사용하도록 안내한다.

표 13-5 | 온라인 프로젝트학습 기획서

주제(제목)	프로젝트의 주제 기술		
프로젝트 개요	프로젝트의 전체 개요를 간략히 기술		
	협동 유형	개별/학급 내/학급 대 학급 프로젝트	
	교과	해당 교과	
	적용 학년	해당 학년	
	활동 수준	상, 중, 하 또는 학년별로 이행 수준과 방법 명시	
	활동 기간	주 단위로 기술	
	필요한 준비물	인터넷에 접속되는 컴퓨터, 스캐너 등	
	적용 환경	교단 선진화 교실, 모둠 학습 교실, 멀티미디어실 등	
	선수 학습 요소	교과 선수 요소	교과 관련 선수 학습 요소
		ICT 선수 요소	인터넷 검색 및 이메일 보내기 등
학습 목표	학습자 중심으로 과정 및 최종 목표 기술		
과제	• 교사가 학생에게 부과하는 '~을 하라'는 식의 과제 • 산출물의 형태도 명확하게 기술		
과정 (단계별로 기술하고 과제별 역할 분담 고려할 것)	1단계	• 단계별로 양식지(Work Sheet)가 필요하면 별도로 첨부할 것 • 전 과정을 통하여 적어도 1개 이상의 양식지를 제공할 것	
	2단계	단계별 활동 내용을 상세하게 기록하기	
	3단계	단계별 활동 내용을 상세하게 기록하기	
	4단계	단계별 활동 내용을 상세하게 기록하기	
	5단계	• 산출물 제출 방식을 다시 확인시킬 것 인쇄 매체인지 파일 상태인지와 제출 경로 등 • 갤러리에 올리는 경우 방법을 안내할 것	
관련 사이트 및 참고 자료	관련 사이트를 요목별로 묶고 인쇄 매체, 신문, 미디어 자료도 표기		

평가 기준	• 처음에 제시하였던 목표에 따라 달성 정도를 평가함 • 인지적, 정의적 영역의 평가 기준을 모두 담아내도록 함
기대 효과	이 프로젝트 후 교사 및 학습자, 학급 등의 변화된 모습 기술
지도상의 유의점	교사가 유의해야 할 사항을 개조식으로 정리

소프트웨어 교육에서 온라인 프로젝트학습 모형 적용의 유의점

온라인 프로젝트학습 모형의 수업을 할 때 유의할 사항은 다음과 같다.

첫째, 프로젝트의 수준에 맞는 실제적 과제를 제시한다. 모든 학문과 지식, 실생활의 문제는 여러 교과가 통합적으로 연관되어 있으므로 특정 교과보다는 다양한 영역의 학문이 결합된 주제를 선정하도록 안내한다. 주제와 연관된 교과목, 단원을 추출하는 방법으로 교육과정과 연관을 맺는 것이 좋다.

둘째, 학생들의 ICT 소양 능력을 점검하고 그에 맞는 프로젝트를 제시한다. 프로젝트 수행을 위하여 학습자들이 꼭 필요하다면 먼저 ICT 소양 교육 프로그램이 제공되어야 한다.

셋째, 기존 프로젝트학습의 장점을 충분히 활용한다. 온라인 프로젝트학습의 장점뿐만 아니라 단점, 즉 디지털 정보를 모두 신뢰할 수 있는가, 온라인 의사소통 도구가 효과적인가 등에 대해서 고민하여야 한다. 이런 문제점을 극복하기 위해서는 기존의 프로젝트학습 방법과 적절히 섞어 블렌디드 형태의 수업으로 진행하는 것이 효과적이다. 온라인 검색과 디지털 자료 수집에만 의존하지 말고 실세계에서의 조사 활동, 인터뷰 활동 등을 결합시키면 더욱 질 높은 프로젝트 산출물을 기대할 수 있다.

넷째, 참여하는 모둠의 학생 모두가 프로젝트 수행 과정에서 소외되지 않도록 배려한다. 학생들의 능력과 특성을 사전 점검하고 적절한 역할 분담으로 소외되는 학생이 없도록 해야 한다.

다섯째, 교사가 학습자들의 프로젝트 활동에 적절하게 개입하여 조절한다. 처음부터 끝까지 모든 과정에 교사가 적극 개입하여 친절하게 지도하는 것이 반드시 좋지만은 않다. 이 경우 학생들의 자주성과 문제 해결 능력을 비롯한 자유로운 상상력을 위축시킬 수 있기 때문이다. 그렇다고 해서 학생들에게 책임과 활동을 모두 위임하고 지켜보는 것은 더욱 바람직하지 못하다. 학습자에 대한 조언과 지원자의 역할을 적절하게 조절한다.

여섯째, 프로젝트학습의 절차를 중시하는 평가 기준을 세우되 최대한 명확하게 제시한다. 과정 평가에는 학습자의 사고력, 문제 해결 능력, 동료 학습자와의 협력 정도, 토론 방법과 태도 등이 포함된다.

일곱째, 모둠원의 범위를 확대하여 공동 협력 프로젝트를 글로벌화할 수 있는지 그 가능성을 생각해 본다. 온라인 프로젝트학습 모형의 가장 큰 특징은 다른 지역, 다른 나라 학생들과의 공동 활동, 공동 참여와 공유가 가능하다는 것이다. 따라서 교사가 먼저 다른 지역의 교사들과 '협력 교사'로 연계하여 활동을 진행하는 노력이 수반되어야 한다.

소프트웨어 교육에서의 프로젝트학습 모형

프로젝트학습 모형의 수업 예시

 수업 사례 ① 센서 통합형 보드를 이용하여 실생활 물건 구현하기

    센서 통합형 보드는 스크래치 개발 초기부터 사용되어 왔으며 MIT 미디어랩에서 최초로 설계되었다. 센서들이 메인 보드의 한 부분으로 고정되어 있는 형태로 빛 센서, 소리 센서, 버튼 센서, 슬라이더 센서, 저항 센서 등이 부착되어 있다. 물론 개량된 형태의 보드에서는 더 많은 센서가 부착되어 있다.

    여러 명이 동시에 활동을 해야 하는 학교 수업 환경을 감안한다면 준비가 간단하고 부품 및 교구 관리가 쉽다는 장점이 있다. 반면, 보드에 부착된 센서 이외에 다른 센서를 사용하고자 할 때 불편한 점이 있으며 센서의 위치가 고정되어 있기 때문에 산출물의 형태도 제한될 수밖에 없다. 보드 자체의 출력 단자가 없기 때문의 오직 센서로서의 역할만 수행한다.

(1) 나뭇잎 피아노 만들기 프로젝트

    센서 통합형 보드의 저항 센서를 이용하여 나뭇잎과 피부를 통해 흐르는 전류의 연결 상태를 센싱하여 나뭇잎을 피아노 건반처럼 사용하는 프로그램이다.

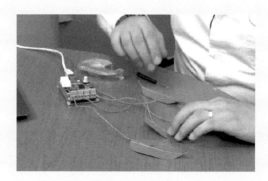

출처 : KoreaSW.org

(2) 자동차 계기판

센서 통합형 보드에 부착된 여러 가지 센서를 동시에 사용하여 자동차의 경적, 속도
계, 전조등 등을 표현한 시뮬레이션 프로그램이다.

피지컬 교구 중 센서 분리형 보드의 경우 아두이노의 복잡하고 어려운 부분을 개선하고자 하드웨어에서는 센서와 출력 부품이 모듈 형태로 개발되어 메인 보드에 손쉽게 탈부착할 수 있게 되어 있으며, 제어하는 소프트웨어는 스크래치를 기반으로 전용 프로그램을 개발하여 지원하고 있다. 센서의 종류로는 빛 센서, 터치 센서, 적외선 센서, 포텐시오미터 등이 있으며 출력으로는 LED, 서보 모터, DC 모터 등이 있다.

모듈을 탈부착할 수 있는 형태이기 때문에 프로그램에 따라 필요한 센서나 출력만 부착하여 사용할 수 있으며, 프로그램에 따라 필요한 부품이 있다면 모듈 단위로 추가할 수 있다. 또한 각 모듈은 선으로 연결되어 있기 때문에 다양한 형태의 산출물을 만들 수 있다.

(1) 엘리베이터 개발 프로젝트

센서 분리형 보드의 적외선 센서를 이용하여 엘리베이터 모형의 거리를 측정하고 DC 모터를 이용하여 모형을 움직이는 프로그램이다. 이때 엘리베이터 모형은 센서 값에 따라서 움직임을 자동으로 멈춘다.

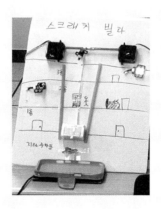

(2) 핀볼 게임기 만들기

센서 분리형 보드의 터치 센서를 이용하여 서보 모터를 조작하여 공을 쳐서 골대로 넣는 프로그램이다. 골키퍼를 DC 모터로 계속 회전시켜 사용하고 있다.

프로젝트학습 모형의 교수 · 학습 아이디어

(1) 컴퓨터 과학의 지식을 프로젝트학습으로 조사하기

• 자료구조의 개념을 이해하고 스택과 큐 구조 탐색하기 •

■ 프로젝트학습 수업 설계서

프로젝트 주제		자료구조
프로젝트 개요	활동 유형	학급 내 프로젝트 협동 학습
	관련 교과	창의적 체험 활동(컴퓨터)
	적용 학년	4학년
	활동 기간	4차시
	필요한 준비물	디지털 카메라, OHP 필름, 탁구공
프로젝트 개요	학습 환경	교실, 컴퓨터실
	교육과정 관련	창의적 체험 활동(컴퓨터)《즐거운 컴퓨터》
	선수 학습 요소	비트, 이진수, 디지털 개념
	모둠 조직	6명 5모둠
학습 목표		• 자료구조의 기본 개념을 알 수 있다. • 자료를 기준에 따라 분류할 수 있다. • 구체물 조작을 통하여 스택과 큐의 개념과 원리를 알 수 있다. • 생활에서 스택과 큐의 원리를 이용하여 문제를 해결할 수 있다.
프로젝트 과제 내용		모둠별 학습 결과에 대해 발표 및 결과물 제출하기
학생 활동 산출물		모둠별 보고서
평가 계획		• 모둠별 산출물 평가(정리 및 평가 단계의 산출물 평가 후 피드백) • 모둠별 발표 후 보고서 평가(학습에 대한 이해 정도 평가)

■ 차시별 학습 내용

차시	학습 과정	소주제	활동 내용
1차시	준비 및 주제 결정하기 활동 계획하기	자료구조의 의미	자료구조 생각 지도 만들기
2차시	탐구 및 표현하기	스택의 개념과 원리	OHP 필름과 탁구공을 이용하여 스택의 개념과 원리 이해하기
3차시	탐구 및 표현하기	큐의 개념과 원리	OHP 필름과 탁구공을 이용하여 큐의 개념과 원리 이해하기
4차시	마무리하기	보고서 평가	모둠별 보고서 발표 후 소감문 평가

스택 구조

스택 구조의 예

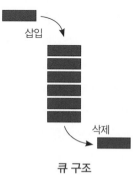

큐 구조

큐 구조의 예

■ 수업 단계별 장면 예시

수업 단계	수업 장면
프로젝트 주제 인식	 자료구조화의 필요성
모둠 역할 정하기	 프로젝트 역할 및 모둠 구성
프로젝트 학습 탐색 활동	 스택 구조

수업 단계	수업 장면
프로젝트 학습 탐색 활동	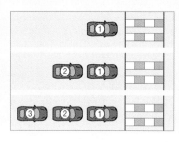

큐 구조

스택과 큐 특징 탐색 |
| 프로젝트 학습 자료 조사 활동 |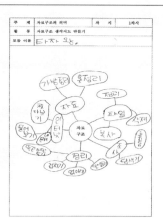

자료구조 개념 조사 |

프로젝트 학습 자료 조사 활동	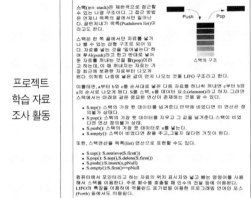 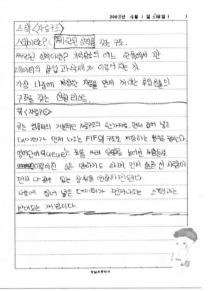
프로젝트 학습 자료 해결 활동	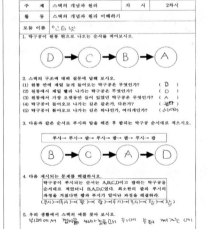 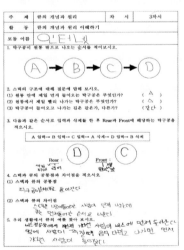

수업 단계	수업 장면
프로젝트 학습 자료 해결 활동	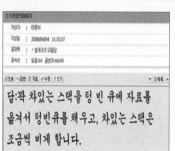
보고서 작성	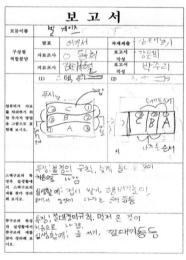 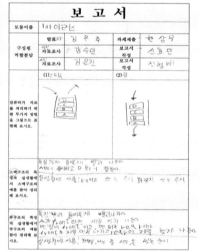

(2) 피지컬 컴퓨팅 교구를 이용하여 협력 프로젝트 진행하기

• 디지로그의 형태로 체인리액션 프로그램 구현하기 •

■ 프로젝트학습 수업 설계서

프로젝트 주제		체인리액션
프로젝트 개요	활동 유형	학급 내 소그룹 프로젝트 협동 학습
	관련 교과	창의적 체험 활동(컴퓨터)
	적용 학년	6학년
	활동 기간	4차시
	필요한 준비물	스크래치, 레고 위두, 다양한 재활용품
	학습 환경	교실, 컴퓨터실
	교육과정 관련	실과
	선수 학습 요소	체인리액션, 골드버그 장치
	모둠 조직	4명 6모둠
학습 목표		• 골드버그 장치를 이해하고 개발할 수 있다. • 스크래치로 센서를 제어할 수 있다. • 레고 위두를 이용하여 체인리액션 프로그램을 구현할 수 있다. • 디지로그의 활동을 통해 상호 협력하여 문제를 해결할 수 있다.
프로젝트 과제 내용		디지로그 형태의 모듈 프로그램 개발하기
학생 활동 산출물		개별 프로그램을 연동하여 체인리액션 장치 구현하기
평가 계획		• 모둠별 산출물 평가(정리 및 평가 단계의 산출물 평가 후 피드백) • 모둠별 발표 후 보고서 평가(학습에 대한 이해 정도 평가)

■ 차시별 학습 내용

차시	학습 과정	소주제	활동 내용
1차시	준비 및 주제 결정하기 활동 계획하기	체인리액션 이해	골드버그 장치의 특징을 이해하고 프로그램 구현
2차시	탐구 및 표현하기	개별 모듈 개발	스크래치를 이용하여 개별 디지털 모듈 개발하기
3차시	탐구 및 표현하기	개별 모듈 개발	레고 위두를 이용하여 개별 피지컬 모듈 개발하기
4차시	협력 활동 및 마무리하기	협력 활동 보고서 평가	• 개별 모듈을 연동하여 협력 프로젝트 확인 • 모둠별 보고서 발표 후 소감문 평가

디지로그 형태로 체인리액션 프로그램 구현하기

운영 프로그램

체인리액션 프로젝트는 디자인 기반 학습을 적용한 5단계로 진행한다.

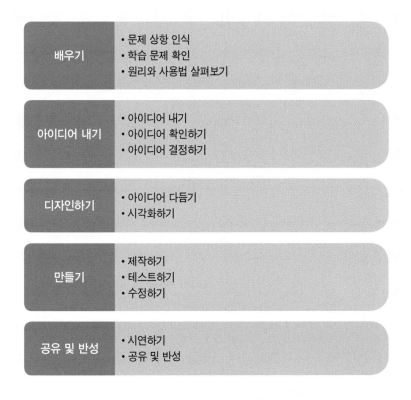

| 배우기 | • 문제 상황 인식
• 학습 문제 확인
• 원리와 사용법 살펴보기 |

| 아이디어 내기 | • 아이디어 내기
• 아이디어 확인하기
• 아이디어 결정하기 |

| 디자인하기 | • 아이디어 다듬기
• 시각화하기 |

| 만들기 | • 제작하기
• 테스트하기
• 수정하기 |

| 공유 및 반성 | • 시연하기
• 공유 및 반성 |

- 첫 번째 단계인 배우기(learn)에서는 문제 상황을 살펴보고 체인리액션에 쓰일 피지컬 교구의 사용법에 대해 학습한다.
- 두 번째 단계인 아이디어 내기(ideated)에서는 체인리액션 프로젝트를 위한 여러 아이디어를 내어 보고 결정한다.
- 세 번째 단계인 디자인하기(design)에서는 앞에서 만들어진 아이디어를 보다 정교하게 다듬어 보고 이를 위해 시각화한다.
- 네 번째 단계인 만들기(make)에서는 앞에서 만들어진 아이디어를 만들어 보고 수정한다.
- 다섯 번째 단계인 공유 및 반성(share)에서는 친구들 앞에서 직접 시연해 보고 반성하는 시간을 갖는다.

다음 그림을 보고 생각해 보자.

시계 이름 :

시계 이름 :

- 각각의 시계는 시간을 어떻게 나타낼까?
- 시간을 나타내는 방식을 생각하며 시계의 이름을 생각해 보자.

시계 이름 :

- 위의 시계는 시간을 어떻게 나타낼까?
- 위의 시계에 이름을 붙인다면 어떻게 붙일까? 앞의 두 시계의 이름을 이용하여 붙여 보자.
- 위의 시계와 같이 아날로그와 디지털이 같이 쓰이는 것을 무엇이라 부를까?

알아보기

다음 영상을 보고 생각해 보자.

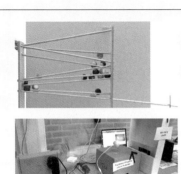

▶ 골드버그 영상
https://www.youtube.com/watch?v=xXVf_6wYXuQ
https://www.youtube.com/watch?v=qybUFnY7Y8w

▶ 디지털 도미노 영상
https://www.youtube.com/watch?v=6OObPrJNsek

- 골드버그 머신과 디지털 도미노의 공통점은 무엇인가?
- 골드버그 머신과 디지털 도미노의 차이점은 무엇인가?
- 아날로그와 디지털을 이용한 도미노 방법을 '체인리액션'이라고 한다.

 참고하기

⇨ 체인리액션이란?

체인리액션chain reaction은 연쇄반응이라는 뜻이다. 연쇄반응은 하나의 반응이 계속 가지를 쳐 나가며 연쇄적으로 반응을 일으키는 것을 말한다. 우리 주변에서 수많은 연쇄반응을 살펴볼 수 있으며, 세포분열부터 핵융합까지 다양하다. 피지컬 컴퓨팅을 통해 체인리액션을 구현할 수 있고, 도미노나 골드버그 머신과 같이 입력과 출력의 연쇄반응을 만들 수 있다.

• 체인리액션 프로젝트 알아보기

　– 다음 영상을 살펴보고 체인리액션 프로젝트에 대해 알아보자.

　　　* 영상 1 : https://www.youtube.com/watch?v=wHc−qlKA_g8

　　　* 영상 2 : https://www.youtube.com/watch?v=5mQRQ6vCAwE

스크래치와 피지컬 교구 활용

스크래치 화면에서 공이 화면
끝까지 이동

이 과정을 반복하며 여러 대의
컴퓨터와 피지컬 교구가 연쇄적
으로 공을 전달

실세계의 물체가 공을 이동시켜
옆의 컴퓨터로 전달

• 체인리액션 프로젝트 원리 알아보기

　피지컬 컴퓨팅 교구를 이용한 체인리액션 프로젝트는 서로 다른 피지컬 컴퓨팅 작
품을 연결하여 입력과 출력이 계속해서 일어나도록 만드는 것이다. 센서가 작동하여

액추에이터로 공이나 롤러와 같은 중간 매개물을 움직이게 하고, 이것이 다시 다른 피지컬 컴퓨팅 작품 센서의 반응을 일으키게 하는 방식으로 작동되도록 설계한다.

체인리액션 원리

| 입력 A | 출력 A | 매개물 | 입력 B | 출력 B | 매개물 | … |

피지컬 컴퓨팅 작품들이 연쇄적으로 매개물을 통해 작동됨

생각 펼치기 ❷

- 아날로그 프로젝트

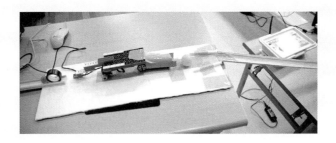

- 디지털 프로젝트

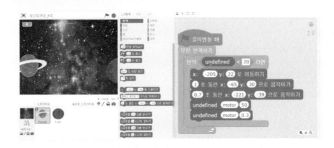

체인리액션 활동을 통해 알아낸 것을 정리해 보자.

• 아날로그와 디지털 방식의 차이점은 무엇인가?

_____

_____

• 우리 주변에서 아날로그와 디지털이 함께 사용되고 있는 예로는 무엇이 있을까? 또 어떻게 작동될까?

_____

_____

• 체인리액션의 원리를 〈보기〉 낱말들을 이용하여 설명해 보자.

〈보기〉 아날로그, 디지털, 입력, 출력, 공

_____

_____

프로젝트 수업 활동 모습

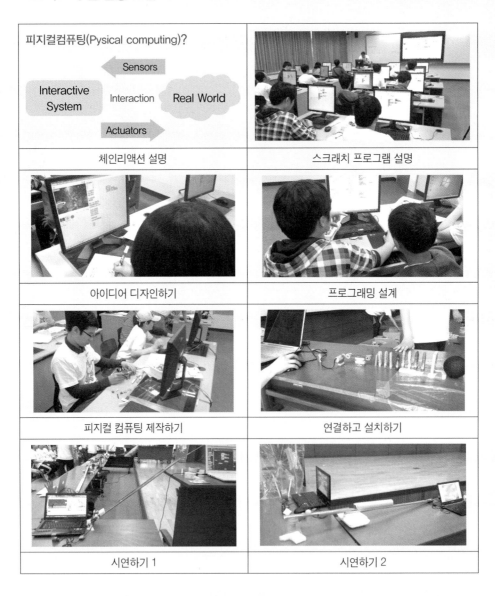

체인리액션 설명	스크래치 프로그램 설명
아이디어 디자인하기	프로그래밍 설계
피지컬 컴퓨팅 제작하기	연결하고 설치하기
시연하기 1	시연하기 2

Part 3

소프트웨어 교육을 위한 교수 · 학습 전략

Chapter 14 | 컴퓨팅 사고 기능 신장을 위한 교수 · 학습 전략

DMM 교수 · 학습 전략

직접교수 모형을 바탕으로 하는 DMM(시연 중심) 교수 · 학습 전략은 프로그래밍 언어의 문법, 실습 중심의 명령어 등을 지도할 때 유용하다. 시연 – 모방 – 제작의 단계를 거치며 교사가 모델이 되는 학습 활동의 시연을 거쳐 학습자들이 질문과 대답을 통해 모방하고, 반복적으로 단계적 · 독립적 연습을 통하여 제작하는 활동 중심의 교수 · 학습이다. 컴퓨터 과학의 핵심인 알고리즘과 프로그래밍 활동에 적합하며 교사 중심의 교수 · 학습이지만 질문과 대답을 중심으로 모방과 제작 활동에 집중할 경우 학습자 중심의 모형으로 활동을 구성할 수 있다.

표 14-1 | DMM 교수 · 학습 전략

교육 방법	DMM 교수 · 학습 전략		
	시연	모방	제작
직접교수	• 교사의 설명과 시범 • 표준 모델 제시	• 학생 모방하기 • 질문과 대답	• 단계적 · 독립적 연습 • 반복 활동을 통한 기능 습득

표 14-2 │ DMM 교수 · 학습 전략의 교수 · 학습 내용

단계	주요 방법	세부 교수 · 학습 내용
시연 (Demonstration)	• 설명 • 시범 보이기 • 예시	• 가르치려고 하는 핵심 전략과 기능을 교사가 설명하거나 시연을 통해 학생들에게 소개한다.
모방 (Modeling)	• 따라하기 • 질문, 답변	• 교사의 시연 내용을 학생들이 그대로 따라 실습한다. • 실습의 과정에서 질문을 통해 학습자들이 교사들의 시연을 모방 (modeling)한다.
제작 (Making)	• 만들기 • 반복 활동	• 시연과 모방의 단계에서 배운 내용을 토대로 학생이 직접 만들어 보는 활동을 한다. • 반복적으로 진행하되 단계적, 전체적인 활동을 학습자들이 전개한다.

시연Demonstration

- 시연 단계에서 사용될 자료는 컴퓨팅 사고를 기반으로 설계되어야 한다.
- 기본적인 프로그래밍 언어나 문법을 설명하고 사용 방법에 사용되는 주제라 할지라도 컴퓨팅 사고의 관점에서 접근하도록 준비한다.
- 시연 내용의 안내도 교사가 의도적으로 컴퓨팅 사고의 관점으로 전개하되 어려운 용어(분해, 패턴, 추상화 등)는 사용하지 않고 그 의미를 내포하여 학습자들이 자연스럽게 인식하도록 시연한다.
- 특히, 교사가 일련의 모듈을 시연할 때 문제의 단위를 분해하거나 알고리즘의 단계를 분해하여 그 패턴을 이해하고 핵심 개념이나 원리, 공식 등을 소개하며 컴퓨팅 구성 요소를 시연한다.

모방Modeling

- 학습자들의 모방은 교사의 컴퓨팅 사고 과정을 모델링하는 과정으로, 간단한 문

법의 사용부터 알고리즘의 모듈을 따라하며 컴퓨팅 사고의 구성 요소를 이해한다.

- 모방의 단계에서 중요한 점은 질문과 대답을 통한 활동 지식의 이해이다. 교사의 발문에서 자연스럽게 컴퓨팅 사고를 이끌어 내는 노력이 필요하다.
- 모방을 통해 자연스럽게 문제의 분해, 변수의 설정, 발견 및 탐구를 통한 추상화의 단계를 이해하게 된다.

제작Making

- 제작은 학생 주도적 활동을 이끄는 단계로 소프트웨어 개발에 따른 제작 역량을 키운다.
- 분해된 모듈의 반복 활동을 통해 패턴을 인식하고 패턴에서 발견된 개념을 추상화하도록 교사가 학습 촉진자의 역할을 해야 한다.
- 제작의 과정에서 알고리즘을 통한 절차적 사고와 프로그래밍을 통한 자동화 능력을 이끄는 과정에 집중한다.

UMC 교수 · 학습 전략

UMC(재구성 중심) 교수 · 학습 전략은 발견학습 모형에서 사용하는 다양한 사례를 중심으로 핵심 개념과 원리를 발견하고 제시된 사례의 수정과 재구성을 통하여 컴퓨팅 사고를 이끄는 데 유용하다. 동기 유발로 놀이를 통해 배우고자 하는 학습 모듈을 학생들이 탐색하고 사전에 준비된 모듈의 수정 과정을 통하여 기능과 개념을 이해한다. 놀이 활동, 수정 활동과 연계된 일련의 재구성 활동을 통해 학생들이 컴퓨팅 사고의 전반적인 능력을 이해하게 된다.

UMC 교수·학습 전략에는 놀이를 통한 수정 활동과 학습자의 능동적인 재구성 활동을 통해 새로운 프로젝트를 생성하는 창의 컴퓨팅creative computing 활동의 3가지 학습 요소(개념, 실습, 관점)가 나타나 있다. 창의 컴퓨팅은 2014년 MIT 미디어랩에서 브레넌K. Brennan 등이 컴퓨팅 사고력Computational Thinking, CT을 위해 진행했던 프로그램이다.

표 14-3 | MIT 창의 컴퓨팅 CT 개념

개념	설명
시퀀스	과제를 위해 일련의 단계를 정의하는 것
반복	같은 시퀀스를 몇 번이고 실행하는 것
병렬 처리	동시에 일이 일어나도록 만드는 것
이벤트	이것을 통해 다른 일이 일어나도록 만드는 것
조건	조건에 따라 결정하도록 만드는 것
연산	수학적·논리적 표현식에 따라 계산하는 것
데이터	값을 저장, 검색, 수정하는 것

표 14-4 | MIT 창의 컴퓨팅 CT 실습

개념	설명
실험과 반복하기	개발하고 시도해 보고, 다시 발전시켜서 개발하기
테스팅과 디버깅하기	확실하게 만들고 실수를 찾아내어 고치기
재사용과 재구성하기	내가 이미 만든 것이나 다른 사람이 만든 것을 이용하여 만들기
추상화와 모듈화하기	전체와 부분들의 연관성을 탐색하는 것, 재사용이 가능한 코딩 블록들의 단위를 만드는 것

표 14-5 | MIT 창의 컴퓨팅 CT 관점

개념	설명
표현하기	컴퓨팅 사고에 따른 연산이 창작의 매체라는 것을 인식하는 것 '나는 창조할 수 있다.'
연결하기	다른 사람과 함께하고, 다른 사람을 위한 창작의 힘을 인식하는 것 '나는 다른 사람들과의 교류를 통해 다양한 일들을 할 수 있다.'
질문하기	세상의 의문점에 대해 질문할 자격이 있다고 느끼는 것 '나는 세상을 이해하기 위한 질문을 할 수 있다.'

표 14-6 | UMC 교수 · 학습 전략

교육 방법	UMC 교수 · 학습 전략		
발견학습 모형	놀이	수정	재구성

표 14-7 | UMC 교수 · 학습 전략의 내용

단계	주요 학습 방법	세부 교수 · 학습 내용
놀이 (Using)	조작, 체험, 놀이, 활용, 탐색	학습 내용이 담긴 프로젝트를 시연해 보거나 조작해 보면서 프로젝트를 이해하는 단계이다 즉, 먼저 결과물을 가지고 놀아 보며 친숙해지도록 한다. 또는 직접교수 모형을 적용하여 교사의 시범에 따라 간단한 프로젝트를 제작해 가며 작동시켜 보도록 한다.
수정 (Modify)	추가 설계, 수정, 확장, 보완	간단히 제공된 프로젝트에 아이디어를 추가하거나 내용을 확장하여 설계한다(새로운 스프라이트 추가 및 수정, 변수 추가, 스테이지 확장 등).
재구성 (reCreate)	재구성, 구현, 개발, 산출	학습한 기능이나 내용을 활용하여 자신만의 확장된 프로그램을 설계하여 제작해 본다.

놀이|Using

- 놀이 활동에서는 다양한 사례를 사용한다. 다양한 사례라는 의미는 학생들이 즐 겁게 놀이 활동을 할 수 있는 모듈로 일종의 알고리즘이나 프로그램 모듈, 완성된 소프트웨어 패키지, 피지컬 컴퓨팅 부품, 완제품을 포함한다.
- 놀이 활동의 의미는 학습자가 사용해 보고 경험을 하는 활동으로 학교급이 올라 가거나 경험이 많은 경우 엔터테인먼트적인 요소를 넘어 관찰하거나 탐색하기 위한 활동을 가리킨다.
- 놀이 활동에서 자연스럽게 제시된 패키지와 모듈의 일정한 패턴을 인식하고 그 에 따른 놀이 절차(알고리즘) 또는 패키지 안의 알고리즘을 발견하게 한다.

수정Modify

- 수정 활동은 놀이 활동에 포함된 모듈 또는 패키지를 교사가 의도적으로 변형하 여 제시한다.
- 학생들의 수정 활동을 지원하기 위해 소스 코드의 순서 변경, 새로운 코드 채우 기, 오류가 발생된 디버깅 작업 등이 사례로 제시된다.
- 수정 활동을 통해 프로그래밍의 문법이나 알고리즘의 이해에 관한 지식과 기능 을 이해하게 된다.
- 컴퓨팅 사고의 기본이 되는 지식과 개념을 이해하도록 교사가 의도적으로 준비 하되 놀이 활동에서 사용된 모듈이나 알고리즘을 변형하여 사용한다.

재구성reCreate

- 재구성 단계는 새로운 소프트웨어를 개발하거나 신규 모듈을 제작하는 단계가 아니다. 앞서 놀이 활동과 수정 활동에서 사용된 모듈과 패키지의 확정 버전을 만

드는 활동이 주요한 내용이다.

- 이 활동 또한 교사가 사전에 준비한 자료를 바탕으로 진행하며 컴퓨팅 사고의 핵심이 되는 추상화 내용을 바탕으로 다양한 알고리즘과 자동화를 위한 프로그래밍 확장으로 자신의 지식과 기능을 구축한다.

DDD 교수 · 학습 전략

DDD(개발 중심) 교수 · 학습 전략은 소프트웨어 공학적인 측면에서 소프트웨어 개발의 전 과정을 이해하는 데 유용하다. 개발하고자 하는 소프트웨어에 대한 기본적인 탐구 과정과 함께 개발을 위한 기초 설계의 과정을 거쳐 자신만의 소프트웨어를 개발하게 된다.

앞서 제시한 UMC 교수 · 학습 전략과는 다르게 교사 중심의 제한된 모듈의 확장 버전의 제작보다는 학습자가 개발의 과정을 주도한다. 하지만 탐구의 과정과 설계의 과정에서 교사가 의도적으로 개발의 범위를 제한하고 그에 따른 제약 사항과 개발의 범위를 안내한다.

표 14-8 ┃ DDD 교수 · 학습 전략

교육 방법	DDD 교수 · 학습 전략		
탐구학습 모형	탐구	설계	개발

표 14-9 │ DDD 교수 · 학습 전략의 교수 · 학습 내용

단계	주요 학습 방법	세부 교수 · 학습 내용
탐구 (Discovery)	기능의 이해, 분석, 탐색, 구현	• 탐색과 발견을 통한 지식 구성(문제 분해−패턴 찾기−추상화) • 디버깅 문제 해결을 통한 컴퓨팅 사고 신장 　− 도전(챌린지) 　− 디버깅(주어진 문제의 문제점을 발견하고 수정하면서 기능, 원리, 　　개념을 익힘) 　− 컴퓨팅 활동 : 재구성−진단−수정−평가의 네 과정이 순환 • 간단한 게임을 주제로 교사가 주요 기능과 스크립트를 설명하거나 학습 자들이 주어진 스크립트의 논리를 분석하여 메모한다.
설계 (Design)	알고리즘의 설계, 계획	• 알고리즘 설계 : 협력−팀워크−아이디어 확정 • 디자인 씽킹(Design Thinking) : 강조−정의−창의 설계−프로토타입−공 유, 평가 　프로그래밍 언어로 구현하기 전에 프로젝트의 스토리, 필요 객체, 객 체의 특성 및 역할, 객체 간 상호작용 등을 이해하기 쉽게 계획한다. 또한 구현할 알고리즘을 세부적으로 생각해 보도록 유도한다. 순서 도, 의사(pseudo) 코드, 설계 학습지 등을 활용할 수 있다.
개발 (Development)	구현, 공유, 개발, 산출	• 배운 것을 토대로 새로운 산출물 생산 • 컴퓨팅과 융합 : 기본 게임과 추가 설계된 내용을 프로그래밍 언어로 구 현한다. 　자신의 작품을 발표하고 피드백을 받는다. 디버깅 과정을 거치며 설 계와 구현을 반복한다.

탐구Discovery

- 탐구 활동에서 사용되는 주제는 교사에 의해 제시된 자료를 사용한다. 개방된 영역의 확장 주제는 다음에 제시할 NDIS 교수 · 학습 전략에서 다룬다.

- 탐구 활동에서 단순히 설명식 자료보다는 실제 프로그램을 분석하고 피지컬 컴퓨팅 자료의 탐색을 통하여 보다 적극적인 탐구 활동이 이루어지도록 한다.

- 탐구 활동에서 문제의 영역을 분해하여 설계와 개발의 단계를 쉽게 달성할 수 있

도록 제시한다.

- 개발하고자 하는 모듈과 소프트웨어의 일정한 패턴을 학생 스스로 탐구하여 추상화의 핵심 내용을 파악하도록 한다.

설계|Design

- 설계의 단계에서 사용되는 방법은 구상도, 순서도, 의사 코드 등의 전통적인 설계 방법과 함께 창의적인 공학 설계 방법을 사용한다.
- 학습자의 경험이 충분할 경우 기능 설계와 절차 설계 등의 소프트웨어 공학적인 접근 방법을 사용하여 지도할 수 있다.
- 개발을 위한 설계의 방법으로 컴퓨팅 사고의 구성 요소를 단계별로 진행하며 다양한 접근 전략을 사용한다.

개발|Development

- 개발의 과정은 학습자 중심으로 진행하되 개발에 사용되는 프로그래밍 문법과 알고리즘은 교사의 준비와 조언으로 진행한다.
- 개발에 따른 전체 프로세스는 컴퓨팅 사고에 따른 분해, 패턴 인식, 추상화, 알고리즘의 내용을 포함하며 그의 구현을 위한 프로그래밍 단계를 거친다. 개발의 결과는 수업 시수를 고려하여 시뮬레이션이나 프로토타입 형태로 할 수 있다.
- 개발 내용에 대한 평가는 학습자들의 공유 과정과 자기 반성의 관점에서 중요하다. 개발에 대한 평가 방법은 학습자들의 프로젝트 산출물 평가와 디자인 시나리오 기법, 학습자 인터뷰를 통하여 개발의 의도, 요구 분석, 설계, 개발 과정, 개발의 활용에 대한 다차원적 평가가 가능하다.

NDIS 교수 · 학습 전략

NDIS(디자인 중심) 교수 · 학습 전략은 스탠퍼드Stanford 대학교의 d-School에서 제시한 디자인 사고 과정을 따른다.

디자인 사고 과정은 탐색을 통한 몰입의 과정을 통해 인간 중심의 요구 분석을 진행한다. 소프트웨어 개발이 단지 기계적인 프로그램 제품 개발이 아닌 인간의 삶을 개선하고 인류의 안전과 요구에 부합하는 활동임을 인식하여 고도의 창의적 설계를 진행한다. 컴퓨팅 사고를 신장시키기 위한 설계와 개발의 과정을 통해 프로토타입 또는 시뮬레이션을 제작하며 개발된 결과의 공유와 평가를 통해 개선의 방법을 찾는 선순환 구조를 가진다.

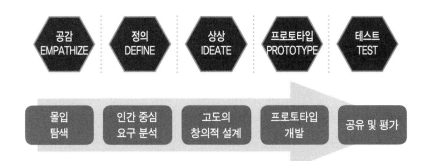

그림 14-1 | 디자인 사고 과정

출처 : http://dschool.stanford.edu

표 14-10 │ NDIS 교수 · 학습 전략

교육 방법	NDIS 교수 · 학습 전략			
프로젝트학습 모형	요구 분석	디자인	구현	공유

표 14-11 │ NDIS 모형의 교수 · 학습 내용

단계	학습 방법	세부 교수 · 학습 내용
요구 분석 (Needs)	문제 이해, 인간 중심 요구 분석	• 주어진 문제에 대한 고찰과 사용자에 대해 탐색하기 • 인간 중심(개발하고자 하는 프로그램 또는 시스템이 인간의 삶에 도움을 줄 수 있어야 함) 분석하기
디자인 (Design)	창의적 설계, 계획 공학적 설계	• 프로젝트의 스토리, 필요 객체, 객체의 특성 및 역할, 객체 간 상호작용 등 계획하기 • 순서도, 의사 코드, 설계 학습지 등을 활용하여 구현할 알고리즘 생각하기 • CT를 신장시키기 위한 목표를 포함한 설계 과정
구현 (Implementation)	개발 및 구현, 언플러그드 전략, EPL, 피지컬, 융합 컴퓨팅	• 언플러그드, EPL, 피지컬 컴퓨팅의 영역에서 학습 내용 구체화하기 • 언플러그드를 통해서 컴퓨터 과학 지식 이해하기 • 계획한 프로젝트를 EPL을 통해 구현하기 • 외부 객체를 통해 디지털 정보를 아날로그 정보로, 아날로그 정보를 디지털 정보로 표현해 보는 피지컬 컴퓨팅 활동을 통해 융합 활동과 연계하기 • 실생활에서 사용되는 컴퓨팅의 다양한 사례를 이해하고 학생 스스로 계획하고 구현해 보는 활동을 통해 다양한 학문 또는 기술을 융합하여 표현하기 • 학습 내용을 실생활과 융합해 봄으로써 고차원적인 문제 해결 능력 기르기
공유 (Share)	공유 및 피드백	• 개발된 프로그램 공유 • 프로그램의 피드백 • 개발 과정에 대한 자기 성찰

요구 분석Needs

- 요구 분석의 단계는 DDD 교수·학습 전략의 탐구 단계와 비교하여 인간 중심의 관찰과 사용자 요구 분석에 주안점을 둔다.
- 인간 중심 요구 분석은 비목적적인 소프트웨어 개발과는 달리 소프트웨어의 가치를 인간에게 이롭도록 하는 발전적 방향을 목표로 한다.
- 개발의 과정보다는 요구 분석과 디자인 과정에 더 큰 관심을 두고 진행한다.

디자인Design

- 디자인 단계는 DDD 교수·학습 전략의 설계를 포함한 광의의 내용을 내포하고 있다. 단순히 설계도의 형태로 그려 가는 단계를 넘어 사고의 확장과 창의적인 아이디어 산출에 집중한다.
- 디자인 단계에서 컴퓨팅 사고를 신장시키기 위한 구성 요소 중 문제의 분해와 패턴을 찾는 작업에 시각화 기법을 적용할 수 있다.
- 시각화 기법은 창의성 신장을 위한 마인드맵, 브레인스토밍, 그래프와 도식화 등의 다양한 전략을 사용하고 생각을 추가, 수정, 삭제하기 쉽도록 포스트잇과 같은 도구를 사용한다.

구현Implementation

- 구현은 앞서 제시한 전략들의 제작, 재구성, 개발 단계의 확장 내용을 담는다.
- 단순한 모듈의 개발을 넘어 통합적 시스템의 고려와 다른 영역과의 융합을 통한 실생활의 유익한 산출을 고려한다.
- 구현의 단계에서 필요한 컴퓨터 과학 지식은 언플러그드 컴퓨팅 전략으로 이해하고, 프로그래밍과 피지컬 컴퓨팅의 구현을 통한 컴퓨팅 사고를 종합적으로 신

장시키도록 구성한다.

- 앞선 전략과의 근본적인 차별성은 학생 중심의 활동으로 주제의 선정, 요구 분석, 창의 설계, 구현의 전략 등을 주도적으로 진행한다는 점이다.
- 교사는 발문과 지원의 조력자 역할을 하며 구성주의 관점에서 프로젝트형 수업을 진행한다.

공유Share

- 공유의 단계는 단순히 산출된 작품의 소개를 넘어 제작의 의도와 과정에 대한 전체 과정을 공유한다.
- 자기 성찰의 단계를 통해 인간 중심 요구 분석과 디자인의 근본적인 평가를 하게 된다.
- 컴퓨팅 사고의 신장에 대한 교사의 발문과 조언을 통하여 컴퓨팅 파워와 추상화, 자동화의 이해를 돕는다.
- 공유 단계에서 논의된 평가 결과와 의견, 자기 성찰을 통하여 요구 분석, 디자인, 구현의 전반적인 수정 보완 작업을 학생 스스로 결정하도록 한다.

DPAA(P) 교수 · 학습 전략

DPAA(P)(CT 요소 중심) 교수 · 학습 전략은 구글에서 제시한 4단계 모듈 전략, 즉 분해–패턴 인식–추상화–알고리즘(프로그래밍)을 전제로 한다. DPAA(P) 교수 · 학습 전략은 일련의 단계를 가진 절차식 전략으로 볼 수도 있고, 한편으로는 요소들이 분절

되어 다양한 절차와 요소로 결합되는 모듈식 전략으로 볼 수도 있다. 즉, 분해–패턴 인식–추상화–알고리즘–프로그래밍의 단계로 접근할 수 있으며, 패턴 인식–추상화, 분해–알고리즘–프로그래밍, 패턴 인식–추상화–분해–알고리즘–프로그래밍 등의 다양한 전략으로 지도할 수 있다.

또한 2011년 CSTA^{Computer Science Teachers Association}에 의해 제시된 10개 이상의 CT 구성 요소의 전략은 복잡하여 제외하되 필요한 경우에 자료 수집, 자료 분석, 시뮬레이션, 자동화 등의 다양한 전략을 추가할 수 있다. DPAA(P) 교수·학습 전략은 '컴퓨터 과학자처럼 생각하기'라는 기초적인 가정하에 컴퓨팅 파워를 이용하여 현실에서 주어진 문제를 해결한다는 관점을 강조하는 전략이다.

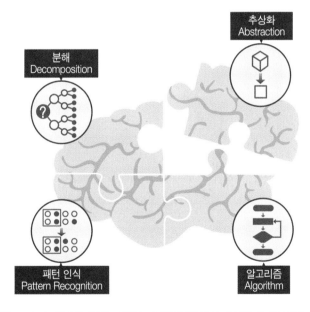

그림 14-2 │ 영국의 중등 과정인 KS3와 구글에서 제시한 CT의 구성 요소

표 14-12 │ DPAA(P) 교수 · 학습 전략

교육 방법	DPAA(P) 교수 · 학습 전략			
문제해결 모형	분해	패턴 인식	추상화	알고리즘(프로그래밍)

표 14-13 │ DPAA(P) 모형의 교수 · 학습 내용

단계	학습 방법	세부 교수 · 학습 내용
분해 (Decomposition)	• 문제의 분해 • 변수의 설정	• 주어진 문제를 작은 단위로 분해하여 분할 정복 방식으로 접근하기 • 작은 단위의 분해된 문제에서 사용할 변수 설정하기 • 구현될 프로그램의 메모리와 프로세스에 대한 고민을 통하여 문제의 해결 가능성에 대해 고민하기
패턴 인식 (Pattern Recognition)	• 일정한 패턴 탐색 • 반복 항목 발견	• 현실 세계에서 나타나는 패턴 찾기 • 패턴을 디지털화하기 위한 전략 고민하기 • 프로그래밍 언어로 구현하기 위해 반복 명령과 배열 메모리의 할당을 통한 기초 변수 설정하기
추상화 (Abstraction)	• 개념화 • 공식화	• 패턴 인식을 통하여 발견한 공식, 원리 설정하기 • 문제의 복잡도를 줄이기 위해 단순화하기 • 개발하고자 하는 프로그램의 핵심 엔진으로 추상화의 공식(규칙, 개념 등) 사용하기
알고리즘 (Algorithm)	• 순서도 • 의사 코드	• 추상화된 핵심 원리를 절차화된 순서에 삽입하여 알고리즘 완성하기 • 알고리즘을 순서도 또는 의사 코드(pseudo code)로 표현하기 • 개발된 알고리즘은 EPL, 피지컬 컴퓨팅의 영역에서 학습 내용 구체화하기

DMM 교수·학습 전략

아름다운 꽃 그리기

수업 전략	Demonstration – Modeling – Making 전략
수업 기법	직접교수 학습
도구 및 자료	블록 기반 프로그래밍 언어(스크래치)
중점 CT 요소	☑ 분해 ☑ 패턴 인식 ☑ 추상화 ☑ 알고리즘 ☑ 자동화
학습 목표	교육용 프로그래밍 언어의 반복 명령어와 펜 기능을 알 수 있다.

　이 수업에서는 '아름다운 꽃' 그리기라는 주제로 교육용 프로그램 언어의 반복 명령 문법을 배운다. 수업에서 학생들은 교사의 설명에 맞추어서 반복 명령어 블록의 기능을 배운다. D–M–M 모델은 초급 단계에서 프로그래밍의 문법과 개발의 기초 기능을 배울 때 주로 사용하는 직접교수 모형의 일종이다.

　교사는 프로그래밍 언어의 명령어 블록을 따라하기 형식으로 설명해 줌으로써 학생들이 프로그래밍의 문법을 배우게 된다. 교사가 설명하고 시범을 보이고 나서, 학생들이 따라하면서 궁금한 점을 질문한다. 이후 학생은 교사의 안내에 따라 자유롭게 프로젝트 활동을 한다. 수업 시간 동안 이러한 과정을 순환적으로 되풀이하여 명령어 문법을 숙달하게 된다.

Demonstration(시연)

　이 단계에서는 명령어의 기능을 소개하고, 이 기능이 왜 필요한지 설명한다. 학생들은 교사가 시연한 명령 블록을 분해하여 이해하고, 각 패턴을 발견한다.

- 스프라이트의 삭제, 추가 시연하기
- 펜 기능 시연하기
- 스프라이트의 이동과 회전 시연하기

- 이동, 회전, 반복 사용 시연하기

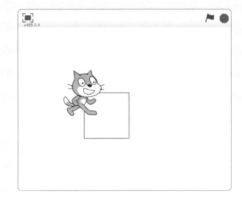

- 반복 사용의 패턴 찾기
- 반복 명령문 사용의 필요성 인식하기
- 반복 명령의 횟수 조건 설명하기

Modeling(모방)

이 단계에서는 교사의 시범을 학생들이 따라하며 모방하는 과정을 통해 명령어의 특징과 사용법을 이해한다. 명령을 바꾸거나 값을 변경하는 등의 다양한 시도와 시행착오를 통해 명령어를 심도 있게 이해한다. 또한 반복 명령어로 다양한 과제를 표현하는 추상화 과정을 인식한다. 다음 예시는 반복하기의 명령 개념과 사용 방법에 대해 교사의 시범 후 학생들이 따라서 하는 장면이다.

- 스프라이트 추가와 펜 기능 따라하기
- 스프라이트 이동과 회전 따라하기
- 반복 명령문 따라하기
- 회전 각도를 변형해 보기

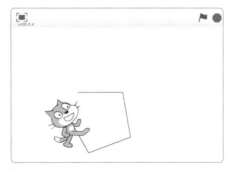

• 반복 횟수 변경해 보기

 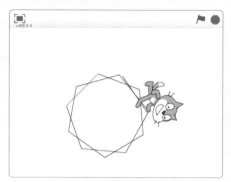

• 다양한 방법으로 반복 명령어 시도해 보기

Making(제작)

교사의 안내와 모방을 통해 학생들이 반복 명령어의 활용 아이디어를 가지고 주어진 과제를 해결한다. 학생들은 문제의 상황에 비추어 반복 연습을 할 수 있고, 과제의 문제 해결 방법을 탐색하여 다른 상황에 적용할 수 있다. 이후 확장 심화 과정을 통해 새로운 프로젝트에 도전한다. 이 수업 전략을 통해 자기 반성과 함께 디버깅의 작업도 할 수 있다.

• 반복 명령을 두 번 사용하여 다음 무늬를 그려 보자.

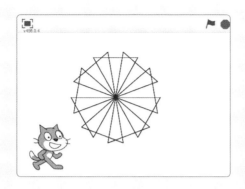

• 반복 명령을 두 번(다중 반복 명령) 사용하여 다양한 꽃을 그려 보자.

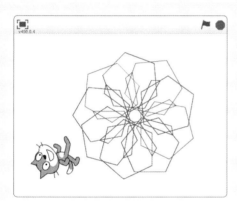
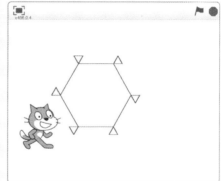

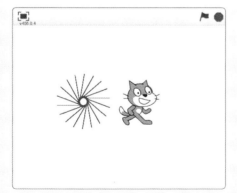
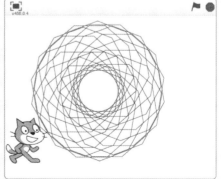

평가 기준		
연번	평가 내용	평가 방법
1	반복 명령의 필요성과 특징을 이해했는가?	질문지
2	반복 명령의 기능과 문법적 요소를 이해했는가?	질문지
3	다중 반복 명령을 이용하여 제시된 문제를 해결할 수 있는가 ?	수행 평가

UMC 교수 · 학습 전략

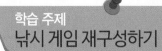

학습 주제
낚시 게임 재구성하기

수업 전략	Use – Modify – reCreate 전략
수업 기법	프로젝트 학습
도구 및 자료	블록 기반 프로그래밍 언어(스크래치)
중점 CT 요소	☑ 분해 ☑ 패턴 인식 ☑ 추상화 ☑ 알고리즘 ☑ 자동화
학습 목표	간단한 낚시 게임을 즐기고 분석한 뒤 새로운 기능을 추가하여 재미있는 게임을 만들 수 있다.

　소프트웨어 중 학생들이 가장 흥미로워하는 유형은 '게임'이다. 게임을 좋아하는 학생들은 즐기는 것뿐만 아니라 직접 만들어 보길 원한다. 이번 차시의 U–M–C 전략을 적용하기 위해서 코딩의 초보자인 학생의 수준을 고려하여 어려운 게임은 피하고 간단하고 재미있게 만들 수 있는 낚시 게임을 제재로 선택하였다. 먼저 학습자가 낚시 게임을 실제 즐겨 보는 과정에서 게임에 들어 있는 각종 게임 요소(큰 물고기, 작은 물고기 등)를 분해하고 파악하여 그들의 관계를 이해한다. 그리고 게임 요소가 가지고 있는 각각의 패턴을 찾도록 한다. 다음 단계로 학생들이 게임의 일부 기능을 개선하는 활동을 한다. 게임에 대한 분석과 개선 내용을 발견하고 더 흥미 있는 게임이 되도록 아이디어를 구안하고 게임을 재구성하는 활동을 한다. 게임의 재구성에서 해결하고자 하는 여러 요소들을 학생이 스스로 결정하고 문제를 해결하는 과정을 통해 학생은 CT의 여러 요소들을 통합적으로 경험할 수 있다.

Use(놀이)

- 간단한 낚시 게임을 해 보면서 게임에 사용된 요소들(스프라이트)은 어떤 것이 있는지 생각해 본다.
- 게임의 요소들이 어떤 특징을 가지고 있는지 파악한다.
- 게임의 요소를 어떻게 제어하고 흥미 있는 요소가 무엇인지 탐색하면서 게임의 특징과 관계, 사건 속에서 패턴을 찾아보도록 한다.

분해 활동	• 게임에 필요한 요소가 무엇인지 생각해 보기 • 낚시 게임에 필요한 요소 추출하기
패턴 인식 활동	• 게임의 시작, 종료, 스프라이트의 움직임, 스프라이트를 제어하는 방법은 어떤 패턴을 갖는지 생각해 보기 • 각 스프라이트의 코드 살펴보기
추상화 활동	• 스프라이트가 먹이를 잡아먹는 방법을 규칙이나 공식으로 표현하기 • 규칙이나 공식의 코드를 세밀하게 분석하기

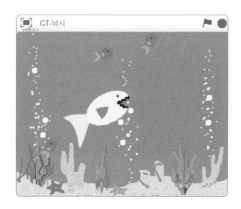 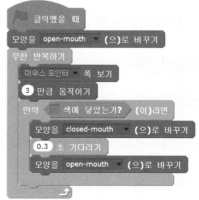

Modify(수정)

• 추출한 요소를 나열해 보고, 배경, 물고기 등의 게임 요소에서 형태나 기능을 바꾸어 본다.

• 게임 요소의 움직임을 제어하는 방법을 변경해 본다.

• 게임의 규칙이나 표현 형식을 수정해 본다.

알고리즘 활동	• 큰 물고기의 형태와 이동 속도 수정하기 • 작은 물고기의 수와 움직임 변경하기 • 잡아먹히는 먹이(문어, 게 등)를 추가하기 • 배경음악 추가하기

• 게와 작은 물고기 추가

• 게의 소스 수정 : 이동하는 방법(좌우로만 이동), 큰 물고기와 닿는 조건

reCreate(재구성)

• 기존 게임의 문제점과 기능 개선의 요소는 무엇이 있는지 검토한다.

• 기능 개선을 위한 다양한 아이디어를 구안한다.

• 게임을 더욱 재미있게 발전시킬 수 있는 방법은 무엇일지 생각하여 새롭게 재구성된 게임을 만든다.

알고리즘 프로그래밍	• 먹이를 먹을 때마다 점수 올리기 • 먹이를 먹을 때 효과음 넣기 • 게를 먹으면 점수 낮추기 • 목표 점수에 도달하면 다음 레벨의 게임 개발하기 （예 물고기 속도 빠르게 하기, 잠수부에게 큰 물고기가 잡히면 종료하기 등)

평가 기준		
연번	평가 내용	평가 방법
1	간단한 게임을 해 보고 구성 요소를 추출할 수 있는가?	질문지
2	게임에 포함된 각 구성 요소의 기능을 개선할 수 있는가?	기능 설계서
3	게임의 구성 요소를 추가하고 재구성하여 나만의 게임을 만들 수 있는가?	아이디어 산출물

DDD 교수 · 학습 전략

사례 CASE

청소 로봇 개발하기

수업 전략	Discovery – Design – Development 전략
수업 기법	스토리텔링, 언플러그드
도구 및 자료	블록 기반 프로그래밍 언어(스크래치)
중점 CT 요소	☑ 분해 ☑ 패턴 인식 ☑ 추상화 ☑ 알고리즘 ☑ 자동화
학습 목표	청소 로봇의 이동 알고리즘을 설계하고 프로그래밍 언어를 활용하여 개발할 수 있다.

　이 수업은 집안 청소를 해 줄 수 있는 청소 로봇을 설계하고 프로그램을 만들어 보는 활동으로 구성되어 있다. 청소 로봇 개발에 D–D–D 전략을 적용하기 위해서는 청소하는 데 필요한 기능의 자료를 수집 및 조사하고, 개발하고자 하는 기능을 분해하여 패턴을 학생 스스로 탐구하도록 해야 한다. 그러기 위해서는 청소기의 핵심 패턴을 추상화하여 알고리즘으로 나타낼 수 있도록 핵심 내용을 파악한다. 탐구 결과 알게 된 것을 구현하기 위해 필요한 구성 요소, 요소의 특성 및 기능, 요소들 간의 상호작용 등을 이해하기 쉽게 순서도나 의사(pseudo) 코드 등을 활용하여 설계한다. 학생이 설계한 대로 제작해 보고 서로 공유하여 피드백을 받으며 디버깅하여 최종 작품을 완성한다. 이런 일련의 과정을 통하여 CT 요소들을 통합적으로 경험해 보고 문제를 해결할 수 있다.

Discovery(탐구)

- 청소라는 행위에 대해 현실의 실제 사례와 비교하여 로봇이 청소할 수 있도록 작은 단위로 분해한다.
- 이동하는 관점에서 깨끗이 청소하는 방법의 패턴을 찾는다.
- 청소 로봇의 이동 동선에 대해 최적화된 방법의 규칙과 원리를 추상화한다.

· 문제 해결 방법 탐색 ·

분해	• 집안을 청소하기 위해 필요한 요소 찾기 • 청소하는 요소들의 역할을 작게 분해하여 탐색하기 • 청소하는 공간을 작게 나누기
패턴 인식	• 청소 로봇이 목적지까지 가는 방법의 패턴 찾기 　(**예** 벽을 따라간다, 지그재그로 이동한다, 가로축과 세로축을 중심으로 움직인다 등) • 깨끗하게 청소하는 행위를 탐색하여 패턴 그리기
추상화	• 집안을 빠짐없이 청소하려면 어떤 방법을 사용할지 공식으로 표현하기 • 최단 거리 알고리즘, 백트래킹 알고리즘을 통하여 청소하지 못한 공간에 대해 인식하기

· 방과 청소 행위 탐색하기

· 로봇 청소기의 청소 동작 확인하기

Design(설계)

- 프로그램으로 구현할 청소 로봇의 구성과 형태 그리고 이동 방법을 파악한다.
- 방의 구조와 형태, 장애물 등을 디자인한다.
- 청소 로봇이 어떻게 이동하면 방을 모두 청소할 수 있는지 알고리즘을 설계하고 표현한다.
- 설계한 내용이 문제가 있는지 짝과 서로 평가하고 문제점을 개선한다.

알고리즘 활동	• 청소 로봇이 어떻게 이동하면 방을 모두 청소할 수 있는지 알고리즘 설계하기 • 순서대로 실행하는 알고리즘(순차)에서 반복되는 부분 발견하기 • 반복에 따라 실행하는 알고리즘으로 설계하기 • 장애물이 있을 때 이동하는 알고리즘 설계하기

- 청소기 이동 동선 설계

- 청소기가 장애물을 만났을 때의 해결 전략 설계
- 청소기가 청소한 자리를 확인하는 방법 설계
- 전체적인 청소 과정을 순서도로 알고리즘 디자인하기

Development(개발)

- 설계된 알고리즘을 바탕으로 교육용 프로그래밍 언어를 활용하여 청소 로봇 프로그램을 만들어 본다.
- 구현된 프로그램에 다양한 조건(이동 방향, 이동 절차, 장애물 등)을 제시하여 구현한다.
- 다른 학생들의 개발 결과물을 공유하여 상호 비교하고 개발된 청소기 프로그램을 수정 보완하며 문제를 해결하도록 한다.

프로그래밍 활동	• 청소 로봇 요소를 배치하기 • 청소 로봇의 이동 동작을 자동화하기 • 청소 로봇 동작의 시작과 끝을 제어하기 • 장애물을 설치하여 청소 로봇의 동작에 제약 주기 • 청소 시간을 측정해 보기 • 다른 제약 조건을 추가하여 심화 문제 개발하기

• 청소 배치 구동하기

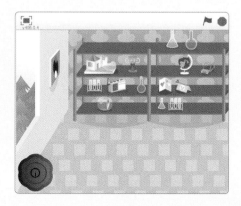

• 청소 로봇이 방을 빠짐없이 이동하게 하기(지그재그로)

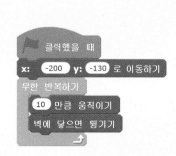

• 청소가 끝나면 멈추기

• 장애물 배치하여 피하도록 하기

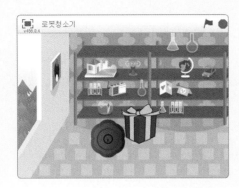

• 심화 문제 : 청소 로봇의 청소 시간을 측정하기, 청소 로봇의 이동 방법을 다르게 하기(방의 안쪽부터 빙글빙글 돌며 밖으로 이동하기 등)

평가 기준		
연번	평가 내용	평가 방법
1	탐색 활동을 통해 청소 로봇의 동작 원리를 이해하는가?	관찰
2	청소 로봇의 알고리즘을 설계하고 코딩을 통해 구현할 수 있는가?	동료 평가
3	개발된 프로그램을 발전시켜 심화된 기능을 가진 프로그램을 만들 수 있는가?	수행 평가

NDIS 교수 · 학습 전략

사물인터넷 가정 만들기

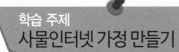

수업 전략	Need–Design–Implement–Share 전략
수업 기법	협동 학습, 디자인 기반 학습
도구 및 자료	블록 기반 프로그래밍언어(스크래치), 피지컬 컴퓨팅 도구(센서 보드)
중점 CT 요소	☑ 분해　☑ 패턴 인식　☑ 추상화　☑ 알고리즘　☑ 자동화
학습 목표	빛의 밝기에 따라 자동으로 집 안의 조명을 동작시키는 프로그램을 설계하고 개발할 수 있다.

　이 수업은 빛의 밝기에 따라 창문이 개폐되고 조명의 켜짐과 꺼짐을 자동으로 조절하여 전기 절약 및 친환경적인 가정을 만들고자 하는 학습으로 구성되어 있다. 사물인터넷을 이용하여 기계가 우리를 도울 수 있는 요구 사항을 인간 중심으로 분석하고 사고를 확장하여 디자인하며 창의적인 아이디어를 구현하는 다양한 활동을 할 수 있다.

　창문 개폐와 조명의 조절을 자동화하기 위해 필요한 요소를 분해하여 패턴을 찾아 시각화하고 알고리즘을 설계하여 코딩으로 구현하는 NDIS 수업 전략의 전체 과정을 이해할 수 있다. 또한 빛의 밝기를 센서를 이용하여 입력받도록 설계하여 피지컬 컴퓨팅을 경험할 수 있다. 다른 학습자와 프로그램을 공유하고 피드백을 반영하여 개발하는 심화된 산출물의 개발 과정을 통해 자기 성찰과 컴퓨팅 기반의 문제 해결력을 더 향상시킬 수 있다.

Needs(요구 분석)

• 문제 상황

> 집에서 회사로 출근하거나 회사 사무실에서 퇴근했을 때 깜빡하고 창문을 닫지 않고 전등도 끄지 않았음을 인식하였다. 전구 등을 하루 종일 켜 놓으면 전기 비용이 들 뿐만 아니라 비가 예상되는 날이라 열린 창문으로 인한 걱정이 크게 들었다. 이러한 문제를 해결하기 위해 어떠한 방법을 사용하면 좋을까?

- 사용자 요구 분석

- 문제 상황을 이해하고 자동화가 가능한지 살핀다.
- 자동화를 통해 구해야 할 것이 무엇인지 이해하고 분석한다.
- 자동화가 인간에게 얼마나 이로움을 가져다주는지 그 가치를 탐색한다.
- 탐색한 내용을 모둠별로 발표한다.

 문제를 해결할 때 인간의 편리성과 이로움뿐만 아니라 발생되는 문제점에 대해서도 자신의 생각을 마인드맵으로 표현하거나 포스트잇으로 작성하여 벽에 붙여서 친구들과 공유해 보자.

햇빛의 양에 따라 자동으로 동작하는 커튼과 조명을 만들려고 한다. 집 안의 빛의 밝기가 일정량 이하로 줄어들면 커튼이 닫히고 증가하면 열린다. 조명은 에너지를 절약하기 위해 커튼이 닫힐 때 5시간 동안만 켜지고 꺼져야 한다. 생활의 편리함을 추구하도록 센싱 기술과 융합하여 해결해 보자(단, 커튼은 화면상으로 구현할 수 있다).

• 문제 이해 및 분석

- 문제를 이해하고 자동화가 필요한 주요 요인을 분석한다.
- 창문과 조명을 자동으로 조절하는 원리와 방법을 탐색한다.
- 자동화에 필요한 자료를 조사한다.
- 목표를 찾고 조건을 분석한다.
- 탐색한 내용을 모둠별로 발표한다.

 활동 문제를 분석하여 정리해 보자.

문제 상황의 이해	문제 해결 방법 만들기	필요한 자료의 수집
해결할 문제의 최종 목표는 무엇인지 생각해 보자.	어떻게 문제를 해결할 수 있을지 아이디어를 모으고 해결 방법을 창의적으로 만들어 보자.	문제 해결에 필요한 자료는 어떤 것이 있을지 찾아보자.
	아이디어 : 방법 :	

Design(디자인)

햇빛의 조도에 따라 창문을 자동으로 열거나 닫고, 조명이 자동으로 조절되는 시스템을 개발하려고 한다. 집이나 사무실의 빛의 밝기가 일정량 이하로 줄어들면 창문이 닫히고 증가하면 열린다. 조명도 에너지를 절약하기 위해 빛의 밝기에 따라 꺼지거나 켜지도록 하는 등 빛의 세기를 자동으로 조절하고자 한다. 이처럼 우리 생활의 편리함을 추구하도록 센싱 기술과 프로그래밍을 융합한 문제를 해결하도록 설계해 보자.

분해 활동	• 구현이 필요한 요소들을 탐색하여 분해하기 • 빛과 창문, 조명과의 상호 동작 관계 파악하기 • 빛의 밝기에 따라 처리 가능한 작은 단위의 문제로 분해하여 구조화하기
패턴 인식 활동	• 빛의 밝기에 따른 창문과 조명의 조절 방법에 대한 패턴을 쉽게 파악할 수 있도록 시각화한다. • 시각화를 할 때는 창의성을 신장하기 위해 마인드맵, 브레인스토밍, 그래프와 도식화 등의 다양한 전략을 사용한다. • 생각을 손쉽게 추가, 수정, 삭제가 쉬운 포스트잇과 같은 도구를 사용한다.
추상화 활동	• 빛의 밝기에 따라 변화되는 커튼과 조명의 동작 패턴을 공식으로 표현하기
알고리즘 설계	• 알고리즘의 핵심 내용 파악하기 • 구현할 알고리즘을 설계하여 순서도, 의사(pseudo) 코드 등으로 표현하기

[**분해 활동**] 프로그램의 구현에 필요한 구성 요소를 찾아보자.

[**패턴 인식 활동**] 빛의 밝기에 따라 창문의 열고 닫힘과 조명의 켜짐과 꺼짐의 패턴을 찾아 그림이나 표 등으로 시각화하여 보자.

[추상화 활동] 발견한 패턴을 공식으로 유도하기 위한 방법을 논의하고 공식으로 표현해 보자.

[알고리즘 활동] 문제 해결의 알고리즘을 순서도로 표현해 보자.

Implement(구현)

- 센서 보드와 같은 피지컬 컴퓨팅 교구를 이용하여 실제 상황과 비슷한 환경을 만들어 제작한다.
- 빛의 센서 값을 이용하여 창문과 조명이 자동으로 조절되는 프로그램을 구현한다.

• 방의 구성 요소 배치하기(조명, 창문 등)

• 센서 보드 연동하기

• 센서 보드의 빛 센서 값에 따라 별 조명과 창문이 조절되도록 구현하기

Share(공유)

- 프로그램을 발표하고 공유한다.
- 다른 그룹의 작품과 비교하여 자신들의 프로그램을 수정하고 교사의 피드백을 받아 최종 작품을 완성한다.
- 최종 완성된 작품을 공유하고 활동 과정에 대해 자기 성찰을 한다.

평가 기준		
연번	평가 내용	평가 방법
1	빛의 밝기에 따라 창문과 조명의 동작 관계를 작은 단위의 문제로 분해할 수 있는가?	관찰
2	빛이 어두워지면 창문이 닫히고 조명이 켜지는 알고리즘을 표현할 수 있는가?	수행 평가
3	자동화된 시스템을 피지컬 컴퓨팅 교구와 프로그래밍 언어로 구현할 수 있는가?	수행 평가
4	공유 및 피드백을 통해 프로그램의 개선할 부분을 수정하여 반영하려는 태도를 보이는가?	동료 평가

Chapter **15** | 컴퓨터 과학의 개념을 이용한
교수 · 학습 전략

정보보호 교수 · 학습 전략

정보보호 교수 · 학습 전략의 개요

우리가 정보통신의 사용에 있어서 지켜야 할 규범들은 각각 별개의 의미를 가지는 것이 아니라 서로 관련된 것으로 이해해야 한다. 규범의 체제는 매우 복잡하고, 명백하게 인식되기 어렵기 때문에 가치의 우열이 쉽게 분별되지 않는다. 가상의 세계에서 발생하는 장면에서는 흔히 둘 혹은 그 이상의 규범(가치)들이 적용되기 때문에 우리는 어느 것을 준수해야 하느냐로 인한 갈등을 경험하기도 한다. 이 경우에 학습자들로 하여금 올바르게 선택하고 판단하는 능력을 길러 주는 일이 중요하다.

정보기술에 따른 문제점들을 기존의 윤리적인 관점으로 접근하게 되면 인간의 감정에만 호소하게 되어 정보기술의 변화를 추구하기 어렵다. 정보기술에 따른 문제는 인간 태도와 감정의 문제에 대한 해결 이전에 정보기술의 이해와 정보기술을 활용한 대안을 마련해야 한다.

따라서 정보소양 교육과 정보윤리 교육을 모두 포괄하는 교육이 이루어져야 한다.

이러한 관점에서 정보보호 교수·학습 전략은 지식 정보사회에서 인간 사회의 윤리적인 면과 정보기술의 조화로운 발전을 제시할 수 있다.

정보보호 교수·학습 전략의 절차

정보보호 교수·학습 전략의 일반적인 절차는 다음과 같이 구성될 수 있다.

- **문제 의식** : 둘 이상의 규범이나 덕목 간의 갈등을 포함하는 사례 제시를 통하여 각자의 입장을 뒷받침해 주는 충분한 사실적 정보와 상황의 복합적 설정이 되도록 한다.
- **문제의 추구 및 선택** : 정보소양적 관점에서 나타난 문제를 분석해 보고 이를 막거나 해결할 수 있는 정보기술의 방법을 찾는다. 또한 정보기술에 의해 나타난 문제점의 기술적 관점에서의 지식과 원리를 이해하도록 한다. 정보윤리적 관점에서는 구체적인 문제 사례에 관련되어 있는 규범이나 덕목을 찾아 여러 관점에서 규범들 간의 관계나 차이점을 발견하고 갈등을 확인함으로써 스스로 문제를 선택하도록 한다. 자기 입장에서 충분한 근거를 가지고 선택한 관점을 발표하게 하고 논리적 일관성과 객관성, 타당성을 검토하게 한다. 다른 관점의 근거를 들고 장점을 찾아보며 자기 의견에 대한 상대방의 입장을 예상한다.
- **실천 의욕화** : 정보기술에 의해 나타난 문제는 우선 그 문제를 야기한 정보기술의 인식과 정보기술을 통한 해결 방안을 모색하고, 학습자의 올바른 태도와 윤리성을 기반으로 하여 문제를 해결하며 실천하여 내면화하도록 한다.

이러한 정보보호 교수·학습 전략에서 중요한 점은 정보보호에 대한 윤리적인 측면뿐만 아니라 정보소양 및 기술적인 측면도 언급해야 한다는 것이다. 그렇게 함으로써 정보사회에서 컴퓨터가 정보보호 및 윤리에 어떤 영향을 미치며, 여러 가지 정보사회의 문제점들을 어떻게 해결해 나갈 수 있는지 학생들이 스스로 알게 해야 한다는 것이다.

그림 15-1 │ 정보보호 교수 · 학습 전략의 구조

정보보호 교수 · 학습 전략의 적용을 위해 정보소양 교육과 정보윤리 교육의 단계는 그림 15-2와 같이 다양한 형태로 조직할 수 있다.

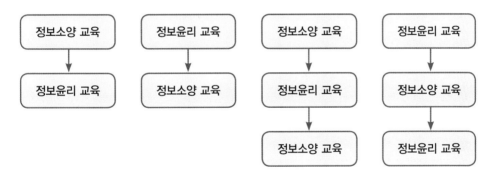

그림 15-2 │ 정보보호 교수 · 학습 전략의 수업 절차

이러한 정보보호 교수 · 학습 전략에서의 수업은 일반적으로 윤리 실태 → 문제의 심각성 인식 → 기술 기반 소양 실습 → 실제 적용 방안 → 사고력(태도) 치유 학습의 순으로

진행될 수 있다. 하지만 교사의 재량에 따라 또는 수업의 주제에 따라 순서를 바꾸어 다양하게 전개할 수 있다.

 참고하기

⊏▷ **정보보호 교수 · 학습 전략 적용의 유의점**

- 교사는 학생들의 자기 입장과 타당성을 밝히는 논의 학습의 중심이 되므로 중립을 지켜야 한다.
- 장면은 학생들 주변 생활과 밀접한 내용으로 제시해야 하며 관련 규범과 의미는 명백해야 한다.
- 관련 규범이 둘 혹은 그 이상에서 선택은 하나밖에 없다는 데에 가치 갈등 학습의 본질적 특징이 있으며, 때로는 도덕의 보편적 가치보다는 학습 흥미를 위해 도덕적 모순을 초래할 수도 있음에 유의해야 한다.
- 정보기술에 의해 나타난 문제를 객관적으로 안내한다. 정보 문제는 컴퓨터 자체의 문제가 아니라 결국 인간에 의해 만들어진 문제이기 때문에 정보기술 자체에 대해 부정적 시각을 갖지 않도록 한다.
- 해킹의 의미를 정확하게 안내하고 크래킹과 구분하여 해킹 자체가 정보기술의 발전을 위해 꼭 필요하며 배워야 한다는 점을 안내해야 한다. 또한 부정적인 기술의 사용을 적극적으로 막을 수 있는 지식과 기능, 태도를 지니도록 지도해야 한다.

⊏▷ **정보윤리 학습과 정보보호 학습의 비교**

정보윤리 학습과 정보보호 학습의 차이점을 이해하기 위해 다음과 같이 소양 중심 정보보호 학습 내용과 윤리 중심 정보윤리 학습 내용의 사례를 제시한다.

이해, 태도 중심	이해, 태도 + 소양 기능 중심
• 정보사회와 정보보호의 개념 • 정보보호의 일반 지식(역사, 분류, 속성, 정보화 역기능) • 정보보호 관련 법규(명예 훼손, 저작권) • 사이버 예절(네티켓 등)	• 암호학 • 바이러스와 해킹 • 네트워크 보안(네트워크 공유, 방화벽, www 보안, 메일 보안) • 시스템 보안(업그레이드, 윈도우 보안, 리눅스 보안, 웹서버 보안, 쿠키) • 접근 통제(아이디, 비밀번호)

윤리학적 접근	컴퓨터 과학적 접근
토론 학습, 협동 학습, 역할 놀이 수업, 가치 갈등 수업 등	선행조직자 학습, 개념형성 학습, 발견탐구 학습, 직소학습 등

~~~~~~

정보보호 교수 · 학습 전략의 특징

정보기술과 관련된 태도의 문제와 사회 이슈에 관련된 교육의 관점은 다음과 같이 두 가지로 구분할 수 있다.

- 윤리적 관점 : 사고, 태도 관점(가치 갈등, 언어 기반, 마음에 호소하는 방법)
- 소양적 관점 : 지식, 기능 관점(정보기술을 적용하여 실습을 통해 인식하거나 기능을 배우는 방법)

정보통신윤리 수업은 근본적으로 인간의 사고와 태도를 변화시키는 것이 핵심이다. 그러기 위해 기존의 수업, 언어로 감화, 사례로 제시, 역할극 등보다는 더 적극적인 방법이 요구되는데, 바로 기능, 소양 중심의 수업이다.

정보보호 교수·학습 전략

정보기술과 관련된 상충되는 가치에 의해 교육의 내용이 다양하게 구성된다. 정보기술과 관련된 가치는 긍정적인 면과 부정적인 면의 2가지 측면으로 나뉜다. 정보를 공개하여 공유할 것인가와 정보를 공개하지 않고 공유하지 않을 것인가에 대한 문제이다. 먼저 정보를 공개할 경우 다양한 정보의 생산을 촉진하며, 이를 통해 기존의 정보에서 더 나은 정보로의 발전을 할 수 있다. 또한 정보가 공유됨으로써 한 개인이나 집단만의 독점 횡포를 막을 수 있다. 반면에 정보를 모두에게 공개하지 않는다면 정보의 훼손과 무분별한 사용을 방지하고 정보 생산자에 대한 권리를 보호할 수 있다.

지식으로는 보안과 암호 이론 등을 다룰 수 있고, 기능으로는 보안 프로그램, 시스템 설정, 관련 하드웨어와 관련 소프트웨어 활용 및 적용 등을 다룰 수 있다. 쉬운 암호부터 시작하여 원통에 두루마리 감아 글쓰기, 키보드 자판의 영어를 한글로 바꾸기, 시저 암호 등을 게임 형식과 팀의 협동을 살려 수업에 적용할 수 있다. 또한 보안 프로그램 설치나 해킹 방법 등의 수업을 통해 백신, 해킹, 크래킹, 스팸, 바이러스 등의 관련 용어를 이해할 수 있다.

• 아날로그 정보와 디지털 정보의 보안 •

아날로그 정보의 보안	디지털 정보의 보안
아날로그 암호화	디지털 암호화
금고, 자물쇠, 자동차, 도장, 인감	한글 문서 암호화, 폴더 암호화, 메일 시스템 암호화, 프로그램 설치(시리얼 번호) 등

바이러스에 대해 알고 피해 예방하기

학습 안내

우리는 컴퓨터를 통해 여러 가지 유용한 자료들과 정보를 얻고 있다. 그러나 컴퓨터 바이러스로 인한 피해가 증가함으로써, 경제적·정신적 피해를 보고 있다. 따라서 이러한 바이러스가 왜 생기고, 어떻게 해야 컴퓨터 바이러스로 인한 피해를 줄일 수 있는지 알아봄으로써 바이러스의 심각성을 깨달을 수 있다.

학습 목표
- 컴퓨터 바이러스에 대하여 알고 예방법을 알 수 있다.
- 컴퓨터 바이러스가 어떤 식으로 유포되는지 알아보고, 이에 대한 대처 방법을 알 수 있다.
- 컴퓨터 바이러스의 피해 상황을 알고, 사고 시 대응 요령을 알 수 있다.

미리 보기

단계	교수 · 학습 활동	참고
도입	• 바이러스로 인한 피해 경험 이야기하기 　컴퓨터를 하다가 바이러스에 걸려 피해를 봤거나 주변 친구들 　의 피해 경험 이야기하기 • 바이러스가 어떻게 생겼을지 이야기해 보기 　바이러스에 감염되었던 경험을 자유롭게 발표하기 • 학습 목표 알아보기	
전개	**활동 1 : 컴퓨터 바이러스에 대해 알아보기** • 해킹 및 바이러스에 대한 영상물 통해 바이러스에 대해 알아본다. 　영상 자료를 보여 주고, 해킹과 바이러스에 대한 이해를 쉽게 　하도록 한다. • 인터넷 검색을 통하여 컴퓨터 바이러스가 무엇인지 알아본다. 　정보 검색을 통해 직접 탐구해서 자료를 찾아본다. **활동 2 : 바이러스 감염 여부 확인 방법 알아 두기** • 컴퓨터 바이러스의 감염 여부를 확인하는 방법을 바이러스 연구 　업체를 탐색해서 알아본다. • 바이러스를 치료하는 백신 프로그램에는 어떤 것들이 있는지 알 　아본다. **활동 3 : 바이러스의 예방과 치료 방법 알기** • 바이러스의 예방을 위해서는 어떻게 해야 하는지 알아본다.	해킹 및 바이러스 관련 영상 118상담서비스 참고 인터넷 보호 나라 : http://www.boho.or.kr 정보 탐구 활동 학습지 1 정보 탐구 활동 학습지 2 정보 탐구 활동 학습지 3 정보 탐구 활동 학습지 4
정리	• 백신 프로그램을 이용하거나 온라인 검사 등을 통해서 자기의 　하드디스크를 직접 검사해 보기	V3 이용

내 컴퓨터에 벌레가?

컴퓨터를 사용하다가 바이러스에 걸리면 여러 가지 피해를 입게 된다. 컴퓨터 바이러스가 도대체 무엇인지를 다음의 여러 가지 궁금한 점을 찾아보면서 알아보자.

1 바이러스가 무엇인가?

2 바이러스의 종류는 어떻게 구분하나 ?

3 바이러스의 이름은 어떻게 짓나?

4 웜, 트로잔, 혹스 등이 일반 바이러스와 다른 점은 무엇인가?

5 바이러스에 감염되면 발생할 수 있는 주요 현상들은 어떤 것이 있나?

내 정보가 새고 있어요

1 컴퓨터 바이러스에 감염되었는지를 알려면 어떤 부분들을 확인해야 하는지 컴퓨터
   바이러스 연구 업체를 인터넷에서 방문해서 알아보자.

   * 참고 사이트
   안랩 : http://www.ahnlab.com
   (기타 다른 곳도 많이 찾아본다.)

2 컴퓨터 바이러스로 인한 피해를 막기 위해 노력하는 곳이 많이 있다. 인터넷 검색을
   통해서 컴퓨터 바이러스를 연구하는 곳에는 어디가 있으며, 또 그곳에서 만들어서
   우리가 사용하고 있는 백신 프로그램은 어떤 것들이 있는지 찾아보자.

바이러스 연구 업체	인터넷 주소	백신 프로그램

예방주사를 맞아요

컴퓨터 바이러스에 대한 예방 및 치료 방법에는 어떤 것들이 있는지 다음의 물음에 맞는 내용을 찾아보면서 알아보자.

1 바이러스에 감염되지 않으려면 어떻게 해야 하나?

2 바이러스에 감염되었는지 어떻게 확인할 수 있나?

3 트로잔이 설치되었는지는 어떻게 확인할 수 있나?

4 이메일을 통해 감염되는 바이러스에는 어떤 것들이 있나?

5 백신 프로그램이 없을 때는 어떻게 구할 수 있나?

6 바이러스에 감염되면 어떻게 대처해야 하나?

7 백신 프로그램으로 치료가 안 되는 경우도 있나?

좋은 바이러스

1 컴퓨터 바이러스에 걸리지 않기 위해서 우리가 지켜야 할 바이러스 예방 수칙을 지금까지 배웠던 내용을 중심으로 만들어 보자.

첫째,

둘째,

셋째,

넷째,

다섯째,

2 지금까지 우리는 컴퓨터 바이러스가 우리에게 주는 여러 가지 피해를 알아보았다. 그렇다면 새롭게 한 번 생각해서 우리에게 피해를 주는 바이러스가 아닌 우리 모두에게 유익하게 사용될 수 있는 상상의 바이러스를 만들어 본다면 어떤 바이러스가 좋겠는지 각자 아이디어를 내 보자.

(**예** 게임을 너무 많이 하면 컴퓨터가 자동으로 꺼지는 바이러스 등)

◆ 이럴 때 사용한다 :

바이러스의 쓰임(어떤 경우에 쓰는 바이러스인가?)

◈ 내가 만든 바이러스의 캐릭터를 그려 본다면 어떤 모습일까? 내가 만든 유익한 바이러스의 특징을 살려서 그려 보자.

디지털소통 교수 · 학습 전략

디지털소통 교수 · 학습 전략의 개요

디지털소통 교수 · 학습 전략은 일반적으로 온라인토론 모형과 문제해결 모형이 결합된 수업 전략이다. 디지털적인 요소를 중심으로 그것에 대한 소통과 커뮤니케이션, 공유와 그 적용 및 활용에 관한 수업으로, 디지털적인 기술과 내용을 중심으로 학습자 스스로 디지털 소통 도구를 선택하여 의사소통을 한다.

디지털소통 교수 · 학습 전략은 자신의 의견이나 정보를 디지털화하여 상대(사용자, 기계, 소프트웨어, 다른 시스템, 다른 정보, 다른 사이버 공간 등)에 접근하거나 전달하고 공유하는 데 주력한다. 이러한 활동을 통해 디지털, 정보, 지식, 네트워크, 컴퓨터 이론과 구조, 미래 사회에서의 관계 등을 이해할 수 있다. 디지털소통을 통한 문제의 해결로 정보기술 수업과 맥락을 같이 한다.

디지털소통 교수 · 학습 전략의 절차

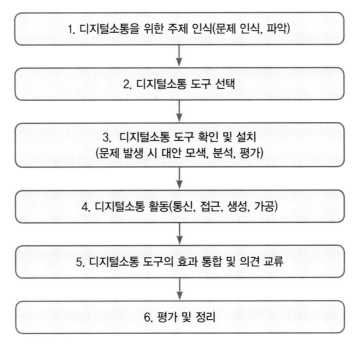

그림 15-3 │ 디지털소통 교수 · 학습 전략의 수업 절차

디지털소통 교수 · 학습 전략의 특징

학습자들이 사이버 공간에서 또는 원격 상황에서 자신의 의견을 피력하고 전달하기 위해 기존의 아날로그 토론 방식이 아닌 디지털소통 도구를 직접 선택하고 적절한 도구가 없을 경우 다른 방안을 모색하여 의견을 개진하는 수업 전략이다. 디지털 정보의 크기(400Mbyte 등)와 디지털 정보의 유형(텍스트, 이미지, 사운드, 영상 등)에 따라 전

송하고 공유하며 표현하는 등의 효율성을 학습자가 판단하여 학습을 진행한다.

이 수업 전략의 적용을 위해 디지털소통의 도구를 적합하게 선정해야 하며 적합한 소통 도구를 찾지 못했을 때의 대안적 도구 선정과 활동 방법 또한 모색해야 한다. 확대된 디지털 문제해결 모형이라고 볼 수도 있으며, 협력 학습 요소와 온라인토론 모형이 통합된 절차로 구성할 수 있다.

조금 더 효율적인 수업을 위해 교사가 의도적으로 디지털 정보 소통이 손쉬운 소통 도구를 사용하지 못하게 하거나 소통 도구의 일부 기능만 사용하도록 제약을 가할 수

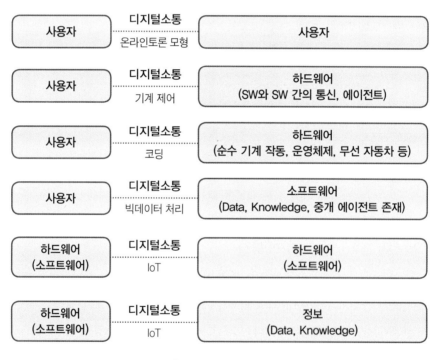

그림 15-4 │ 디지털소통 방식의 유형

있다. 이 경우 수업이 더 진지해지고 다양한 소통 경로를 발견할 수 있도록 한다. 물론 제약이 수업의 어려움이나 실패를 초래할 수도 있지만 교사의 전문성과 준비성으로 해결해야 한다.

디지털소통 교수·학습 전략이 토론 학습이나 온라인토론 학습과의 근본적인 차이점은 디지털소통이 사람과 사람의 연결과 토론뿐만 아니라 제3의 대안적인 요소와 소통할 수 있다는 점이다. 즉, 기계와 기계 간의 의사소통(예를 들어, IoT, Agent, Cloud)이 디지털소통 교수·학습 전략에서 적용 가능하다. 특히, 소통의 주체가 컴퓨터의 4가지 구성 요소를 모두 포함하고 있기 때문에 정보통신 기술의 핵심 내용을 이해하는 데 많은 도움을 제공할 수 있다.

디지털소통 교수 · 학습 전략

디지털소통 교수 · 학습 유형

디지털소통 교수 · 학습 전략은 데이터 전송 방식, 인터넷 전송 방식에 따라 달리 적용할 수 있다.

- 유니캐스트uni-cast형 수업 : 1 대 1로 디지털소통 예 일반 메일, 전화 등
- 멀티캐스트multi-cast형 수업 : 1 대 다(수신자)로 디지털소통(다수 송신자 중 1명이 다수 수신자에게 전송) 예 메일링 리스트, 메신저, Talk 등
- 브로드캐스트broad-cast형 수업 : 1 대 다(무작위)로 디지털소통(수신자가 불특정 다수에게 전송) 예 스팸 메일 등
- 애니캐스트any-cast형 수업 : 가장 근접한 자와 1 대 1로 디지털소통(예를 들어, 채팅 도구가 없는 사람에게 전송해야 할 경우 중간 경로를 거쳐 가는데, 그 중간 경로가 근접한 또는 친한 자에게 거쳐 가는 방법, Small World의 방법처럼 특정 경로를 거쳐 특정인에게 가는 방법 등도 있음. 한글 프로그램이 없는 사람에게 문서를 보냈을 경우 다른 이에게 전송하여 대신 처리하게 하는 방법 등) 예 바이러스 등
- 멀티포인트multi-point(다 대 1 캐스트) : 여러 사람이 한 사람에게로 디지털소통 예 블로그 등

디지털소통 교수 · 학습 전략의 교실 적합성은 거리나 시간, 외부 환경에 구애받을 필요가 있는가 하는 질문에서 찾을 수 있다. 또한 인간의 사고 능력을 표출하는 데 꼭 언어나 행동, 글만이 필요하지는 않다. 자신의 사고 과정을 디지털적인 속성으로 처리하는 것이 매우 중요하다. 따라서 디지털 소통 교수 · 학습 전략은 미래 사회에서 큰 이슈가 될 것이다.

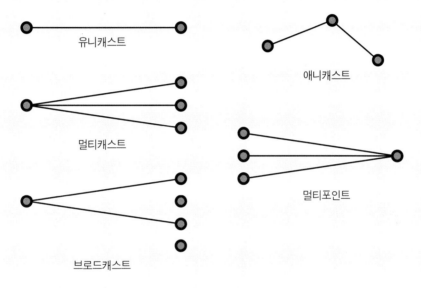

디지털소통 교수 · 학습 유형

알고리즘 교수·학습 전략

알고리즘 교수·학습 전략의 개요

문제해결 모형의 경우 컴퓨터 프로그래밍을 중심으로 문제를 해결하기 위해 소스 코드를 작성하는 수업을 한다. 그에 반해 알고리즘 모형의 경우 합리적인 사고와 생각의 흐름 속에서 컴퓨터 없이 문제를 해결하는 수업을 한다. 이러한 알고리즘 모형을 기반으로 한 알고리즘 교수·학습 전략은 코딩에 대한 언플러그드Unplugged 프로그래밍 교육이라고도 할 수 있으며, 적절한 사고의 흐름을 기호화하고 문제를 해결하는 모형이다.

알고리즘 교수·학습 전략을 이해하기 위해서는 다음과 같은 질문을 이해해야 한다.

- 알고리즘을 가르치는 것이 수업 전략인가?
- 알고리즘적인 사고나 방법, 설계법을 이용하는 수업 전략인가?
- 알고리즘을 가르치며 알고리즘 교수법을 사용하는가?

알고리즘 교수·학습 전략의 절차

컴퓨터 알고리즘은 컴퓨터를 이용하여 입력 자료를 처리하기 위한 효율적 처리 절차를 의미하며 이는 프로그래밍으로 구현된다. 알고리즘 교육은 프로그래밍 교육과 상보적인 관계에 있으며 처리 절차에 대한 사고 훈련과 분석 능력을 향상시키는 것이 중요하다. 그에 따른 알고리즘 교수·학습 전략의 수업 절차는 표 15-1과 같다.

표 15-1 | 알고리즘 교수 · 학습 전략의 수업 절차

문제 인식	자료 분석	절차 탐색	알고리즘 이해	절차 분석	적용 및 평가
• 문제 제시 • 문제 유형 파악	• 초기 입력 데이터 분석 • 최종 결괏값 이해	• 컴퓨터의 처리 규칙에 의한 문제 해결 방향 모색	• 처리 절차 이해(효율성, 정확성 고려)	• 처리 절차 분석, 비교 • 복잡도, 효율성 검증	• 알고리즘 적용, 평가

알고리즘 교수 · 학습 전략의 특징

'컴퓨터실에서 하는 알고리즘 교육'과 '컴퓨터실이 아닌 곳에서 하는 알고리즘 교육' 중에서 어떤 것이 더 효과적인가? 일반적으로 컴퓨터 수업은 컴퓨터실에서 하는 것으로 알려져 있다. 그러나 알고리즘 교수 · 학습 전략을 적용한 수업은 컴퓨터라는 도구를 사용하는 것보다는 학습자의 사고력을 요구하는 학습 과정이기 때문에 오히려 컴퓨터실이 학습의 효율을 저해할 수 있다. 학습자가 컴퓨터 앞에서 컴퓨터를 직접 다루지 않고 고도의 사고력을 요구하게 된다면 오히려 역효과를 가져올 것이다. 따라서 컴퓨터가 없는 환경, 즉 언플러그드 컴퓨팅 환경이 더 효과적일 수도 있다는 점을 고려해야 한다.

프로그래밍 교육은 사고력 교육인 알고리즘 교육에 대한 이해를 기반으로 한다. 학습자는 누구나 프로그래밍의 매력에 빠져든다. 학습자는 구성된 결과를 더 변형해 보고 싶고, 코딩을 발전시켜 보고 싶고, 기존의 프로그래밍으로 생각했던 것을 확인해 보고 싶고, 심화된 결과물을 보고 기뻐한다.

1980년대 프로그래밍을 중심으로 한 소프트웨어 교육이 우리나라의 정보화 기술 발전의 원동력이 된 것처럼 지금의 학습자들에게도 적절한 프로그래밍 교육이 필요하다. 학습자가 프로그래밍을 어려워하는 이유는 첫째, 교육용으로서 프로그래밍 언어의 선정이 적절하지 못하고, 둘째, 교사의 인식과 역량의 부족으로 코딩 수업 자체를 회피하려 하기 때문이다. 따라서 이러한 두 가지 조건을 충족시킨다면 충분히 저학년의 학습자들에게도 프로그래밍을 쉽게 지도할 수 있다.

알고리즘과 프로그래밍을 학습하면 다음과 같은 몇 가지 효과를 가져올 수 있다.

- 컴퓨팅 사고력(창의력, 논리력, 문제 해결력, 비판력, 종합력, 분석력 등)
- 지식(컴퓨터 구조, 컴퓨터 과학 내용, 소프트웨어 이해 등)
- 기능(설계 능력, 개발 능력, 최적화 능력, 의사 결정 능력, 성취 능력)
- 태도(컴퓨터에 대한 인식, 미래 정보화 사회에 대한 인식, 미래의 직업과 자아실현)

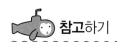 **참고하기**

⇨ 수학과 컴퓨터의 알고리즘

컴퓨터(프로그래밍)는 초창기에 전자계산자로 불렸듯이 기본적으로 수학을 기반으로 한다. 수학은 추상화가 기본이며 이론 수업에 가깝다. 즉, 온실 수업이라 할 수 있으며 계열화를 통한 수학 문제 해결의 제약이 따른다.

그러나 컴퓨터 프로그래밍의 경우 실세계의 자동화 기기를 구체화하는 과정을 통해 실제 수업(authentic instruction)에 더 가깝다. 수학보다는 다기능 · 다지식, 통합적 지식이 필요하다. 특히, 지식과 기능의 활용 능력, 실제화 능력이 더 필요하고 효율성(최적화, 디지털화)을 목표로 한다. 또한 문제를 해결하기 위한 설계 능력이 요구된다.

특히, 알고리즘의 해결 및 프로그래밍을 통해 문제를 해결하는 과정이나 절차가 왜 필요한지, 왜 해야 하는지에 대한 인식 능력과 요구 분석 능력이 요구된다. 즉, 소프트웨어 공학적 능력이 필요하고 컴퓨터라는 기계에 대한 인간의 이해가 요구된다.

따라서 이러한 과정을 통해 학생들은 새로운 지능, 새로운 생명체의 특징을 이해할 수 있다. 컴퓨터의 연산과 제어 기능을 이용하여, 즉 물리적 기계를 이용하여 현실 세계와 연결되고 현실 세계를 조작 · 변화시킬 수 있음을 이해하는 것이다.

알고리즘 교수 · 학습 전략

알고리즘 교수 · 학습 전략의 수업 예시

알고리즘 교수 · 학습 전략의 수업은 크게 3가지로 구분할 수 있다.

(1) 프로그래밍 언어를 이용하여 그래픽 원리, 개념 가르치기(3차시, 알고리즘 활용 교육)

1차시 문서 작성 도구를 이용하여 사각형, 원 그리기(벡터) : 파워포인트 활동

2차시 그래픽 프로그램을 이용하여 사각형, 원 그리기(비트맵) : 그림판 활동

3차시 프로그래밍 언어로 사각형, 원 그리기(벡터를 프로그래밍) : 스크래치 활동

(2) 프로그래밍 소양 능력 키우기(4차시)

1차시 프로그래밍 언어론(컴파일러, 인터프리터) 이해 ← 개념형성 모형

2차시 프로그램 기초 명령어 이해(순차 명령, 반복 명령, 조건 명령 등) ← 직접교수 모형

3차시 기본 알고리즘 이해하기(순차, 반복, 조건) : 의사 코드, 순서도 ← 알고리즘 교수 · 학습 전략

4차시 프로그래밍 언어 응용 : 재미있는 게임 개발 ← 창의성계발 모형

(3) 알고리즘 학습(3차시, 팀티칭 모형)

1차시 컴퓨터를 이용한 알고리즘 : 프로그래밍 언어 이용하기, 컴퓨터 하드웨어 · 소프트웨어 문제 해결하기, 정보 문제 해결하기(오류 검출, 암호 알고리즘 등)

2차시 컴퓨터를 배재한 알고리즘 : 신체를 이용한 프로그래밍 언어 이해, 현실 세계 모델링화(자동판매기, 택배 알고리즘 등) ← 언플러그드 컴퓨팅 수업

3차시 수학적 알고리즘 : 논리적, 증명적, 추상적, 수치 처리, 수학적 원리와 사고 능력 신장(최대공약수 찾기, 피보나치 수열, 소인수분해, 팩토리얼 알고리즘 등)

알고리즘 교수 · 학습 전략의 실제

다음은 알고리즘 교수 · 학습 전략을 적용한 수업의 실제 사례들이다.

수업 사례 ① 이진 탐색 알고리즘

이진 탐색은 레코드의 키 값에 따라 정렬된 파일을 두 부분으로 나누어 검색하는 방법이다. 즉, 정렬된 값에서 중앙의 값을 찾고자 하는 값과 대소를 비교하여 포함되지 않는 영역을 버리는 방법을 통해 찾고자 하는 키를 찾아낸다.

• 수업 방법 •

① 2명이 짝이 된다(사람과 컴퓨터로 역할을 나눈다).

② 키 순서대로 적혀 있는 카드를 30개 준비한다(카드에는 키와 사람 이름이 적혀 있다).

③ 카드를 뒤집어 놓는다(키가 큰 순서에 대한 숫자를 적어 둔다).

④ 사람 역할을 맡은 학생은 컴퓨터에게 임의의 키를 제시하고 누구인지를 찾아보게 한다.

　　• 조건 : 컴퓨터는 한 번에 한 장만 뒤집어 보고 확인한 후 다시 덮어 두어야 한다.

　　　(이 조건은 컴퓨터가 한 번에 하나씩 처리하는 것을 나타낸다.)

⑤ 주어진 30개의 자료에서, 있으면 이름을 불러 주고 없으면 없다고 말해 준다.

　　• 조건 : 컴퓨터가 뒤집어 본 횟수를 센다. ← 횟수 변수

⑥ 역할을 바꾸어서 해 보고 카드를 뒤집어 본 횟수가 적을수록 이긴다.

⑦ 카드를 앞에서 하나씩 찾아보게 하고(순차 탐색), 중간에서 하나씩 선택하여 절반씩 찾아가게(이진 탐색) 하는 방법을 적용한다.

⑧ 이진 탐색 방법으로 찾는 경우 효율적이라는 것을 인식한다.

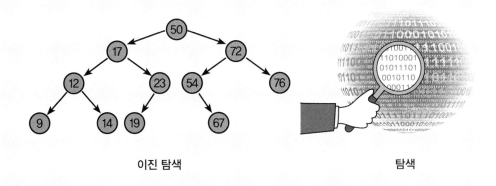

이진 탐색　　　　　　　　　　　　　**탐색**

• 수업 방법 •

① 책의 두께가 각각 다른 10권의 책을 준비한다.

  • 준비 : 2cm, 8cm, 2cm, 3cm, 4cm, 5cm, 7cm, 6cm, 2cm, 1cm

② 주어진 책을 10cm 두께의 상자에 넣어서 보관한다.

  • 조건 1 : 책의 두께는 책을 집어 들었을 때에만 확인할 수 있다.

  • 조건 2 : 상자에는 채워진 두께를 각각 기록할 수 있도록 메모지를 달아 둔다.

  • 조건 3 : 상자에 들어 있는 책을 다시 빼고 다른 책을 넣을 수도 있다. 횟수에
           기록이 된다.

  • 조건 4 : 책을 넣는 것과 빼는 것은 횟수에 기록이 된다.

③ 책을 모두 넣을 수 있을 때까지 계속 반복한다.

  • 조건 1 : 최소의 상자를 사용하는 것이 우수하다.

  • 조건 2 : 최소의 횟수로 상자에 넣는 것이 우수하다.

④ 횟수가 적은 경우와 사용된 상자가 제일 적은 경우를 찾아 살펴본다.

⑤ 정리가 끝나면 누구의 방법이 효과적인지 비교하여 평가한다.

배낭 문제   상자 채우기

디지로그 교수·학습 전략

디지로그 교수·학습 전략의 개요

정보가 디지털화됨으로써 사회가 급격히 발전되었고, 실생활(아날로그)의 불편한 것들과 발생되는 문제들을 디지털화하여 해결하려 하고 있다. 빅데이터라 불리는 정보의 범람과 첨단 기술 발전의 가속화로 인하여 인간이 해결할 수 없고 디지털화하여 해결해야만 하는 문제가 발생하였다. 이러한 문제들을 해결하기 위한 방법으로 다시 아날로그적인 해결 방법을 모색하고자 하였는데, 이것이 바로 '디지로그digilog' 해결 전략이라고 할 수 있다. 교육에서도 디지털과 아날로그의 통합에 대한 인식이 매우 중요해지고 있다. 각각의 장점은 활성화시키고 단점을 보완해 주는 디지로그 교수·학습 전략을 통해 정보사회를 지혜롭게 살아갈 수 있다.

디지로그 교수·학습 전략은 아날로그와 디지털의 융합을 통한 문제 해결 수업이다. 이는 팀티칭 모형과 유사하나 아날로그적인 내용과 디지털적인 내용을 비교·연관·발견하고, 선행조직을 이용하여 1명의 교사가 수업을 한다는 것이 다르다. 즉, 각각의 전문적인 지식을 강조하기보다는 보편화된 정보기술을 현실의 사례나 기술·지식과의 비교를 통하여 수업한다. 수업은 두 가지의 사례를 통합하고 어떤 것을 선택하여 적용하는 것이 문제 해결에 도움이 되는지를 학습자 스스로 선택하게 하는 것이 중요하다. 예를 들면, 주판과 스프레드시트의 비교, 레코드판 녹음과 소리 파일 녹음, 원고지 쓰기와 워드 문서 쓰기 등이다.

디지로그 교수 · 학습 전략의 절차

디지로그 교수 · 학습 전략의 수업 절차는 팀티칭 모형과 유사하나 전략의 특성상 그 내용이 디지털과 아날로그 양쪽으로 학습이 가능한 주제와 절차로 구성된다. 디지털과 아날로그 영역별로 학습을 한 후 문제 해결에 필요한 각각의 장점만을 취하는 통합 과정이 이루어진다. 이 통합 과정을 통해 어느 한쪽에 치우치지 않는 양쪽의 장점을 이해하고 이를 적용할 수 있는 가능성을 탐색해 보는 단계로 마무리를 한다. 이러한 디지로그 교수 · 학습 전략의 수업 절차를 간단히 나타내면 다음과 같다.

표 15-2 │ 디지로그 교수 · 학습 전략의 수업 절차

학습 안내	디지로그 분절 활동	디지로그 활동 통합	학습 정리
• 문제 확인 및 분석 • 학습 목표 안내	• 영역별 학습 목표 안내 • 영역 분절 학습 활동(모형의 적용은 전문가가 결정) • 아날로그 수업 ⇔ 디지털 수업	• 영역별 활동 통합 실습, 토론 • 상호 비교 및 평가 • 영역별 장점 선택 → 문제 해결에 적용	• 현실 가능성 탐색 • 학습 내용 적용

디지로그 교수 · 학습 전략의 특징

디지로그 교수 · 학습 전략은 아날로그와 디지털 정보 및 기술이 공존하고 있는 현 세계에 적합한 수업 전략이다. 우리는 아직 모든 부분이 디지털화되지는 않았지만 급격히 발전하고 있는 디지털 환경 속에 살아가고 있다. 아날로그와 디지털이 공존하는 세상 속에서 살아가면서 각각의 장점을 이해하고 활용하는 방법을 학습하게 된다면 미래를 살아가는 학습자에게 필요한 교육의 목적을 효과적으로 달성할 수 있다.

디지로그 교수 · 학습 전략을 적용한 수업 내용은 디지털과 아날로그로 학습할 수

있는 주제로 구성되어 있는 것이 특징이다. 애니메이션의 예를 든다면, 현재 아날로그 방법으로도 그 특성을 살려 플립북과 같은 애니메이션 자료를 만들 수 있으며 디지털 기술로도 그 특성을 살려 애니Gif 등과 같은 애니메이션 파일을 만들 수 있다. 이 두 가지 방법을 학습하여 각각의 장점(예를 들면, 아날로그의 감성과 디지털의 개발 편리성 등)을 취하는 활동을 하며 더 나아가 두 가지를 통합하는 방안을 생각해 볼 수도 있다.

디지털은 정확, 신속, 공유, 복제 등의 특징이 있는 반면에 아날로그는 감성적 측면, 인간적인 미 등의 특징이 있다. 학습자는 각 영역별 활동을 통해 이러한 특징 등을 느끼고 이해한다. 이러한 교육은 현재 아날로그와 디지털이 분절되어 공존해 있는 세상에서 어떻게 행동하고 주어진 문제를 해결하며 살아가야 하는가에 대한 부분을 직·간접적으로 경험하며 학습할 수 있게 해 준다.

애니 Gif

제약기반 교수 · 학습 전략

제약기반 교수 · 학습 전략의 개요

제약기반 교수 · 학습 전략은 문제해결 모형의 일종으로, 문제를 해결하는 데 있어 교사가 다양한 제약 조건을 투입하거나 학생들이 제약 조건을 추출하고 제거하는 활동을 통해 학생들이 주어진 도메인(영역, 자료)의 자원을 최대한 활용하여 문제를 해결하도록 한다. 이를 통해 문제의 난이도를 조절하고 문제 해결을 위해 집중력을 더 높일 수 있다.

제약기반 교수 · 학습 전략은 인공지능 또는 스케줄링 문제에서 사용되는 CSP 기법 (제약 만족 문제 기법)을 적용한다. 또는 경영학의 원리 중에 제약 이론TOC을 이용할 수도 있다. 문제 해결 결과 중 최적화 결과를 유도할 때 사용할 수 있으며 적용 부분은 제약 만족으로 표현될 수 있는 영역이다.

일반적인 제약기반 교수 · 학습 전략은 문제해결 모형과는 다르게 해당 문제를 인식하고 그 문제 해결을 저해하는 핵심 문제를 찾아내어 현상 타개적인 해결 방안을 마련해 실행에 옮기는 사고 프로세스이다. 문제 해결의 최적화를 위한 문제 해결 시간을 획기적으로 단축하기 위해 비판적 연계성, 문제의 흐름(또는 해결의 흐름)을 중시하도록 요청한다.

제약기반 교수 · 학습 전략의 절차

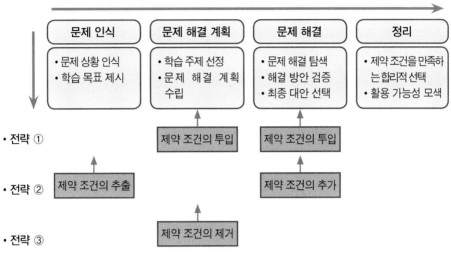

그림 15-5 │ 제약기반 교수 · 학습 전략의 수업 절차

(1) 문제 상황 제시

문제 상황은 학습 목표를 주요 내용으로 포괄할 수 있는 종합적인 성격을 띠어야 하며 학습자의 주의를 집중시킬 수 있어야 한다.

(2) 문제 인식 및 학습 목표 제시

제시된 문제 상황으로부터 사실과 현상을 파악하고 문제 상황을 해결할 수 있는 가능한 방법과 문제의 원인, 유사한 사례 등을 찾아본다.

(3) 학습 주제 선정

문제 상황을 통해 이루어진 문제 인식과 제시된 학습 목표를 유기적으로 연결시켜 학습 주제를 탐색하는 단계로서, 학습 주제는 학습 목표와 문제 상황의 문제를 포괄하는 종합적인 성격을 갖도록 정한다. 질문형으로 정하여 가설을 보다 쉽게 정하도록 한다.

모형 ① 제약 조건의 적용 : 문제 상황의 인지 후 주어진 조건을 분석하여 학습 주제에 영향을 주지 않는 가정하에 변수와 범위에 제약을 주어 새로운 문제 상황 속에서 다양한 대안을 위해 학습 계획을 세우는 기준이 된다.

모형 ② 제약 조건의 추출 : 학습자가 문제 상황을 인지한 후 학습 주제에서 제약 조건(변수, 도메인)을 스스로 선정하고 그 제약 조건으로 다양한 대안을 찾아 문제 해결을 위한 학습을 한다.

모형 ③ 제약 조건의 삭제 : 최적의 문제 해결 탐색 과정에 제약이 되는 여러 조건들을 추출하고 학습 주제의 범위 내에서 삭제하며 최소한의 문제 해결 계획을 수립하여 학습의 효과를 높인다.

(4) 문제 해결 계획 수립

어떻게 문제를 해결할 것인가에 대한 계획을 수립하는 단계이다. 문제 해결에 적합한 방법, 자료 수집의 항목과 순서, 역할, 결과물의 정리 등을 결정한다. 역할 부여를 통해 소속감과 책임감을 갖게 하고 동등하게 참여하게 한다.

(5) 문제 해결 탐색

해결 계획에 따라 다양한 자료를 검색하고 토의 및 실행 과정을 통해 문제 해결을 위한 탐구를 하는 단계이다. 추론 및 탐색이 주된 사고 과정이 되어 문제 해결을 위해 다양한 시도를 하는 과정으로 문제 해결을 위해 모둠 간 끊임없는 상호작용 및 개인별 주도적 문제 해결력을 향상시키게 된다.

(6) 해결 방안 검증

문제 해결 탐색을 통해 얻어진 문제 해결 방안을 검증하는 단계로서 다양하고 적절한 자료의 수집과 토의가 필요하다. 수집된 자료 중에서 해결 방안을 뒷받침할 자료를 선정하고 요소별로 분류하여 자료 간의 상관관계를 분석하며 적절한 해결 방안인지를 검토한다.

(7) 최종 대안 선택

최종 대안을 선택할 때에는 명확한 이유를 제시해야 한다.

모형 ① 제약 조건의 적용 : 최종 대안에 대한 변수 또는 도메인의 만족을 위한 제약을 주어 학습 주제의 범위 내의 다른 학습 상황을 제시하고 그 문제 상황에 맞는 단계로 피드백하여 최종 대안을 찾는다.

모형 ② 제약 조건의 추가 : 최종 대안에 대해 범위의 다양한 제시 혹은 확대를 통해 가설 설정 또는 학습 상황으로 피드백하여 학습을 진행한다. 최종 대안에 대한 의문을 제기하며 학습자 스스로 제약 조건을 제시하고 새로운 학습 상황을 스스로 창안하여 해결을 시도한다.

(8) 제약 조건을 만족하는 합리적 선택

각 제약 조건을 만족하는 문제 해결의 최종 학습 결과를 명확한 이유를 제시하여 정리한다.

(9) 단계별 제약의 투입 및 추출

문제 해결 과정에서 발생할 수 있는 제약 조건을 투입하여 새로운 문제 상황을 제시한다. 제약 조건을 만족하는 새로운 문제 해결 학습 과정이 생성되고 모든 제약 조건이 만족할 때까지 문제 해결 학습 과정을 반복한다. 제약 조건은 어느 한 단계에 한정되어 투입되는 것이 아니라 학습 상황, 학습 내용에 따라 다양한 단계에 투입되어 학습자를 혼란스럽게 한다. 또한 제약 조건을 투입하는 것에 그치는 것이 아니라, 학습자가 제약 조건을 생성하거나 제약 조건의 수를 늘려 가는 과정을 통해 다양한 상황의 문제 해결 과정을 스스로 창조해 낸다.

제약기반 교수 · 학습 전략의 특징

첫째, 문제 상황을 통해 문제를 명확히 인식하고 문제 인식을 바탕으로 개념 상호 간의 관계를 추출한다. 개념 상호 간의 관계는 다시 학습 목표와 연결시켜 학습 주제를 선정한다.

둘째, 문제 해결 과정에서의 변수 및 도메인을 만족할 제약 조건을 투입하여 문제를 해결하기 위한 다양한 사고가 이루어지도록 한다. 제약 조건의 일방적 · 한정적 투입이 아니라 모든 문제 해결 단계에서 필요한 제약을 통해 학습자는 더 많은 문제 상황에 봉착하고 그 해결을 위해 더 많은 고민과 많은 자료의 탐색이 필요하다.

셋째, 문제 해결 과정에서 투입되는 변수와 도메인의 제약과 제약 조건의 적용은 정해진 어느 한 단계에서의 투입이 아니라 문제 해결 과정 전체에서 문제 상황에 따라 필요한 단계에 투입이 가능하다.

넷째, 문제가 해결될 때까지는 당장에 해결할 수 있는 직접적인 수단을 모르고 있어야 한다. 왜냐하면 그 문제를 해결할 수 있는 직접적인 수단을 바로 알고 있으면 문제가 성립되지 않기 때문이다.

다섯째, 문제의 성질을 명확하게 살피고, 냉철한 분석을 하며, 정확하게 종합하여 결론지을 수 있는 능력을 갖춘 교사의 적절한 조력이 요청된다. 따라서 문제 해결에 대한 교사의 역할은 문제의 연구 방법과 사고 방법의 접근 방식에 대한 조언과 지도라 할 수 있다.

 **참고하기**

▷ **수업 전략의 이해를 위한 참고 자료**

제약 만족 문제는 각 변수(variable)에 이산형 값(value)이 계량적, 비계량적으로 주어져 있을 때 인접 변수의 값끼리 상호 호환성을 유지하는 값을 할당하는 문제를 말한다.

CSP는 많은 제약 조건이나 범위를 만족하는 시스템에서 상태나 객체를 찾아야 하는 수학 문제이다. CSP는 AI와 경영과학에서 주요한 연구 주제이다. 많은 CSP들은 합리적인 시간 내에 문제를 풀기 위해 휴리스틱과 조합 탐색의 결합을 필요로 한다. CSP의 예로서는 8-여왕 문제, 스도쿠 퍼즐 등을 들 수 있다.

8-여왕

스도쿠

예를 들어서, PC의 프로세서와 운영체제를 각각 변수라고 했을 때 프로세서가 가질 수 있는 값은 펜티엄, 486, 386 등과 같고, OS의 값은 Window 95, Window 3.*, MS-DOS, UNIX 등과 같다. 이 경우 프로세서가 펜티엄이면, 호환성 있는 OS의 값은 Window 95, Window 3.*, MS-DOS, UNIX이지만, 프로세서가 386이면 MS-DOS 정도인 것과 같다. 이 예는 간단하지만 변수의 수가 수백 개가 되고 각 변수의 값이 여러 개씩 되면 모든 변수를 만족하는 일관성 있는 해를 찾는 것은 용이하지가 않다.

사례기반 교수 · 학습 전략

사례기반 교수 · 학습 전략의 개요

사례기반 교수 · 학습 전략은 컴퓨터 과학 분야에서 문제 해결 전략인 사례 기반 추론 프로세서를 이용한 교수 · 학습 모형이다. 이 전략은 인공지능 분야에서 문제를 해결할 수 있도록 학습시키기 위한 전략으로서, 사례 기반의 추론은 분류에 대한 사례들을 통하여 현재의 문제를 효율적으로 처리하기 위한 알고리즘으로 구성된다. 또한 학습 상황에서도 학습자들에게 학습을 유발시키기 위한 교수 구조로서, 효과적인 선험적 사례들을 들려 주어 학습자들에게 간접적인 경험을 제공함으로써 학습이 이루어지도록 하고 있다.

소프트웨어 교육의 프로그래밍 수업에서는 특히 시행착오를 많이 경험하게 된다. 그러한 시행착오에 대해 분석해 보고 현재의 문제를 해결하는 데에 가장 효율적인 방법을 찾아내는 과정은 컴퓨터의 동작 원리, 알고리즘, 소프트웨어를 이해하는 데에 매우 중요하다. 사례기반 교수 · 학습 전략 역시 컴퓨터를 통하여 문제를 해결하는 과정에서 발생될 다양한 사례들을 통하여 동작의 원리를 이해하고 새로운 문제를 해결하는 데에 응용할 수 있는 능력을 기르기 위한 수업이다. 따라서 학습자들에게 다양한 사례들을 제공하고 그 사례들 중에서 가장 근접하다고 생각되는 사례를 이용하여 문제를 해결할 수 있도록 학습을 진행한다. 그리고 해결된 결과를 분석해 봄으로써 문제 해결 과정의 타당성을 검토하고 그 과정에서 새로운 일반화된 지식이 형성되도록 한다.

사례기반 교수 · 학습 전략의 절차

사례기반 교수 · 학습 전략을 수업에 적용하기 위해서는 효과적인 사례들을 활용하기 위한 자료의 확보와 적절한 수업 절차의 설계가 중요하다.

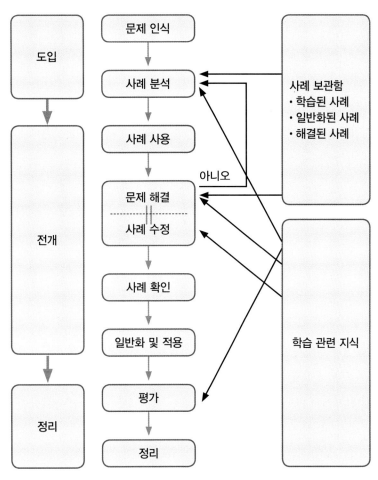

그림 15-6 │ 사례기반 교수 · 학습 전략의 수업 절차

수업 절차에서 사례는 본 학습에 관련한 다양한 종류와 사례여야 하며, 그중에 여러 다른 성질을 가지고 있는 사례여야 한다. 사례의 활용 결정은 학습자들이 할 수 있도록 안내되어야 한다. 사례를 선택하는 과정에는 사례에 대한 분석이 이루어지며 1차 학습이 일어나게 된다.

선택한 사례를 적용해 보는 과정에서 사례의 활용에 대한 적합성에 대한 검토가 이루어지며 문제 해결을 위해 수정이 가능한지 판단을 하게 된다. 수정이 이루어지는 과정에서 2차 학습이 일어난다.

수정된 내용은 새로운 사례로 활용될 수 있으며 수정된 사례의 타당성을 검증하기 위한 확인 절차 과정을 거치게 된다. 이러한 확인 과정에서 학습자들은 어디까지 일반화(이용)가 가능한지 도메인의 영역을 설명하게 한다.

사례기반 교수 · 학습 전략의 특징

학습자들에게 제공되는 사례들은 현재의 문제 해결과 관련된 다양한 사례들이며, 처음에는 단순하고 하나의 방법만을 응용하여 해결할 수 있지만 점차 사례를 두 개 이상 복합적으로 적용하는 발전적인 단계로 나아가는 것이 좋다.

사례를 분석하고 학습 문제를 해결하기 위해 적용 가능한 사례를 선택하는 과정과 사례를 적용하여 확인하는 평가 과정을 통해 중요한 학습이 이루어지므로 제공되는 사례는 학습에 아주 중요한 영향을 미친다. 따라서 사례의 선택은 매우 신중해야 한다.

각 수업 절차에서 이루어지는 학습 내용들을 살펴보면 표 15-3과 같다.

표 15-3 │ 사례기반 교수 · 학습 전략의 단계별 내용

학습 과정	학습 단계	흐름도	학습 내용
도입	문제 제시		• 동기 유발 및 학습 목표 확인 • 문제 제시 및 해결 안내 • 학습 활동 안내하기
	사례 분석		• 이전 사례의 유추 • 학습 관련 지식의 적용 • 문제 해결을 위한 자료 준비
전개	사례 사용		• 이전 사례 사용 • 문제 해결의 과정이 어루어짐
	문제 해결		• 문제 해결의 결과 표출 • 문제의 의도와 이전 사례의 비교 • 해결된 사례 검토하기
	사례 수정		• 이전 경험 사례의 수정 • 관련된 지식의 삭제 및 수정
	사례 확인		• 성공한 문제의 해결 사례 비교 • 오답인 문제의 또 다른 사례 시도 • 발전된 또 하나의 사례가 됨
	일반화 및 적용		• 성공한 사례 확인 후 저장 • 오답인 사례도 그대로 저장 • 수준별 학습 및 심화 보충 학습
정리	평가		문제를 해결하는 데 사용된 사례와 정답으로 나온 사례를 비교해 보고 설명해 보는 단계
	정리		• 사용된 사례 및 정답 사례 재음미 • 차시 예고 • 학습 과제 부여

Chapter 16 | 언플러그드 컴퓨팅 교수 · 학습 전략

언플러그드 컴퓨팅 교수 · 학습 전략의 개요

　소프트웨어 교육은 크게 컴퓨터 과학의 원리를 가르치는 컴퓨터 교과 교육, 응용 프로그램의 활용법을 가르치는 컴퓨터 소양 교육, 컴퓨터를 교육에 활용하는 방법을 가르치는 컴퓨터 활용 교육으로 구분할 수 있다. 그동안 소프트웨어 교육은 주로 컴퓨터 소양 교육으로 이루어졌으나 이제 더 이상 소양 교육에 머물러서는 안 된다. 컴퓨터 과학의 원리를 가르쳐 논리력, 창의력 계발 등 정보화 시대의 건강한 사회인으로의 양성을 목적으로 교육이 이루어져야 한다.

　컴퓨터 과학은 정보윤리, 이산구조, 프로그래밍, 알고리즘, 컴퓨터 구조 및 구성, 운영체제, 네트워크, 인공지능, 정보관리, 인간-컴퓨터 상호작용 등의 다양한 분야로 이루어져 있다. 소프트웨어 교육에 있어서의 주된 목표인 문제 해결 능력을 신장시키기 위해서는 이러한 컴퓨터 과학의 원리 교육에 중점을 두고 초 · 중등학생들에게 적합한 내용을 구성하는 것뿐만 아니라 각 단계에 맞는 다양한 학습 방법을 제시할 필요가 있다. 그런데 복잡하고 어려운 컴퓨터 과학의 원리들을 초 · 중등학생들을 대상으로 어떻게 지도할 수 있을까?

우리는 소프트웨어 교육이 컴퓨터 없이 불가능하다고 생각해 왔다. 하지만 진정한 소프트웨어 교육의 의미를 알게 된다면 단지 컴퓨터를 가지고 할 수 있는 것만이 소프트웨어 교육의 전부라고 생각하지는 않을 것이다. 특히, 이진수, 이미지 표현 방식, 각종 알고리즘, 절차 표현 등의 컴퓨터 동작 원리를 학습함에 있어서는 컴퓨터를 가지고 수업하는 것보다 더 효과적이고 유용한 학습 방법을 적용할 필요가 있다. 더욱이 실제 교육 현장에서 우리는 컴퓨터를 이용한 수업이 얼마나 어려운지를 느낄 수 있다. 이 장에서는 컴퓨터 없이 가능한 수업 방법에 대해 살펴보면서 새로운 소프트웨어 교육 방법에 대해 알아보고자 한다. 팀벨Tim Bell의 Unplugged CS 프로젝트http://csunplugged.org에 의해 개발된 수업 방법 및 교재는 우리에게 매우 많은 시사점을 제공해 준다.

컴퓨터 없이 컴퓨터를 학습하는 하나의 방법인 Unplugged CS 프로젝트는 학습자가 컴퓨터를 따라해 봄으로써 컴퓨터가 어떻게 작동하는지를 알아내는 것이다. 그전에는 컴퓨터 과학 원리나 알고리즘은 컴퓨팅 기술에 흥미가 있는 사람들만의 주의를 끌었기 때문에, 그러한 원리 교육을 위한 유일한 방법 중의 하나는 정보처리 자격증을 취득하거나 프로그래밍 경시 대회 등으로 관심을 끄는 것뿐이었다. 하지만 자격증이나 경시 대회조차도 여전히 컴퓨터 과학 내부의 아이디어들보다는 컴퓨터를 사용한 기술적인 면에 초점을 맞추고 있었다.

결국 컴퓨터 과학 원리에 대한 아이디어들을 학습하기 위한 접근은 'Unplugged' 수업을 하는 것이다. 언플러그드 수업은 컴퓨터 과학으로부터 나온 알고리즘과 원리를 놀이 활동을 통하여 풀어 간다. 경쟁적인 놀이 활동과 협력적 문제 해결로 학습자들을 몰입시킴으로써 학습자들의 호기심과 흥미를 증가시킬 수 있다. 많은 수업 예시들이 작은 규모의 활동 모음으로 개발되어 왔다http://csunplugged.org.

언플러그드 수업은 학습자들이 컴퓨팅 기술과 컴퓨터 과학을 구별하도록 돕는 데 사용될 수 있고, 컴퓨터 시스템에 대한 중요한 주제들에 대한 기본 지식을 높일 뿐 아니라 더 많은 정보에 근거하여 미래의 직업을 이해하거나 선택할 수 있도록 만들 수 있다.

언플러그드는 컴퓨터를 전혀 사용하지 않고도 모든 연령의 사람들이 컴퓨터 과학에서 몇몇 흥미로운 아이디어들을 재미있게 탐색하도록 설계된 오프라인 활동이다. 컴퓨터 과학에서 많은 중요한 주제들을 컴퓨터를 전혀 사용하지 않고도 가르칠 수 있다. 다양한 오프라인 활동과 게임 및 퍼즐로 컴퓨터 과학의 원리 및 개념을 학습한다. 이러한 활동은 모든 연령의 사람들에게 적합하지만 특히 초등학교 학생들에게 매우 적합하다.

언플러그드 활동은 알고리즘에서 인공지능까지, 이진수에서 이진회로boolean circuits까지, 압축에서 암호학까지, 정보 표현에서 교착 상태까지 광범위한 주제들을 다룬다. 컴퓨터를 사용하지 않는 이러한 활동들은 컴퓨터에 접근할 준비가 부족한 사람들에게 호소력이 있으며, 컴퓨터를 사용하는 것을 편하게 느끼지 않는 사람들에게 이상적이다.

언플러그드 컴퓨팅 교수 · 학습 전략을 적용한 수업에서는 학습자와 학습 활동을 수행하며 원리를 습득하는 과정에서 교수자가 컴퓨터 전문가일 필요는 없다. 언플러그드 프로젝트를 통해 개발된 활동들이 자세하고 쉽게 안내되어 있어 그 활동들을 통해 자연스럽게 컴퓨터 과학의 원리를 습득할 수 있다.

언플러그드 컴퓨팅 교수·학습
전략의 이해

언플러그드 컴퓨팅은 컴퓨터 과학을 컴퓨터를 사용하지 않고 학습하는 방법으로, 컴퓨터 과학에 대한 지식과 원리를 쉽게 이해할 수 있도록 한다.

언플러그드 컴퓨팅의 목표를 달성하기 위해서는 다음 세 가지 사항을 고려해야 한다.

첫째, 컴퓨터를 사용하지 않고 놀이 또는 게임, 구체적 조작물의 활용을 기반으로 하는 주제여야 한다. 즉, 학생들이 즐겁고 흥미롭게 주제를 구성하고 내용을 만들어야 한다.

둘째, '컴퓨팅'의 목표를 달성하기 위하여 절차적인 사고력이 요구되고 알고리즘적인 문제 해결과 이산수학적인 연산 과정을 통하여 학생들의 추론 능력과 고급 사고력, 디지털 사고를 신장시키는 주제여야 한다.

셋째, '언플러그드 컴퓨팅'의 목표를 부합시키기 위하여 앞서 가정했던 '언플러그드' 와 '컴퓨팅'의 두 요소를 모두 만족하는 내용으로 구성해야 한다. 컴퓨팅의 요소를 만족시키기 위해 프로그래밍이 필요하며 선행 경험이 없는 초등학생의 경우 그 대안이 EPL을 사용하는 것이다. 이 부분은 언플러그드 컴퓨팅 수업의 심화 단계 부분으로 가장 핵심이 되는 부분이다.

다음은 정렬의 개념과 다양한 원리를 학생들과 놀이를 하며 찾아보게 한 후, 다양한 정렬 방법 중의 하나를 선택하여 스크래치로 구현해 보는 활동이다. 학습자들의 컴퓨팅 사고력을 신장시키는 전략을 엿볼 수 있다.

활동 ① 언플러그드 컴퓨팅 버블 정렬

도구를 활용하여 숫자를 크기 순서대로 정리해 볼까요?

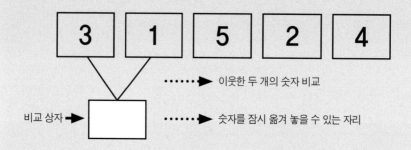

이웃한 두 개의 숫자 비교

비교 상자 ▶   숫자를 잠시 옮겨 놓을 수 있는 자리

· 규칙 ·

1. 숫자는 **이웃한 숫자 두 개씩** 비교합니다.
2. **한 번에 두 개의 숫자만** 비교합니다.
3. 비교할 때 순서를 지켜 주세요(앞에서부터 시작했으면 앞에서부터, 뒤에서부터 시작했으면 뒤에서부터).
4. 한 손만 사용하세요(오른손 또는 왼손 선택).
5. 비교 상자에 숫자를 옮겨 놓고, 비어 있는 자리에 비교한 숫자를 옮겨 놓을 수 있습니다.

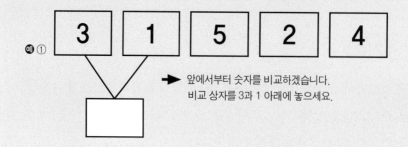

예 ①

앞에서부터 숫자를 비교하겠습니다.
비교 상자를 3과 1 아래에 놓으세요.

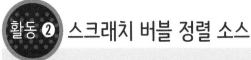

활동 ② 스크래치 버블 정렬 소스

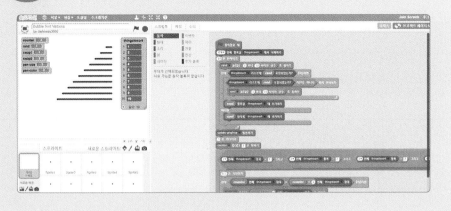

　　프로그래밍 활동을 하기 전 명령어의 순서대로 직접 몸으로 체험해 보는 언플러그드 컴퓨팅 활동을 하는데, 이것은 알고리즘이라는 컴퓨터 과학을 이해하기 위한 수업 전략으로 좋은 방법이다. 알고리즘에 대한 이해는 프로그래밍 학습 초기 단계에서 이루어지는 것이 효과적이며, 이에 대한 이해가 이루어지고 난 뒤에 프로그래밍으로 구현해 볼 수 있다.

　　스크래치 블록을 나열하기 전에 그 명령을 몸으로 표현해 보는 것은 초기에는 적당하나 그 다음부터는 학생들의 머릿속에서 논리적으로 생각해 볼 수 있는 여지를 주는 것으로 충분하다. 언플러그드 컴퓨팅 활동이 다른 EPL 컴퓨팅이나 피지컬 컴퓨팅 활동에 앞서 가장 먼저 이루어져야 하는 것도 아니다. EPL 컴퓨팅 또는 피지컬 컴퓨팅 활동을 하고 난 뒤에도 언플러그드 활동을 얼마든지 할 수 있다. 학습 활동 순서는 학습 주제에 맞추어서 학습 목표를 달성할 수 있는 방향으로 재구성이 가능하다.

컴퓨터 없이 컴퓨터 과학을 이해하는 언플러그드 컴퓨팅은 학생들에게 많은 지식을 주입하고 전달하는 것이 아닌 우리의 일상생활 속에 스며들어 있는 다양한 컴퓨터 과학에 대한 이해를 통해 컴퓨팅 사고를 기르고자 하는 것이 목표이다. 다른 교과의 예를 들어 보면, 354×283의 값을 알기 위해 우리는 계산기를 두드린다. 하지만 그 전에 우리는 곱셈의 원리를 이해하는 활동을 먼저 한다.

세 자리×세 자리 ← 세 자리×두 자리 ← 세 자리×한 자리 ← … ←
구구단 ← 2+2+2 = 2×3 ← 같은 개수로 묶기

언플러그드 컴퓨팅 활동도 이와 같다. 원리를 먼저 이해하면 다른 어떤 문제에서도 그 원리를 바탕으로 문제를 해결하는 데 쉽게 적용하여 해결할 수 있는 힘이 길러진다.

'아하! 이거였구나.' 하는 발견의 기쁨을 통해 가장 기초가 되는 컴퓨터 과학의 지식과 원리를 이해하고 알아 가야 한다. 이러한 학습 과정을 통해 학생들에게 주어지는 다양한 디지털 시대의 복잡한 문제들을 해결할 수 있는 힘이 길러질 수 있다.

언플러그드 컴퓨팅 교수 · 학습 전략의 유형

언플러그드 컴퓨팅 활동의 구성 내용은 컴퓨터 과학의 지식 체계에 의해 다음과 같이 크게 6가지로 구분된다.

데이터 〈정보 표현〉	컴퓨터에게 일 시키기 〈알고리즘〉	컴퓨터에게 말하기 〈절차 표현〉
• 카드의 점 개수 세어 보기 　이진수 • 숫자로 표현한 색깔 　이미지 표현 • 두말하면 잔소리! 　문자 압축 • 카드 뒤집기 마술 　에러 검출과 수정 • 스무고개 　정보 이론	• 전함 　검색 알고리즘 • 가장 가벼운 것과 가장 무거운 것 　정렬 알고리즘 • 째깍째깍 시계 소리 　정렬망 • 진흙 도시 　최소 신장 트리 • 오렌지 게임 　네트워크에서 라우팅과 교착 상태	• 보물 찾기 　유한 상태 오토마타 • 행진 순서 　프로그래밍 언어
정말 어려운 문제 〈NP 문제〉	**비밀 공유하기 〈암호〉**	**컴퓨팅의 얼굴 〈컴퓨터와 상호작용〉**
• 불쌍한 지도 제작자 　그래프 색칠하기 • 관광 도시 　지배 집합 • 얼음길 　스타이너 트리	• 비밀 정보 은닉 절차 　정보보안 • 동전 던지기 　암호화 절차 • 메시지 주고받기 　공개키 암호화	• 휴먼 인터페이스 　초콜릿 공장 • 컴퓨터와 대화하기 　튜링 테스트

그리고 언플러그드 컴퓨팅 활동의 접근 방식을 유형별로 나누면 크게 4가지로 나눌 수 있다.

유형	내용	활동 자료
이야기 기반 (Story-Telling, ST)	컴퓨터 과학의 개념이나 원리를 스토리텔링의 이야기로 쉽게 풀어 가는 방식	
신체 활동 기반 (Physical Activity, PA)	컴퓨터 과학의 개념이나 원리를 신체를 움직이며 이해	
도구 기반 (Media & Tools, MT)	컴퓨터 과학의 개념이나 원리를 다양한 도구(카드, 스티커, 자석, 바둑돌 등)를 활용하여 게임이나 놀이 활동을 통해 이해	
학습지 기반 (Work Sheet, WS)	• 컴퓨터 과학의 개념이나 원리를 학습지를 풀어 가며 이해 • 학습지는 익힌 개념이나 원리를 이해하였는지 확인하고 적용하고자 할 때 활용하면 좋음	

위에서 제시한 4가지 언플러그드 유형은 언플러그드 컴퓨팅 수업의 단계가 될 수 있다. 즉, 네 가지 단계 또는 네 가지 모듈을 모두 포함하는 언플러그드 컴퓨팅 수업 내용이 언플러그드 컴퓨팅의 수업 내용과 목표를 효과적으로 전달할 수 있는 수업 전략이다. 단계는 다음과 같다.

$$ST \rightarrow PA \rightarrow MT \rightarrow WS$$

이야기 기반 (ST)	컴컴한 동굴 미로에 갇혀 앞이 보이지 않는 아기 원숭이는 엄마를 찾아가야 한다. 아기 원숭이는 손으로 짚어 가며 4가지 방향(전후좌우)으로만 이동할 수 있는 상황이다. 미로는 한 길로만 이어져 있고 보이지 않기 때문에 무작정 앞으로 전진하기 어렵다. 지나가면서 앞이 막혀 있거나 옆이 막혀 있는 경우에는 다시 되돌아가서 미로의 길을 찾아야 한다. 아기 원숭이가 엄마를 찾아갈 수 있도록 잘 안내해 본다.	

신체 활동 기반 (PA)	술래가 된 학생이 눈을 가리고 미로를 통과한다. 손을 이용하여 앞뒤, 좌우로 만져 가며 막혀 있지 않은 길로 이동해 간다. 막힌 경우 다시 뒤로 돌아와 길을 찾아 진행해야 한다.	

도구 기반 (MT)	십자형 사각 구멍이 뚫린 종이 카드를 이용하여 미로 격자를 이동한다. 여러 팀이 나뉘어 가장 빠르게 이동하는 방법을 찾으며 게임 형식으로 진행한다.	미로 로봇 

학습지 기반 (WS)	학습지에 미로를 구성하고 각각의 미로에서 4방향으로 이동할 수 있는 길로 지나가며 트리 구조를 형성한다. 목적지까지 갈 수 있는 트리 구조를 형성하여 탐색의 원리와 알고리즘을 탐구하고 발견하도록 한다.	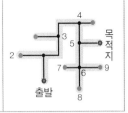

언플러그드 컴퓨팅 교수·학습 전략을 수업 모형과 연계해 보면 대표적으로 발견 학습 모형을 적용할 수 있다. 컴퓨터 과학의 지식과 원리를 이해하기 위해 직접교수 모형이나 개념형성 모형 또는 문제해결 모형으로 학습자들의 흥미와 관심을 끌기는 어렵다. 놀이 형식의 재미있는 자료와 규칙을 하나씩 수업에 적용하면서 학습자 스스로 놀이에 포함된 컴퓨터 과학 원리를 발견하고 이를 심화해 나가야 한다.

다음은 발견학습 모형을 적용한 언플러그드 컴퓨팅 교수·학습 전략 사례이다.

언플러그드 컴퓨팅 교수 · 학습 전략

학습 주제
카드놀이로 이진수와 비트 이해하기

적용 수업 모형	발견학습 모형
컴퓨터 과학	이진수, 비트, 정보의 표현
수업 목표	카드 놀이를 통하여 컴퓨터가 자료를 처리하는 기본 단위인 비트에 대해 안다.

문제 파악

• 동기 유발 : 다양한 수의 세계

– 우리가 사용하는 열 개의 숫자들, 손가락 10개, 문어 8개, 새 6개

– 그렇다면 컴퓨터는?

나는 몇 개?

• 학습 목표 제시하기

카드 놀이를 통하여 컴퓨터가 자료를 처리하는 기본 단위인 비트에 대해 안다.

예상

• 카드 놀이하기
  – 카드를 오른쪽에서 왼쪽 순으로 보여 주면서 다음 카드에 몇 개의 점이 있을지 예
    상해 보기(점의 수가 2배씩 커지는 규칙)

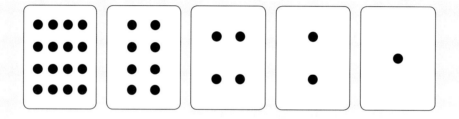

  – 카드의 점으로 여러 가지 수 만들기
  – 카드의 점으로 만들 수 있는 가장 작은 수, 가장 큰 수 알아보기
    (가장 큰 수 31, 가장 작은 수 0)

검증

• 이진수 만들기
  – 카드의 앞면과 뒷면을 수(0과 1)로 표현해 보기

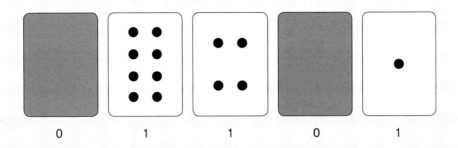

0   1   1   0   1

　　－ 이진수를 십진수로 만들어 보기 : 0 + 8 + 4 + 0 + 1 = 13
- 십진수를 이진수로, 이진수를 십진수로 바꾸어 보기

일반화

- 컴퓨터에서 자료를 저장하거나 처리할 때 0과 1을 사용하는 이유 알아보기
　　－ 컴퓨터는 전기가 흐르는 상태(on)와 흐르지 않는 상태(off)의 두 가지 전기 신호를
　　　사용하기 때문임
　　－ 이때 0과 1을 비트라고 함(bit, binary digit)
- 0과 1 외 다른 기호로 이진수 표현해 보기
　　－ 바둑알, 전구, 더하기와 빼기 등

적용

- 손가락 놀이하기
    - 손가락을 펴며 2진수 놀이하기(편 손가락 1, 접은 손가락 0)
    - 양손을 사용하여 놀이했을 때 수의 크기 알아보기
- 비밀 메시지 놀이하기
    - 두 개의 신호를 이용하여 메시지 보내는 방법 생각해 보기
    - 전구를 이용하여 비밀 메시지 보내고 받기

수로 이해하는 이미지

적용 수업 모형	발견학습 모형
컴퓨터 과학	픽셀, 비트맵, 이미지 표현
수업 목표	픽셀의 색칠하기 놀이를 통하여 컴퓨터가 이미지를 표현하는 방법을 이해하고 픽셀과 비트맵에 대해 안다.

문제 파악

• 동기 유발 : 컴퓨터가 화면에 그림 나타내기

  – 사람들은 연필이나 붓으로 그림을 나타낸다.

– 0과 1로 숫자를 사용하는 컴퓨터는 어떻게 화면에 그림을 표현할 수 있을까?

• 학습 목표 제시하기

픽셀의 색칠하기 놀이를 통하여 컴퓨터가 이미지를 표현하는 방법을 이해하고 픽셀과 비트맵에 대해 안다.

예상

• 이미지 표현 원리 알아보기
  – 'a'라는 글자를 확대하여 픽셀 보기(컴퓨터 화면은 픽셀pixels, picture elements이라고 불리는 작은 점으로 나누어져 있음)

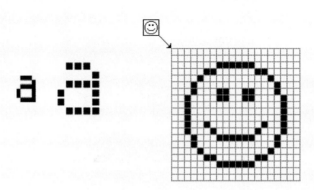

– 픽셀의 특징 살펴보기(검은색과 흰색으로 구분)

– 검은색과 흰색을 수로 표현하기

검증

• 0과 1로 이미지 표현하기

– 검은색은 1, 흰색은 0

– 0과 1로 이미지 표현하는 방법 생각해 보기

01110   131   흰색1, 검정3, 흰색1

00001   41   흰색4, 검정1

01111   간단히   14   흰색1, 검정4

10001   ⟶   0131   검정1, 흰색3, 검정1

10001   0131   검정1, 흰색3, 검정1

01111   14   흰색1, 검정4

일반화

• 컴퓨터 그림 그리기

– 그림을 0과 1로 표현하기

– 0과 1을 더 간단히 표현해 보기

– 수를 보고 색칠하여 그림으로 나타내기

– 모눈 칸의 그림을 보고 오른쪽에 숫자 코드 써 보기

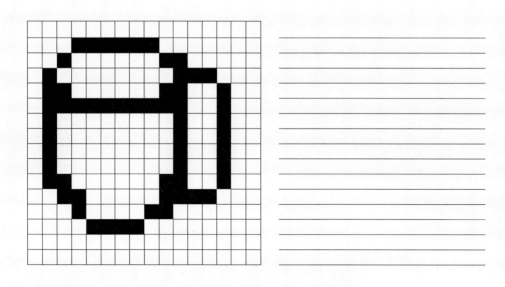

– 모눈 칸에 그림을 그리고 오른쪽에 숫자 코드 써 보기

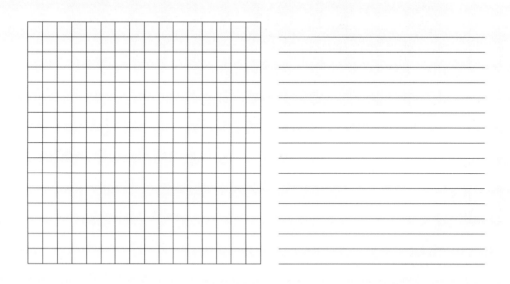

- 일상생활 적용 사례 살펴보기(팩스에서 보내는 이미지)
- 팩스 놀이하기
  - 숫자 코드를 적어 짝과 서로 바꾸어서 그림으로 나타내기
  - 색깔이 있는 그림을 만들고 싶으면 수로 색깔 표시하기
    (예를 들어, 0은 검정, 1은 빨강, 2는 초록이고, 첫 번째 수는 연속해서 칠할 칸의
    개수, 두 번째는 칠할 색의 종류이다.)

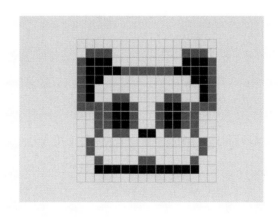

- 활동 정리하기
  - 새롭게 알게 된 내용, 궁금한 내용에 대해 이야기 나누기

Chapter 17 | 플립러닝 교수 · 학습 전략

플립러닝 교수 · 학습 전략의 개요

교사가 학생들을 대상으로 일방적으로 지식을 전달하는 모델은 산업사회 초기 유럽에서 시작하였다. 시대가 변화하여도 교실의 환경은 아직도 주입식의 프러시아 지식 전달 모델의 관습에서 잘 벗어나지 못하고 있다. 이러한 지식 전달의 교육 모델에서 학습이 제대로 되기란 쉽지 않다. 미트라S. Mitra는 "학습은 교육적인 자기 조직화의 결과이며, 교육 과정을 스스로 조직하게 한다면 배움이 드러난다."고 하였다. 즉, 학습은 누구에게 배우고 익히는 것이 아닌 스스로 배움이 일어나도록 해야 한다고 제안하였다. 또한 교사는 학습의 과정을 준비하고 학생이 스스로 할 수 있다는 믿음을 통해 배움이 성장하는 모습을 지켜보아야 한다고 하였다.

하지만 현재 학교에서 볼 수 있는 학습은 이상적이지 않은 듯하다. 그 이유는 교사들이 교수법을 모르거나 다양한 시도를 하지 않아서가 아니다. 교사들은 시대의 요구에 따라 더 많은 내용을 학생들에게 전달해야 하는 부담을 가지고 있으며, 교과의 내용이 너무 많아 한 차시 수업 동안 학생들에게 다양한 교수 · 학습 방법으로 수업을 진행할 수 없다. 또한 교사는 자율권이 부족하여 교육과정의 내용을 변화시켜 적용하기 어렵다. 교사에게 주어진 과중한 업무로 인해 수업에만 집중할 수 없는 현실적인 문제들도 있다.

교육 현장의 문제점들을 해결할 수 있는 하나의 방법으로 최근 플립러닝flipped learning(거꾸로 교육) 형태의 수업이 강조되고 있다. 플립러닝은 혼합형 학습의 한 형태로 정보기술을 활용하여 수업에서 학습을 극대화할 수 있도록 강의보다는 학생과의 상호작용에 수업 시간을 더 할애하는 교수·학습 방식이다. 즉, 기존의 교육 방식을 뒤집어 학생이 집에서 교사가 재구성하거나 제작한 강의 자료를 듣고, 학교에서는 교사와 학생들이 토론하면서 퀴즈, 프로젝트 활동, 탐구 학습 등을 통해 과제를 해결한다. 단순히 수업의 방식만을 뒤집는 것이 아니라 교실 수업 방식을 혁신적으로 바꾸자는 철학을 바탕으로 한다. 수업 시간이 교사에 의한 지식 전달 시간이 아닌 학생들끼리 배운 내용을 서로 주고받으면서 자기 것으로 만들고, 또 더 깊은 수준으로 발전하는 시간으로 만든다.

이처럼 플립러닝 교수·학습은 일상적으로 해 오던 가정과 교실의 역할과 수업 순서를 뒤바꾸고 수업 방식에 변화를 주면서 형식적인 교육 활동 대신 학습자 중심의 학습을 불러일으키고 있다. 흔히 적용되는 방식으로는 교사가 준비한 수업 영상과 자료를 학생이 수업 시간 전에 미리 보고 학습하는 형태이다. 그 후 교실 수업 시간에 교사는 교과 내용을 중심으로 가르치기보다 학생들과 상호작용하거나 심화된 학습 활동을 하는 데 더 많은 시간을 할애할 수 있다.

플립러닝 교수·학습 전략을 적용한 수업에서 교사는 학생들의 학습을 이끄는 데 더 많은 시간을 할애하게 되며, 학생들이 정보를 이해하고 새로운 아이디어를 만들어 내는 것을 촉진시키는 데 주된 역할을 한다. 학생들은 서로 간의 동료 교수를 통해 지식의 형태를 형식지로 끌어내는 과정을 겪으며 학업 성취도를 높일 수 있다. 또한 언제든지 배운 내용을 다시 복습할 수 있고 온라인을 통해 교사와의 즉각적인 상호작용으로 모르는 내용을 다시 확인하고 피드백을 줄 수 있다. 그리고 온라인 강의를 들으면서 서로 질의 응답하는 활동, 공유 지식을 창출하는 활동 등을 통해 학업 성취를 높일 수 있다. 플립러닝 교수·학습 방식에는 개별화 수업, 토의 토론, 개별 학습, 탐구 학습, 협동 학습, 통합 학습, 토픽 학습, 프로젝트 학습 등과 같은 학습자 중심 활동 시간을 포함시킬 수 있다.

플립러닝 교수·학습 전략의 수업 절차는 다음과 같다.

표 17-1 | 플립러닝 교수·학습 전략의 수업 절차

교실 수업 전 단계	교실 수업 단계	교실 수업 후 단계
• 온라인 콘텐츠 자료 탑재 • 평가, 과제, 활동 제시 • 학생의 사전 학습 활동 사항 점검	• 학습자별 사전 활동 피드백 • 교실 학습 활동 지원 • 학습자 중심 활동(토의 토론, 개별 학습, 탐구 학습, 협동 학습, 통합 학습, 토픽 학습, 프로젝트 학습 등)	• 온라인 토론 실시 • 차시 학습 안내 • 의견 교환 • 상호 질문 및 피드백

다음은 플립러닝의 방식이다.

- 기본 플립러닝 : 교사가 제시한 온라인 자료를 학습하고 배운 내용을 수업 시간에 직접 연습하며 학습하는 직접 교수 방식의 수업이다.
- 설명 중심의 플립러닝 : 지식의 내용이 많고 암기나 반복적인 학습에 필요한 내용을 온라인 강의로 들으며 학생들이 자신의 속도로 학습하는 방식이다.
- 토론 중심의 플립러닝 : 교사가 토론의 주제가 되는 동영상 강의와 온라인 콘텐츠

를 과제로 제시하고 수업 시간에 토론하도록 하며 탐구하는 학습이다.

- 그룹 중심의 플립러닝 : 동영상 강의를 바탕으로 수업 내용을 파악한 뒤 교실에서 그룹을 형성하여 상호 협동의 과정을 통해 과제를 해결하는 방식이다.
- 거꾸로 교사 : 교사들이 만든 콘텐츠를 학생들이 배우는 것이 아니라 학생들이 교사들을 가르치는 콘텐츠를 만들어 수업에 활용함으로써 교사와 학생의 역할을 바꾸는 방식이다.
- 형식적 플립러닝 : 가정에서 과제를 혼자 하기에 어려운 초보자나 어린 학습자에게 적합한 방식으로, 교실에서 동영상 강의를 듣게 하되 학습자가 온라인 강의 내용을 리뷰하면서 교사가 지원하는 방식이다.
- 가상 플립러닝 : 수업의 목표와 부합하는 교육용 사이트(무크 등)의 콘텐츠와 사이트 기능을 학생들에게 제공하여 가상 학습 형태로 수업을 진행하는 방식이다.

출처 : https://www.panopto.com/blog/7-unique-flipped-classroom-models-right

소프트웨어 교육을 위한
플립러닝 교수 · 학습 전략

소프트웨어 교육의 내용과 방법은 학생들에게 단순한 컴퓨터 과학 지식이나 코딩 기능을 전달하는 것에 그치지 않고 기본적인 컴퓨터 과학의 개념과 절차적 지식을 바탕으로 서로 협업하여 주어진 디지털 정보처리와 관련된 과제(문제)를 해결할 수 있도록 하는 과정이다. 학생들 스스로 생각하며 배울 수 있는 수업, 학생들의 적극적인 참여를 유도하는 수업, 학생과 교사, 학생과 학생이 상호작용하며 협력하는 수업을 통해 소프트웨어 교육을 하는 수업 대부분의 시간을 학생들의 자발적인 학습이 되도록 할 수 있다.

플립러닝 교수·학습 전략을 소프트웨어 수업에 적용한다면 학습자는 사전 학습을 통해 자신의 속도로 배우고 익힐 수 있고, 스스로 학습의 속도를 선택할 수 있다. 실제 수업 시간은 학생들의 적극적인 상호작용 속에 협력 학습이 잘 이루어져 능동적이고 즐거운 다양한 학습이 가능하다.

온라인 사전 학습 단계

학생들이 가정에서 미리 소프트웨어 교육에 필요한 기본 개념을 동영상을 보고 학습하는 단계이다. 이 단계에서 학습자들은 소프트웨어에 대한 기본 개념에 대해 동영상 강의를 미리 듣고 오는데, 단순히 동영상으로 시청하는 것이 아니라 상호 간에 생각을 공유할 수 있는 장을 마련해야 한다. 최근 교육용 SNS를 통해 이러한 활동들을 할 수 있다. 예를 들면, 에드모도Edmodo, 무들Moodle, 다양한 무크Mooc 시스템(칸아카데미, 코세라, KoreaSW.org) 등이 이러한 학습자들 사이의 협동을 지원하는 도구로 활용되고 있다. 동영상 제작 시 주의할 점은 소프트웨어 개념과 관련된 객관적 지식과 원리로 구성해야 한다는 것이다. 소프트웨어 주제당 5분 단위의 섹터로 나누어 소단원에 3개 내외의 비디오 강의를 만들고 수시로 볼 수 있도록 제공하며, 동영상을 본 후 퀴즈, 마인드맵, 댓글 토론, 포스트잇의 형태로 학습의 정도를 확인하는 과정이 필요하다. WSQW : Watch, S : Search, Q : Question 전략을 활용하는 것이 일반적이다.

소프트웨어 동영상 강의를 학습자의 학습 수준에 알맞게 조절하여 시청할 수 있도록 해야 하며 동영상 강의를 시청했는지 교사의 확인이 필요하다. 만일 소프트웨어 동영상을 미리 보지 못한 학생들이 있다면 아침 자습 시간이나 쉬는 시간을 이용하여 간단히 영상을 확인하는 절차가 필요하다. 학생들은 동영상을 통해 학습하면서 가졌던 궁금한 점을 질문할 수 있으며 동영상을 단지 시청하는 것이 아닌 학습하는 주체로서 참여해야 한다. 또한 영상을 보고 학습자 스스로 얼마나 이해했는지를 파악하는 과정이 필요하다. 이러한 과정은 온라인에서 스마트기기나 컴퓨터를 통해 모두 참여할 수 있으며, 교사는 동영상에 내용을 삽입하여 학생들의 주의를 집중시킬 수 있다.

준비도 확인 및 목표 제시 단계

교사는 소프트웨어 교육에서 수업 문제를 제시하기 전에 학생들의 준비도를 확인해야 한다. 사전 지식을 점검하고 간단한 사전 지식 평가를 통해 학생들이 동영상을 시청한 후의 지식 수준을 파악하며 그 차시에서 필요한 소프트웨어 기본 개념이 부족한 학습자들은 다시 강의를 듣도록 할 수도 있다. 준비도를 확인할 때에는 수강 여부의 확인, 강의 노트 확인, 사전 지식의 평가, 협업 과제의 확인 등이 필요하다. 이때 클리커 프로그램(Socrative, pingpong 등)을 활용하여 간단히 학생들의 사전 지식을 개별적으로 파악할 수 있다. 또한 학생들의 온라인 협업 툴(OKMindmap, Cacoo 등)을 활용한 결과물을 보고 학생들이 작성한 내용으로 사전 준비도를 확인할 수도 있다. 가장 기본적인 댓글 쓰기 상호작용이나 핵심 개념 정리와 같은 활동으로 학생들에게 부담 없이 표출하게 하는 방법을 사용해도 좋다.

플립러닝 교수 · 학습 전략 기반의 소프트웨어 교육에서는 수업의 목표가 학생들의 활동 중심으로 이루어지고, 단순한 지식이 아닌 어떠한 문제를 해결하는 다양한 방법을 찾을 수 있도록 목표를 제시한다. 특히, 소프트웨어 교육 목표를 제시할 때에는 실생활과 관련된 학습 문제, 동기 유발 자료, 지적 호기심 유발이 중심이 되어야 한다.

학습 문제 해결 단계(전개)

소프트웨어 문제 해결 단계는 크게 개별 활동과 팀 활동으로 구분하여 전개한다. 학생들은 개별 활동 단계에서 지식 탐구, 정보 탐색, 지식 구성이 이루어지도록 하며, 팀 활동을 하기 전에 학생들은 개인이 구성한 정보를 공유하고 동료 교수 활동을 하는 등의 지식 논쟁의 오프라인 활동이 필요하다.

오프라인 활동을 구체적으로 살펴보면, 개인별로 먼저 소프트웨어 문제에서 제시된 개념을 다시 한 번 파악하고 개인별로 문제를 해결한다. 개인적으로 문제를 해결한 후 짝이나 모둠별로 문제 해결 과정을 비교하고 차이가 있는 경우 그 이유에 대해 서로 논쟁하고 더 좋은 방법을 찾아 해결한다. 그리고 팀별로 문제를 함께 해결하고 학습한 내용을 바탕으로 팀 간의 지식을 공유하는 활동을 한다. 이러한 협업 과정을 통하여 지식을 정교화하고 새로운 생각을 하게 되며, 비판적인 사고로 문제를 해결하는 과정을 거칠 수 있다.

팀별 문제 해결에서는 온라인으로 함께 참여와 소통을 통해 창의적인 결과물을 공유하는 것이 필요하다. 교사는 학습 경험을 제공하는 것이 아니라 학생들이 자유롭게 토의할 수 있도록 안내하고, 촉진하며, 돕는 역할을 해야 한다. 특히, 소프트웨어의 지식 탐구 활동, 개별 탐색 활동, 개별 구성 활동, 팀별 협업 활동 등의 주된 활동들을 진행한다. 팀별 정보를 공유하고 지식의 논쟁을 통해 새로운 문제 해결의 장을 구성한다. 또한 온라인 팀 소프트웨어 문제 해결 프로젝트 공유 활동에서 참여, 소통, 개방, 협력의 기본 툴을 활용하여 형식화된 지식을 표출하고 시각화할 수 있다.

정리 및 평가 단계

소프트웨어 수업 과정 중에 이루어지는 학습자 성취 평가는 학생들이 연습한 후 피드백을 주는 형태를 취하는데, 짧은 퀴즈나 자기 평가로 구성할 수 있다. 특히, 결과물에 대한 평가보다는 과정에 대한 평가, 자기 평가, 상호 평가, 산출물 공유로 마지막 과정을 정리한다. 소프트웨어 교육의 평가는 이질적 구성원으로 이루어진 학습 집단의 협동이 중요하다는 점과 평가 체제가 집단 중심이라는 점을 강조한다. 긍정적인 상호 의존, 면대면 상호작용, 개인적 책무성, 소집단과 대인 기술, 집단 자기 평가 등이 핵심이 된다고 할 수 있다.

소프트웨어 교육은 교사와 학습자, 학습자와 학습자 간의 공유와 협업과 소통이 함께 이루어지는 개방된 체제이므로 즉각적이고 지속적인 평가와 그에 대한 다양한 피드백을 교환해야 한다. 학생의 능력에 대한 평가뿐만 아니라 소프트웨어 수업 실행 과정 및 결과에 대해 평가해야 한다.

마지막으로 이러한 수업 과정을 통해 교사는 수업에 대한 성찰의 시간을 가져야 한다. 수업 실행 과정에 대한 평가 및 성찰에서는 교사가 계획했던 수업 전략 및 소프트웨어 동영상 수업 자료, 도구 등이 적절하게 활용되었는지 여부를 평가하며, 더불어 실제 소프트웨어 수업 중에 학생들이 흥미를 느끼고 집중하여 수업에 참여했는지, 개개인의 학습자가 온라인 콘텐츠를 이용한 학습을 한 내용에 대해 추가로 보충 학습이나 심화 학습이 일어났는지 여부 등을 중심으로 성찰한다.

정리하자면 수업 실행 과정 및 결과에 대해 평가하고, 이를 바탕으로 플립러닝 교수·학습 전략 기반의 소프트웨어 교육 전반에 걸친 설계 모형에 대한 평가 및 성찰을 수행한다. 이러한 설계 원리를 바탕으로 과정에 대한 평가와 결과에 대한 평가를 모두 한다. 그리고 수업 후에는 준비 과정에서부터 결과까지의 과정을 모두 성찰하고 추후 수업에 문제점과 개선점을 찾아 적용하도록 해야 한다.

여기서 우리가 경계해야 할 것이 있다. 어떤 수업 방법이든 모든 수업에서 최고의 방법은 아니라는 것이다. 수업 방법이 교육 철학에 기초한다는 것은 부정할 수 없다. 그렇다고 해도 특정 수업 방법이 만고불변의 진리는 아니다. 플립러닝 교수·학습 전략 기반의 소프트웨어 교육 방법 역시 모든 교사에게 적합하거나 최고의 방법은 아니다. 어떤 경우이든 교사 간 수업 관점에 대한 견해의 차이는 없는 것보다 있는 것이 낫다. 수업 방법에 대해 서로 비판하고 비평하면서 문제점을 제기해야 한다. 이러한 견해의 차이를 해소하고 극복해야만 수업 방법에 대한 성장의 토대가 마련되기 때문이다. 수업의 방법이 시대적 배경이나 교사의 신념, 학습자의 조건에 따라 끊임없이 변화하는 것이라고 할 때, 특정한 하나의 수업 방법을 지나치게 신념화하는 것은 경계해야 한다.

최근 학생들은 매우 간단하고 단순한 아이디어만 있으면 쉽게 해결할 수 있는 문제 상황도 어딘가에 있을 정답부터 먼저 찾는다. 이제 학생들은 소프트웨어 교육을 통해 배운 생각하는 힘을 적절하게 적용하고 더 새롭고 창조적인 생각들로 구성할 수 있어야 한다. 똑같은 지식이라도 단순한 암기보다 동료와의 토론과 협력을 통해 가치를 부여하고, 지식을 내면화하며, 의미 생성적인 상호작용 속에 얻는다면 학생들 스스로 존재의 지식을 만들고 삶을 풍부하게 할 수 있을 것이다.

플립러닝 교수 · 학습 전략

피지컬 컴퓨팅 실습 프로젝트

학습 개요

수업 전략	플립러닝(블렌디드 러닝)
교육 과정 연계 내용	창의적 체험 활동, 실과 로봇 영역, 발명 등
적용 기자재 및 교구	피지컬 컴퓨팅 교구(입출력 센싱 도구), 각종 재료

학생들이 소프트웨어의 기본 원리에 대해서 익히고 일상생활 문제를 컴퓨팅 사고로 해결해 보는 경험을 가지며, 실제 문제 상황을 해결할 수 있는 다양한 해결책을 개발해 보면서 성취감을 느낄 수 있도록 하는 수업이 필요하다. 하지만 부족한 소프트웨어 교과 시수로 인해 프로젝트형 수업을 진행하기 어렵다. 정규 수업의 재구성이나 방과 후 활동, 창의 체험 수업 시간을 활용하여 플립러닝의 방법으로 수업을 적용한다면 현장에서 효과적인 학습 경험을 제공할 수 있다. 온라인 소프트웨어 교육 사이트http://koreasw.org는 프로젝트형 피지컬 컴퓨팅 활동을 플립러닝의 형태로 적용하기에 좋은 방안이 될 것이다.

플립러닝 수업의 절차

단계	학습자 활동	교수자 활동	온라인 / 오프라인	교실 내 / 교실 밖	개별 학습 / 협동 학습	학습 공동체 구축
사전 활동 • 학습 준비 • 모둠 학습	• 문제 중심 학습 이해 • 역할 및 협동 기술 이해 • 모둠 구성	• 문제중심학습소개 • 학습자 역할 소개 • 모둠 구성	○	◎	◎	**형성기** 1. 학습자 역할에 대한 이해 2. 우호적인 학습 분위기 형성 3. 문제의 인식
			◎			
문제 제시 • 문제 파악 • 목표 수립 • 역할 인식	• 문제 인식 • 학습 목표 인식 • 평가 방법 이해	• 문제 제시 • 학습 목표 구체화 • 평가 방법 안내 • 피드백	○	◎		
			◎	○	◎	
문제 해결 계획 • 해결 계획 수립 • 개별 역할 설정	• 하위 과제 도출 • 해결 계획 수립 • 개별 역할 설정 및 분담	• 해결 계획표 제시 • 해결 계획 수립 방법 안내 • 해결 계획 피드백	○	◎		**발전기** 1. 문제 해결 지식 생성 및 공유 • 해결 계획 합의 • 개별 역할 인식, 분담 • 자료 탐색 2. 협동 학습 토론 및 피드백
			◎	○	◎	
자기 주도적 개별 학습 • 개별 학습 계획 • 개별 자료 탐색 • 개별 학습 정리	• 개별 학습 계획 수립 • 개별 자료 탐색, 정리	• 개별 활동표 제시 • 개별 계획 조언 • 개별 활동 피드백	○		◎	
			◎	◎	○	
협동 학습 및 문제 해결 • 모둠 논의 • 문제 해결	• 협동적 모둠 논의 • 다양한 의견 수용 • 문제 해결안 제안 및 검증	• 문제 해결 모색표 제시 • 문제 해결 피드백	◎	○		
			○	◎	◎	
결과 정리, 발표 • 결과물 정리 • 결과물 발표 • 결과 피드백	• 결과물 정리 • 결과 발표 • 상호 피드백, 토론	• 발표 지침 제시 • 모둠별 상호작용 촉진 • 과제 해결, 평가	○	◎		**안정기** 1. 학습 결과 및 자료 공유 2. 지식공동체유지 온라인 공동체 유지 관리
			◎	○	◎	
반추 및 평가 • 자기 학습 능력 평가 • 협동 학습 평가	• 자기 학습 능력 평가 • 협동 학습 능력 평가	• 개인 활동 평가 • 협동 학습 활동 평가 및 피드백	○		◎	
				◎	○	

** 주요 활동은 ◎로, 선택 혹은 부가적으로 할 수 있는 활동은 ○로 표시함

플립러닝을 통해 활동 중심의 수업과 사고력 증진 활동에 초점을 맞추어 학생들의 활발한 상호작용을 통해 사고의 폭을 넓힐 수 있다.

플립러닝 영상에서의 기본 전략인 WSQ^{Watch, Search, Question}를 잘 활용한 영상을 이용하여 영상이 일방적으로 전달되지 않고 그 안에서 학생과 상호작용이 최대한 이루어질 수 있도록 구성해야 한다.

이 수업에서 활용한 '조각 안의 컴퓨팅' 강좌는 학생들에게 미션을 내어 주고, 미션을 해결할 수 있는 시간을 제공하며, 학생들에게 다양한 질문 및 문제 상황을 제시함으로써 꾸준한 상호작용을 유지할 수 있도록 구성되어 있다.

• 플립러닝 교수 · 학습의 적용

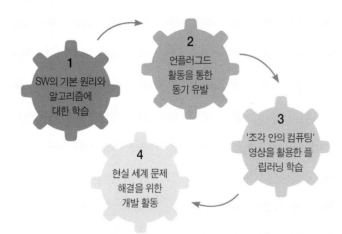

차시	수업 형태	주제	학습 내용
1~4차시	활동 중심 직접교수	소프트웨어를 만드는 원리 알아보기	순차, 반복의 의미에 대해 알고 알고리즘 만들기
5~8차시	플립러닝	조립식 피지컬 컴퓨팅 도구에 대해 알아보기	조립식 피지컬 컴퓨팅 도구의 특징과 사용법 익히기
9~12차시	플립러닝	조립식 피지컬 컴퓨팅 도구를 활용한 미션 해결하기	간단한 미션 해결하기 실생활의 문제 발견하기
13~16차시	플립러닝	실생활의 문제 해결하기	문제를 해결하기 위한 디자인 및 작품 만들기

수업 내용

(1) 소프트웨어를 만드는 원리 알아보기

조립식 피지컬 컴퓨팅 도구를 활용하여 문제를 해결하기 전에 학생들이 컴퓨팅 사고 능력을 기를 수 있도록 간단한 언플러그드 활동을 통해서 순차 반복에 대해 학습하도록 한다.

학생들에게 온라인 소프트웨어 교육 사이트http://koreasw.org의 가입법 및 활용법에 대해서 알려 주고 클래스팅과 같은 학급 SNS를 통하여 학생들의 진도율 및 영상 학습 여부를 체크하는 것이 좋다.

수업의 마무리와 함께 다음 차시를 예고할 때 학생들에게 집에서 학습하고 올 수 있는 자료를 제시하여 준다. 온라인 주니어 소프트웨어 교육 사이트에는 각 차시별로 학습지를 제시하고 있다. 따라서 다음 시간에 학습할 분량의 학습지를 학생들에게 미리 제시해 주고 사이트의 주소 및 QR 코드 등을 제시해 주는 것이 효과적이다.

교수 · 학습 과정안

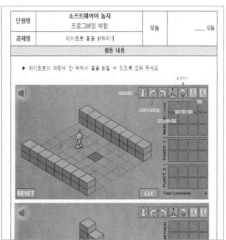

학습지

차시별로 1번째 페이지에 교재 다운로드 제공

학생 제공 QR 코드의 예

(2) 조립식 피지컬 컴퓨팅 도구에 대해 알아보기

본격적인 조립식 피지컬 컴퓨팅 도구를 사용하여 수업을 시작한다. 조립식 피지컬 컴퓨팅 도구는 2인당 1세트를 제공하여 학생들 간의 상호작용이 활발하게 이루어지도록 하며 반드시 수업 전에 영상을 통해 학습하고 학생들이 참여할 수 있도록 한다.

도구를 활용하는 모든 수업에 있어서 가장 중요한 것이 학생들의 통제와 관련된 것이다. 학생들은 호기심이 왕성하여 앞에 있는 도구에만 집중하기 때문에 교사의 설명과 지도를 놓치는 경우가 많다. 따라서 영상을 이용하여 필수적인 요소를 먼저 학습하고 난 뒤에 학생들과 활동 중심의 수업을 설계한다면 효율적일 것이다. 그러한 관점에서 보았을 때 온라인 주니어 소프트웨어 교육 사이트는 학생들에게 최적의 환경을 제공할 수 있는 밑거름이 될 수 있다.

4~8차시에서는 조립식 피지컬 컴퓨팅 도구 익히기와 출력 모듈까지만 다루도록 한다. 학교 수업을 시작할 때에는 학생들에게 자유 탐색 시간을 충분히 제공해 주고 모듈 활용 수업하는 데 중점을 두도록 한다.

1강 피지컬 컴퓨팅과 블록형 피지컬 컴퓨팅 도구에 대해서

피지컬컴퓨팅에 대해서 간단히 배우고 블록형 피지컬 컴퓨팅 도구에 대해서 자유롭게 탐색해보는 활동입니다 피지컬 컴퓨팅이 어렵다는 고정관념을 깨고 친숙하게 느낄수 있도록 하며 피지컬 컴퓨팅 작품계획을 세워보도록 합시다

등록일: 2015-10-19

2강 블록형 피지컬 컴퓨팅 도구 모듈 소개

블록형 피지컬 컴퓨팅 도구에 대해서 상세히 알아보는 활동입니다 각 모듈의 특징을 알아보고 각 모듈별 색깔의 의미도 알아 보도록 합니다.

등록일: 2015-10-19

3강 디지털 입력 모듈에 대해서

입력 모듈 중 디지털 입력 모듈에 대해서 심도있게 배우는 활동입니다 디지털 입력의 의미를 배우고 각 모듈별로 어떻게 조작하는지 학습 합니다 또한 모듈에 있는 스위치와 조절부를 조작하여 각각 어떠한 변화가 있는지 관찰 합니다.

등록일: 2015-10-19

4강 아날로그 입력 모듈에 대해서

입력 모듈 중 아날로그 입력 모듈에 대해서 심도있게 배우는 활동입니다 아날로그 입력의 의미를 배우고 각 모듈별로 어떻게 조작하는지 학습 합니다 또한 모듈에 있는 스위치와 조절부를 조작하여 각각 어떠한 변화가 있는지 관찰 합니다.

등록일: 2015-10-19

1~4강까지의 수업 내용

디지털 입력과 아날로그 입력의 차이점에 대해서 활동을 통해 터득할 수 있도록 수업을 구성하는 것이 중요하다.

(3) 조립식 피지컬 컴퓨팅 도구를 활용하여 미션 해결하기

이전 시간에 배운 입력 모듈과 함께 출력 모듈에 대한 학습을 한다. 또한 조립식 피지컬 컴퓨팅 도구의 특징 중 전기적 흐름에 대해서는 학생들이 다양한 미션 해결을 통해 스스로 체득할 수 있도록 유도한다.

6강의 경우 미션 해결과 주의점을 주로 다루기 때문에 학생들이 집에서 학습하고 오는 것보다는 수업 시간에 다루는 것이 좋다.

6강에 제시되고 있는 미션 이외에도 교사가 다양한 미션을 제공하는 것이 중요하다. 수업 시간이 주로 활동만으로 구성되어 있기 때문에 학생들이 직접 체험해 볼 수 있는 다양한 미션을 제공하되 간단한 미션부터 문제 해결의 순서로 점진적으로 난이도를 높이는 것이 좋다. 마지막 미션은 일상생활에서 발견할 수 있는 문제점 등을 제공하여 학생들이 문제 해결 경험을 미리 해 볼 수 있도록 구성하는 것이 효과적이다.

7강 IOT와 사물인터넷 모듈

IOT의 의미에 대해 학습하고 사물인터넷 모듈을 관찰합니다 사물인터넷 모듈을 홈페이지에 등록하여 블록형피지컬컴퓨팅도구와 사물인터넷 모듈을 함께 구성할 준비를 합니다.

등록일: 2015-10-19

8강 사물 인터넷 모듈의 활용

등록이 완료 된 사물인터넷 모듈을 실행하여 봅니다 컴퓨터 인터넷 웹사이트를 이용하여 사물인터넷 모듈로 정보를 보내거나 받아 보면서 작동 되는 원리를 학습합니다.

등록일: 2015-10-19

9강 사물 인터넷 모듈과 IFTTT

IFTTT라는 서비스를 활용하여 사물인터넷 모듈을 더 확장하여 사용합니다 사물인터넷 모듈을 자동화 할 수 있는 다양한 레시피 만드는 방법을 익히고 사물인터넷 모듈을 다양한 방법으로 활용하여 봅니다.

등록일: 2015-10-19

7~9강까지의 수업 내용

7~9강의 경우 IoT와 사물인터넷 모듈에 대한 소개 및 활용을 다루고 있다. 이 강좌들의 경우 사물인터넷 모듈을 사용해야 하며 조립식 피지컬 컴퓨팅 도구의 확장 개념으로 다루어지기 때문에 학생들에게 간단히 소개를 해 주거나 선택적으로 적용하는 것이 좋다.

마지막으로 다음 시간에 산출물 제작을 위한 디자인 활동을 한다. 디자인 활동에서 중요한 것은 학생들이 현실의 문제를 찾고 조립식 피지컬 컴퓨팅 도구를 사용하여 입출력 관계를 고민하여 설계하도록 유도하는 것이다.

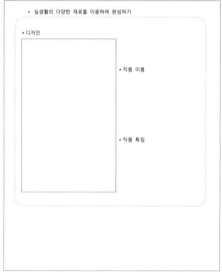

박스 안의 문제에 대해 학생들이 충분히 생각할 수 있는 시간을 제공한다

준비된 재료나 모듈의 한계에 구애받지 않고 자유롭게 구성할 수 있도록 유도한다.

디자인 활동의 경우 10강의 내용으로 한다. 10강에 있는 질문은 학생들이 배운 내용을 바탕으로 실생활의 문제를 해결해 나갈 수 있도록 구성되어 있다. 학생들에게 깊은 사고를 할 수 있는 충분한 시간을 제공하고 재료의 한계로 사고가 한정되지 않도록 유도한다. 재료의 부족이나 모듈에 의한 한계는 설명과 가정으로 해결할 수 있음을 미리 주지시키도록 한다.

(4) 실생활의 문제 해결하기

지난 시간에 디자인한 내용을 바탕으로 직접 작품을 만드는 시간을 갖도록 한다. 교사의 자료 제공이 매우 중요한데, 주변에서 쉽게 접할 수 있는 박스나 우드락 같은 틀을 제공하고 나머지 부재료들은 학생들이 활용할 수 있는 것으로 다양하게 준비하는 것이 중요하다.

입력과 출력의 관계를 계속해서 학생들에게 인지시키면서 어떠한 문제를 어떤 방식으로 해결했는지에 대한 설명을 팀별로 꼭 할 수 있도록 한다.

• 디자인 활동 모습 •

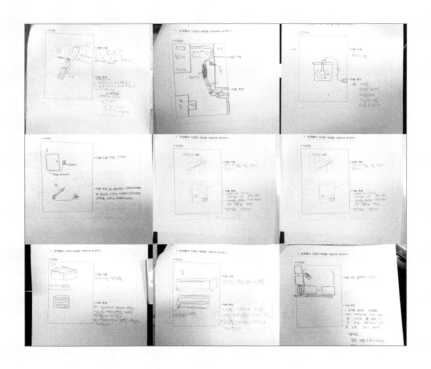

• 학생들의 작품 •

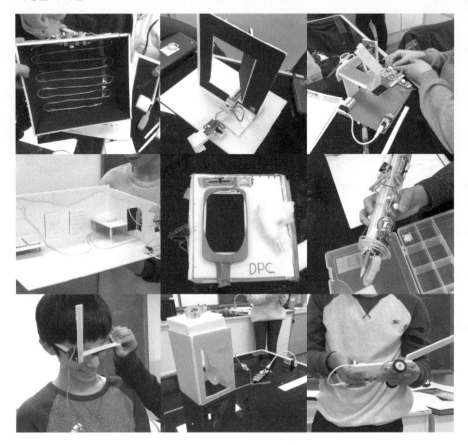

융합교육 교수 · 학습
전략 개요

융합교육STEM은 Science(과학), Technology(기술), Engineering(공학), Mathematics(수학)의 통합 교육으로 미국에서 처음 시작하였는데, 우리나라에서는 융합인재교육STEAM이라 부르며 STEM 교육 과정에 Arts(예술)가 통합되었다. 야크만Georgette Yakman은 STEM을 과학, 기술, 공학, 수학 각 학문이 해당 분야의 기준과 실제에 맞춰 다른 분야를 포함하는 교육이며, 의도적으로 과목 자체 또는 교수 · 학습의 실제에 포함된 통합 교육으로 보았다.

샌더스Mark Sanders는 "기술이나 공학 없는 STEM이나 STEAM은 존재할 수 없다."고 하였다. 이 말은 기술이나 공학 내용이 반드시 포함되는 STEAM이어야 한다는 것으로, 탐구와 원리 기반의 과학 중심으로 STEAM 프로그램을 개발하는 것을 벗어나 기술이나 공학적 내용을 포함해야 STEAM 수업이 그 가치를 갖는다는 말이다.

과학은 탐구inquiry, 실험, 원리, 개념 중심이므로 기술과 공학에서 강조하는 설계design와 만들기making 중심의 창의적 문제 해결이 결합되어야 진정한 STEAM 수업이라고 볼 수 있다. 과학과 기술, 공학을 융합하는 과정에서 예술적 감성과 디자인은 필수적이며, 최종적으로 실생활의 문제를 해결할 수 있는 산출물을 도출함으로써 학습자들이 과학, 수학에 대하여 흥미와 이해도를 높일 수 있고, 관련 내용인 기술, 공학, 예술적 요소까지도 배울 수 있다.

STEAM에서 각 교과의 통합 방식 및 연계 정도에 따라 다학문적multidisciplinary(연계형), 간학문적interdisciplinary(통합형), 탈학문적extradisciplinary(융합형) 융합으로 나눌 수 있다.

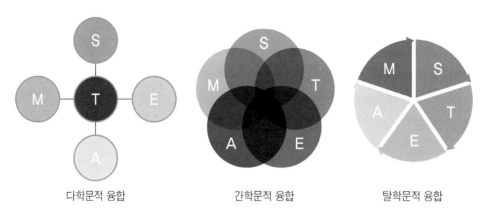

다학문적 융합   간학문적 융합   탈학문적 융합

그림 18-1 │ STEAM 내용 통합 모형

STEAM을 통해 학습을 제대로 실천하려면 여러 가지 구성 요소를 고려해야 한다. 수업의 체제를 표준화하여 STEAM 학습 방법론을 마련하였는데, 도입−전개−발전−정리와 같은 수업 절차를 제시하였다. 수업 절차는 상황 제시, 창의적 설계, 감성적 체험의 STEAM 학습 준거(틀)로 개발하였다. STEAM 프로그램은 상황 제시, 창의적 설계, 감성적 체험으로 이어지는 일련의 과정 속에서 학생들이 일상생활의 문제를 직접 체험하

고, 이를 해결하기 위한 창의적인 설계를 하며, 스스로 실생활의 문제를 해결할 수 있는 융합적 소양을 함양할 수 있도록 그 준거를 마련하였다. 그림 18-2는 학습 준거를 도식화하여 제시한 것이다.

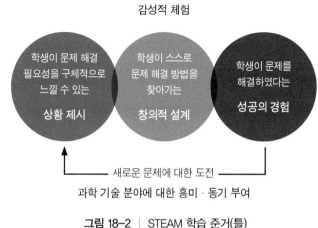

흥미, 동기, 성공의 기쁨 등을 통해 새로운 문제에 도전하고자 하는 열정이 생기게 하는

감성적 체험

학생이 문제 해결 필요성을 구체적으로 느낄 수 있는 **상황 제시**

학생이 스스로 문제 해결 방법을 찾아가는 **창의적 설계**

학생이 문제를 해결하였다는 **성공의 경험**

──── 새로운 문제에 대한 도전 ────
과학 기술 분야에 대한 흥미 · 동기 부여

그림 18-2 │ STEAM 학습 준거(틀)

표 18-1 │ STEAM 수업 절차

상황 제시	창의적 설계	감성적 체험
상황을 제시해 자기 문제로 인식하게 한다.	창의적 설계로 문제 해결을 배양한다.	감성적 체험으로 새로운 도전을 권한다.

첫째, 상황 제시는 '학생들이 문제 해결의 필요성을 구체적으로 느끼기 위한 단계'이다. 이를 위해 주어진 상황의 문제는 학생들의 실생활 문제와 연계시키며, 이 단계를 통해 문제 상황을 자기 문제로 인식한 학생들은 자기 주도적인 학습을 할 수 있다.

둘째, 창의적 설계는 '학생이 어떤 상황에서 창의성, 효율성, 경제성, 심미성을 발현하여 최적의 방안을 찾아 지식knowledge, 제품products, 작품artworks을 산출하는 종합적인 과정'이다. 창의적 설계의 과정은 학생들의 문제 정의 능력과 문제 해결 능력을 증진시키는 데 그 목적이 있다. 설계 과정에서 여러 학문의 지식이 활용된다.

셋째, 감성적 체험은 STEAM 학습의 과정에서 '학생들이 경험하는 인성적인 성장과 문제 해결 및 학습에서의 성공적인 경험'이다. 학생들은 학습에 대한 성공을 경험하면 지적 만족감 및 성취감을 느끼게 되고, 이는 새로운 문제에 대한 동기 유발과 도전에의 욕구 및 몰입의 의지를 부여한다.

소프트웨어 교육을 위한 융합교육 교수 · 학습 전략

최근 과학의 원리를 이해하는 학습의 문제점을 제기하며, 미래 변화의 주요 동인인 첨단 기술의 공학적 요소와 창의력, 문제 해결력 등 핵심 역량을 강화시키기 위한 산출 활동이 포함된 수업인 융합교육을 강조하고 있다. 융합 관련 지식과 기술은 컴퓨터 과학, 정보기술의 도움으로 발전하고 있으며 융합 교과의 주요한 이슈로 대두되고 있다. 선진국뿐만 아니라 우리나라 소프트웨어의 표준 교육과정에서 제시하고 있는 핵심 역량 및 교육 목표에도 컴퓨팅 사고와 융합적 사고가 중요하게 제시되고 있다.

소프트웨어 교육에서 다루고 있는 핵심 영역은 컴퓨터 과학이다. 컴퓨터 과학은 현대와 미래 사회의 변화를 주도하는 소프트웨어와 하드웨어의 개발에 필요한 기반 지식과 기술을 제공하는 학문이다. 또한 컴퓨터 과학은 단순히 하드웨어와 소프트웨어의 지식의 차원이 아니라, 여러 학문 분야와 실생활 문제들의 해결 방법을 다루고 미래 사회와 변화를 예측하기 위해 필요한 기술과 사고력을 포함하고 있다.

소프트웨어 교육은 그 성격 자체가 융합적 요소를 담고 있다. 알고리즘 구성을 위해서는 수학, 과학적 요소와 함께 고등 정신 능력이 요구된다. 이제 현대사회에서는 각기 다른 분야에서 일을 하더라도 결국 최종 산출물은 컴퓨터를 통해 구현하는 경우가 많다. 컴퓨터 프로그래머나 관련 분야의 직업뿐 아니라 작가, 예술가, 만화가 등의 인문 예술적 분야에서도 컴퓨터를 통해 작업을 하고 작품을 완성하는 시대가 되었다.

융합교육의 관점에서 소프트웨어 교육을 하기 위해서는 단순히 코딩 교육을 위한 교육 프로그램이 아니라 학생들의 융합적 사고와 문제 해결력, 컴퓨팅 사고력을 향상시킬 수 있는 STEAM 기반 소프트웨어 융합교육 프로그램으로 재구성해야 한다.

융합교육에서의 소프트웨어 교육은 과거 ICT 교육에서 중시하던 컴퓨터 하드웨어 및 소프트웨어의 사용 방법 익히기와 따라하기식의 활용 매뉴얼을 벗어나 미래 사회가 요구하는 창의적인 문제 해결력, 즉 좀 더 논리적으로 문제를 해결하는 컴퓨팅 사고력CT에 초점을 맞추어 교육이 이루어질 수 있도록 구성한다. 수업은 융합적인 실생활의 복잡한 문제 해결에 필요한 모델을 스스로 설계하고, 이를 수행하기 위한 적합한 컴퓨팅 시스템을 활용하고 소프트웨어를 코딩으로 구현하는 과정으로 전개해야 한다. 이러한 창의적 설계와 개발을 통해 감성적 체험을 하도록 해야 한다.

융합교육에서의 소프트웨어 교육을 전개하기 위한 교수·학습 전략은 다음과 같은 사항을 고려해야 한다.

첫째, 초등학교 정보(소프트웨어) 교과는 실과에 포함되어 운영되고, 중학교 정보 교과는 2018년부터 시작하나 수업 시수가 부족하기 때문에 타 교과와의 융합교육을 하기 위해서는 교육과정이 체계적으로 재구성되어야 한다. 초·중등 소프트웨어 교육의 내용은 단편적 지식과 원리를 설명하는 내용보다는 프로그래밍과 피지컬 컴퓨팅 프로젝트가 핵심이기 때문에 한 차시의 단기 수업이 아니라 장기적인 다차시 수업이다. 따라서 소프트웨어 융합교육을 진행하기 위해서는 교육과정의 재구성은 필수적이다.

둘째, 학습 주제가 선정되면 주제에 맞는 교육 내용과 절차를 STEAM 수업의 학습 준거, 즉 상황 인식, 창의적 설계, 감성적 체험을 고려하여 구성한다.

셋째, 수업 구성 방법과 운영 방안에 대해 기본 전략을 수립한다.

넷째, 주간 학습의 전체 시수를 확인하고 타 교과와의 연계성을 분석하여 모듈형, 블록 타임형 등 다양한 방법으로 수업 적용 방식을 선정한다.

다섯째, 소프트웨어 융합 프로그램을 절차적으로 나누고 세부 내용을 작성한다.

여섯째, 예상되는 학습 장면과 산출물의 목록을 작성하고 평가 계획을 수립한다.

융합교육 교수 · 학습 전략

학습 주제
피지컬 컴퓨팅으로 마음 소통하기

학습 개요

　이 학습은 오토이모티브 기술의 원리를 단순하게 분해하여 센서 보드를 통한 센서 값 입력으로 경험해 볼 수 있도록 하였다. 일명 '앵그리 프렌드' 프로젝트로 친구가 화가 났는지 판단할 수 있는 자료를 분석해 보고, 그랬을 경우 나타나는 반응들을 센서로 입력받아 화난 친구의 기분을 풀어 줄 수 있는 프로그램을 스크래치로 만들어 보는 것이다. 친구의 반응에 맞추어 그림 보여 주기, 화면 색깔 바꾸기, 음악 틀어 주기 등의 간단한 활동으로 스크립트를 짤 수 있도록 하여 프로그래밍에 대한 부담을 줄여 학교 현장에서 스크래치에 대한 선수 경험이 없어도 쉽게 적용할 수 있도록 하는 데 초점을 두었다. '앵그리 프렌드' 프로젝트를 수행하며 첨단 기술에 대한 원리 이해와 더불어 서로를 배려하고 공감할 수 있는 마음까지 기르고자 한다.

• STEAM 교육 내용의 학습 준거와 내용

학습 준거	학습 내용
상황 인식	• 《나도 화가 날 때가 있어요》를 읽고 이야기 나누기 • 화를 풀 수 있는 방법 이야기 나누기 • 기계와 소통하여 감정을 조절할 수 있을지 호기심 갖기
창의적 설계	• 오토이모티브 플루이드 인터페이스 기술 탐색하기 • 센싱 모듈 넌 누구니? • 앵그리 프렌드 프로젝트 구상하기 • 센싱 모듈과 연계하여 프로젝트 만들기
감성적 체험	• 앵그리 프렌드 프로젝트 발표하기(서로의 프로젝트 경험해 보기) • 따뜻한 기술이 사람들에게 주는 유익함 깨닫기 • 자신이 구상한 기술 발표를 통해 자신감 갖기 • 진로 탐색하기

• 수업 적용 방법

- 교육과정에 편성하고, 연간 교수 · 학습 계획(진도표, 주간 학습 안내)에 반영하여 실시한다.

- 교과 간 연계를 통해 블록 타임제를 운영하여 실시한다.

- 주제를 중심으로 하여 가능한 교과 시간 안에 적용한다.

- 프로그래밍 과정이 필요하므로 on-off 블렌디드 학습이 가능하도록 플립러닝으로 학생 주도의 사전 학습이 이루어질 수 있도록 안내한다.

- 산출물은 개방된 공간에 전시하여 여러 학생들이 공유하도록 한다.

- 기술을 적용해 보는 프로그램이므로 첨단 기기에 대한 학생의 호기심과 흥미가 수업을 통해 충족될 수 있도록 하고 진로 탐색에 대한 기회를 제공한다.

• 주간 학습 내용 재구성

	월(9일)	화(10일)	수(11일)	목(12일)	금(13일)
아침 활동	플루이드 인터페이스 이야기	피지컬 컴퓨팅이란?	느끼고 움직여요! (센싱 도구)	플루이드 인터페이스 영상 시청	플루이드 인터페이스 영상 시청
1교시	**창의적 체험 활동**	국어	영어	국어	미술
	STEAM 블록 수업 플루이드 인터페이스	표준어와 각 지역에서 사용하는 방언에 대하여 알기(2/2)	역할 놀이	표준어와 방언을 조사하여 역할극을 꾸미고 발표하기(1/2)	그림판의 도구 사용 방법(1/2)
	−	188~193쪽	118쪽	199~205쪽	107쪽
2교시	**창의적 체험 활동**	국어	국어	수학	미술
	STEAM 블록 수업 플루이드 인터페이스	표준어와 방언을 상황에 알맞게 사용하기(1/2)	표준어와 방언을 상황에 알맞게 사용하기(2/2)	초과와 미만을 알 수 있어요	그림판의 도구 사용 방법(2/2)
	−	194~198쪽	194~198쪽	122~123 (75~76)쪽	107쪽
3교시	**창의적 체험 활동**	수학	체육	도덕	과학
	STEAM 블록 수업 플루이드 인터페이스	단원 도입	여러 가지 움직임 연결하기	올바른 협동을 위해 바르게 판단해요	거울에 비친 물체의 모습을 관찰하여 봅시다.
	−	114~119쪽	134쪽	170~173쪽	106~107(52)쪽
4교시	체육	음악	사회	사회	국어
	여러 가지 방법으로 줄넘기와 음악에 맞추어 표현하기	국악 수업	지역 문제의 해결 방법과 과정 알아보기	다른 지역과 함께 해결하는 지역 문제 살펴보기	방언의 뜻을 조사하여 방언 사전 만들기(1/2)
	133쪽	−	126~129쪽	130~135쪽	국어 활동 146~149쪽

	음악	과학	과학	음악	영어
5교시	3/4 박자의 강약을 알고 노래 부르기 (1/2)	빛으로 신호를 전달하여 봅시다.	여러 가지 물체의 표면에 내 모습을 비추어 봅시다.	'시b' 운지 익혀 리코더 연주하기 (2/2)	물건의 가격 묻고 답하기, 주사위 놀이
	58~59쪽	98~99(50)쪽	104~105(51)쪽	58~59쪽	119~121쪽
		수학		국어	
6교시		이상과 이하를 알 수 있어요		표준어와 방언을 조사하여 역할극을 꾸미고 발표하기(2/2), 단원 정리	
		120~121 (73~74)쪽		199~205쪽	
가정 통신	♠ STEAM(융합인재교육), 주제는 '플루이드 인터페이스'입니다. 플루이드 인터페이스를 중심으로 한 피지컬 컴퓨팅으로서 현실 세계와 가상 세계가 서로 작용하는 시스템을 바탕으로 프로젝트 수업을 실시할 예정입니다. 수업 시간에 원활한 학습의 진행을 위하여 아침 활동 시간과 방과 후 가정에서 이와 관련한 학습을 할 수 있도록 안내 드립니다. 주제와 관련한 사이트에서의 학습이 이루어질 수 있도록 도와주시기 바랍니다. Ⓢ–Science, Ⓣ–Technology, Ⓔ–Engineering, Ⓐ–Art, Ⓜ–Mathematics [관련 학습 사이트] : koreasw.org				

• 프로그램 세부 내용

		차시별 교수 · 학습 내용
상황 제시	모듈 1 1차시	• 《나도 화가 날 때가 있어요!》이야기 읽기 　– 화가 날 때 생기는 변화(표정, 목소리, 감정 등)에 대해 이야기 나누기 　– 화를 풀 수 있는 자신만의 방법 이야기 나누기 • 학습 목표 확인 　오토이모티브 기술의 원리를 센서 보드를 활용해 체험해 보고 이를 적용한 　프로그램을 만들 수 있다.
창의적 설계	모듈 1 2차시	[활동 1] 오토이모티브 플루이드 인터페이스 기술 탐색하기 　– 화난 운전자를 진정시키는 기술 　– 운전자 감정의 측정(심장박동 측정기와 카메라 장착 : 심장박동 수, 표정 　　인식 기술) 　– 운전자의 상태를 나타내는 색깔 표현, 자동으로 헤드라이트 켜 주기, 음 　　악 틀어 주기, 길이 막히지 않는 내비게이션 경로 안내하기
	모듈 1 3차시	[활동 2] 센서 보드 넌 누구니? 　– 센서 보드 알아보기(밝기 센서, 소리 센서, 터치 센서 등) 　– 센서 보드를 활용해 간단한 프로그램 경험해 보기 　　(풍차 돌리기, 소리 지르며 미로 통과하기 등)
	모듈 2 1~2 차시	[활동 3] 앵그리 프렌드 프로젝트 　– 화난 친구의 기분을 풀어 줄 프로젝트 구상하기 　– 친구가 화가 났는지 알 수 있는 방법 생각하기 　　(눈썹 모양, 입의 모양, 목소리의 크기, 힘의 세기 등) 　– 센서 보드와 연계시키기 　　(팔자 모양 눈썹을 선택하면 어릿광대 그림 나오기, 목소리가 크면 조용 　　한 음악 나오기 등) 　– 스크래치 프로그램 만들기
감성적 체험 (성공의 경험)	모듈 2 3차시	• 앵그리 프렌드 프로젝트 발표하기 　– 서로의 프로그램을 경험하며 잘된 점, 좋은 점 이야기해 주기 　– 개선점도 함께 이야기해 주어 더 나은 프로젝트가 될 수 있도록 도와주기 • 진로 탐색하기
	기타 개선 사항	• 키넥트, 립모션, OID, 자이로, 압전소자, NFC, LED 등의 센서와 기기를 스크 　래치와 연동하여 다양한 플루이드 인터페이스 설계하기

• 활동 장면 •

학습 개요

이 학습은 교실을 디지털 놀이터인 메이커 스페이스로 만들고, 학생들이 메이커가 되어 사람들에게 도움이 되는 또는 자신에게 필요한 제품을 창의적으로 생각하여 실제 산출물을 만들어 볼 수 있도록 구성하였다. 피지컬 컴퓨팅을 통한 메이커 과정이 이루어지고 도구로는 메이키메이키를 사용한다. 또 아이디어의 구체적인 실현을 위하여 디자인 사고 기반의 학습 과정을 적용하여 아이디어의 구체화를 체계적이고 조직적으로 이루어 낼 수 있도록 하였다. 이 과정에서 학생들의 디자인 사고 경험을 바탕으로 창의성, 문제 해결력, 협력, 배려, 긍정적인 생각 등을 기를 수 있다.

• STEAM 교육 내용의 학습 준거와 내용

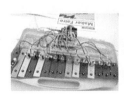   

학습 준거	학습 내용
상황 인식	• 《나는야, 메이커》를 읽고, 메이커에 대한 이야기 나누기 • 메이커의 의미, 필요성, 메이커 무브먼트 알아보기
창의적 설계	• 메이커 페어 준비하기 : 플루이드 인터페이스 센서 살펴보기 • 메이커 디자이너 : 디자인 사고에 기반한 만들고 싶은 제품 구상하고 만들기

감성적 체험	• 교실 안에 메이커 페어 개최하기
	  – 서로의 제품을 시연하고 발표하기
	  – 작품에 대한 서로의 생각을 이야기 나누며 평가하기
	  – 평가를 받고, 다시 어떻게 발전시킬지 팀별로 생각 나누기

- 수업 적용 방법
  - 교육과정에 편성하고, 연간 교수 · 학습 계획(진도표, 주간 학습 안내)에 반영하여 실시한다.
  - 교과 간 연계를 통해 블록 타임제를 운영하여 실시한다.
  - 주제를 중심으로 하여 가능한 교과 시간 안에 적용한다.
  - 프로그래밍 과정이 필요하므로 on-off 블렌디드 학습이 가능하도록 플립러닝으로 학생 주도의 사전 학습이 이루어질 수 있도록 안내한다.
  - 산출물은 개방된 공간에 전시하여 여러 학생들이 공유하도록 한다.
  - 첨단 기술을 적용해 보는 프로그램이므로 첨단 기기에 대한 학생들의 호기심과 흥미가 수업을 통해 충족될 수 있도록 하고 진로 탐색에 대한 기회를 제공한다.

- 주간 학습의 재구성 전략

	화(27일)	수(28일)	목(29일)	금(30일)
아침 활동	STEAM '교실 안의 메이커 운동!' 탐색 주간 [미리 알아봐요] koreasw.org → '사물과 소통하는 인터페이스' 영상 보기			
	피지컬 컴퓨팅이란?	메이키메이키	인터페이스 디자인	디자인 작품 공유
1교시	STEAM 블록 수업 과학	영어	STEAM 블록 수업 창의적 체험 활동(정보)	수학
	나는야, 메이커!	Fun Time-Projet	아이디어 구상 및 구체화	문제 해결 : 스팀 교육
	STEAM	188~189쪽	STEAM	100~101쪽
2교시	실과	체육	창의적 체험 활동 (정보)	STEAM 블록 수업 국어
	메이커 페어 준비하기	수비수를 피해 빈 곳으로 공 보내기	디자인 설계 및 작품 제작하기	교실 안의 메이커 페어
	STEAM	102~103쪽	STEAM	STEAM

	미술	사회	과학	창의적 체험 활동(진로)
3교시	메이키메이키 보드 작동 원리	몽골의 침략과 고려의 저항 조사하기	작품 제작하기	교실 안의 메이커 페어 및 평가회
	STEAM	100~103쪽	STEAM	STEAM
	미술	과학	국어	도덕
4교시	메이키메이키 보드 탐색 및 프로젝트 제작	산성 용액과 염기성 용액에 물질을 넣으면 어떻게 될까요?	테스트 수정 작품 완성 및 발표 스토리 제작	인권 존중, 실천하는 우리 (4/4) : 실종 및 유괴 예방
	STEAM	62~63(39)쪽	STEAM	152~155쪽
	국어	수학	음악	체육
5교시	낱말을 바르게 발음하고 표기해야 하는 까닭 알기	(대분수)÷(자연수)를 계산할 수 있어요	생활 속의 악기 세상	상황에 맞는 위치를 잡고 공격을 막아 보기
	130~135쪽	96~97(63~64)쪽	80쪽	104~105쪽
	수학		수학	국어
6교시	(가분수)÷(자연수)를 계산할 수 있어요		공부를 잘했는지 알아봅시다	틀리기 쉬운 낱말을 바르게 발음하고 표기하는 방법에 대하여 알기
	94~95(61~62)쪽		98~99쪽	136~141쪽
STEAM (융합인재교육) 주제 안내	♠ STEAM(융합인재교육), 주제는 '교실 안의 메이커 운동'입니다. 플루이드 인터페이스를 중심으로 한 피지컬 컴퓨팅으로서 현실 세계와 가상 세계가 서로 작용하는 시스템을 바탕으로 프로젝트 수업을 실시할 예정입니다. 플립러닝의 형태로 수업 시간에 원활한 학습의 진행을 위하여 아침 활동 시간과 방과 후 가정에서 이와 관련한 학습을 할 수 있도록 안내 드립니다. 주제와 관련한 사이트에서의 학습이 가정에서 이루어질 수 있도록 도와주시기 바랍니다. Ⓢ-Science, Ⓣ-Technology, Ⓔ-Engineering, Ⓐ-Art, Ⓜ-Mathmatics [관련 학습 사이트] : koreasw.org			

• 프로그램 세부 내용

		차시별 교수 · 학습 내용
상황 제시	모듈 1 1차시	《나는야, 메이커!》 이야기 읽고, 친구들과 이야기 나누기 　메이커에 대해 인식하기 • 학습 목표 확인 　메이커가 되어 메이키메이키를 활용한 제품을 만들어 볼 수 있다. [활동 1] 메이커 페어 관련 자료와 영상을 보고 메이커에 대하여 이야기 나누기 　메이커의 의미, 필요성, 메이커 무브먼트 알아보기 [활동 2] 메이키메이키 관련 영상을 보고 이야기 나누기 　메이키메이키 간단하게 살펴보기
창의적 설계	모듈 1 2~4 차시	[활동 1] 메이커 페어 준비하기 　– 메이키메이키 살펴보기(구성품, 보드 앞면, 보드 뒷면) 　– 메이키메이키의 작동 원리 　– 메이키메이키의 사용 방법 　– 간단한 프로젝트를 만들어 보며 메이키메이키와 친해지기 　– 메이키메이키의 다양한 예시 보기
	모듈 2 1~4 차시	[활동 2] 메이커 디자이너 　– 팀 구성하기 　– 디자인 사고에 기반하여 만들고 싶은 제품 구상하고 만들기 　– 발견하기 : 해결할 문제가 있다. 어떻게 접근할까? 　– 해석하기 : 무엇인가 배웠다. 어떻게 해석할까? 　– 아이디어 내기 : 기회를 포착했다. 무엇을 만들까? 　– 실험하기 : 아이디어가 있다. 이것을 어떻게 만들까? 　　(메이키메이키를 활용한 제품 만들기) 　– 발전시키기 : 새로운 것을 시도했다. 어떻게 발전시킬 수 있을까?
감성적 체험 (성공의 경험)	모듈 3 1~2 차시	[활동 1] 교실 안의 메이커 페어 최종 점검하기 　제품의 작동 여부 확인 및 발표 자료 확인하기 [활동 2] 교실 안의 메이커 페어 개최하기 　– 서로의 제품을 시연하고 발표하기 　– 작품에 대한 서로의 생각 이야기 나누며 평가하기 　– 평가를 받고, 다시 어떻게 발전시킬지 팀별로 생각 나누기 [활동 3] 교실 안의 메이커 페어 평가회하기 　지금까지 활동한 내용을 되돌아보며 소감문을 작성하고 발표하기

• 활동 장면 및 산출물 •

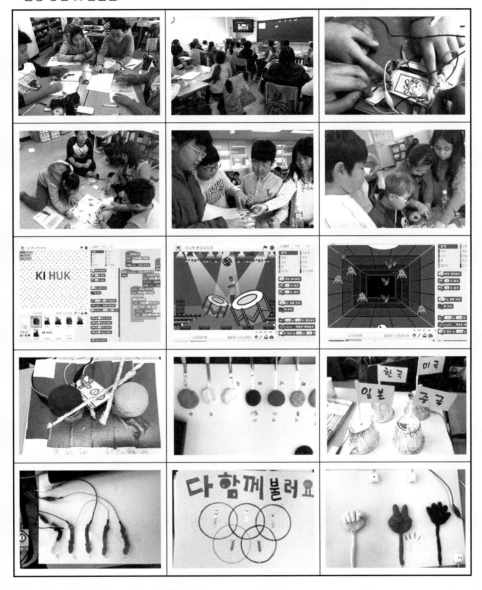

컴퓨팅 사고력을 위한 **소프트웨어 교육 방법**

Part 4

소프트웨어 교육 교수·학습 모형의 실제

1 | 소프트웨어 교육 수업 모형 실제

직접교수 모형

교수 · 학습 과정안의 실제

학습 주제

컴퓨터 구성 요소

학습 목표

컴퓨터의 다섯 가지 구성 요소를 알고, 필요성과 역할을 이해한다.

학습 자료

사람 모형 자료, 컴퓨터 모형 자료, 야구 상황판, 스피드 퀴즈 놀이 카드, 학습 내용 정리 PPT, 각종 컴퓨터 기기 장치의 예시 그림 자료

단원의 구성

(1) 정보기기의 이해

- 하드웨어

- 소프트웨어

- 컴퓨터 구성 요소 → 본 차시

- 사람과 컴퓨터

주요 학습 내용

(1) 장치의 필요성

컴퓨터 기기는 역할에 따라 여러 가지 장치가 필요함을 인지

(2) 장치의 종류

컴퓨터 기기의 구성 요소는 입력, 출력, 연산, 기억, 제어 장치로 분류

(3) 장치의 역할

컴퓨터 기기의 각 장치가 작업에서 하는 역할과 서로 간에 정보의 흐름 이해

(4) 장치의 분류

여러 가지 컴퓨터 기기의 장치들을 보고 어떤 장치에 해당하는지 분류하는 능력

교수 · 학습 지도안

본시 주제	컴퓨터의 구성 요소	수업 모형	직접교수 모형
학습 목표	컴퓨터의 다섯 가지 구성 요소를 알고 역할을 이해할 수 있다.		

학습 절차		교수 · 학습 활동	학습 자료
도입	도입	■전시 학습 상기 • 지난 컴퓨터 시간에는 무엇을 배웠나요? 　(하드웨어와 소프트웨어) ■동기 유발 • 이번 시간에는 무엇을 배우게 될지 선생님이 보여 주는그림을 보고 함께 생각해 보도록 해요. 　(야구의 투수, 타자, 포수, 감독을 제시한다.) ■학습 문제 확인 • 이 시간에는 컴퓨터의 다섯 가지 구성 요소를 알고 각각의 역할과 이에 포함되는 예들을 알아보도록 하겠어요.	야구 상황판
	학습 목표	■학습 목표 제시 • 컴퓨터의 다섯 가지 구성요소를 알고 역할을 이해할 수 있다.	
설명하기	기초지식 이해	■활동 1 : 다섯 가지 구성 요소 알아보기 [다섯 가지 구성 요소 이해] • PPT 화면을 통해 컴퓨터의 구성요소들을 제시한다. 　입력장치, 출력장치, 제어장치, 연산장치, 기억장치 • 각각의 구성 요소들이 어떠한 역할을 하는지 알려 준다. 　– 입력장치 : DATA, Program을 내부로 읽어들임 　– 출력장치 : 결과 제공(문자, 도형, 음성) 　– 기억장치 : Program, DATA의 처리 결과를 기억 　– 연산장치 : 산술연산/논리연산으로 새로운 정보 생성 　– 제어장치 : 위 네 가지 기능을 관리 · 감독하여 결정	아이들이 지루해 하거나 어려워하지 않도록 쉬운 용어를 사용한다.

학습 절차		교수 · 학습 활동	학습 자료
시범 보이기	분류 방법의 이해	[사람의 기관을 이용한 분류] • 사람의 몸에 비유해서 설명해 준다 : 과학 시간에 배웠던 내용들을 상기시킨다(자극과 반응) 　– 자극은 감각기관(귀(청각), 코(후각), 혀(미각), 눈(시각), 손(촉각))에 의해 받아들여져 척수를 통해 뇌로 전달되고, 뇌에서 판단함 　– 뇌는 전달된 자극을 느끼고 행동을 판단하여 결정 [컴퓨터 장치를 이용한 분류] • 입력장치 : 눈, 코, 귀, 피부 등 • 출력장치 : 입, 손발 • 기억장치 : 대뇌의 기억 중추 • 연산장치 : 대뇌의 연산 중추 • 제어장치 : 소뇌, 연수	교사가 시범을 보일 때 3~4개씩 묶어서 설명해 주고 따라하게 한다.
질문하기	장치의 역할 이해	[신체 기관과 비교 이해] • 사람의 신체 기관과 컴퓨터 장치의 역할에서 차이점과 비슷한 점을 비교 질문하며 명칭에 대해 깊이 있게 이해할 수 있도록 한다.	
활동하기	분류해 보기	■ 활동 2 : 구성 요소에 포함되는 예 알기 • PPT 화면을 통해 컴퓨터의 구성 요소들을 제시한다. 　컴퓨터는 어떠한 장치들로 이루어져 있나요? 　(마우스, 모니터, 키보드, 디스켓, 메모리 등) [각 구성 요소에 포함되는 예들] • 입력장치 : 키보드, 마우스 등 • 출력장치 : 프린터, 프로젝트, 모니터 • 기억장치 : ROM, RAM, 하드디스크, 디스켓, USB • 연산장치 : CPU(중앙처리장치) • 제어장치 : CPU(중앙처리장치)	컴퓨터 장치 관련 그림 자료와 사진 자료

학습 절차		교수 · 학습 활동	학습 자료
정리 및 평가	퀴즈 놀이	■ 정리 활동 : 스피드 퀴즈 • 오늘 배운 내용을 친구들이 얼마나 잘 이해했는지, 모둠별로 스피드 퀴즈 대항을 해 볼 거예요. 선생님이 시간을 5분 주도록 할게요. 모둠끼리 모여서 오늘 배운 내용을 다시 복습해 보고, 모르는 것이 있으면 같은 모둠원에게 다시 물어봐서 알아가도록 해요. 　스피드 퀴즈 진행 • 오늘 활동에서의 핵심 내용 정리하기 • 오늘 수업에서의 소감 발표하기 • 활동지의 자기 평가 작성하기	퀴즈 놀이용 카드 오개념에 대한 보충 지도를 함께 실시한다.

교수 · 학습에서의 주안점

• 직접교수 모형의 적용

이 학습에서 나타나는 지식은 추상적 개념이라기보다는 명확히 정해져 있는 기초 분류 기준에 따른 분류 능력에 해당하므로 개념적인 학습에서의 접근보다는 분류 기준에 따른 분류 능력의 향상에 초점을 맞추는 것이 바람직한 진행이 될 수 있다.

따라서 이 학습의 내용은 컴퓨터 기기 장치의 분류에 대한 기초 지식의 습득을 통하여 주어진 분류 기준에 따라 컴퓨터 장치들을 분류할 수 있는 능력을 기르는 것이다. 저학년의 특성에 맞게 기준에 대한 이해를 토대로 교사의 분류 시범에 따라 사람의 신체 기관도 분류해 보고 컴퓨터 기기 장치들도 분류해 본다. 분류에서 나타나는 차이점과 비슷한 점을 질문과 답변으로 진행하면서 분류 기준과 방법에서 나타나는 오개념을 수정할 수 있도록 지도해 준다.

• 교육 방향

이 학습에서는 컴퓨터 기기의 구성 요소에 대한 기초 지식을 습득시키고자 한다. 초등학교 저학년에 맞추어 사람의 신체기관과 비교하면서 역할에 따라 구성 요소를 분류할 수 있는 능력을 기르는 것이 무엇보다 중요하다. 그리기 위해 다음과 같은 교육의 접근이 요구된다.

(1) 컴퓨터 기기의 각 장치의 종류와 필요성의 이해 돕기

컴퓨터 기기가 하는 일의 종류를 살펴보면서 필요한 장치를 생각해 보게 하여 단순히 장치들의 종류를 나열하기보다는 각각의 역할과 필요성이 있음을 이해할 수 있도록 도와주어야 한다. 예를 들면, 내가 컴퓨터를 이용하여 숙제를 하고 싶을 때 컴퓨터의 어떤 장치가 필요하며 그 장치는 어떤 역할을 해야 하는지를 이야기해 보면서 컴퓨터 장치들이 구성되어야 할 이유를 이해할 수 있도록 도와준다.

(2) 컴퓨터 기기의 각 장치들은 서로 연결되어 신호를 주고받으며 특별한 기능을 하고 있음을 이해할 수 있도록 돕기

컴퓨터 기기의 각 장치들은 서로 떨어져 있는 것이 아니라 서로 연결되어 정보를 주고받고 있음을 이해하도록 해야 한다. 즉, 각 장치들은 하나로 묶어서 동작할 때에 각각의 역할에 따라 어떤 기능을 하고 있음을 이해할 수 있도록 한다. 즉, 어떤 기능이 필요하며 어떤 장치가 그런 기능을 수행하고 있는지를 연관 지어서 생각할 수 있도록 도와주어야 한다.

(3) 사람의 기관과 컴퓨터 기기의 기관을 비교할 때에 역할과 기능에 따라 비교하며 기관과 1 대 1로 연결하는 것을 지양하되 비유하여 이해할 수 있도록 돕기

사람의 각 기관이 가지고 있는 특성과 컴퓨터 기기의 장치가 1 대 1로 연결될 수 없

으므로 장치와 사람의 기관을 연결할 때 주의하여야 한다. 예를 들면, 입이라는 기관은 말을 할 때에는 출력 기관이 될 수도 있지만 음식의 맛을 알아낼 때에는 입력 기관으로서의 기능을 하고 있다. 이러한 기능에 따라 사람의 기관은 역할이 다양하게 있을 수 있다. 다양한 사례들을 통하여 각 기관의 분류에 대해 이해할 수 있도록 비유해서 설명하는 것이 바람직하다.

(4) 저학년의 특성에 맞게 활동은 놀이 활동으로 구성하기

저학년의 학습은 즐거워야 한다. 활동은 조작 활동을 통하여 학습에 흥미를 높일 수 있도록 하며 각 기관을 서로 자석 판에 붙였다 뗐다 하면서 역할과 기능에 따라 연결 지어서 장치를 비교해 보는 활동을 할 수 있다. 각 장치에 따라 컴퓨터 기기의 장치들을 분류해 보고 역할과 기능에 대해서도 이해해 보도록 한다.

정리 활동에서는 스피드 퀴즈를 팀별로 대항하면서 역할과 기능을 설명하고 장치를 알아맞히는 활동을 통하여 자연스럽게 이해의 정도를 평가하는 등 정리 활동을 유도해 갈 수 있다.

교수 · 학습 자료

컴퓨터의 구성 요소

◉ 컴퓨터를 사람에 비유해 보세요.

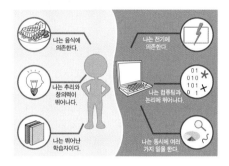

☆ _____에서 정보를 받아들여요.

☆ 명령을 받으면 _____을 이용해 표현해요.

☆ 정보는 _____ 속에 기억해 둬요.

☆ 우리 몸의 명령은 _____에서 내려져요.

☆ 사람의 몸은 _____에서 통솔해요.

◉ 줄을 그어 보아요.

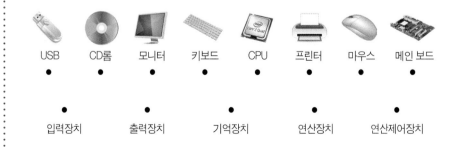

선행조직자 모형

교수 · 학습 과정안의 실제

학습 주제

패킷과 네트워크

학습 목표

통신선에서 패킷의 원활한 이동을 도와주는 장치와 그 역할을 알 수 있다.

학습 자료

선행조직자 제시를 위한 도로 환경 그림 자료 및 그림 카드, 허브, 게이트웨이, 라우터 등의 컴퓨터 환경 그림 자료 및 그림 카드

단원의 구성

(1) 인터넷의 구조

- 인터넷의 개요
- URL과 도메인 네임
- 패킷과 프로토콜
- 패킷의 네트워크 여행 → 현 차시

주요 학습 내용

(1) 패킷의 이동 환경

통신선으로 연결되어 있으며 네트워크 그룹이 계층적으로 이루어져 있음

(2) 라우팅

정보를 주고받을 때 패킷에 담긴 수신처의 주소를 읽고 가장 적절한 통신 통로를 찾아서 전송하는 과정으로서 내부에 있는 주소인지 외부에 있는 주소인지를 판단해 주는 과정임

교수 · 학습 지도안

본시 주제	네트워크로의 여행	수업 모형	선행조직자 모형
선행조직자	패킷의 구조		
학습 목표	통신망에서 파일(패킷)의 원활한 이동을 도와주는 장치와 그 역할을 알 수 있다.		

학습 절차	학습 요소	교수 · 학습 활동	학습 자료 및 유의점
도입	전시 학습 상기	■**전시 학습 상기** • 전 시간에 학습한 인터넷 주소, 패킷, 프로토콜에 대한 내용을 복습한다. • 자료는 패킷의 형태로 통신선을 통하여 하나의 정보기기에서 또 다른 정보기기로 이동한다. 이렇게 정보가 이동할 때 그 이동을 원활하게 하기 위해서 여러 가지 통신 규칙과 방법을 약속하게 된다. 그 약속을 프로토콜이라고 한다.	IP, 도메인, 패킷, 프로토콜과 관련된 도로 환경 그림 제시
	학습 목표 제시	■**학습 문제 확인** • 네트워크에서 패킷의 이동이 이루어지는 과정을 이해할 수 있다.	

학습 절차	학습 요소	교수 · 학습 활동	학습 자료 및 유의점
선행조직자 제시 및 탐색	상자를 이용한 선행 조직자 제작	■ **활동 1 : 패킷 만들기** • 팀을 5~6명씩 3개 팀 이상으로 구성한다. • 구성원 각자는 상자를 이용하여 패킷을 제작한다. • 패킷에 쓰이는 주소는 이미 정해져 있는 팀별 목록에서 원하는 이름을 찾아 적는다. 학생들이 미리 짐작할 수 없는 주소여야 한다. • 하나의 팀에서 두 명이 짝이 되어 선물을 나누어 담는 경우가 하나 이상씩 있도록 한다. ■ **패킷 설명하기** • 자신이 만든 패킷의 특징을 설명해 보도록 한다. • 두 명이 하나의 선물을 나누어서 전달하는 경우에는 번호가 매겨져 있어야 하며 각자가 두 개 중 몇 개째인지를 표시해야 한다.	패킷의 상자 속에는 재미있는 선물을 담게 한다. 약속된 규칙에 따라 패킷이 만들어졌는지 확인하고 오류를 수정하도록 한다.
학습 과제 및 자료 제시	라우팅의 이해	■ **활동 2 : 네트워크 환경 구성과 역할 나누기** • 각 팀에서 라우터 역할을 담당할 사람을 하나씩 뽑는다. • 패킷이 이동하는 경로를 책상 배열로 정해 놓는다. • 학생들 하나하나에게 비밀스럽게 이름표를 받아서 남들이 볼 수 없도록 한다. • 두 명이 하나의 선물을 패킷으로 가져갈 경우에는 하나의 이름만 갖는다. • 라우터를 맡은 학생만 같은 팀 학생들의 이름을 몰래 기록해 놓는다.	교사는 각 역할에 대해서 설명하며, 컴퓨터의 환경과 비교해 준다.
	과제 제시	■ **활동 3 : 패킷 이동의 시범** • 한 학생이 라우터에게 가서 자신의 주소가 팀 내에 있는지 확인하고, 없다면 주어진 네트워크 환경을 따라가면서 라우터에게 가서 자신이 보내고자 하는 이름이 그 팀 내에 있는지를 확인하면서 여행한다. 이때 학생(라우터와 패킷)들은 절대 말을 해서는 안 된다. 이름을 눈으로 확인만 한다.	교사는 하나하나의 과정을 학생 옆에 따라가면서 현재의 상황을 대신 설명해 준다.

학습 절차	학습 요소	교수·학습 활동	학습 자료 및 유의점
	과제 제시	• 라우터가 자신의 내부에 이름이 있는지를 자신이 기록해 놓은 목록을 보면서 확인해 준다. 라우터가 없다면 경로를 따라서 계속 이동하고, 라우터가 자신의 팀에 이름이 있다고 하면 라우터에게 누구인지 알려 줄 때까지 지시를 기다린다. • 라우터는 자신의 팀에 이름이 있는 패킷이 오면 누구인지 말로서 이름을 불러 찾아내고 패킷을 안내해 준다.	라우터를 모두 통과했는데도 이름이 없으면 그대로 자리로 돌아가야 한다는 것을 알려 준다.
학습 내용 조직화	팀별 과제 수행 하기	■ **팀별 패킷 이동 실습하기** • 팀별로 패킷 이동을 연속적으로 각자가 이동하도록 하여 패킷이 제대로 이동되고 있는지 다른 학생들은 관찰하도록 한다. ■ **평가해 보기** • 각각 팀이 실습하고 난 후에는 잘한 점과 잘못한 점에 대하여 이유를 들어 설명해 주며, 이때 앞서 배운 중요 개념을 확실히 인식하도록 돕는다. 또한 질문을 받거나 잘못된 점을 함께 고쳐 본다.	
인지 구조 강화	컴퓨터 상황을 비교하며 인지 구조 강화	■ **컴퓨터에서 이동과 비교해 보기** • 패킷의 양이 얼마나 많은지를 들어 보고 라우터가 하는 역할을 이해해 본다. • 오류 패킷이 들어왔을 때에는 어떻게 해야 할지 생각해 본다. • 패킷의 수명에 대해 생각해 본다. • 패킷을 서버에게 요청할 때의 상황을 생각해 본다. • 같은 정보를 계속 읽어 들이고자 할 때 프록시의 캐시 기능도 생각해 본다.	패킷의 이동에 대해 더 생각해 볼 수 있도록 한다.
평가	정리 및 평가	■ **정리하기** • 상황에 따른 패킷 이동 과정을 정리한다. ■ **학습지 평가**	

교수 · 학습에서의 주안점

• 선행조직자 모형의 적용

앞에서 살펴본 바와 같이, 컴퓨터의 작동 원리나 개념은 사회의 여러 가지 조직이나 구조를 비롯하여 인간의 사고 과정이 바탕을 이루고 있기 때문에 컴퓨터의 복잡하고 어려운 원리나 개념은 경험을 바탕으로 쉽게 접근할 수 있다. 특히, 초등학교 학생들에게 추상적이고 경험하지 못한 사물이나 원리에 대해 알기 쉽게 설명하는 것은 매우 중요하다.

본 차시에서 교사들은 학생들이 선행조직자인 도로망에서의 설비들과 통신선상에 있는 여러 가지 장치들의 역할을 비교하며 이해하도록 한다. 사람들이 버스를 타고 다른 도시로 이동하는 과정에서의 여러 대표적인 설비들과 통신선상에서의 여러 가지 장비들을 빗대어 설명할 수 있는데, 이와 같이 교사는 일상생활에서의 다양한 상황이나 현상들에 빗대어 설명할 수 있는 사례들을 찾아 선행조직자로 제시할 수 있다. 이때 일상생활의 모습으로 제시되는 선행조직자로 인해 오히려 학생들이 오개념을 가질 수도 있기 때문에 교사는 정보소양에 관련된 학습 요소들에 대한 충분한 개념 및 원리를 이해한 후 지도해야 한다.

• 교육 방향

학습자들은 컴퓨터 통신 시 패킷에 의해 여러 다른 프로토콜들이 함께 다른 컴퓨터로 이동되는 과정을 살펴보면서 패킷의 이동 원리를 이해하게 된다. 학생들은 이러한 각각의 장비들이 나름대로의 역할을 바르게 수행함으로써 디지털 데이터들이 컴퓨터 간 이동한다는 사실을 논리적으로 이해할 수 있다. 또한 사람들이 밀접한 관련을 맺으며 사회를 유지하는 것처럼 여러 장치들도 통신 환경을 원활하게 만들기 위해 밀접한 관계를 맺으며 각각의 기능을 수행하고 있다는 것을 지도해야 한다.

교수 · 학습 자료

1. 학생 자료

- 작은 상자를 하나씩 준비하고 패킷을 만들도록 한다.
- 상자 준비가 안 되었을 경우에는 작은 종이를 나누어 주고 쪽지를 쓰도록 한다.

2. 교사 자료

- 네트워크 환경을 설명하는 PPT 준비

3. 통신선에서의 장비 안내 자료

통신선(VTP 케이블)

라우터

스위치

네트워크 카드

개념형성
모형

교수 · 학습 과정안의 실제

학습 주제

데이터베이스

학습 목표

데이터베이스 개념을 이해하고 데이터베이스의 필요성을 이해할 수 있다.

학습 자료

서로 다른 데이터 카드 2개, 데이터베이스 활동지, 데이터베이스 응용 프로그램

단원의 구성

(1) 데이터베이스의 이해

- 데이터베이스의 개념 – 본 차시
- 필드와 레코드
- 데이터베이스 관리 시스템의 활용

주요 학습 내용

(1) 데이터베이스

특정 조직 내에서 다수의 사용자들이 공유share할 수 있도록 통합integrate시키고 컴퓨터 저장장치에 저장store시킨 운영operation 데이터의 집합이다.

(2) 데이터와 정보

데이터(자료)는 현실 세계로부터 관찰이나 측정 등의 수단을 통하여 수집한 사실 facts이나 값values을 의미하는 것이고, 정보는 데이터를 가공한 결과를 의미하는 것이다. 즉, 정보는 특정 상황에 대한 의사 결정을 내릴 수 있는 유용한 해석이나 데이터 상호 간의 관계를 의미하게 된다.

교수 · 학습 지도안

본시 주제	데이터베이스의 개념	수업 모형	개념형성 모형(속성 모형)
학습 목표	데이터베이스 개념을 이해하고 데이터베이스의 필요성을 이해할 수 있다.		

학습 절차	학습 요소	교수 · 학습 활동	자료 및 유의점

과제
파악
	동기
	인식
		■ **동기 유발**
		정리가 안 된 지영이 책상 사진과 정리와 분류가 잘되어 있는 지인이 책상 사진을 보고 분류의 필요성을 알고 데이터베이스와 연관시킬 수 있는 사진 자료를 제시한다.
		 • 어떤 장면이었던 것 같아요?
		   지인이는 쉽게 책을 찾아서 숙제하고 놀 수 있어요. 지영이는 숙제를 해야 하는데, 책도 못 찾고 있어요.
		 • 지영이는 왜 책을 쉽게 찾지 못하고 있는 거죠?
		   평소에 분류를 제대로 안 해 놨어요.
		 • 지인이는 평소에 어떤 습관 때문에 책을 쉽게 찾을 수 있었나요?
		   책을 종류에 따라 분류해 놓아서 쉽게 찾을 수 있었어요.
		 • 오늘 배울 수업은 지인이가 책을 찾기 쉽게 분류했던 것처럼 이러한 정보들을 컴퓨터에 잘 정리하여 저장하는 것에 대한 내용이에요.
		
		■ **학습 목표**
		데이터베이스 개념을 이해하고 데이터베이스의 필요성을 이해할 수 있다.
			사진 자료,
			PPT 자료

학습 절차	학습 요소	교수 · 학습 활동	자료 및 유의점
탐색	현실 사례 제시	**■ 현실에서의 데이터와 정보의 공유 및 저장** • 지영이와 지인이의 책상 위 책들과 같이 어떤 물건이나 정보를 정리하게 되는 상황으로는 어떤 경우가 있을까요? 　도서관의 책들, 전화번호부, 주소록, 파일 캐비닛, 목차 등	
	디지털 사례 제시	**■ 디지털에서의 데이터와 정보의 공유와 저장** • 세상에는 많은 자료들이 있는데, 그러한 자료들을 데이터라고 할 수 있고 그러한 데이터 중에서 우리가 필요로 하는 것을 적절하게 받아들인 자료를 정보라고 할 수 있어요. • (여러 가지 책이 무작위로 나열된 것을 보여 주며) 이것은 무엇에 해당할까요? 　데이터요. • (책들이 종류에 따라 분류되어 있는 모습을 보여 주며) 이것은 무엇에 해당할까요? 　정보요.	PPT 자료
해결	개념화 및 문제 해결	**■ 정보 찾기 활동** • 모둠별로 두 개의 카드를 나누어 준다. 　－ 카드 1 : 전화번호, 이름, 취미, 성별 　－ 카드 2 : 전화번호, 혈액형, 메일 주소 • ○○의 혈액형은 무엇인가요? • 전화번호가 02로 시작하고 O형인 사람을 찾아보세요. 누구인가요? • 남자이면서 취미가 운동이고 A형인 사람을 찾아보세요. 누구인가요? • 이렇게 찾으니까 어떤가요? 　시간이 많이 걸리고 찾기 힘들어요. **■ 정보 분류 및 정리하기 활동** • 그럼 정보를 찾기 편리하게 분류해서 다시 정리해 봅시다. • 각 모둠에서 두 명은 여자의 데이터를 정리하고 나머지 두 명은 남자의 데이터를 정리해서 활동지에 작성해 주세요. • ○○이의 취미를 찾아보세요. • B형인 여자는 몇 명인가요? • 메일을 사용하고 혈액형이 B형인 남자를 찾아보세요.	학습지 카드 1, 2 (카드 내에 필드와 레코 드가 정해져 있음)

학습 절차	학습 요소	교수·학습 활동	자료 및 유의점

	개념화
	및
	문제
	해결
		•데이터를 조건에 따라 분류해서 만든 정보표를 보고 찾으니까 어떤
		가요?
		  처음 카드를 보고 찾았을 때보다 훨씬 빠르고 쉽게 찾을 수 있었어요.
		
		■ 데이터베이스의 개념 이해하기
		•데이터베이스란 특정 조직 내에서 다수의 사용자들이 공유할 수 있
		  도록 통합시키고 컴퓨터 저장장치에 저장시킨 운영 데이터의 집합입
		  니다.
		•쉽게 예를 들면, 우리가 만든 정보표를 우리 학급 홈페이지에 저장시
		  켜서 누구나 필요할 때 찾아볼 수 있도록 공유하도록 만들면 그것이
		  데이터베이스입니다.
		•현대사회에는 정말 자료들이 무한대로 많이 있죠? 이럴 때 우리에게
		  더욱 필요한 능력은 자료들 중 우리에게 필요한 정보를 찾아 적절히
		  분류할 수 있는 능력이에요. 이 데이터베이스를 잘 이용하면 좀 더
		  편리하게 생활할 수 있을 거예요.	

일반화	개념의
	적용
		■ 데이터베이스 프로그램 소개
		•컴퓨터 프로그램 중 데이터베이스를 편리하게 구축할 수 있는 프로
		  그램이 있어서 소개해 줄게요(디지털 응용 프로그램(예 : 액서스)을
		  보여 준다).
		•처음 나누어 주었던 정보 카드 두 개를 합친 것인데, 분류가 하나도
		  안 되어 있어요. 이 프로그램을 이용하면 따로 정보표를 만들지 않아
		  도 찾기 기능을 이용해서 쉽게 찾을 수 있어요.
		•'김'으로 시작하는 아이를 찾기 위해서는 조건식에 '김'을 입력하면 커
		  서를 표시해 줌으로써 쉽게 찾을 수가 있죠.
		  여러 가지 데이터 찾기 활동을 한다.	

정착	문제의 적용	■ 기본 및 발전 과제 제시 ■ 평가 및 정리	

교수 · 학습에서의 주안점

• 개념 학습 모형의 적용

소프트웨어 교육에서 데이터베이스를 배우는 것은 단순히 스프레드시트나 데이터베이스 응용 프로그램 등을 활용하여 데이터를 처리하는 기능들을 학습하는 것이 아니다. 학생들은 데이터베이스라는 용어 자체가 매우 생소하고 어려울 수 있으며, 데이터들을 어떻게 구조화해서 저장해야 하는지에 대한 이해가 부족하다. 그러므로 실제로 정리되지 않은 데이터에서 요구되는 정보를 찾아보는 활동을 통해 다양한 기본적인 데이터베이스의 개념과 필요성을 이해하도록 한다. 이러한 활동을 통해 디지털 데이터를 이용하여 데이터베이스를 구축하고 정렬하고 검색하면 편리하고 효율적이라는 인식도 가질 수 있다.

• 교육 방향

21세기는 지식 정보사회이다. 이것은 데이터를 가공하여 얻은 정보와 교육 및 경험에 의하여 축적된 지식이 통합되어 이용되는 사회를 일컫는다. 현대를 살아가는 사람들에게 정보는 필수가 되었지만 '정보의 홍수'라고 불릴 만큼 많은 양의 정보 속에서 꼭 필요한 정보를 찾아내고, 그것을 제대로 활용하는 것은 쉬운 일이 아니다.

따라서 정보사회에서는 다양한 정보 속에서 꼭 필요한 정보가 무엇인지 인식하고 그것을 찾아낼 수 있는 능력과 정보를 자신의 요구에 맞게 활용하는 능력이 무엇보다 필요하다. 그러므로 데이터를 어떻게 가공하고 어떻게 가치 있는 정보로 창출하는가에 대한 능력은 필수적이다.

이 수업을 통해 학생들은 데이터와 정보의 개념을 알고 데이터를 쉽게 정리하고 공유할 수 있는 방으로서의 데이터베이스의 필요성을 인식함으로써 수많은 양의 데이터에서 필요한 정보를 효과적으로 이끌어 내는 방법과 원리를 이해할 수 있다.

사실 컴퓨터의 모든 분야는 사람의 모습을 추구하는 것을 목표로 하고 있다. 따라서 데이터베이스의 학습도 실생활의 비유를 통해 학습한다면 학습자들의 이해를 쉽게 이끌어 낼 수 있을 것이다.

교수 · 학습 자료

1. 정보 카드 자료(예)

〈카드 1〉

이름	성별	메일 주소	취미
채만석	남	seok@mail.net	테니스
최세영	여	polaris@nav.com	수영
이민석	남	irony@mail.net	컴퓨터
임혁수	남	limju@mail.net	음악 감상
정아름	여	ssiel@mail.net	독서
정해용	남	gtohy@mail.net	음악 감상
김준민	남	rab@mail.net	테니스
황민수	남	hms@mail.net	영화 감상
⋮	⋮	⋮	⋮

〈카드 2〉

메일 주소	혈액형	전화번호
senra@mail.net	A	0**-*725-4366
seok@mail.net	AB	0**-6*34-7235
polaris@nav.com	AB	0**-38*5-6136
zza@mail.net	O	0**-98**-7691
rab@mail.net	O	0**-**69-0711
hms@mail.net	A	0**-612*-6317
⋮	⋮	⋮

2. 정보표(예)

〈활동지(여)〉

성별	이름	취미	전화번호	메일 주소	혈액형
여					

발견학습
모형

교수 · 학습 과정안의 실제

학습 주제

압축의 원리

학습 목표

데이터 압축의 원리를 발견하고 이해할 수 있다.

학습 자료

압축 프로그램, 데이터 제시 PPT, 압축 원리 PPT, 압축 문제 학습지

단원의 구성

(1) 정보처리의 이해

- 압축의 필요성
- 압축 방식의 이해 → 본 차시
- 압축 방식의 비교
- 압축 방식의 적용

주요 학습 내용

(1) 데이터 압축

데이터를 전송하거나 기억시키는 경우 불필요한 부분을 제거하여 전송 시간의 단축

이나 기억 공간의 절약을 꾀하는 기술

(2) RLE^{Run-length encoding} 압축 방식

RLE는 파일 내부를 검색하여 같은 문자가 반복되면 반복되는 개수와 반복되는 값으로 표현하는 방법을 말한다. 즉, 연속되는 문자가 있을 경우 이를 한꺼번에 하나로 줄이는 방법이다.

예 aaaaabbbbccccddeeee → a5b4c4d3e4

(3) LZW^{Lempel-Ziv-Welch} 압축 방식

연속된 문자열들에 대한 표를 만들고 다음에 같은 문자열을 발견하면 표를 참조하게 한다.

예 asasasasdddds →

as	ddd	s
1	2	3

→ 123

교수 · 학습 지도안

본시 주제	압축 원리 이해	수업 모형	발견학습 모형
학습 목표	데이터의 압축 원리를 발견할 수 있다.		

학습 단계	학습 요소	교수 · 학습 활동	지도상의 유의점
문제 파악	동기 유발	■ 동기 유발 • 여행을 위해 가방을 싸는데, 어떻게 하면 많은 물건을 가지고 갈 수 있을지 생각해 보게 한다. 압축 프로그램을 써 본 경험을 이야기해 본다.	압축과 관련된 생활 예를 활용한다.

학습 단계	학습 요소	교수 · 학습 활동	지도상의 유의점
문제 파악	목표 인지	■ 학습 목표 • 데이터의 압축 원리를 발견할 수 있다.	
	학습 문제 제시	■ 상황 제시 • 첩보원이 적의 자료실에 침투해 들키지 않고 정보를 빼오려고 한다. 적의 자료실 '44441122222333aaabbbbccㄷㄷㄷㄷㄹㄹㄹㄹ'(31자)이라는 암호가 적혀 있다. 적에게 들키지 않고 빠른 시간 내에 최소한의 공간을 사용해서 암호를 쓰기 위해서는 어떻게 해야 할까?	
예상	해결 방안 예상	■ 해결 방안 예상 • 개인별로 해결 방법 구상하기 ■ 해결 결과의 예상 • 개인별로 해결 결과를 예상해 보기	
검증	해결 및 검증하기	■ 해결 활동하기 : 무언의 20고개(모둠별 대항 게임) • 활동 안내 　– 아무도 답을 말해서는 안 된다. 　– 교사는 각 단계마다 힌트를 주며 정답을 안 사람은 종이에 답을 쓴 후 손을 머리 위로 올린다. 　– 일단 답을 적고 손을 머리 위로 올린 후에는 답을 수정할 수 없다. 　– 모든 학생이 답을 맞혔을 때 가장 먼저 맞힌 모둠과 정답률이 가장 높은 모둠이 승리한다(답지를 옆 모둠과 바꾸어서 채점). 　– 승리한 모둠에게 상품을 준다. 　– 처음 자신의 예상과 비교하여 검토한다.	문제 제시 PPT 학습지
	결론 도출	■ 해결 활동하기 : 규칙성 발견 • 답은 18글자이다. • 답에도 규칙성이 있어서 자기 이외의 사람도 해석이 가능하다는 힌트를 준다. • 연속되는 수를 압축해서 적는 방법을 발견한다.	
일반화	타당성 검토	■ 다른 문제에 적용하기 • 다른 문제를 제시하고 해결하여 그 타당성을 검증해 본다.	발견한 규칙을 공식이나 말로 적도록 유도한다. 학습지
	문자화 하기	■ 발견한 원리 정리하기 • RLE 압축 원리를 정리하여 적는다. • 연속되는 문자를 먼저 쓰고 그 문자의 개수만큼 다음에 적는다.	

학습 단계	학습 요소	교수 · 학습 활동	지도상의 유의점
적용	응용	■ 압축과 풀기 문제 • RLE 압축 원리를 활용한 여러 가지 문제를 짝과 시합하여 풀어 본다. • 압축뿐만 아니라 압축을 푸는 과정도 문제로 풀어 본다.	난이도를 조절 하여 과제를 제 시한다.
	과제 제시	■ 과제 제시 • 다양한 압축 문제를 과제로 제시한다.	

교수 · 학습에서의 주안점

• 발견학습 모형의 적용

지식이나 원리, 법칙 등을 학습자로 하여금 발견하도록 하는 것이 발견학습이다. 컴퓨터 과학 분야에서는 많은 부분이 이러한 법칙과 원리로 이루어져 있다. 그중 압축의 원리는 컴퓨터를 활용하면서 많이 쓰이지만 실제로 그 원리를 이해하고 활용하는 경우는 드물다. 학습자로 하여금 단순히 그 원리를 설명해 주고 이해하는 방식을 이용하기보다는 스스로의 관찰과 탐색을 통해 그 원리를 발견하게 함으로써 압축의 원리를 쉽게 이해하도록 한다.

• 교육 방향

압축의 원리는 컴퓨터 과학의 그래픽 분야에서 이용될 수 있다. 특히, 본 수업에서 배운 RLE 방식과 심화 과정의 LZW 방식은 실제로 GIF 파일에서 쓰이는 압축 방식이다. 압축 방식을 이해하고 활용하는 것은 디지털의 특성을 이해하는 것뿐만 아니라 이미지를 압축하는 데 어떤 것이 효과적인지에 대한 판단 능력도 생겨 컴퓨터를 효과적으로 활용하는 데에도 매우 중요하다.

데이터 압축 원리는 실생활에서 물건의 부피를 줄이기 위해 사용하는 방법과 유사한 점이 많다. 이를 단순히 직접 전달하고 학습하는 방법보다 실제 상황과 비슷한 자료의 관찰 및 탐색을 통하여 그 원리를 발견하는 것이 효과적이다. 따라서 본 수업에서는 데이터 압축의 상황을 제시하고 활동을 통하여 학생들이 직접 그 규칙성을 발견함으로써 데이터 압축의 원리를 쉽게 학습할 수 있다.

(1) 압축의 원리를 학습함으로써 데이터의 패턴 발견 방법을 이해할 수 있다

압축의 원리는 같은 데이터가 반복되는 부분을 줄여서 처리한다든지 반복되는 부분을 쉽게 표현하여 참조하는 형식 등의 방법을 사용한다. 데이터의 패턴 발견도 비슷한 방법으로 이루어진다. 따라서 압축의 원리를 학습함으로써 디지털 데이터를 다루는 데 중요한 패턴 발견을 이해하고, 활용하는 데 도움을 준다.

(2) 다양한 압축 결과를 가지고 압축의 정도를 평가해야 한다

학생들이 발견한 압축 결과들을 상호 비교하고 검토하는 과정에서 어떤 방식이 더욱 효과적이어서 압축의 정도가 뛰어난지를 파악할 수 있다. 이러한 과정은 학습자로 하여금 단순히 압축에 성공했다는 부분과는 달리 같은 데이터를 더욱 효율적으로 압축하는 방법을 학습하게 하여 더욱 정교한 압축 방식을 찾아내는 데 도움을 준다.

(3) 데이터의 유형에 따라 압축률도 달라진다는 점을 이해하도록 한다

디지털 데이터의 유형에 따라 압축률도 달라지며 압축의 방식도 달라진다. 어떤 데이터는 압축했을 때 그 양이 더욱 늘어나는 양상을 보이는 것도 있다. 따라서 수업에서 발견된 데이터의 압축률이 0%이거나 더욱 늘어난 경우를 살펴보면서 이러한 특성도 이해할 수 있다. 따라서 학습자들은 데이터의 유형에 따라 다른 압축 방식을 적용해야 한다는 점도 학습할 수 있다.

교수 · 학습 자료

스무고개 활동지

 무언의 20고개

게임 규칙

1. 답을 말해서는 안 된다(답을 말하면 그 모둠은 실격).
2. 교사가 단계마다 힌트를 주며 정답을 안 사람은 종이에 답을 쓴 후 손을 머리 위로 올린다.
3. 일단 답을 적고 손을 머리 위로 올린 후에는 답을 수정할 수 없다.
4. 모든 학생이 답을 적었을 때,

    ① 정답률이 가장 높고, ② 가장 먼저 끝낸 모둠이 승리한다.

문제

44441122222333aaabbbbccㄷㄷㄷㄷㄹㄹㄹㄹ

답

압축 학습지

◉ 혼자서 해 보기

※ (   ) 압축 방법의 원리는……?

◉ 압축하기

1. aaabbbbccaaaaeee

2. abaabeccadeccceeaca

3. abababcacacaca

◉ 압축 풀기

1. a4c2e3d3a4

2. a1c3e3d2a3d3e4

문제해결
모형

교수 · 학습 과정안의 실제

학습 주제

프로그래밍

학습 목표

로고를 활용하여 패턴에 있는 그림을 그리며 주어진 문제를 해결할 수 있다.

학습 자료

로고 명령어 매뉴얼, 알리바바와 40인의 도둑 영상 자료

단원의 구성

(1) 정보처리의 이해

- 문제 해결 과정의 이해
- 프로그래밍의 이해와 기초 → 본 차시
- 최적화, 조건 만족

주요 학습 내용

(1) 로고

프로그래밍 초보 학습자를 위해 개발된 프로그래밍 언어로 간단한 명령어에서 시작

하여 심화된 학습까지 처음 프로그래밍을 배우는 학습자에게 적합하다.

(2) 문제 해결력

주어진 조건과 자료를 가지고 문제를 해결하는 과정에서 문제 해결력이 길러진다. 이러한 문제 해결력은 그 결과에 도달하기까지의 과정을 중요시한다.

(3) 최적화

주어진 조건을 만족시키는 방법을 말한다. 예를 들면, '철판 하나를 가지고 칼날을 만들려고 할 때 어떻게 잘라야 가장 많은 칼날을 만들 수 있을까?'라는 질문에 대한 답이 최적화된 답이다.

(4) 로고 관련 사이트

- 터틀 학습 : turtleacademy.com
- MIT 로고 : el.media.mit.edu/logo-foundation
- 넷 로고 : ccl.northwestern.edu/netlogo

교수 · 학습 지도안

본시 주제	로고를 이용한 문제 해결	수업 모형	문제해결 모형
학습 목표	로고를 활용하여 패턴 있는 그림을 그리며 주어진 문제를 해결할 수 있다.		

학습 절차	학습 요소	교수 · 학습 활동	자료 및 유의점

과제
파악
	동기
	유발
		■ **동기 유발**
		• 동기 유발을 위해 다음과 같은 상황을 제시한다.
		  동굴 앞의 나무 위에 올라가 있던 알리바바는 우연히 도적의 대장이
		  동굴의 문을 여는 장면을 목격한다.
		  도적이 "!@#%%%&()#"라고 암호를 외친다. 알리바바는 너무 어려
		  운 암호를 차마 외우지 못했다. 도적들이 다들 사라진 후 동굴 앞에
		  가본 알리바바는 신기한 그림을 발견하게 되는데……
		
			영상을 통해
			알리바바의
			문제를 제시
			한다.

	학습 목표 인지	■ **학습 목표** • 로고를 활용하여 패턴 있는 그림을 그리며 주어진 문제를 해결할 수 있다.	
탐색	문제 확인	■ **문제 제시 1** 1만큼 움직이기 ( )회 반복 • 제약 조건 : 최소한의 명령어로 같은 자리에서 최대한 많은 원을 만들어라.	학습지 및 문제 제시 PPT

학습 절차	학습 요소	교수 · 학습 활동	자료 및 유의점
문제 해결	문제 해결 탐색	■ **문제 제시 2** • 큰 정삼각형의 한 변의 길이 : 150 • 작은 정삼각형의 한 변의 길이 : 50 • 제약 조건 : 선을 그리지 않으면서 이동하는 일이 생기지 않도록 하여 그림을 완성하라. 지나갔던 곳을 다시 지날 수 없다. ■ **토의를 통한 문제 해결 탐색** • 모둠별 토의를 통해 문제 해결 방법을 생각해 본다.	서로의 의견을 존중하면서 토의하도록 유도한다.
	문제 해결	■ **개인별 문제 해결** • 로고를 활용하여 문제를 해결해 본다. • 모둠별로 자신의 해결 방법 공유하기 ■ **개인별 문제 해결 발표** • 자신이 만든 로고 소스를 친구들에게 발표한다. • 어떤 소스가 효율적이고 최적화되어 있는지 상호 평가한다.	조건을 만족시키는 가장 좋은 방법을 선택하도록 한다.
평가	평가	■ **학습 내용 일반화** • 효율적인 소스의 해결 과정을 살펴보고 일반화한다. ■ **연습 문제 제시** • 다른 문제에 적용해 본다.	학습지
활용 가능성 모색	차이점 인식	■ **상호 간의 해결 과정 차이점 인식** • 다른 친구의 소스와 자신의 소스의 차이점을 발견하고 해결 과정의 차이점을 살펴본다.	
	적용	■ **다른 문제에 대한 적용 가능성 모색** • 이번 시간에 사용된 해결 과정이나 전략이 다른 문제를 해결하는 데 어떻게 이용될지 생각해 본다.	

교수 · 학습에서의 주안점

• 문제해결 모형의 적용

프로그래밍 과정은 현실 생활에서의 문제 해결 과정과 매우 흡사하다. 먼저 문제에 대한 조건과 자료를 파악한 후 해결 방법을 모색하고 과정을 거쳐 문제를 해결하는 방법을 찾아내는 것으로 진행한다. 이러한 실생활의 문제 해결 방법이 소프트웨어 교육에서도 똑같이 활용된다. 프로그래밍 과정에서 제약 조건 만족이나 최적화, 인공지능 추론, 그리드 전략 등이 활용되어 주어진 문제를 해결함으로써 현실 생활에서 필요한 사고력이 향상될 수 있다. 따라서 본 수업에서와 같이 문제 해결 과정을 통해 학습하는 문제해결학습 모형을 적용하여 프로그래밍 학습을 실시한다면 학습자의 문제 해결력이 향상될 수 있다.

• 교육 방향

프로그래밍 학습은 주어진 여러 조건이 있는 상황에서 그 문제를 해결하는 과정 가운데 반성적 사고력을 증진시키는 데 적합하다. 따라서 본 수업에서는 로고 프로그래밍 학습을 통하여 주어진 조건을 만족시키는 문제를 해결하는 과정을 경험함으로써 학생들의 사고력을 향상시키도록 한다.

컴퓨터가 대량의 데이터를 효과적, 효율적으로 처리하는 것은 매우 중요하다. 컴퓨터는 제한된 용량과 메모리를 사용하여 운영되기 때문에 문제를 어떻게, 어떤 방법으로 처리하느냐에 따라서 그 시간과 효과가 달라질 수 있다. 프로그래밍 교육은 컴퓨터의 자료 처리 방법을 이해하게 해 주며 이를 통해 효율적으로 컴퓨터를 활용할 수 있도록 해 준다.

이러한 프로그래밍 교육의 방향을 다음과 같이 제시할 수 있다.

(1) 프로그래밍 문제를 통한 해결 규칙을 발견하도록 한다

본 수업에서는 프로그래밍 문제를 제시하여 제약 만족 기법을 이용한 문제 해결에 중점을 둔다. 실제로 IT 분야에서는 제약 만족 기법이 많이 활용되고 있는데, 이러한 기법의 기초 과정을 경험함으로써 문제 해결 능력을 향상시킬 수 있다.

(2) 문제 해결 방법의 효율성을 검증하는 평가 과정이 있어야 한다

본 수업에서는 문제 해결 방법의 효율성을 검증하는 데 로고 소스의 라인 수, 반복문, 함수 사용 등을 그 기준으로 한다. 알고리즘을 해결하고 나서 그 효율성을 검증하는 작업은 매우 중요하며 반드시 필요하다. 이를 학습자들이 객관적 준거를 이용하여 평가하고 검증하는 과정은 문제 해결 능력을 향상시키며 더 효율적인 알고리즘을 만들어 내는 데 도움을 준다.

(3) 문제 해결 전략 및 사고가 다양하게 적용되도록 적절한 수준의 자료가 제시되어야 한다

학습자는 개개인이 다른 수준을 가지고 있다. 학습자의 수준에 너무 어렵거나 너무 쉬운 경우에는 사고력의 증진을 기대하기 어렵다. 따라서 학습자의 수준을 고려한 다양한 수준의 문제나 자료가 제시되어야 한다. 또한 놀이 형태의 친숙한 문제들을 제시함으로써 학습자의 흥미와 동기를 유발할 수 있다. 프로그래밍의 해결 방법이 다양하듯이 문제 해결 전략도 다양하게 나타나도록 유도하여야 한다.

교수 · 학습 자료

로고로 도형 그리기 1

⚙ **로고로 다음 도형들을 그려 봅시다.**

• 도형을 그리기 전에 예상되는 명령어를 먼저 적어 봅시다.

• 자신이 적은 명령어대로 실행하여 원하는 결과가 나오는지 확인하고, 다른 결과가 나올 경우에는 어느 곳이 틀렸는지 표시하고 고쳐 봅시다.

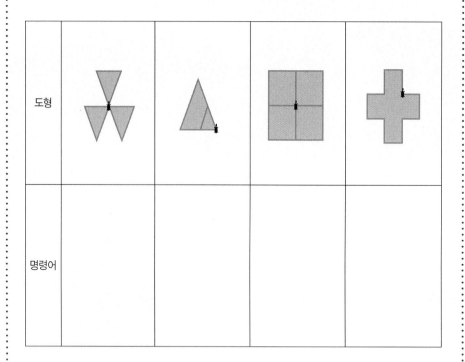

도형				
명령어				

로고로 도형 그리기 2

🔅 **로고로 다음 도형들을 그려 봅시다.**

- 도형을 그리기 전에 예상되는 명령어를 먼저 적어 봅시다.
- 자신이 적은 명령어대로 실행하여 원하는 결과가 나오는지 확인하고, 다른 결과가 나올 경우에는 어느 곳이 틀렸는지 표시하고 고쳐 봅시다.

도형	명령어

창의성계발
모형

교수 · 학습 과정안의 실제

학습 주제

미래 정보통신 기술

학습 목표

IoT를 활용하여 창의적으로 홈 네트워크를 구성할 수 있다.

학습 자료

미래 정보기술 영상 자료, IoT 관련 광고 자료, 홈 네트워킹이 적용될 수 있는 주택 구조도 그림판

단원의 구성

(1) 네트워크의 이해

- 네트워크의 정의
- 네트워크 기술의 이해
- 첨단 네트워크 적용 사례
- 미래 정보통신 기술과 사회 → 본 차시

주요 학습 내용

(1) IoT 정의

　　미래 네트워크 사회의 이해와 IoT 컴퓨팅의 이해

(2) IoT 기술의 이해

　　IoT 환경을 위한 기반 기술을 살펴보고 주변에서 구현된 사례 고찰

(3) IoT 적용 사례

　　IoT 네트워크의 실제 적용 사례와 미래에서의 적용 영역 탐색

(4) 정보통신 기술과 미래 사회

　　IoT에 의해 전개될 미래 사회의 환경과 기술을 상상하고 그 가치 탐구

교수 · 학습 지도안

본시 주제	정보통신 기술과 미래사회	수업 모형	창의성계발 모형
학습 목표	• IoT의 활용에 대한 폭넓은 사고를 할 수 있다. • 창의적으로 홈 네트워크를 실제로 구성해 볼 수 있다.		

학습 절차		학습 요소	교수 · 학습 활동	자료 및 유의점
문제 발견 하기	도입	동기 유발	■ 동기유발 • IoT 영상 화면을 제시하여 관심과 상상력을 자극	영화, CF 장면

학습 절차		학습 요소	교수 · 학습 활동	자료 및 유의점
문제 발견 하기	문제 발견 하기	실제 상황 제시하기	■ **문제 발견하기** • 실제적인 상황을 부여함으로써 현실적으로 문제를 생각할 수 있게 한다. • 교사의 메일 이용하기 • 신혼집 꾸며 주기에 당첨되었다는 내용의 메일 화면이 뜬다. • IoT 환경의 홈 네트워크를 구성하기 위한 아이디어 산출하기	• 무인 자동차 • IoT 스마트 홈
		학습 목표 제시하기	• IoT의 활용에 대한 폭넓은 사고를 할 수 있다. • 창의적으로 홈 네트워크를 실제로 구성해 볼 수 있다.	
아이 디어 생성	아이 디어 산출	브레인 스토밍	■ **아이디어 생성** • 모둠별로 브레인스토밍을 하여 다양한 아이디어를 생성하게 한다. 학습지를 나누어 주고 생각나는 아이디어 적기	20분 타이머를 맞추어 놓는다.
아이 디어 평가	아이 디어 평가 하기	모둠원 평가	■ **모둠원 평가** • 모둠원끼리의 토의 과정으로 그 아이디어들을 평가하여 IoT 환경의 홈 네트워크의 적절한 아이디어 채택하기 ■ **육색 모자 기법을 이용한 아이디어 평가하기** • 브레인스토밍을 통해 생각해 낸 미래의 컴퓨터와 네트워크에 대한 생각들을 앞에 보이는 색깔의 순서대로 평가해 보기	교사는 모둠 사이를 돌며 모둠별 피드백 제공 – 질문이 없을 경우에는 교사가 간략히 피드백 – 다른 모둠의 방해 시 창의성 발현에 저해가 되므로 교사가 통제
		모둠별 작품 발표 발표에 대한 질문	■ **모둠별로 만든 자료를 가지고 나와 발표하고 모둠 간의 질의 응답 시간 갖기** • 모둠별로 구성한 홈 네트워크의 구성도와 기능들을 설명하기(모둠별로 나와서 만든 자료를 붙이고 다른 모둠에게 설명한다) • 발표한 내용에 대해 알맞게 피드백하기 • 발표한 모둠에게 궁금한 점이 있는 사람 질문 받기	

학습 절차		학습 요소	교수 · 학습 활동	자료 및 유의점
적용하기	적용하기	아이디어 적용	■ 앞 단계에서 채택한 아이디어를 토대로 홈 네트워크를 집 공간에 적용해 본다. • 적절한 아이디어를 채택한 모둠에게 그림판에 홈 네트워크를 구성한 공간을 만들어 보게 하기	홈 네트워크 환경을 적용하기 위한 그림판
	수업 정리	피드백 및 정리	■ 모둠별 자료에 대한 마지막 피드백을 하고 홈 네트워크에 대한 정리를 한 후 창의적인 사고를 하도록 북돋운다. • IoT 환경의 홈 네트워크가 무엇인지 알았고, 앞으로 어떻게 발전될 수 있을지 상상해 보기 • IoT 세상에서 제시될 유익한 환경에 대한 조사 과제 안내	

교수 · 학습에서의 주안점

• 창의성계발 모형의 적용

정보기술에 의한 미래 사회는 현재 우리가 직접 확인할 수 없다. 그러나 향후 전개될 사회에 대해 그 징후나 상상력이 발휘된 자료들을 우리 주변에서 쉽게 볼 수 있다. 영화 자료나 광고 자료 그리고 다큐멘터리, 소설 등에서 볼 수 있는 자료를 통하여 우리는 상상의 나래를 펼 수 있다.

따라서 정보기술의 이해를 통한 학습자의 상상력과 창의력은 미래 사회나 가상현실 등의 주제를 통해 신장시킬 수 있다. 또한 학습자의 생활과 직업 문제에 있어 미래의 환경과 기술의 통합을 통해서 자신의 아이디어를 표현할 수 있고 제약 없는 상상의 나래를 펼 수 있다.

• 교육 방향

　　인간은 초기 기초적인 도구를 이용하면서부터 이후 현재 컴퓨터를 이용한 고도의 기술적인 요소가 복합적으로 이루어진 도구를 사용하기까지 많은 기술적인 진보를 이루어 냈다. 우리 생활에 고도의 기술이 접목되어 많은 분야에서 비약적인 발전이 이루어진 것은 컴퓨터의 영향이 절대적이다. 컴퓨터는 고도의 계산을 정확하고 빠르게 함으로써 많은 분야에 눈부신 발달을 가져왔다.

　　그러나 지금까지 컴퓨터와 인간의 관계는 컴퓨터 중심이라고 할 수 있다. 그래서 현재 인간 중심의 컴퓨팅을 위한 시도가 많이 이루어지고 있다. 이러한 시도는 IoT[Internet of Things](사물인터넷)라는 모습으로 우리 생활에 나타나고 있다. 아직은 초기 단계이지만 앞으로 우리 생활에 절대적으로 영향을 미칠 것으로 전망되기 때문에 IoT에 대한 개념 이해와 확산적 사고를 통해 우리 생활에 적용할 수 있는 IoT 네트워크와 컴퓨팅에 대해서 알아보기 위해 다음과 같은 교육의 접근이 요구된다.

- 초등학생들에게는 다소 생소한 개념이므로 가능한 쉽게 설명한다.
- 정보통신기술 자료 활용 시 산만해지지 않도록 주의한다.
- 학생들이 발표에 적극 참여할 수 있도록 유도한다.
- IoT 환경을 생각할 때 실현 가능한 생각을 하도록 주지시킨다.
- 창의력계발 수업 모형을 사용하므로 교사의 발문을 유의하여 사용한다.

팀티칭
모형

교수 · 학습 과정안의 실제

학습 주제

하드웨어와 소프트웨어

학습 목표

하드웨어와 소프트웨어의 개념을 이해하고 하드웨어의 구성 요소와 소프트웨어의
기능을 안다.

학습 자료

하드웨어 설명을 위한 분해 가능한 컴퓨터 본체 2대, 소프트웨어 수업을 위한 그림
카드, 각 활동 학습지, 정리 활동을 위한 설명 카드

단원의 구성

(1) 정보기기의 이해

- 컴퓨터의 구성 요소
- 하드웨어 → 본 차시
- 소프트웨어 → 본 차시
- 자료와 사용자

주요 학습 내용

(1) 컴퓨터의 구성 요소

컴퓨터는 하드웨어, 소프트웨어, 자료, 데이터로 구성됨

(2) 하드웨어

하드웨어의 정의, 유형, 기능과 주변 기기에 대한 이해

(3) 소프트웨어

소프트웨어의 정의, 유형, 기능과 활용 방안에 대한 실습

(4) 하드웨어와 소프트웨어와의 관계

하드웨어와 소프트웨어 간의 관계를 이해하고 상호작용과 기능을 이해, 현실의 사례와 비교

교수 · 학습 지도안

본시 주제	하드웨어와 소프트웨어	수업 모형	팀티칭 모형
학습 목표	하드웨어와 소프트웨어의 개념을 이해하고 하드웨어의 구성 요소와 소프트웨어의 기능을 안다.		

과정		요소	교수 · 학습 활동	자료 및 유의점
통합 활동	도입	학습 안내	■ 동기유발 • 학습 내용 안내(단소를 이용한 하드웨어와 소프트웨어 설명) • 하드웨어 전문가와 소프트웨어 전문가로 팀티칭 수업 안내 • 팀티칭을 위한 이동	단소

과정	요소	교수 · 학습 활동	자료 및 유의점
팀별 활동	전개	HW 팀티칭 SW 팀티칭	■**팀티칭 활동** • 수업 팻말을 따라 두 줄로 이동(보조 교사 인솔) • 팀별 활동(하드웨어 수업, 소프트웨어 수업) • 활동 종료 후 원래 교실로 복귀	• PC 구조 • 프로그래밍
통합 활동	정리	정리 평가	• 각 팀별 활동 복습 • 수업 간의 관계 확인(HW와 SW 관계) • 팀별 활동 통합 • 학습 정리 • 차시 안내 및 과제 제시	

과정	HW 교수 · 학습 활동 ①	자료 및 유의점
도입 및 문제 파악	• 학습 안내 • 'HARD' 영어 의미 질문 • 하드웨어 정의 설명 • 학습 문제 안내	[HARD] 글자 카드
	■**학습 목표 제시** • 하드웨어가 무엇인지 이해한다. • 하드웨어의 구성 요소를 안다.	학습 목표 제시물
수업 문제 전개	• 하드웨어 사진 자료 제시 • 주변 장치 안내(프린트, 모니터 출력장치, 키보드, 마우스, 스캐너 입력 장치) • 본체 구성도 설명(메인보드, CPU, RAM, 그래픽 카드, 사운드 카드, 하드 디스크, CD-ROM 드라이브, 네트워크 카드) • 본체 구성 요소의 역할 및 기능 안내(아두이노로 설명 가능) • 하드웨어 학습 내용 정리	PPT 사진 자료 컴퓨터 본체 2대 [장치] 글자 카드
학습 정리	• 학습 정리 • 평가 • 다른 학습으로 이동	학습지

과정	SW 교수 · 학습 활동 ②	자료 및 유의점
도입 및 문제 확인	• 학습 안내 • 'SOFT' 영어 의미 질문 • 소프트웨어 정의 설명 • 학습 문제 안내 **[하드웨어를 먼저 배우는 팀]** 하드웨어–자동차, 소프트웨어–운전 기술을 비유한 영상 **[소프트웨어를 먼저 배우는 팀]** 컴퓨터 자료– 카드라이더 게임 안내	PPT 자료
	■ 학습 목표 제시 • 소프트웨어의 뜻을 이해하고 소프트웨어의 종류와 기능을 이해한다.	
전개	• 응용 소프트웨어 소개 : 그래픽, 문서 작성, 멀티미디어, 네트워크 프로그램, 게임 등 • 시스템 소프트웨어 : 운영체제(OS) • 소프트웨어 실습 : 프로그래밍(스크래치로 코딩)	PPT 자료
정리	• 학습 정리 • 평가 • 다른 학습으로 이동	뽑기 상자 모둠별 그림

교수 · 학습에서의 주안점

• 팀티칭 모형의 적용

소프트웨어 교육 수업에서는 전문가적인 요소가 많이 요구된다. 컴퓨터의 범위가 상당히 넓고 취급하는 범위도 굉장히 넓기 때문에 전문적인 소프트웨어 교육 수업을 단 한 사람의 교사가 모두 다루기에는 무리가 있다. 초 · 중등학교 수준에서의 소프트웨어 교육은 컴퓨터의 모든 분야를 자세하게 가르치지는 않지만, 어느 정도 전문성이 필요하다. 그것이 지극히 초보적인 수준이라고 해도 전문가가 가르치는 기초와 비전문가가 가르치는 기초는 학습자의 이해 정도에 있어 큰 차이를 나타낸다.

　이러한 소프트웨어 교육 수업에서 전문 교사에게 팀티칭을 받는 학습 방법이 효과적이다. 컴퓨터의 하드웨어와 소프트웨어의 개념을 형성하고 기초를 다지는 학습 내용을 가지고 팀티칭 수업을 한다. 하드웨어의 전문가와 소프트웨어의 전문가가 일정한 팀을 구성한 학습자들에게 전문적인 지식에 기반하여 기초적인 수준이지만 전문적인 교육을 한다. 학습자들은 새로운 교사와 새로운 수업 방법, 더 전문적인 지식을 통해 학습을 받는다.

• 교육 방향

　컴퓨터의 구성 요소는 정보통신 기술을 이해하는 가장 기초 영역이다. 특히, 하드웨어와 소프트웨어의 정의와 둘 간의 관계를 이해하게 되면 다른 정보통신 기술에 대한 이해가 쉽다. 팀티칭을 통하여 각 영역의 전문가들이 지도하게 되면 하드웨어와 소프트웨어의 특징과 기능들을 더욱 쉽게 이해할 수 있다.

　컴퓨터 구성 요소에 대한 팀티칭을 하면서 고려할 사항은 다음과 같다.

　첫째, 팀티칭이 교육을 전공한 교사가 아닌 전문가에 의한 수업이기 때문에 전문가로서의 지식적·기능적인 측면을 고려하여 교사를 초빙하고 수업 전 학습자들에 의한 정보를 제공하여 효율적인 수업이 되도록 한다.

　둘째, 수업의 구성은 팀티칭이되, 일반적인 사실을 전달하는 학습 내용으로 구성되어 있으므로 수업 방식은 직접교수법이다. 따라서 학습자들이 지루해하거나 흥미를 잃지 않도록 유도한다.

셋째, 두 팀으로 나누어져 수업을 진행한 후 담임 교사에 의해 학습 내용을 정리하고 평가할 수 있도록 한다.

교수 · 학습 자료

하드웨어 정리 활동 학습지

● 아래 하드웨어들을 알맞은 구성 요소와 짝지어 봅시다.

마우스 키보드 ●	● 중앙처리장치
프린터 모니터 ● 스피커	● 입력장치
CPU ●	● 기억장치
RAM HDD ● ROM USB Memory	● 출력장치

정리 활동 학습지

◉ 다음 〈보기〉에 제시된 컴퓨터 구성 요소들을 하드웨어와 소프트웨어로 구분해 봅시다.

〈보기〉	윈도우 마우스 포토샵 스캐너 한글 프린터 모니터 키보드

〈하드웨어〉	〈소프트웨어〉

◉ 컴퓨터의 하드웨어와 소프트웨어의 관계처럼 서로를 도와주는 현상을 찾아 하드웨어와 소프트웨어를 비교해 봅시다.

전문가협력학습 모형

교수 · 학습 과정안의 실제

학습 주제

네트워크의 구조와 특징

학습 목표

네트워크 구조의 특징과 장 · 단점을 이해할 수 있다.

학습 자료

전문가 학습지와 모집단 학습지, 상호 평가지와 개인별 평가지, 전문가 집단 푯말이나 깃발

단원의 구성

(1) 네트워크의 기초

- 네트워크의 개념
- 네트워크 주변 장치
- 네트워크 환경 설정 및 정보 교류
- 네트워크의 구조와 특징 → 본 차시
- IP 주소와 다양한 프로토콜
- 네트워크 보안

주요 학습 내용

(1) 별형 네트워크

가운데에 중앙 컴퓨터가 있고, 다른 컴퓨터들이 모두 그 컴퓨터에 연결되어 있는 형태

(2) 버스형 네트워크

한 개의 케이블에 여러 대의 컴퓨터가 연결된 모양의 네트워크. 모든 컴퓨터에서 보내는 정보가 한 케이블을 통해서 양방향으로 움직임

(3) 원형 네트워크

컴퓨터들을 서로 이웃하는 것끼리만 연결시킨 모양

(4) 트리형 네트워크

중앙에 컴퓨터가 있고 일정한 거리에 또 다른 컴퓨터들이 연결되어 있는 형태

(5) 그물형 네트워크

필요할 때마다 선과 컴퓨터를 연결하다 보면 그물 모양의 복잡한 형태로 발전

교수 · 학습 지도안

본시 주제	네트워크의 구조	수업 모형	전문가협력학습 모형
학습 목표	네트워크 구조의 특징과 장 · 단점을 이해할 수 있다.		

학습 절차	학습 요소	교수 · 학습 활동	지도 및 유의점
도입	동기 유발	■ **동기 유발** • 스마트폰 충전기, 드라이기, 다리미, 스탠드를 제시하고 한꺼번에 연결시킬 수 있는 방법을 찾게 한다. • 멀티탭 1(문어발식) / 멀티탭 2(절전형) / 멀티탭 3(개별 스위치 멀티탭) • 멀티탭을 이용하여 연결하면 좋은 이유를 말한다. 　－ 작아서요. 공간을 많이 차지하지 않아요. 그리고 무엇보다 싸요. 　－ 한꺼번에 다 끌 수가 있어서 좋아요. 　－ 안 쓰는 것만 하나씩 끌 수가 있어서 좋아요.	스마트폰 충전기, 드라이기, 다리미, 스탠드, 멀티탭
	학습 목표 제시	■ **학습 목표 제시** • 전자제품들을 여러 가지 멀티탭을 이용하여 연결한 것처럼 컴퓨터도 여러 가지 접속 형태를 이용하여 연결할 수 있다. • 네트워크 구조의 특징과 장 · 단점을 이해할 수 있다.	
학습 활동 안내 및 학습 계획	학습 활동 안내	■ **학습 활동 안내** • 접속 형태로 그물형, 별형, 트리형, 버스형, 원형의 다섯 가지를 제시하고 모둠원끼리 전문 분야를 정한다. • 각 주제별로 그물형은 빨강, 별형은 초록, 트리형은 노랑, 버스형은 보라, 원형은 검정으로 지정한다.	전문가 집단별 색띠
전문가 집단 활동	접속 형태 의 특징, 장 · 단점 알기	■ **전문가 활동** • 접속 형태의 특징, 장 · 단점 알아보기 　－ 학습지를 통해서 자신이 맡은 분야에 대해 전문가가 될 수 있도록 10분 동안 탐구를 한 뒤 두 명씩 짝을 지어 의견 교환을 통해 자신의 분야에 대해 전문가가 되었는지 확인해 보도록 한다. 　－ 여러 질문들을 통해 각 네트워크 접속 형태에 따른 장 · 단점을 찾아낼 수 있도록 한다. 　－ 맞은편에 앉은 사람과 자신이 학습한 분야에 대해 확인해 보는 시간을 갖는다. 　－ 부족한 부분은 서로 알려 주어 확실한 전문가가 될 수 있도록 한다. 　－ 의견 교환이 끝난 전문가 모둠은 깃발을 올리도록 한다. 　－ 전문가 집단의 활동이 다 끝났으면 모집단으로 이동한다.	교사는 돌아다니면서 학습이 제대로 되고 있지 않는 전문가 집단에 적절한 자극과 피드백을 준다. 전문가 활동지

학습 절차	학습 요소	교수 · 학습 활동	지도 및 유의점

모집단
활동
	네트
	워크
	구조
	의
	적용
		■ 모집단 활동
		• 네트워크 구조의 적용
		  – 자신의 모둠원들에게 전문가 모둠에서 학습한 내용을 알려 주
		    도록 한다.
		  – 모집단 학습지를 개인별로 해결한다.
		  – 여러 가지 접속 형태로 이루어진 정부 부처의 네트워크를 보
		    면서 각 부처의 특성으로 보아 어떤 접속 형태를 써서 일을 처
		    리하는 것이 가장 적합할지 함께 해결해 본다.
		  – 토의가 끝난 모둠은 깃발을 세워 표시하도록 한다.
			모둠 활동지

학습 활동 반성 및 정리	평가	• 자신이 학습한 분야와 친구들에게 배운 분야에 대해 모둠별로 퀴즈 대항전을 한다.	PPT로 퀴즈 제시
	정리	• 학습 내용을 정리하여 제시한다.	

교수 · 학습에서의 주안점

• 전문가협력학습 모형의 적용

전문가협력학습 모형은 여러 개의 소주제를 한번에 여러 학생들이 개별적으로 학습
할 수 있는 기회를 제공할 수 있는 학습 모형이다. 네트워크의 구조는 기본적으로 그물
형, 별형, 트리형, 원형, 버스형 등이 있는데, 이러한 각각의 네트워크 구조들은 각기 다
른 장 · 단점을 가지고 있다. 이것을 만약 전체 학습으로 학습하고자 한다면 매우 많은
시간이 소요되며 그에 비해 학습 효과도 적을 것이다.

특히, 네트워크의 구조는 초 · 중등학생들에게 다소 어려운 개념일 수 있기 때문에
제시된 학습 자료를 친구들과 깊이 학습하고 이해하는 과정이 필요하다. 학습자들은

전문가 집단에서 각각의 네트워크 구조의 장·단점을 학습지와 제시된 참고 자료를 통해 이해하고, 가르치고 배우는 활동을 통해 짧은 시간에 효과적으로 학습할 수 있다.

하지만 전문가 협력 학습을 하기 위해서는 학생들이 이 학습 과정에 대해 충분히 이해하고 여러 가지 규칙들을 숙지하고 있어야 한다. 따라서 여러 번의 학습 훈련을 통해 효과적인 학습이 이루어지도록 해야 한다.

• 교육 방향

네트워크의 구성 요소와 그 구조는 제시된 바와 같이 정형화된 것은 아니지만 네트워크를 여러 가지 방식으로 구성할 수 있음을 알게 해 줄 수 있다. 따라서 여러 가지 상황에 따라 그에 적합한 네트워크 구조를 선택하고 구성할 수 있다는 점을 알게 한다. 또한 학습자들이 단순히 주어진 자료를 암기하는 것이 아니라 각각의 구조들에 대한 문제를 찾고 해결하는 과정에서 각 네트워크 구조의 특징과 장·단점을 함께 찾아볼 수 있도록 한다. 교사는 이러한 자발적인 학습을 도와 탐구 활동이 촉진되도록 한다.

특히, 컴퓨터에서의 네트워크 구조는 사람과 사람과의 관계, 조직이나 단체가 구성된 모습, 학급이나 학교에서의 여러 가지 관계 등을 예를 들어 인식시킬 수 있다. 따라서 네트워크를 다양하게 구성해 보고 그 장·단점을 찾아봄으로써 실생활에서도 사람과 사람, 단체와 단체를 어떻게 구성해야 그 조직을 효과적으로 운영할 수 있는지 생각해 보도록 할 수 있다.

네트워크의 구조는 다양한 구조일 수도 있고 복합적일 수도 있으며 새로운 구조일 수도 있다. 따라서 현실에서도 다양하고 복잡한 네트워크를 형성하며 살고 있음을 알 수 있게 한다.

교수 · 학습 자료 1

네트워크의 구조

⚙ **별형 네트워크** : 가운데에 중앙 컴퓨터가 있고, 다른 컴퓨터들이 모두 그 컴퓨터에 연결되어 있는 형태
  - 장점 : 모든 일을 처리하는 중앙 컴퓨터 중심으로 관리를 하면 되기 때문에 관리가 편하고 쉬움
  - 단점 : 모든 일이 중앙 컴퓨터에 집중되기 때문에 중앙 컴퓨터에 부담이 많아짐

⚙ **버스형 네트워크** : 한 개의 케이블에 여러 대의 컴퓨터가 연결된 모양의 네트워크. 모든 컴퓨터에서 보내는 정보가 한 케이블을 통해서 양방향으로 움직임
  - 장점 : 설치와 확장이 쉽고 돈이 적게 듦
  - 단점 : 많은 컴퓨터가 연결되면 느려짐

⚙ **원형 네트워크** : 컴퓨터들을 서로 이웃하는 것끼리만 연결시킨 모양
  - 장점 : 전송 중에 계속 재생 과정을 거치게 되므로 전송 중에 잘못되는 경우가 적음
  - 단점 : 네트워크의 한 컴퓨터에서 문제가 생기면 네트워크 전체에 영향을 미침

⚙ **트리형 네트워크** : 중앙에 컴퓨터가 있고 일정한 거리에 또 다른 컴퓨터들이 연결되어 있는 형태
  - 장점 : 추가적으로 컴퓨터를 연결하기가 쉽다. 정보를 나누어 처리할 수 있음
  - 단점 : 상위의 컴퓨터가 고장이 나면 그것과 연결된 컴퓨터를 사용할 수 없음

⚙ **그물형 네트워크** : 필요할 때마다 선과 컴퓨터를 연결하다 보면 그물 모양의 복잡한 형태로 발전
  - 장점 : 한 선에 장애가 생겨도 다른 선을 통하여 데이터를 전송할 수 있어 장애에 강하고 안전함
  - 단점 : 연결선이 많아 설치 비용이 많이 들고, 구조가 매우 복잡해 관리가 어려움

교수 · 학습 자료 2 : 전문가 자료

'별형 네트워크' 어려운가요?

🌸 **저를 읽어 보고 다시 한 번 생각해 보세요.**

별형 네트워크는 가운데에서 밖으로 한 개씩 뻗어나간 모양이 꼭 별 모양 같아서 '별형 네트워크', 또는 한문의 '별 성'을 써서 '성형 네트워크'라고도 해요. 네트워크 구성의 가장 기본적인 방법입니다.

그림을 보면 가운데에 컴퓨터가 있고, 다른 컴퓨터들이 모두 그 컴퓨터에 연결되어 있죠?

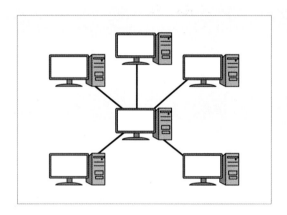

가운데에 있는 컴퓨터의 이름은 '허브'고, 네트워크의 중심 역할을 해요. 이렇게 중앙에 있는 허브로 모든 일이 집중되기 때문에 중앙에서 모든 것을 처리하는 '중앙 집중' 방식이라고 할 수 있어요.

별형 네트워크의 특징은 한 번에 오직 한 개의 컴퓨터만이 신호를 전송할 수 있어서, 두 대의 컴퓨터가 동시에 신호를 전송하거나, 여러 개의 컴퓨터가 동시에 신호를 보내는 것은 할 수가 없어요.

이런 특징을 모아 장점을 살펴보면 다음과 같아요.

중앙에 있는 허브에서 모든 일이 처리되어서, 관리할 때 중앙 한 곳만 신경을 쓰면 되니까, 네트워크 관리가 편하고 쉽습니다.

또 각 컴퓨터마다 서로서로 직접 이야기하지 않고, 중앙하고만 이야기한 후 중앙을 통해서 다른 컴퓨터와 이야기하기 때문에 여러 가지 장점이 생겨요. 우선 컴퓨터 각각의 필요에 맞게 전송 속도를 다르게 할 수 있고, 가운데로 연결된 컴퓨터 중의 어느 한 대가 고장이 난다고 하더라도 다른 컴퓨터에 영향을 미치지 않기 때문에 전체적인 네트워크 작동에는 아무런 문제가 없답니다. 그리고 고장이 발생했을 때 한 가지 선에 한 컴퓨터만 연결이 되어 있기 때문에 발견이 쉽고, 고치기가 편하답니다.

반대로 단점을 생각해 보면 다음과 같아요.

우선 중앙에 있는 허브로 모든 일이 집중되기 때문에 일이 너무 많아져서 부담이 될 수 있고, 그러다가 허브가 만약에 고장이라도 나면 모든 네트워크가 마비되겠죠. 그리고 컴퓨터 하나당 케이블을 하나씩 사용하기 때문에 많은 양의 케이블을 사용해야 하므로 설치 비용이 비쌉니다.

교수 · 학습 자료 3 : 학습지

버스형 접속 형태

접속 형태, 곧 정보통신망의 구성 형태 중에서 우리가 살펴볼 접속 형태는 '버스형 접속 형태'입니다. 다음은 버스형 접속 형태의 그림입니다. 엄밀한 계획하에 다음과 같이 처음부터 구성을 합니다.

버스형 접속 형태

🌸 **다음의 물음에 답해 봅시다.**

(1) '버스형 접속 형태'는 점 대 점 회선 구성 형태일까요, 다중점 회선 구성 형태일까요?

(2) '버스형 접속 형태'에서 사용되는 회선은 총 몇 개입니까?

(3) 통신 회선이 한 개당 10,000원이면 위와 같이 '버스형 접속 형태'를 구성하는 데 드는 회선의 비용은 얼마인가요?

(4) A에서 B로 하나의 데이터가 이동할 때, 이 데이터를 이용할 수 있는 컴퓨터는 몇 번 컴퓨터인가요?

(5) ①번의 위치에서 또 다른 컴퓨터를 연결한다면 어떻게 될까요?

(6) A에서 B로 데이터가 이동하는데, 만약 ②번의 위치에서 회선이 끊어졌다면 이 데이터는 몇 번 컴퓨터가 이용할 수 있나요?

🌸 버스형 전송 방식의 특징과 장 · 단점에 대하여 간단히 정리해 봅시다.

트리형 접속 형태

접속 형태, 곧 정보통신망의 구성 형태 중에서 우리가 살펴볼 접속 형태는 '트리형 접속 형태'입니다(허브란 컴퓨터를 연결하는 연결 장치입니다).

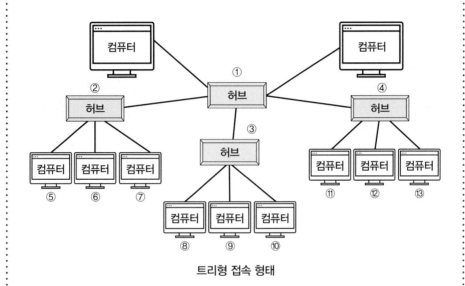

트리형 접속 형태

💠 **아래에 제시된 단어를 이용하여 다음의 물음에 답해 봅시다.**

(1) 위의 그림을 보고 생각나는 '트리형 접속 형태'의 특징은 무엇일까요?

(2) 위 그림에서 ①번이 고장 났다면 컴퓨터 ⑤번에서 컴퓨터 ⑩번으로 데이터를 보낼 수 있을까요? 그리고 그 이유를 토의해 봅시다.

(3) 위 그림에서 컴퓨터 ⑦번이 고장 났을 경우 ⑤, ⑥번 컴퓨터에 어떤 영향을 줄까요? 그 이유를 적어 봅시다.

(4) 허브가 ①번 하나만 있는 것과 허브 ②, ③, ④번을 연결함으로써 얻을 수 있는 이점은 무엇일까요?

(5) 네트워크에서 2차 허브는 여러 컴퓨터로부터 통신의 우선순위를 정할 수 있습니다. 예를 들어, 데이터를 보낼 때 ⑤번 컴퓨터에서 다른 허브에 연결되어 있는 ⑨번, ⑫번 컴퓨터 중 ⑨번에 데이터를 먼저 전송하려고 하면 ③번 허브에 먼저 데이터를 전송하여야 합니다. 그렇다면 우선순위를 정할 수 있다는 것은 어떤 면에서 좋을까요?

✺ 트리형 전송 방식의 특징과 장·단점에 대하여 간단히 정리해 봅시다.

네트워크의 접속 형태

다음 그림은 여러 가지 접속 형태로 이루어진 정부 부처의 네트워크입니다.

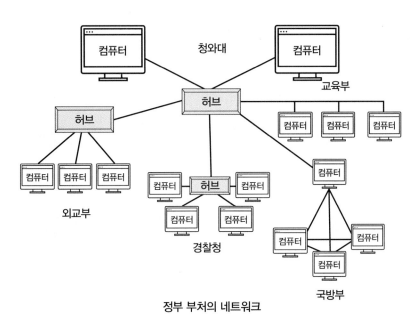

정부 부처의 네트워크

● 다음은 각 정부 부처에서 하는 일들의 특징입니다.

- 이들 부처의 특성으로 보아 어떤 접속 형태를 써서 일을 처리하는 것이 가장 적합할까요?
- 위에 있는 그림에 해당하는 접속 형태의 이름을 써 넣고 접속 형태에 알맞은 정부 부처의 이름을 써 주세요.

- 또한 그 이유도 생각해 봅시다.

① 청와대 : 모든 부서의 일을 관장합니다. 일에 우선순위를 정하여 처리할 수 있습니다.

② 외교부 : 모든 나라의 대사관 일을 처리하지만 각 나라의 일은 다른 나라에 영향을 미치지 않습니다.

③ 경찰청 : 경찰청에 들어온 신고는 관할 경찰서를 거쳐 순찰차에 접수합니다. 순찰차는 다시 관할 경찰서를 거쳐 경찰청에 결과를 보고합니다.

④ 국방부 : 정보처리량이 많고 보안과 비밀 유지가 중요하여 각자 독자적인 연락망이 필요합니다.

⑤ 교육부 : 초등, 중등, 고등 교육이 연계성이 있고 교육부에서 통합적으로 관리를 합니다.

온라인토론
모형

교수 · 학습 과정안의 실제

학습 주제

지적재산권의 보호

학습 목표

개인의 지적재산권을 보호해야 하는 이유를 알고 실천 의지를 다질 수 있다.

학습 자료

실시간 온라인 토론방, 음악 파일 및 프로그램 공유로 인한 저작권 시비 관련 기사

단원의 구성

(1) 저작권의 이해

- 지적재산권의 의미
- 저작권 표기법
- 지적재산권의 보호 → 본 차시
- 저작권 관련 법률

주요 학습 내용

(1) 저작권

　　문학 · 학술 또는 예술의 범위에 속하는 창작물인 저작물에 대한 권리

(2) 공개 소프트웨어

　　공개 소프트웨어(프리웨어, 온라인 소프트웨어)는 금전적 이익을 추구하지 않고, 무료로 배포하는 소프트웨어

(3) 상용 소프트웨어

　　금전적 이익을 위해 돈을 받고 파는 소프트웨어

교수 · 학습 지도안

본시 주제	지적재산권의 보호	수업 모형	온라인토론 모형
학습 목표	개인의 지적재산권을 보호해야 하는 이유를 알고 실천 의지를 다질 수 있다.		

학습 절차	학습 요소	교수 · 학습 활동	학습 자료 및 유의점
도입	동기 유발	■ 사전 과제로 수집된 게시물 살펴보기 • 토론 시스템에 연결된 자료 게시판에 사전 과제로 주어진 저작권 관련 자료들을 학생들과 함께 살펴본다.	교사는 수업 전 미리 게시물을 선정할 것
	학습 목표 제시	■ 학습 목표 안내 • 개인의 지적재산권을 보호해야 하는 이유를 알고 실천 의지를 다질 수 있다.	

학습 절차	학습 요소	교수 · 학습 활동	학습 자료 및 유의점
토론 주제 정하기	토론 문제 파악	■정보 공유의 편리성과 자료 공유의 필요성 • 정보가 특정인에게 주어져 있을 때의 문제점과 정보의 발전을 위해서 정보 공유의 장점들을 살펴본다.	공유 사례
		■지적재산권의 침해 사례 분석 • 음원을 보호받지 못하는 가수들이나 영화 등 지적재산권의 침 해가 사회적으로 끼치는 피해를 살펴본다. • 수집된 자료는 공유 게시판을 통하여 언제든지 다시 살펴볼 수 있도록 게시한다.	침해 사례
	토론 주제 안내	■토론 주제 안내 • 지적재산권 어디까지 보호받아야 하는가? 　가수의 음반을 MP3로 제작해서 개인적으로 활용, 거대 기업 　의 정보 독점 사례 등	구체적인 문제 사례 제시
토론 과정 안내	토론 방법과 과정 안내	■찬반 토론장의 안내 • 시스템의 활용 방법에 대해 자세히 안내한다. • 의견 개진할 주제와 개진 방법을 숙지하고 활용하게 한다. ■토론 과정의 안내 • 개별 의견 제시 후 전체 의견 수렴 과정에 대해서 안내한다.	시스템 준비 : 시 스템의 특징에 따라 의견 개진 방법 준비
토론 하기	온라인 토론	■개별 의견 개진 • 주어진 주제들에 대해서 개별 의견 개진을 한다. 　다양한 주제에 대하여 모두 의견 개진을 하도록 한다.	
의견 수렴 및 전체 토론	의견 수렴	■모둠별 의견 정리 • 모둠별로 주어진 주제에 관하여 개진된 의견을 정리한다.	모둠별 역할나누기 학습지
	전체 토론	■모둠 발표 후 각자 서로의 생각 비교 및 정리 • 모둠별로 발표되는 내용을 듣고 서로의 생각을 발표한다. • 교사는 전체 의견 정리 및 수렴 후에 발전적인 방향을 유도한다.	학습지
정리	정리 및 평가	■학급 의견 정리와 바람직한 방향 정리 • 공유의 문제와 보호의 문제에 대해서 바람직한 자세로 대응하 는 자세와 가치 기준을 정리한다.	가치 확립

교수 · 학습에서의 주안점

• 온라인토론 모형의 적용

　두 가지 이상의 쟁점이 되는 문제 상황을 제시하여 올바른 사이버 의식을 갖도록 하기 위해서는 학생들이 자신과 다른 사람의 의견을 효과적으로 주고받아야 한다. 그러한 효과적인 온라인토론이 가능하기 위해서는 실시간과 비실시간 의사소통이 모두 가능하고, 디지털 자료를 쉽게 공유할 수 있어야 한다. 또한 면대면의 교육이 아니기 때문에 소극적인 학생들의 참여를 유도할 수 있는 온라인이 가진 여러 가지 장점을 살린 수업이어야 한다.

　따라서 본 수업에서는 사전에 찬반 토론을 위한 비실시간 토론방을 이용하여 학생들이 충분히 문제에 대해 생각하고 정리하여 의견을 표현할 수 있도록 한다. 본 수업에서는 친구들의 여러 의견을 살펴보고 자신의 생각을 더 구체화하거나 정리하여 최종 의견을 결정할 수 있도록 도와준다. 결정된 의견을 다시 정리하여 찬반 게시판 등을 통해 정리하여 게시하는 활동도 학생들의 생각을 정리하고 책임감 있는 발언을 하도록 하는 데 중요하다. 이러한 토론 과정을 거쳐 학생들은 쟁점화된 문제에 대해 깊이 있는 사고를 할 수 있는 기회를 갖게 되면, 발산적 사고와 수렴적 사고를 융합하여 비판적 사고와 논리적 사고를 신장시키게 된다.

• 교육 방향

　본 수업에서는 디지털의 특징을 이용한 다양한 소프트웨어 및 해당 소스를 공유하는 것에 대한 개인의 자유 및 소프트웨어 발전의 문제와 개인의 저작권 보호에 대한 두 가지 문제에 대해 학습자들의 의견을 다양한 토론 전략을 통해 공유한다. 특히, 정보윤리의 문제에 있어서 단순히 윤리적인 접근에서 벗어나 각각의 주장에 대한 다양한 지식 및 기술적인 근거를 제시하면서 주장하도록 한다. 또한 공개된 소스를 이용하여 상업적인 권리를 취득한 문제 상황과 같은 문제들을 해결하기 위해서 제도적 혹은 기술적으로 어떻게 해결할 수 있을지 생각해 보도록 한다.

교수 · 학습 자료 1

공개 소프트웨어와 상용 소프트웨어

🌑 공개 소프트웨어

공개 소프트웨어(프리웨어, 온라인 소프트웨어)는 금전적 이익을 추구하지 않고, 무료로 배포하는 소프트웨어로서 자유의 문제가 중요하다. 사람들은 사회에 유용한 모든 방식으로 소프트웨어를 자유롭게 사용할 수 있어야 한다. 소프트웨어는 의자나 샌드위치, 휘발유와 같은 물건들과는 다르다. 왜냐하면 소프트웨어는 이들보다 훨씬 쉽게 복제되고 수정될 수 있기 때문이다. 이러한 가능성은 소프트웨어를 그만큼 유용하게 만든다. 우리는 소프트웨어 사용자들이 그러한 가능성을 활용할 수 있어야 한다.

🌑 상용 소프트웨어

금전적 이익을 위해 돈을 받고 파는 소프트웨어이다. 현행 「컴퓨터프로그램보호법」은 정당한 권한 없이 다른 사람의 프로그램 저작권을 복제, 개작, 번역, 배포, 발행 및 전송의 방법으로 침해해서는 안 되며, 이를 위반하는 자는 형사 처벌하도록 규정하고 있다. 흔히 허용되는 것으로 착각하기 쉬운 불법 복제의 사례를 들면, 친구로부터 정품 CD를 빌려 내 컴퓨터에 프로그램을 설치한 경우, PC 구입 시 판매처에서 서비스 차원에서 라이선스 없는 윈도우를 무상으로 설치한 경우, 인터넷 또는 PC 통신을 이용하여 정품 소프트웨어를 다운로드하여 설치한 경우, 두 대의 컴퓨터를 보유하고 있는 자가 정품 한글 CD 1장을 구입하여 두 대의 컴퓨터에 설치한 경우, A 학교에서 구입한 프로그램을 B 학교에서 구입한 프로그램과 교환하여 사용한 경우 등이 모두 불법복제에 해당한다. 따라서 개인의 저작권은 보호되어야 하며 각각의 소프트웨어에 대한 정당한 대가를 지불해야 한다.

출처 : '상용 소프트웨어란?' – 네이버 지식iN http://blog.naver.com/jinhee0ju/40013751028

교수 · 학습 자료 2 : 학습지

지적재산권의 보호와 정보 공유

◉ 토론 시스템 이용 방법

◉ 모둠의 주제

◉ 모둠별 주제에 나타난 의견 정리

발표자	의견 내용
종합 모둠 의견	

프로젝트학습 모형

학습 주제
자료구조의 스택과 큐 구조 이해하기

• 차시별 학습 내용 •

차시	학습 과정	소주제	활동 내용
1차시	준비 및 주제 결정하기 활동 계획하기	자료구조의 의미	자료구조 생각 지도 만들기
2차시	탐구 및 표현하기	스택의 개념과 원리	OHP 필름과 탁구공을 이용하여 스택의 개념과 원리 이해하기
3차시	탐구 및 표현하기	큐의 개념과 원리	OHP 필름과 탁구공을 이용하여 큐의 개념과 원리 이해하기
4차시	마무리하기	보고서 평가	모둠별 보고서 발표 후 소감문 평가

• 교수·학습 지도안 •

대상	초등학교 4학년	차시	1차시
본시 주제	자료구조의 의미	수업 모형	프로젝트학습 모형
학습 목표	실생활에서 자료와 자료구조의 의미를 이해할 수 있다.		

학습 절차	교수 · 학습 활동	자료 및 유의점
준비 하기	■ 도입(동기 유발) • 주제 선정을 위한 동기 유발을 위해 상황을 제시한다. (상황 1) 갑자기 추워진 날씨에 노란색 두터운 겨울 코트를 꺼내 입으려고 한다. 그런데 옷이 가득 들어 있는 옷장에서 원하는 옷을 찾을 수가 없다. 무엇 이 잘못된 것일까? 옷 정리를 하지 않았다. (상황 2) 방학을 맞아 가족 여행을 떠나려고 한다. 짐 가방은 1개뿐인데, 많은 짐 을 다른 가방을 빌리지 않고 어떻게 가져갈 수 있을까? 차곡차곡 정리한다. 불필요한 짐은 가져가지 않는다. (상황 3) 인터넷 과제 조사로 컴퓨터에 많은 자료를 저장하다 보면, 정작 필요한 자료를 찾을 때에 찾기가 힘들고 컴퓨터의 속도가 느려 진다. 이때에 어 떻게 문제를 해결할 수 있을까? – 불필요한 자료 정리, 디스크 정리, 디스크 조각 모음 등 – 그렇다면 컴퓨터는 과연 수많은 자료나 정보를 어떻게 저장할까? ■ 학습 목표 • 실생활에서 자료와 자료구조의 의미를 이해할 수 있다.	동기 유발 상 황을 그림으 로 제시한다.
주제 결정 하기	■ 모둠 구성 • 6명 1모둠으로 구성한다. • 모둠 이름 및 모둠 소개서를 작성한다. ■ 주제 결정하기 • 대주제인 '자료 구조' 주제를 교사가 제시한다. • 프로젝트 학습 계획서 작성 및 역할을 분담한다.	

학습 절차	교수 · 학습 활동	자료 및 유의점
활동 계획 하기	■ 자료구조의 의미 　• 자료구조 : 자료 처리를 위한 자료의 표현, 저장, 관계, 관리 및 이용에 관한 방법 　　등의 개념을 이해하여 프로그램에 사용되고 컴퓨터에 의해 처리될 때 적절한 　　자료의 표현, 구성, 저장 및 처리를 위한 적절한 방법 　• 자료구조에 대한 생각 지도 만들기 　　　　　　　　　　자료 　　　　　　　　　　구조	

대상	초등학교 4학년	차시	2차시
본시 주제	스택의 의미	수업 모형	프로젝트학습 모형
학습 목표	스택의 의미를 이해할 수 있다.		

학습 절차	교수 · 학습 활동	자료 및 유의점
탐구 및 표현하기	**■ 탐구하기 1** • 상황 제시(동기 유발) – 요리사가 파이를 굽고 있다. 구운 순서대로 파이 4개를 쌓아서 손님에게 가져 가려고 한다. 요리사가 쌓아 올린 순서대로 손님이 파이를 먹는다면 제일 먼저 먹게 되는 파이는 요리사가 몇 번째로 만든 파이일까? 또, 제일 먼저 만든 파이는 손님이 몇 번째로 먹을까? – 스택 : '쌓아 올린 더미'라는 뜻을 가진 말로 위에서 아래로 파이를 쌓고 다시 아래에서 위로 파이가 없어지는 것과 같이 한쪽으로만 쌓고 내보낼 수 있는 자료구조이다. **■ 탐구하기 2** • 스택 구조 만들기 – OHP 필름을 말아 원통 모양으로 만든다. – 아랫 부분을 막고 원통을 세운다. – 4개의 탁구공에 견출지로 A, B, C, D라고 적는다. – 원통 안에 탁구공 A를 넣고 그 다음에 탁구공 B를 넣는다. – 같은 방법으로 A, B, C, D 순서로 쌓아 올린다. – 원통 안에 들어간 4개의 탁구공을 하나씩 밖으로 빼내서 순서를 적는다.	상황을 그림으로 제시한다.

학습 절차	교수 · 학습 활동	자료 및 유의점

| | | 원통에 탁구공이 들어갈 수 있게 크기를 조절해서 만든다. |

• 스택 구조 성질 이해하기

스택의 성질을 모둠별로 작성한다.

(통 안에 제일 늦게 들어오는 탁구공, 제일 빨리 나가는 탁구공, 가장 오랫동안 들어 있었던 탁구공, 들어오고 나가는 길이 같은가)

– 스택의 성질 : 빈 통 안에 제일 늦게 들어간 탁구공이 제일 먼저 나가게 되는 것처럼 스택 구조에서는 제일 늦게 들어온 자료가 제일 먼저 처리된다.

– 탑 : 탁구공이 쌓여 있는 맨 꼭대기처럼 스택에서 맨 위에 쌓여 있는 자료가 위치하는 곳을 가리킨다. 탑은 단순히 자료의 높이를 표현하는 것 외에도 자료가 얼마만큼 쌓여 있는지를 나타내는 역할을 한다.

탐구 및 표현하기

■ 탐구하기 3

• 푸시와 팝 알아보기

– 푸시(push) : 스택 구조에서 탁구공을 쌓는 것

– 팝(pop) : 탁구공을 꺼내는 것

학습 절차	교수 · 학습 활동	자료 및 유의점
탐구 및 표현하기	– 모둠별로 원통에 탁구공을 다음과 같은 순서로 푸시와 팝을 해 보기 　　　푸시 → 푸시 →팝→푸시 →팝→팝→푸시 →팝 – 위의 과정에서 팝이 되는 순서대로 적기 • 푸시와 팝 적용하기 – 모둠별로 과제 해결하고 보고서 작성하기 　　탁구공이 푸시되는 순서는 A, B, C, D이고 팝하는 탁구공을 순서대로 적었더니 B, A, D, C였다. 최소한의 팝과 푸시의 과정을 거쳤다면 팝과 푸시가 일어난 과정을 해결하라. – 정답 : 푸시 →푸시 →팝 →팝→푸시 →푸시 →팝 →팝 • 우리 생활에서 적용하기 – 우리 생활에서 스택의 예를 찾아 보고서에 그림으로 표현하기 – ⑩ 뷔페 식당에 쌓여 있는 접시들, 스프링 달린 동전 케이스, 케이크형 CD, 위에서 여는 김치 냉장고, 여러 단의 찬합 등	

대상	초등학교 4학년	차시	3차시
본시 주제	큐의 의미	수업 모형	프로젝트학습 모형
학습 목표	큐의 의미를 이해할 수 있다.		

학습 절차	교수 · 학습 활동	자료 및 유의점
탐구 및 표현하기	■ **탐구하기 1** • 상황 제시(동기 유발) – 도로에서 횡단보도에 빨간불이 켜졌을 때 차들이 차례로 멈추었다. 신호등이 초록불로 바뀌면 어떤 순서대로 횡단보도를 지나갈까? – 온 순서대로 지나간다. – 큐 : '차례를 기다리는 사람이나 차의 줄 또는 대기열'이라는 뜻을 지니며 한쪽에서는 계속 입력만 되고 반대쪽에서는 먼저 입력된 것부터 출력되는 형태의 자료구조이다.	상황을 그림으로 제시한다.
	■ **탐구하기 2** • 큐 구조 만들기 – OHP 필름을 말아 원통 모양으로 만든다. – 원통을 가로로 놓는다. – 4개의 탁구공에 건출지로 A, B, C, D라고 적는다. – 원통 안에 탁구공 A를 넣고 그 다음에 탁구공 B를 넣는다. – 같은 방법으로 A, B, C, D 순서로 밀어 넣는다. – 원통 안에 들어간 4개의 탁구공을 넣었던 쪽의 반대쪽에서 하나씩 밖으로 빼 본다. – 탁구공이 통 밖으로 나오는 순서를 적는다. 	원통에 탁구공이 들어갈 수 있게 크기를 조절해서 만든다.

학습 절차	교수 · 학습 활동	자료 및 유의점
	• 큐 구조 성질 이해하기 – 큐의 성질을 모둠별로 작성한다. 　(통 안에 제일 먼저 들어가는 탁구공, 제일 빨리 나가는 탁구공, 탁구 　공이 들어오고 나가는 길이 같은가) – 큐의 성질 : 빈 통 안에 제일 먼저 들어간 탁구공이 제일 먼저 나가 　게 되는 것처럼 큐의 구조에서는 제일 먼저 들어온 자료를 제일 먼 　저 처리한다.	
탐구 및 표현하기	■ 탐구하기 3 • 입력과 삭제 – 입력(insert) : 큐 구조에서 탁구공을 밀어 넣는 것 – 삭제(delete) : 탁구공을 빼내는 것 • Rear와 Front – Rear : 큐의 리스트 속에서 최근에 입력된 데이터 – Front : 가장 먼저 입력된 자료 – 모둠별로 원통에 탁구공을 다음과 같은 순서로 입력하고 삭제한 후 　Rear와 Front 알아보기 　A 입력 → B 입력 → C 입력 → A 삭제 → D 입력 → B 삭제 – 위의 과정에서 Rear와 Front에 해당하는 탁구공 적기	
	■ 탐구하기 4 • 스택과 큐의 공통점과 차이점 　모둠별로 과제 해결하고 보고서 작성하기 • 우리 생활에서 적용하기 　우리 생활에서 큐의 예를 찾아 보고서에 작성하기	

대상	초등학교 4학년	차시	4차시
본시 주제	보고서 발표	수업 모형	프로젝트학습 모형
학습 목표	스택과 큐의 차이점을 말할 수 있다.		

학습 절차	교수 · 학습 활동	자료 및 유의점
마무리 하기	■ 발표하기 • 보고서 모둠별 발표하기 　지난 시간에 탐구한 내용을 바탕으로 작성한다. ■ 반성하기 • 모둠별 반성하기 　모둠별로 역할 분담 및 학습 과정을 반성한다. ■ 평가하기 • 보고서 평가하기 • 역할 분담 평가하기	모둠별로 발표할 때 역할 분담 및 탐구 과정에서 학습한 내용을 중심으로 발표할 수 있도록 지도한다.

교수 · 학습 자료 1

주제	자료 구조의 의미	차시	1차시
활동	자료 구조 생각 지도 만들기		
모둠 이름			

자료
구조

교수 · 학습 자료 2

주제	스택의 개념과 원리	차시	2차시
활동	스택의 개념과 원리 이해하기		
모둠 이름			

1. 탁구공이 원통 밖으로 나오는 순서를 적어 보시오.

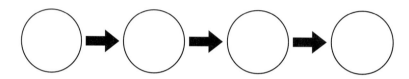

2. 스택의 구조에 대한 질문에 답해 보시오.

   (1) 원통 안에 제일 늦게 들어오는 탁구공은 무엇인가? (　　　　　　)

   (2) 원통에서 제일 빨리 나가는 탁구공은 무엇인가? (　　　　　)

   (3) 원통에서 가장 오랫동안 들어 있었던 탁구공은 무엇인가? (　　　　　)

   (4) 탁구공이 들어오고 나가는 길은 같은가, 다른가? (　　　　)

   (5) 탁구공이 들어오고 나가는 길은 하나인가, 여러 개인가? (　　　　　)

3. 다음과 같은 순서로 푸시와 팝을 해 본 후 팝이 되는 탁구공 순서대로 적으시오.

> 푸시 → 푸시 → 팝 → 푸시 → 팝 → 팝 → 푸시 → 팝

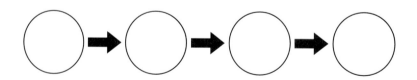

4. 다음 제시되는 문제를 해결하시오.

> 탁구공이 푸시되는 순서는 A, B, C, D이고 팝하는 탁구공을 순서대로 적었더니 B, A, D, C였다. 최소한의 팝과 푸시의 과정을 거쳤다면 팝과 푸시가 일어난 과정을 해결하라.

(   )→(   )→(   )→(   )→(   )→(   )→(   )→(   )

5. 우리 생활에서 스택의 예를 찾아보시오.

교수 · 학습 자료 3

주제	큐의 개념과 원리	차시	3차시
활동	큐의 개념과 원리 이해하기		
모둠 이름			

1. 탁구공이 원통 밖으로 나오는 순서를 적어 보시오.

◯ ➡ ◯ ➡ ◯ ➡ ◯

2. 스택의 구조에 대해 질문에 답해 보시오.

   (1) 원통 안에 제일 먼저 들어오는 탁구공은 무엇인가? (   )

   (2) 원통에서 제일 빨리 나가는 탁구공은 무엇인가? (   )

   (3) 탁구공이 들어오고 나가는 길은 같은가, 다른가? (   )

3. 다음과 같은 순서로 입력과 삭제를 한 후 Rear과 Front에 해당하는 탁구공을 적으시오.

   ┌───┐
   │ A 입력 → B 입력 → C 입력 → A 삭제 → D 입력 → B 삭제 │
   └───┘

   Rear : ◯   Front : ◯

4. 스택과 큐의 공통점과 차이점을 적으시오.

   (1) 스택과 큐의 공통점

   (2) 스택과 큐의 차이점

5. 우리 생활에서 큐의 예를 찾아보시오.

• 활동지 •

프로젝트 계획서				
1. 주제				
2. 소주제	(1)			
	(2)			
	(3)			
	날짜	세부 활동 내용	날짜	세부 활동 내용
3. 프로젝트 활동 세부 계획				
4. 필요한 준비물				

구성원 역할 분담표		
이름	역할	
		※ 과제 활동 분담 외에 필요한 역할 • 모둠장 • 자료 보충자 • 격려자 • 관찰자 등

• 프로젝트 모형의 평가 기준 •

자기 만족도	내가 완성한 결과물의 분량과 내용의 충실성이 충분하다.
	내가 완성한 결과물의 분량이 부족하거나 내용이 불충분하다.
	내가 완성한 결과물의 분량과 내용 모두 부족하여 불만족스럽다.
기능 신장 정도	스프링 노트를 활용하여 결과물을 완성할 수 있고 공유할 수 있다.
	결과물 완성과 공유를 능숙히 하지는 못하지만 선행 학습자의 도움을 통해 수행할 수 있다.
	결과물 완성과 공유에 어려움이 있다.
교과 학습 영역	결과물을 통해 교과 내용을 충분히 이해하였다.
	내가 조사한 부분만 이해하였다.
	결과물은 완성하였으나 내용의 이해는 없었다.

디지로그 개념을 이해하고 체인리액션 구현하기

체인리액션 교수 · 학습 과정안

주제	체인리액션(chain reaction)
학습 목표	• 센서와 액추에이터의 쓰임을 알고 프로그래밍을 통해 제어할 수 있다.
학습 문제	• 센서와 액추에이터의 제어 원리에 대해서 아는가? • 체인리액션을 위한 소프트웨어 핵심 알고리즘을 스크래치로 구현할 수 있는가? • 체인리액션을 위해 센서와 액추에이터를 제어할 수 있는가?

단계	과정	교수 · 학습 활동	자료 및 유의점
배우기 (Learn)	문제 상황 인식	■ **동기 유발** • 센서와 액추에이터를 직접 제어할 수는 없을까? 　우리 주변에서 센서와 액추에이터를 자동으로 제어하는 장 　치 찾아보기 • 피지컬 컴퓨팅 체인리액션 과정에서 센서와 액추에이터는 어 　떻게 작동하는지 생각해 보기	동영상
	학습 문제 인식	■ **학습 문제** • 센서와 액추에이터를 이용해 체인리액션 만들어 보기	
	원리와 사용법 살펴 보기	■ **센서와 액추에이터 작동 원리 살펴보기** • 체인리액션 동영상을 보고 작동 원리 생각해 보기 ■ **피지컬 컴퓨팅 소개 및 사용법 알기** • 피지컬 컴퓨팅 부품을 소개하고 센서와 액추에이터를 구분해 　보기 ■ **피지컬 컴퓨팅 부품을 이용하여 센서와 액추에이터 제어하기** • 스크래치를 이용하여 피지컬 컴퓨팅 부품 세서와 액추에이터 　제어해 보기 　－ 예제를 통해 센서와 액추에이터를 제어하는 핵심 알고리 　　즘 살펴보기 　－ 예제 블록 살펴보고 센서와 액추에이터 직접 제어해 보기	동영상 피지컬 컴퓨팅 부품 스크래치 프로그램 체인 리엑션 예제 스크래치 파일

단계	과정	교수·학습 활동	자료 및 유의점
아이디어 내기 (Ideate)	아이디어 내기	■ **구동 방식에 대해 아이디어 내기** • 작동 원리 간단하게 그림으로 나타내기 그림으로 나타내고 협의를 통해서 아이디어를 수정 보충함	마커 보드 포스트잇 스크래치
	아이디어 확인 하기	■ **구동을 위한 핵심 알고리즘 간단히 스케치하기** • 핵심 알고리즘 시각화하기 핵심 알고리즘을 간단한 스케치와 스크래치를 이용하여 시각화해 보기	
	아디디어 결정 하기	■ **구동 원리와 핵심 알고리즘에 대한 아이디어 결정하기**	

디자인하기 (Design)	디자인 하기	■ **구동 원리와 핵심 알고리즘 아이디어를 기반으로 하여 디자인하기**
		• 제작 기반 살펴보기
		• 구동을 위한 창의공학 설계 1
		  다양한 폐품과 피지컬 컴퓨팅 부품을 어떻게 사용할지 설계하기
		• 구동을 위한 창의공학 설계 2
		  스크래치를 이용하여 핵심 알고리즘 제작하기
			마커 보드
			포스트잇
			스크래치
			각종 폐품
			피지컬 컴퓨팅
			부품

만들기 (Make)	제작 하기	■ **설계 내용을 바탕으로 만들기**	각 과정은 반복, 순화해서 이루어짐 피지컬 컴퓨팅 부품 스크래치
	테스트 하기	■ **정확히 작동하는지 테스트하기**	
	수정하기	■ **구동을 위해 구동 방식 수정하기** ■ **구동을 위해 알고리즘 수정하기**	
공유 및 평가 (Share)	시연하기	■ **산출물 시연하기**	
	공유 및 반성	■ **산출물 자랑하기** • 여러 사람들 앞에서 직접 시연 • SNS를 이용하여 공유하기 ■ **자기 평가 및 상호 평가**	

② 소프트웨어 교수·학습 전략 사례

정보보호 교수·학습 전략

정보보호 교육 전략의 실제

저작권에 대한 이해와 워터마킹 기술을 바탕으로 저작권 보호의 기능과 태도를 기르고자 한다.

학습 목표	• 저작권에 대해 이해하고, 워터마크를 만들 수 있다(소양적 관점). • 자신과 타인의 저작권을 보호할 줄 아는 태도를 지닌다(윤리적 관점).

학습 단계		교수·학습 활동	자료 및 유의점
도 입	문 제 인 식	■ **동기 유발 및 윤리 실태 인식** T : 선생님이 어제 인터넷 뉴스를 보다가 어떤 소식을 접하고 깜짝 놀랐어요. 사진을 보며 같이 이야기해 봅시다. 　　(위조 지폐와 진짜 지폐가 섞인 사진을 함께 본다.) T : 어떤 것이 진짜 1만 원짜리 지폐일까요? T : 그러면 선생님이 본 인터넷 뉴스를 함께 봅시다. 무슨 내용인가요? S : 우리가 살고 있는 도시에서 위조 지폐가 발견되었어요. S : 우리나라에 위조 지폐가 많아지고 있어요.	위조 지폐와 진짜 지폐의 사진

학습 단계		교수 · 학습 활동	자료 및 유의점
도입	문제 인식	T : 우리가 간단하게 화폐의 진위를 구별할 수 있는 방법은 없을까요? 우선 선생님이 한 가지 방법을 가르쳐 줄게요. 지폐를 가지고 있는 사람은 지폐를 꺼내고, 불빛에 그것을 비추어 보세요. T : 잘 찾았어요. 지폐를 똑같이 만든다고 해도 우리는 그것을 보고 그것이 진짜인지 가짜인지 구별할 수 있어요.	
		■ 학습 목표 제시 • 저작권에 대해 이해하고, 워터마크를 만들 수 있다. • 자신과 타인의 저작권을 보호할 줄 아는 태도를 지닌다.	
전개	문제의 추구 및 선택	■ 문제의 심각성 인식 T : 조금 전에 우리는 우리나라에 위조 지폐가 많아지고 있음을 확인했어요. 그렇게 되면 어떤 문제가 생길까요? S : 화폐의 가치가 떨어져요. S : 물가가 올라요. S : 나라의 신뢰도가 떨어져요. T : 맞아요. 그래서 화폐를 발급하는 한국은행에서는 은행에서 만들어 낸 돈이라는 여러 가지 표시를 하고 있어요. 1만 원짜리 지폐 아래쪽에 한국은행 2000이나 THE BANK OF KOREA라고 적혀 있는 것도 그중 하나예요. ■ 윤리 태도 교육 T : 선생님은 얼마 전 선생님 홈페이지에 시를 한 편 써서 올렸는데, 그 시가 다른 사람의 홈페이지에서 그 사람이 쓴 것처럼 올려진 것을 본 적이 있어요. 선생님 기분이 어땠을까요? S : 너무 속상했을 것 같아요. T : 이런 경우 그 시에 대한 선생님의 저작권을 침해당했다고 하는 거예요. 자신의 저작권을 침해당한 경험이 있는 사람이 있다면 이야기해 볼까요? T : 누구나 그렇게 저작권을 침해당한다면 기분이 좋지 않겠죠? 다른 사람의 자료를 가져갈 때는 어떻게 해야 하나요? S : 그 사람의 저작권을 지켜 주기 위해 허락을 받거나 출처를 표시해야 합니다. T : 이처럼 저작권이란 시, 소설, 음악, 미술, 연극, 컴퓨터 프로그램 등과 같은 '저작물'에 대하여 창작자가 가지는 권리를 말합니다. ■ 소양 실습 교육 T : 남의 저작권을 지켜 주는 것도 중요하지만 우리는 나의 것을 지킬 줄도 알아야 합니다. T : 이제 '나의 것'을 표시하는 방법을 배워 봅시다.	실제로는 학생들이 1만 원권 지폐를 가지고 다닐 확률이 적으므로 실물 화상기를 통해 보여 준다.

학습 단계		교수 · 학습 활동	자료 및 유의점
전개	문제의 추구 및 선택	한국은행이 화폐에 넣는 각종 표시와 같은 것을 우리는 워터마크라고 합니다. 지폐에서 사람의 그림처럼 보이지 않는 워터마크와 글자처럼 보이는 워터마크가 있는데, 오늘 모두 한 번 만들어 봅시다. • 실습 활동 ① 한글 문서에 워터마크 삽입(희미하게 그림 삽입하기) : 모양 → 쪽 테두리/배경 → 배경 → 그림 → 워터마크 효과에 체크 ② 포토샵을 이용한 보이는 워터마크 삽입 작업 ③ 포토샵을 이용한 보이지 않는 워터마크 삽입 작업 및 친구의 워터마크 찾아내기 활동 (① 활동은 교사의 지도를 들으며 교사와 동시에 간단히 진행하면서 워터마크에 대한 인식을 심화시키는 가벼운 단계로 삼고, ②~③ 활동을 주 활동으로 하여 단계마다 방송을 통해 교사가 직접 하는 과정을 보여 주고 다음에 학생들이 하도록 한다. 미리 과정을 담은 파일들을 학생들이 다운로드하여 그것을 보며 참고하도록 한다. 교사의 순회 지도도 동시에 이루어진다.) T : 반 친구들이 모두 확인할 수 있도록 만든 보이는 워터마크가 들어간 사진 파일을 우리 반 클럽 게시판에 올리도록 합시다.	포토샵 기능을 숙지한 상태라고 전제하므로 워터마크 디자인하기 실습 효과도 누릴 수 있다.
정리	실천 의욕화	■ 소양 실습 교육과 윤리 태도 교육의 접목 T : 워터마크를 통해 어떻게 저작권을 보호할 수 있을지 이야기해 봅시다. S : 보이는 워터마크도 중요하지만, 특히 보이지 않는 워터마크일 경우에는 자신의 디지털 정보가 허락 없이 돌아다니고 있는 것을 본다면 그것에 있는 워터마크를 찾아내어 고발할 수 있어요. T : 그렇게 된다면 아무런 방책이 없는 것보다 사람들은 남의 정보를 불법적으로 가져가는 일은 드물게 되겠죠? T : 오늘 활동을 통해 느낀 점을 누가 발표해 볼까요? S : 사람들의 저작권을 지켜 주는 것이 중요하다는 것을 알았어요. S : 앞으로 제가 만든 자료에는 꼭 워터마크를 삽입하여 제 것을 지키고 싶어요. ■ 수업 정리 T : 오늘 집에 가서 네트워크상에서의 저작권 침해와 관련한 인터넷 기사를 찾아보고, 느낀 점을 오늘 한 활동과 관련하여 우리 반 게시판에 올리도록 합시다.	배운 내용을 실제 상황과 관련지어 윤리적 실태를 다시 한 번 실제적으로 인식하도록 하고 윤리 태도 교육을 심화시킨다.

디지털소통 교수 · 학습 전략

디지털소통 교육 전략의 실제

다양한 온라인 소통 도구를 이용하여 주어진 문제를 협력적으로 해결해 본다.

학습 목표	상황에 맞는 적절한 디지털 소통 도구를 선정하여 효율적으로 활용할 수 있다.
학습 자료	PPT 자료, 활동지, 평가지

학습 단계	학습 과정	교수 · 학습 활동	자료 및 유의점

탐색
및
문제
파악
	학습
	동기
	유발
		■ **동기 유발 및 단원 도입**
		 • 그림 보고 이야기하기
		   – 상황 1 : 멀리 있는 사람과 대화하기
		   – 상황 2 : 제한된 상황에서 대화하기
		   – 상황 3 : 휘발성 대화 저장하며 대화하기
			그림 제시

	단원 도입	■ **일상생활에서의 경험 말하기** • 이와 같은 경우 말고도 우리가 일상생활에서 이러한 경험이 있으면 한 번 말해 볼까요?	PPT 자료를 이용하여 학습 목표를 제시한다.
	학습 목표 제시	■ **학습 목표 제시하기** • 학습 문제 확인하기 네, 함께 생각해 보니까 정말 많은 경우들이 있네요. 그렇죠? 그럼 이제 이와 관련하여 오늘은 어떤 내용을 학습할지 확인해 봅시다.	칠판에 미리 학습 목표와 모둠 활동에 대해 판서해 둔다.
		■ 상황에 맞는 적절한 디지털 소통 도구를 선정하여 활용할 수 있다.	

학습 단계	학습 과정	교수·학습 활동	자료 및 유의점
		■ 학습 계획하기 • 선생님이 주제를 하나 제시해 주면 각 모둠별로 적절한 디지털 소통도구들을 활용해 토론해 보는 거예요.	

자료
제시
및
관찰
탐색
	학습
	활동
	안내
		■ 학습 활동 안내 및 시연
		• 학습 활동 안내하기
		교사가 사용 가능한 디지털 소통 도구의 종류에 따라 사용할 프로그램을 제시해 준다.
		실시간 : 카페 채팅, MSN, 전화기
		비실시간 : 전자게시판, FTP, 메일
		• 디지털 소통 도구 이용 시 유의점 지도
		인터넷상에서 서로 예의를 지켜 가며 이야기하는 네티켓을 모두 지키도록 합시다.
			네티켓 지도, 채팅
			시 주의점
			– 바른말을 쓰도록
			  한다(외계어, 은
			  어, 비어를 쓰지
			  않도록 지도).

	모둠
	활동
		■ 모둠별로 활동하기
		• 활동 1 : 주제 제시
		– 현재 컴퓨터의 문제점은 어떤 것들이 있는지 생각해 보고, 미래의 컴퓨터는 어떤 모습 및 기능들로 바뀌게 될지 토론해 봅시다.
		– 우리가 오늘 모둠별로 토론할 내용은 '미래의 컴퓨터는 어떠한 모습일까?'입니다.
		• 토론 활동 시 타이머 관리
		• 활동 2 : 교사가 활동 2 내용 제시
		자, 모두 다 토론 잘해 봤나요? 그런데 우리 모둠에서 정한 내용을 다른 모둠 몰래 비밀스럽게 선생님과 상의하고 싶어요. 어떻게 하면 좋을지 3분간 소통 도구를 선택하고 실행하는 모둠 활동을 해 봅시다.
		• 활동 3 : 교사가 활동 3 내용 제시
		그럼 이제 모둠에서 토의한 미래 컴퓨터의 모습을 모두의 의견을 잘 반영해 협동 학습을 통해 그림으로 완성해 봅시다. 그러고 나서 반 친구들에게 조언도 듣고 자랑도 해 봐요.
		• 모둠별 활동지 나누어 주기
			– 채팅 시 상대방
			  이 말할 때는 잠
			  시 들어 주도록
			  한다.
			
			각 활동을 제시간
			에 마칠 수 있도록
			지도한다.
			
			모둠별로 원활한
			활동이 진행될 수
			있도록 교사가 다
			니면서 도와준다.
			
			온라인 화이트 보
			드 시스템 활동

학습 단계	학습 과정	교수 · 학습 활동	자료 및 유의점

규칙성
발견
및
개념
정리
	결과
	토의
	
	개념
	정리
		■ **결과 토의 및 개념 정리하기**
		 • 결과 토의하기
		   모둠별로 도출해 낸 활동 결과를 발표한다.
		 • 개념 정리하기
		   ― 교사가 평가지 나누어 주기
		     각자 평가해 보고 이번 활동에 대해 스스로 피드백하게 함
		   ― 평가해 보고 모둠별로 왜 그렇게 생각하는지 오프라인에서
		     토론한 후 발표하기
		   ― 적절한 디지털 소통도구를 상황에 맞게 설정하는 게 중요
			교사는 학습자들의
			발표 내용에 맞는
			적절한 피드백을
			주도록 한다.

적용
및
응용
	확대
	적용
	
	정리
		■ **학습 정리 및 차시 예고**
		 • 확대 적용하기
		   수업 처음에 제시했던 상황들에서 어떻게 대처해야 할지 모두
		   할 수 있겠어요?
		 • 정리 및 차시 예고하기	

교수 · 학습 자료

활동 평가지

❋ 앞에서 정했던 디지털 소통 도구가 적절했나요? (색칠해 보세요.)

〈활동 1〉에 사용한 디지털 소통 도구	☺ ☺ ☺ ☺ ☺
〈활동 2〉에 사용한 디지털 소통 도구	☺ ☺ ☺ ☺ ☺
〈활동 3〉에 사용한 디지털 소통 도구	☺ ☺ ☺ ☺ ☺

❋ 위와 같이 평가한 이유를 적어 보세요.

〈활동 1〉 _____

〈활동 2〉 _____

〈활동 3〉 _____

❋ 다른 조의 의견을 들어 보고, 각 활동에 보다 적합한 디지털 소통 도구를 적어 봅시다.

〈활동 1〉

현재 컴퓨터의 문제점에 대해 생각해 보고, 미래의 컴퓨터 모습과 기능들에 대해 토론하려고 할 때, 적합한 디지털 소통 도구는?

↓

〈활동 2〉

우리 모둠의 내용을 다른 모둠 몰래 대화하고자 하며, 모둠장이 각 모둠원들과 토론 자료를 공유하려고 할 때, 적합한 디지털 소통 도구는?

↓

〈활동 3〉

각 모둠에서 토의한 미래의 컴퓨터 모습을 반 친구들에게 자랑하려고 할 때, 적합한 디지털 소통 도구는?

↓

디지로그 교수 · 학습 전략

디지로그 교육 전략의 실제

단원

아날로그적인 방법과 디지털 기능을 이용하여 애니메이션 자료를 만들어 보자.

단원의 내용 구조

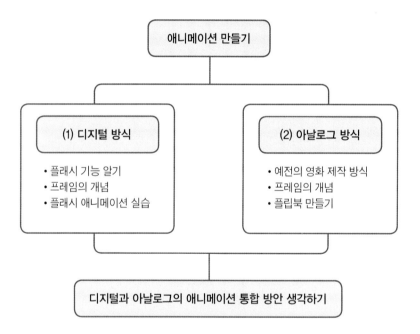

단원의 지도 목표

- 애니메이션의 제작 원리를 알 수 있다.

- 종이책에 간단한 플립북을 만들 수 있다.

- 플래시를 이용해 간단한 애니메이션을 만들 수 있다.

- 경험한 것을 바탕으로 두 방식의 비교와 그에 따른 통합 방안을 생각할 수 있다.

수업의 평가 계획

(1) 평가 방향

이 수업은 학습자가 아날로그와 디지털의 차이점을 알고 각각의 장점을 살려 통합하는 방향을 생각해 보는 것에 그 초점을 맞추고 있다. 따라서 능동적, 적극적으로 수업에 참여하여 목표한 바를 이루었는지에 대한 평가가 이루어져야 한다.

(2) 아날로그식 수업 평가

- 지식 : 애니메이션의 만드는 원리를 이해하였는가?

- 기능 : 플립북을 제작할 수 있는가?

- 태도 : 능동적으로 협동을 통해서 활동에 참여하였는가?

(3) 디지털식 수업 평가

- 지식 : 플래시의 기본 기능을 알고 있는가?

- 기능 : 플래시를 사용하여 애니메이션을 만들 수 있는가?

- 태도 : 기능 수업에 능동적으로 참여하였는가?

단원 지도상의 유의점

- 학생들에게는 다소 생소한 개념이므로 가능한 쉽게 설명한다.

- 정보기술 자료 활용 시 산만해지지 않도록 주의한다.

- 학생들이 발표에 적극 참여할 수 있도록 유도한다.

- 아날로그와 디지털 사이에 통합이 가능하다는 사실을 알게 한다.

- 팀티칭 모형을 사용하므로 각각의 수업에서의 시연자는 각 분야에서의 전문가여야 한다.

교수 · 학습 과정안 1

단원	애니메이션 만들기	
본시 주제	플립북을 이용해 간단한 애니메이션을 만들어 본다.	
학습 목표	• 움직이는 그림의 원리를 알 수 있다. • 플립북을 사용하여 간단한 애니메이션을 만들 수 있다.	
학습 전략	**수업 전략**	**학습 자료**
	디지로그 전략	애니메이션의 원리를 보여 주는 교구 활용

학습 단계	학습 과정	교수 · 학습 활동	자료 및 유의점
도입	동기 유발	■**동기유발** • 겹쳐 보이는 새와 새장 그림을 보여 준다. 겹쳐 보이는 그림에 대한 흥미를 유발시킨다. • 새와 새장이 어떻게 보이지요? • 왜 새 그림과 새장 그림이 겹쳐 보일까요? • 원판을 돌리면 영상이 움직이는 그림을 보여 준다.	겹쳐 보이는 새와 새장 그림, 영상이 움직이는 원판 그림을 보여 주며 애니메이션에 대한 흥미를 유발한다.
	학습 주제, 목표 제시	■**학습 주제 및 목표 제시** • 동기 유발 피드백을 정리하면서 오늘 배울 학습 주제와 목표에 대해서 말해 준다. • 이렇게 종이에 그려진 그림이 움직이는 것처럼 보이는 것은 우리 눈에 남은 그림의 모습이 다음 그림과 연결되어서 하나의 그림으로 보였기 때문이에요. 방금 선생님이 보여 준 방법은 옛날에 애니메이션이 처음 시작되었을 때 움직이는 그림을 나타내기 위한 방법이었어요. ■**학습 문제 확인** • 움직이는 그림의 원리를 알 수 있다. • 플립북을 사용하여 간단한 애니메이션을 만들 수 있다.	

학습 단계	학습 과정	교수 · 학습 활동	자료 및 유의점
전개	활동	**■ 활동 1** • 프레임의 수와 그림의 움직임의 관계를 알아봅시다. 　– (준비한 5장짜리 플립북을 보여 준다) 그림이 어떻게 보이나요? 　– (10장짜리 플립북을 보여 준다) 아까 본 그림과는 어떻게 다른가요? 　– 프레임이 많을수록 그림이 더 자연스럽게 움직여요. 　– 이렇게 움직이는 그림을 구성하는 각각의 그림을 프레임이라 　　고 해요. 만화나 영화에서 그림이 움직이는 것은 이렇게 여러 　　프레임들이 연결되어 보이기 때문이에요. 　– 프레임의 수와 그림의 움직임과는 어떤 관계가 있을까요? 　– 같은 동작이라도 동작 사이의 그림을 여러 프레임으로 나누어 　　그린다면 더 자연스러운 움직임을 표현할 수 있어요. **■ 활동 2** • 플립북을 이용하여 간단한 애니메이션을 만들어 봅시다. 　모둠별 활동 구성 : 18명의 학생을 3모둠으로, 1모둠당 6명씩, 한 　모둠당 한 권의 플립북을 만든다. • 그림을 이어서 하나의 애니메이션으로 만들 거예요. 각각의 묶음을 　돌려 가며 완성해요. 　각 사람이 가지고 있는 묶음을 옆 사람에게 돌리면서 다음 묶음 　의 첫 장면으로 이어지게 상상해서 그린다. • 플립북은 연결되는 그림을 그리는 것이기 때문에 뒤의 그림이 앞의 　그림과 전혀 다른 위치에 있으면 연결이 되지 않아요. 종이를 보면 　앞의 그림이 조금씩 비치죠? 그 그림을 보고 앞 그림의 위치와 비슷 　한 위치에 그려야 해요. 또 대상의 동작을 표현할 때는 그 움직임이 　어떻게 조금씩 변하는지 잘 관찰해서 그려야 해요. 또 그림의 크기를 　크게 또는 작게 조절해서 가깝고 먼 것을 표현할 수도 있겠죠?	같은 동작이 10장의 프레임으로 들어간 플립북과 5장의 프레임으로 들어간 플립북 플립북 종이, 색연필과 볼펜 등 그리기 용구
마무리	정리	• 6묶음을 다 모아서 플립북을 완성해 보아요. 　완성된 플립북을 넘겨 보세요. 플립북을 넘길 때는 엄지손가락에 　물을 묻혀서 지그재그로 힘을 주며 넘기면 더 잘 넘어가요. • 다른 모둠의 플립북도 감상해 봅시다. 　자, 이번엔 다른 친구들의 작품과 전문가 선생님의 작품을 감상 　해 봅시다. • 전문가 선생님의 작품은 우리 작품과 어떻게 다른가요? 　네, 프레임이 많을수록 더 자연스러운 움직임을 표현할 수 있고, 　배경을 넣으면 더 실감나게 그릴 수 있어요.	

교수 · 학습 과정안 2

단원	애니메이션 만들기
본시 주제	플래시를 이용해 간단한 애니메이션을 만들어 본다.
학습 목표	• 플래시의 모션트위닝 기능을 안다. • 플래시를 사용하여 간단한 애니메이션을 만들 수 있다.

학습 전략	수업 모형	정보통신 기술 활용
	팀티칭 모형	플래시 무비 감상

학습 단계	학습 과정	교수 · 학습 활동	자료 및 유의점
도입	동기 유발	■ **동기 유발** • 플래시 무비를 보여 주고 발문한다.	플래시 무비 (Flash Movie)
	학습 주제, 목표 제시	■ **학습 주제 및 목표 제시** • 동기 유발 피드백을 정리하면서 오늘 배울 학습 주제와 목표에 대해서 말해 준다. 　– 플래시의 모션트위닝 기능을 안다. 　– 플래시를 사용하여 간단한 애니메이션을 만들 수 있다.	플래시 무비를 보여 주며 학생들의 흥미를 유발한다.
전개	활동	■ **활동** • 모션트위닝에 대해 설명한다. 　플래시에서의 트위닝이란 두 개의 그림 사이에서 중간 그림을 자동으로 생성해 주는 기법을 말해요. 트위닝에는 모션트위닝과 셰이프트위닝이 있는데, 오늘은 모션트위닝에 대해 알아볼 거예요. 모션트위닝은 크기, 위치, 색상을 변화시켜 움직이는 애니메이션을 만들 수 있는 기법이에요. • 모션트위닝으로 애니메이션 만들어 보기 • 모션트위닝의 속성을 변화시키기 　– 먼저 그림을 회전시켜 볼까요? 그림을 회전시키려면 모션트위닝의 속성 창에서 회전하기라고 되어 있는 선택 리스트 중에 자신이 돌리고 싶은 방향을 선택하고 옆에 있는 텍스트 박스에 돌리고 싶은 횟수를 입력하면 돼요.	

학습 단계	학습 과정	교수 · 학습 활동	자료 및 유의점
전개	활동	– 이번엔 이징(easing) 효과를 적용해 보도록 해요. 이징 효과는 (+) 값은 처음에 빠르게 움직이다가 점차 느리게 움직이는 것이고, (−) 값은 처음에 느리게 움직이다가 점차 빠르게 움직이는 거예요. 숫자가 클수록 효과가 더 잘 나타날 거예요. • 지금까지 배운 모션트위닝의 기능을 사용하여 자신의 그림을 좀 더 멋있게 꾸며 보고 저장한다. • 자신의 작품을 발표한다. • 몇몇 학생의 작품을 보여 준다.	
마무리	정리	■ **다음 차시 예고 및 전체 정리** • 다음 시간에는 또 다른 트위닝 기능인 셰이프 트위닝에 대해 배워 보도록 하겠어요. • 오늘은 플립북과 플래시의 모션트위닝에 대해 장 · 단점을 한 번 발표해 봐요. 플립북은 시간이 오래 걸리지만 세세한 부분까지 할 수 있고요. 플래시는 시간이 단축되지만 섬세하지 못하고 컴퓨터가 있어야만 할 수 있어요. • 학생들이 말하지 않은 장 · 단점들을 추가로 말해 준다.	

팀티칭 학습 활동 통합 교수 · 학습 과정안

학습 단계	학습 과정	교수 · 학습 활동	자료 및 유의점
학습 활동 통합	서로의 장점 발견	• 오늘은 플립북과 플래시의 모션트위닝에 대해 장점을 한번 발표해 봐요. 플립북은 시간이 오래 걸리지만 세세한 부분까지 할 수 있고요. 감성적인 부분을 전달할 수 있어요. 플래시는 다이내믹한 효과를 줄 수 있고, 대량으로 보낼 수 있어요. • 학생들이 말하지 않은 장점들을 추가로 말해 준다.	장점을 위주로 발표하도록 한다.
정리	가능성 탐색	• 그렇다면 이러한 디지로그의 장점을 애니메이션에 어떻게 활용하면 좋을까요? 중요한 부분은 사람이 그리고, 중간 부분에 움직이는 것은 컴퓨터로 그리는 것이 좋겠어요. • 그래요. 이와 같이 실생활에서도 디지로그의 장점을 살려서 적용할 수 있는 분야를 생각해 오기로 해요.	

교수 · 학습 자료

생각해 볼까요?

● 아날로그와 디지털의 특징에 대해 정리해 봅시다.

구분	아날로그	디지털
장점	• • •	• • •
단점	• • •	• • •

● 아날로그의 장점으로 디지털의 단점을 보완하고, 디지털의 장점으로 아날로그의 단점을 보완하는 방법으로 (   )가 있습니다. 아날로그와 디지털의 장점들을 최대한 살리는 방법입니다. 이것의 예로는 어떠한 것들이 있을까요? 그것들의 특징은 무엇일까요?

예			
특징	• • •	• • •	• • •

제약기반 교수 · 학습 전략

제약기반 교수 · 학습 전략의 실제

(1) 탐색 알고리즘의 이해 및 문제 해결

단원	지능형 시스템	수업 전략	제약 기반 전략
소단원	탐색과 제약 만족		
학습 목표	6-여왕(6-queens) 문제를 이용하여 탐색의 기본 개념을 익히고 보다 나은 문제 해결 방법을 찾아낼 수 있다.		

학습 과정	교수 · 학습 활동	자료 및 유의점
문제 인식	• 오늘은 선생님과 재미있는 퍼즐 놀이를 해 보겠습니다. • 여기 칠판에 가로 4줄, 세로 4줄의 바둑판 모양이 있지요. 여기에 바둑알 4개를 놓아 볼 거예요. ■ 학습 문제 확인 • 6-여왕 문제를 이해하고 보다 나은 해결 방법을 찾을 수 있다.	
제약 사항 탐색	■ 규칙 설명 • 지금부터 바둑알 4개를 바둑판 모양의 종이에 놓아 보겠습니다. 　– 4×4이므로 4개의 바둑알을 놓아 보세요. 　– 바둑알이 가로로 마주보지 않게 놓아 보세요. 　– 바둑알이 가로, 세로 방향으로 마주보지 않게 놓아 보세요. 　– 바둑알이 가로, 세로, 대각선으로 마주보지 않게 놓아 보세요.	칠판에 예를 들어가며 설명해 준다.

학습 과정	교수 · 학습 활동	자료 및 유의점
주어진 도메인 이해	• 4×4 모양의 바둑판이 있습니다. 이 바둑판에 4개의 바둑알을 놓아야 하는데, 어떻게 하면 가장 적은 노력으로 빠른 시간 안에 놓을 수 있을지 생각해 봅시다. • 우리가 한 번 비교를 할 때 걸리는 시간은 같다라고 가정하겠습니다. • 비교 횟수가 적을수록 빠르고 적은 노력이 들겠지요?	파워포인트 자료를 통하여 설명
문제 해결	• 지금부터 바둑알 4개를 바둑판 모양의 종이에 놓아 보세요. 이제 해결해 보겠습니다.	
최적화 확인	• 주어진 조건에 맞게 놓은 친구가 나와서 한 번 놓아 보겠습니다. 어떻게 놓으며 해결했나요? • 다른 방법으로 한 친구가 있나요? • 자, 5칸을 해 보겠습니다. 　– 더 적게 비교하는 방법은 없을까요? 　– 더 빨리 찾아내는 방법은 없을까요? • 자, 6칸을 해 보겠습니다. 　– 더 적게 비교하는 방법은 없을까요? 　– 더 빨리 찾아내는 방법은 없을까요? • 2모둠으로 나누어서 깊이우선 탐색과 백트래킹 기법 속도 비교하기	
정리	• 자, 오늘 우리는 6–여왕 문제를 해결할 때 더 적은 노력으로 더 빨리 해결할 수 있는 방법을 알아보았습니다. • 8–여왕(8–queens) 문제 과제 제시	

(2) 정렬 알고리즘의 이해 및 문제 해결

단원	정렬 알고리즘	수업 전략	제약 기반 전략
본시 주제	가장 가벼운 것을 찾기 위한 방법 알기		
학습 목표	서로 다른 값들 중에서 가장 작은 값을 찾기 위한 정렬 알고리즘 방법을 찾아낼 수 있다.		
제약 조건	• 제약 조건 1 : 무게 비교 방법(한 손에 한 개씩만 잡고 무게 비교 가능) • 제약 조건 2 : 최소 횟수로 이동 방법 찾기		

학습 단계	학습 과정	교수 · 학습 활동	자료 및 유의점
도입	문제 인식 학습 목표 제시	■ **동기 유발** • 다양한 자료들을 정렬하며 좋은 예들을 보고 이야기해 본다. ■ **학습 주제 및 목표 제시** • 동기 유발 피드백을 정리하면서 오늘 배울 학습 주제와 목표에 대해서 말해 준다. • 서로 다른 값들 중에서 가장 작은 값을 찾기 위한 정렬 알고리즘 방법을 알 수 있다.	컴퓨터 프로그래밍과 관련한 정렬 사례를 소개
문제 해결 계획	활동 준비	■ **준비하기** • 겉으로는 알 수 없는 10g에서 70g까지 물이 들어 있는 용기를 준비한다. • 무게를 모르도록 섞는다. • 학생들이 볼 수 없게 컵의 아래에만 각각의 무게가 적혀 있다.	컴퓨터가 처리하는 방식의 환경을 구성함

문제 해결	제약 조건 1
	활용
		■ **제약 조건 1에 따라 활동하기**
		• 조건의 이해
		  − 무게 비교 방법을 익혀 활동해 본다.
		  − 무게 비교 방법이 가능한지 탐색해 본다.
		• 활동 1
		  학습자들이 스스로 섞어 놓고 무게 비교를 통해 컵이 정렬되는지 탐색해 본다.
		• 활동 2
		  제약 조건에 따른 무게 비교 방법의 특성을 발표해 본다.
			제약 조건의 이해와 습관화가 중요함

학습 단계	학습 과정	교수 · 학습 활동	자료 및 유의점
문제 해결	제약 조건 2 활용	■ 제약 조건 2에 따라 활동하기 • 조건의 이해 　– 물컵 이동 횟수를 세는 방법을 살펴본다. 　– 물컵의 이동 방법과 배치에 따라 이동 횟수의 차이가 나는 현상을 살펴본다. • 활동 1 : 물컵 이동 방법에 따른 횟수 세기 　물컵의 순서를 일정하게 배치하고 제약 조건 2를 만족하는 방법을 찾아본다. • 활동 2 : 물컵 배치에 따른 이동 횟수 세기 　물컵의 배치를 다르게 했을 때 이동 횟수와 이동 방법의 차이를 비교해 본다.	
	규칙 발견	■ 실습 결과 발표하기 • 모둠별로 이루어졌던 결과를 발표해 본다. • 발표 내용을 모둠 간에 비교해 본다. ■ 제약 조건에 맞는 효율적 규칙 발견하기 • 효율적인 이동 방법은 어떤 방법인가? • 컵의 배치와 이동 방법에는 어떤 관련성이 있는가? ■ 규칙을 적용해 보기 • 발견된 규칙을 실습을 통해 적용해 본다.	절대 불변이 아니라 상대적임을 이해해야 함
정리	정리 및 평가	■ 정리 및 평가 • 정렬 방법에 따른 정렬의 효과성을 이해한다.	

사례기반 교수 · 학습 전략

사례기반 교수 · 학습 전략의 실제

가장 유사한 프로그래밍 코드를 이용하여 주어진 프로그래밍 문제를 해결한다.

단원	프로그래밍과 문제 해결
본시 주제	로고 프로그래밍을 통해 도형을 표현해 보기
학습 목표	프로그래밍의 효율성을 높이기 위한 프로그래밍 방법을 이해한다.
학습 전략	사례기반 교수 · 학습 전략

과정	학습 단계	교수 · 학습 활동	자료 및 유의점
도입	동기 유발 문제 제시 학습 목표 확인	• '네모의 꿈' 노래를 부르며 네모인 것들을 알아봅시다. • 지난 시간에 거북 명령 로고 프로그램의 명령어 및 조작 방법에 대해서 알아보았습니다. • 이번 시간에는 프로그램을 이용하여 점대칭의 위치에 있는 도형을 그려 보겠습니다. • 거북 명령 로고 프로그램을 이용하여 점대칭 도형을 그려 봅시다. • 명령어를 이용하여 자료와 같은 모양을 그려 봅시다.	거북 명령 프로그램
	사례 분석	• 이 모양이 어떻게 생겼는지 설명해 봅시다. • 점을 중심으로 4개의 삼각형이 대칭되어 있습니다. • 어떤 명령어를 쓰면 다음과 같은 도형을 만들 수 있을까요?	사례 PPT

과정	학습 단계	교수 · 학습 활동	자료 및 유의점
전개	사례 사용	• 이제 문제를 풀기 위해 여기에 사용될 이전 사례를 적어 보도록 합시다. • 사례는 당면한 문제를 해결하기 위한 사례이므로 정확히 써야 합니다.	학습지에는 학생들이 사용하는 이전 사례의 기록을 연필이 아닌 볼펜으로 기술한다.
	문제 해결	• 본인이 기록한 이전 사례의 명령어 기록을 이용하여 주어진 모양을 만들어 보세요. • 제대로 만들어졌나요?	• 이전 사례의 명령어 기록만을 보고 입력한다. • 컴퓨터 로고 프로그램 이용
	사례 수정	• 이전 사례를 이용하여 원하는 모양이 나오지 않은 학생은 다른 사례를 생각해 봅시다. • 원하는 모양으로 나온 학생은 현재의 답을 새로운 사례로 수정하며 명령어를 적어 봅시다.	학습지에 저장을 철저히 하여 학생들의 사례 사용 및 수정의 과정을 확인한다.
	사례 확인	• 본인이 해결한 문제의 사례를 어떻게 이용하였는지 명령어를 보면서 발표해 봅시다. • 오답인 학생이 다시 사용한 이전 사례는 처음 사용한 이전 사례와 어떻게 다른지 발표해 봅시다.	오답인 학생이 다시 사용하는 이전 사례가 문제 해결에 근접할 수 있도록 지도한다.
	일반화 적용	• 이번에는 이 문제를 해결하기 위해서 사용한 사례를 이용하여 또 다른 모양을 그려 보고 그 모양대로 명령어를 입력해 봅시다.	• 학습지 하단에는 수준별 학습이 가능하도록 여백을 마련한다. • 학습지
정리	평가	• 학습지에 여러분이 처음에 생각한 이전 사례와 문제를 해결하여 얻게 된 새로운 사례가 어떻게 관련이 있는지 적어 봅시다.	가자, 돌자, 반복 등 구체적으로 명령어를 기입한다.
	정리	• 지금까지 선대칭 도형을 로고 프로그램을 이용하여 만들어 보았습니다. • 다음 시간에는 모양은 같고 크기가 다른 도형을 그려 봅시다.	차시 예고는 학습 주제까지만 제시하도록 하고 구체적인 모양은 언급하지 않는다.

객체지향 교수 · 학습 전략

객체지향 교수 · 학습 전략의 실제

도장과 자동차를 이용하여 프로그래밍에서 사용되는 객체의 개념을 이해하고 그 특징을 설명해 본다.

본시 주제	객체의 개념과 특징 이해하기	차시	1/1
본시 목표	컴퓨터에서 사용되는 객체의 개념을 이해하고, 그 특징을 설명할 수 있다.		
학습 형태	소집단 학습		
학습 자료	도장, 한글(클립아트), 플래시, 활동지 1, 2		

학습 단계	학습 과정	교수 · 학습 활동	자료 및 유의점
도입	동기 유발	■ **동기 유발** • 절차지향과 객체지향 　– 교사가 플래시를 이용하여 밤하늘에 별을 두 가지 방법으로 그린다. 처음에는 별을 하나씩 직접 그리고, 두 번째에는 심벌을 이용하여 그린다. 　– 두 가지 방법에는 어떤 차이점이 있나요? 어느 것이 더 편리한가요?	플래시
전개	학습 목표 확인 개념 형성	■ **학습 목표 확인** • 컴퓨터에서 사용되는 객체의 개념을 이해하고, 그 특징을 설명할 수 있다. ■ **학습 활동 전개** 【활동 1】필요성과 개념 이해하기 • '도장'을 이용하여 객체의 개념과 필요성 알기 　– 선생님이 들고 있는 것은 무엇인가요?	도장, 한글 또는 파워포인트

학습 단계	학습 과정	교수 · 학습 활동	자료 및 유의점
	개념 형성	– 선생님이 가져온 도장은 어떤 성질을 가지고 있나요? – 이번에는 다른 종류의 도장을 보여 주겠어요. 　이 도장은 어떤 성질을 가지고 있나요? – 그렇다면 이러한 도장들이 하는 일은 무엇인가요? – 만약에 도장이 없다면 어떤 일이 생길까요? • '한글'의 '클립아트'를 이용하여 객체의 개념과 필요성 알기 – 이번에는 컴퓨터에서 알아봅시다(한글에서 클립아트를 불러온다). – 이러한 클립아트는 어떤 성질을 가지고 있나요? 또 어떤 역할을 하나요? – 클립아트를 사용하면 좋은 점은 무엇인가요? 클립아트가 없다면 불편한 점은 무엇일까요? • '객체' 개념 도입하기 이렇게 도장이나 클립아트처럼 어떤 성질과 역할(행위)을 가지고 있는 것을 컴퓨터 프로그래밍에서는 '객체'라고 정의합니다. 매번 새롭게 작성하지 않아도 기존에 있던 것을 가져다 쓸 수 있다는 편리함 때문에 실제로 프로그래머들이 프로그램을 짤 때 이러한 객체를 많이 사용하고 있답니다.	
전개	탐색	• 주변에서 '객체' 찾아보기 우리 주변에서 볼 수 있는 객체에는 어떤 것이 있는지 발표해 봅시다. 【활동 2】 객체의 특징 알아보기(소집단 활동) • 활동지 1에 각자 자신이 그리고 싶은 자동차 그리기 자동차는 객체인가요? 객체가 맞다면 자동차의 성질과 역할은 무엇인가요? • '상속성' 이해하기 – 모둠원들이 그린 자동차를 모두 모아 봅시다. 어떤 종류의 자동차가 있나요? – 이처럼 자동차라는 개념 아래에는 승용차, 화물차, 버스 등과 같이 좀 더 특수한 개념들이 있습니다. 이와 같이 보편적인 상위 개념과 좀 더 특수한 하위 개념으로 계층화되는 객체의 특징을 '상속성'이라고 합니다. – 자동차의 상위 개념으로는 무엇이 있을까요? 승용차의 하위 개념으로는 무엇이 있을까요? • '캡슐화' 이해하기 – 여러분이 그린 자동차를 살펴봅시다. 자동차의 내부는 어떤 구조로 되어 있고 또 어떤 동작을 하고 있을까요?	주변에서 객체의 다양한 예를 찾아보도록 하여, 모든 것이 객체가 될 수 있음을 알게 한다. 활동지 1 다양한 종류의 자동차를 그릴 수 있도록 한다.

학습 단계	학습 과정	교수 · 학습 활동	자료 및 유의점
전개	탐색	– 우리가 자동차의 내부에서 일어나는 일을 모두 알아야만 자동차를 운전할 수 있나요? – 이처럼 객체의 내부에서 어떠한 복잡한 작용이 일어나고 있는지 몰라도 객체를 사용하는 데에는 상관없는 것을 '캡슐화'라고 합니다(알약의 예를 들어 준다). • '다형성' 이해하기 – 이제 여러분이 그린 자동차로 할 수 있는 일을 찾아봅시다. 움직이고 달리는 것 외에 자동차가 가지고 있는 기능은 무엇이 있나요?(에어컨, 라디오 등) – 이처럼 하나의 객체에 여러 가지 기능을 포함시켜 효율성을 높일 수 있는 특징을 '다형성'이라고 합니다(음료수 자판기의 예를 들어 준다).	
학습 정리	일반화 및 정리	■ 일반화하기(소집단 활동) • 스마트폰에서 객체의 특징 찾아보기 – 스마트폰은 객체인가요? – 모둠원끼리 협의하여 스마트폰에서 상속성, 캡슐화, 다형성을 찾아 활동지에 적어 봅시다. • 모둠별로 발표하기 ■ 정리하기 • 객체, 상속성, 캡슐화, 다형성의 개념 정리하기 ■ 다음 차시 예고	활동지 2

객체의 특징을 알아볼까요 1

🌸 내가 그리고 싶은 자동차 그리기

• 자동차의 성질 _____

• 자동차의 역할 _____

• (   ) : 하나의 객체가 상위 개념의 특성을 이어받는 것

• (   ) : 내부에서 일어나는 복잡한 작용을 숨기는 것

• (   ) : 하나의 객체에 여러 가지 기능을 포함시키는 것

교수 · 학습 자료 2

객체의 특징을 알아볼까요 2

✺ 스마트폰에서 객체의 특징 알아보기

- 스마트폰의 성질 _____

- 스마트폰의 역할 _____

- 스마트폰의 상속성 _____

- 스마트폰의 캡슐화 _____

- 스마트폰의 다형성 _____

언플러그드 교수 · 학습 전략

교육과정과 연계한 언플러그드 컴퓨팅 교수 · 학습 과정안 1

학습 주제	수학	수업 차시	1~2/2
단원	8. 규칙 찾기와 문제 해결	수업 모형	발견학습 모형
학습 주제	수 사이의 규칙을 발견하여 이진수 알기		

학습 과정	교수 · 학습 활동
탐색 및 문제 파악	**[창컴이 이야기]** 오늘은 창컴이가 어려운 수학 문제를 푸는 날. 생각을 많이 해야 하는 문제이기 때문에 이럴 때는 엄마가 컴퓨터에 있는 계산기를 활용해도 된다고 허락해 주셨습니다. 컴퓨터를 켜고, 계산기를 열어 자판을 두들김과 동시에 계산 결과가 척척 나옵니다. 컴퓨터는 참으로 똑똑하다는 생각을 하는 순간 창컴이는 궁금해졌습니다. '컴퓨터는 사람이 만든 건데, 어떻게 이렇게 빨리 계산할 수 있게 만들었을까?' 컴퓨터는 수를 어떻게 처리하는 것일까요? • 사람들의 수 세기 • 컴퓨터도 우리처럼 한 마리, 다섯 마리, 여덟 마리로 셀까요?
자료 제시 및 탐색	■ **활동 1 : 규칙 찾기** • 빨대 수의 규칙 찾기 • 빨대를 활용하여 만들 수 있는 가장 작은 수와 큰 수 생각해 보기 • 빨대를 컵에 꽂으면서 0부터 31까지의 수 나타내기

학습 과정	교수 · 학습 활동
추가 자료 제시 및 탐색	■ **활동 2 : 0과 1로 표현하기** • 빨대가 컵에 없는 경우와 있는 경우 두 가지 상황을 숫자로 표현하기 　빨대가 컵에 없는 경우는 0, 빨대가 컵에 있는 경우를 1로 표현하기 • 손가락을 이용하여 이진수 나타내어 보기
규칙성 발견 및 개념 정리	■ **활동 3 : 이진수의 컴퓨터 과학 원리 알기** • 이진수에 대해 이야기 나누며 이진수 개념 정리하기 • 컴퓨터에서의 데이터 처리 방법 알아보기 　컴퓨터는 전기 신호의 끊김과 연결로 인하여 0과 1이라는 두 가지 신호를 사용함
적용 및 응용	• 0과 1처럼 두 가지의 경우가 쓰이는 상황 생각해 보기 　어두운 색과 흰색, 밝음과 어둠, 채워져 있는 경우와 비어 있는 경우 • 컴퓨터에서 0과 1을 활용하는 다양한 경우 살펴보기 　− 팩시밀리(숫자로 색깔 표현하기) 　− 이미지 표현 　− 암호 만들어 보내기

언플러그드 컴퓨팅 교수 · 학습 과정안 2(7세그먼트 표현 활동)

단계	교수 · 학습 활동	자료 및 유의점
도입	은행, 극장, 디지털 시계에서 흔히 볼 수 있는 숫자들입니다. 이 숫자들은 시각을 나타내거나 번호를 나타내기 위해 수시로 숫자가 바뀝니다. • 디지털시계는 무슨 원리로 정확하게 불빛이 바뀌며 시간을 알려 줄까요?	
전개	■ 활동 1 : 7세그먼트 알아보기 우리가 흔히 보는 디지털시계의 숫자는 이렇게 생겼습니다. 7세그먼트라고 부르며 그림에서 보는 것처럼 7개의 네모 칸 안에 불빛이 들어오는 것으로 숫자를 나타내지요. 그럼 어떠한 원리로 불빛이 켜지고 꺼지는 것일까요? ■ 활동 2 : 디지털 시계 만들기 놀이하기 • 학습 자료에 있는 카드 준비하기 • 논리연산 카드 활용 방법 알기(AND, OR, NAND, NOR) • 놀이 방법 확인하기(학습지 참고) • 숫자 카드가 0과 1 두 가지만 필요한 이유 생각해 보기 • 논리회로의 의미, 원리 확인하기 • 회로도 살펴보기 ■ 활동 3 : 미션 해결하기 • 괴도 키드의 미션 알아보기 • 논리회로를 이용하여 미션 풀며 문제 해결하기	활동 자료 : 숫자 카드는 0과 1만 필요하다. 그 이유에 대해서 학생들이 곰곰이 생각해 볼 수 있도록 발문해 본다.
정리	■ 일상생활 적용 사례 살펴보기 • 논리회로를 사용하는 예 찾아보기 ■ 활동 정리하기 • 새롭게 알게 된 내용, 궁금한 내용에 대해 이야기 나누기	

언플러그드 컴퓨팅 교수 · 학습 과정안 3(데이터 베이스 SQL 쿼리 활동)

단계	교수 · 학습 활동	자료 및 유의점
도입	책 맨 뒤에 나오는 '찾아보기'입니다. 개미에 관한 책을 읽고 '개미 귀신'에 대해 자세히 알고 싶으면 찾아보기에서 ㄱ~ㅎ 순서대로 찾아보면 금방 알 수 있습니다. '개미 귀신'을 웹에서 검색하려고 합니다. 컴퓨터는 어떻게 '개미 귀신'에 관한 정보를 알려 주는 것일까요?	
전개	■ **활동 1 : 낱말의 목록 만들기** • 웹 페이지에 각각의 다른 페이지 번호 할당하기 • 페이지에 나온 낱말의 목록 만들기 • 낱말 옆에 현재 페이지의 번호 적기(⑩ 사과 3. 사과라는 낱말이 3쪽에 있다라는 의미) • 짝끼리 서로 찾고 싶은 낱말을 부르고, 번호만 보고서 해당하는 페이지 찾아보기 • 두 개 이상의 낱말(복수 단어 쿼리) 찾아보기 ■ **활동 2 : 낱말 위치 트릭** • 구문 쿼리 문제의 해결책 살펴보기 • 페이지 번호뿐만이 아니라 페이지 안의 위치 저장하기 페이지 번호, 단어 위치 번호(⑩ 사과 3-5. 사과라는 낱말이 3쪽 5번째 위치에 있다라는 의미) • 숫자로 표현된 인덱스를 보며 복수 낱말 검색하기 ■ **활동 3 : 랭킹 매기기** • 특정 쿼리에 가장 적합한 페이지의 순위 매기기 • 쿼리 단어가 서로 가까이 있는 페이지 찾아보기 • 근접성에 관한 정보를 이용하는 이유 생각해보기	활동 1 : 활동 자료 참고하기 ☞ 쿼리(query) : 둘러보기. 정보 수집에 대한 요청에 쓰이는 컴퓨터 언어
정리	■ **일상생활 적용 사례 살펴보기** • 일상생활의 검색 사례를 찾아 이야기 나누기 ■ **활동 정리하기** • 새롭게 알게 된 내용, 궁금한 내용에 대해 이야기 나누기	

컴퓨터가 디지털 정보를 표현하는 가장 기본적인 개념인 이진수를 대학생이나 고등학생들이 아닌 초등학생이나 중학생들에게 지도하려면 어떻게 해야 할까? 이진수라고 하면 단순히 0과 1로 이루어진 것, 또는 이진수 분해에 의해 10진수를 2진수로 나누어 표현하는 것 등으로 추상적이고 수학적인 접근을 생각하게 마련이다. 언플러그드 교육 방법은 이러한 쉽지만 어린 학생들에게는 추상적인 개념들을 보다 쉽게 접근할 수 있도록 다양한 활동을 제시하는 방법이다.

학생들은 단순히 10진수를 2진수로 바꿀 수 있는 수학적 계산 능력뿐만 아니라, 이진수로 어떻게 컴퓨터가 다양한 정보를 표현할 수 있는가에 대한 근본적인 원리를 이해해야 한다. 그러기 위해서 학생들은 스스로가 컴퓨터가 되어 여러 가지 정보표현의 문제를 다룸으로써 이진수의 원리와 놀라움을 느낄 수 있다.

예를 들어, 학생들에게 5 자릿수를 의미하는 5개의 2의 제곱수가 적힌 숫자 카드 1, 2, 4, 8, 16을 제시하고 이진수와 십진수와의 관계를 이해하도록 할 수 있다.

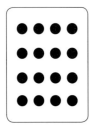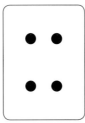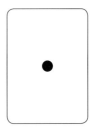

이와 같은 다섯 개의 숫자 카드를 5자리 이진수로 가정하면, 카드 앞면을 보이게 놓았을 경우를 1, 뒤집어 놓았을 경우를 0으로 생각할 수 있다. 그렇다면 다음과 같이 카

드가 놓여 있을 경우는 이진수로 10110으로 표현할 수 있고, 이것은 십진수 22(16+4+2)라는 것을 쉽게 알 수 있다. 물론 처음부터 학생들에게 이진수와 십진수를 언급할 필요는 없다. 이와 같은 변환 활동을 재미있게 구상하여 여러 번 반복한 후 이진수의 표현원리를 자연스럽게 이해할 수 있도록 도와주어야 한다.

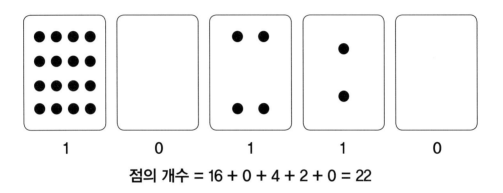

이와 같이 이진수의 표현 원리를 이해하면 이를 통하여 컴퓨터가 다양한 정보를 어떻게 표현할 수 있는가를 이해할 수 있다. 그것은 암호표와 같이 각 이진수와 대칭되어 있는 알파벳이나 특정 기호를 찾아가면서 알 수 있다. 이러한 활동은 더 나아가서 이진수에 의한 표현만으로도 메시지를 서로 주고받을 수 있다는 것을 알게 한다.

디지털 신호에 대한 실제적인 예로서는 모뎀이나 팩스의 2가지 소리로 이루어진 신호, 오디오 CD나 CD−ROM과 DVD의 표면에 빛을 비추었을 때 반사되는 것이나 되지 않는 것에 의한 정보(디지털 음악, 영상)의 표현 등을 들 수 있다. 결국 이러한 과정을 통해 우리가 흔히 들었던 8비트, 16비트, 32비트 등의 추상적인 개념들을 알기 쉽게 이해시킬 수 있다.

• 학습 개요

> 디지털 컴퓨터의 이미지는 아날로그의 이미지와 다르다. 모든 이미지는 픽셀의 집합이며, 비트맵 방식
> 으로 저장장치에 기록된다. 컴퓨터로 표현된 그림을 간단하게 압축하는 활동을 통해, 그림 데이터가 어
> 떤 방식으로 압축되는지 설명한다.

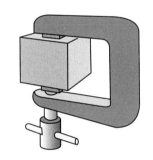

• 대상 연령

　초등학교 저학년 이상

• 수업 자료

　시범을 보이기 위한 모눈종이 그림, 학습지

• 개인 준비물

　빨강, 노랑, 파랑, 초록의 네 가지 색상의 사인펜

　워크시트 활동 1 : GIF 이미지 압축 원리

• 선택 활동 개인 준비물

　워크시트 활동 2 : 압축된 파일 풀기

　워크시트 활동 3 : GIF 이미지 압축 원리(심화)

• 학습 안내

　활동지를 나누어 주기 전에 전체에게 규칙을 설명하는 것이 도움이 될 것입니다. 활
동지의 왼쪽에는 그림을, 오른쪽 긴 칸에는 기호를 써 넣어야 합니다. 모눈종이에 그림

은 한 칸을 모두 채워야 하며, 반만 채우거나 비스듬히 채우는 것은 안 됩니다. 이때 기호는 색상의 앞 이니셜을 따서 빨간색은 R, 노란색은 Y, 파란색은 B, 초록색은 G로 약속하기로 해요. 모눈종이의 한 칸마다 해당하는 색을 기호로 차례차례 적어 나가도록 합니다. 예시에서 어떤 방식으로 기호를 압축하였는지 원리를 알아낸 후 그림을 압축해 나가면 됩니다.

• 토의할 내용

기호는 칸의 색에 맞추어 나열되어 있습니다. 기호가 나열되어 있는 모습에서 무엇을 알아낼 수 있나요? 같은 문자가 연속으로 나열된 것이 많다는 것을 알 수 있습니다. 문자의 개수는 곧 이미지의 크기가 됩니다. 즉, 문자가 많을수록 이미지의 크기가 커지는 거예요. 저장의 편의를 위해 어떻게 처리하면 좋을지 토의해 봅시다. 이것은 이미지 압축이 필요한 이유가 될 수 있습니다.

나열된 기호들이 어떤 방식으로 압축이 되었는지 보이나요? 여기서 숫자는 무엇을 뜻하고 있는지 알 수 있나요? 반복되는 문자 뒤에 그 횟수를 적어 넣는 방법입니다. W가 3번 반복이 되었다면 W3이라고 적으면 돼요. 이 원리를 알게 된다면 여러분은 학습지 1번의 빈칸을 모두 채울 수 있을 거예요. 이것이 바로 GIF의 압축 원리입니다.

두 번째로 자신이 직접 그린 그림을 기호로 옮기고 압축 활동을 합니다. 이때 모둠별로 압축이 가장 짧은 문자로 된 그림을 뽑아 특징을 관찰하고 토의해 보세요. 어떤 특징이 있나요? 모양을 관찰하기보다는 색을 위주로 관찰하세요. 색들이 어떻게 나열되었나요? 가로로 비슷한 색이 많이 쓰인 경우 GIF 파일의 압축률은 높아집니다.

원리를 확실히 이해할 수 있을 때까지 친구의 그림을 가지고 압축을 좀 더 해 보도록 하세요.

GIF 이미지 압축 원리

⬤ 이미지 압축 원리 학습

컴퓨터는 이미지를 어떤 방식으로 압축할까요? 내 컴퓨터에 저장 공간이 조금밖에 남지 않았는데, 용량이 큰 이미지 파일이 있다면 어떤 식으로 저장할 수 있을까요? 이 활동은 여러분이 작은 공간에 이미지 파일을 저장하는 방법을 알려 줄 거예요.

⬤ 학습 활동

컴퓨터는 이미지를 문자로 저장합니다. 색을 문자로 표현할 때 빨간색은 R, 노란색은 Y, 초록색은 G, 파란색은 B로 나타내기로 약속합니다. 바탕은 흰색 W로 나타냅니다. 학습지의 예시 그림을 봅시다. GIF 이미지는 오른쪽처럼 문자로 나열할 수 있습니다.

	WWRRRWW
	WRRYYRRW
	WRRYYRRW
	WWRRRWW
	...
	...
	...
	...

이렇게 표현된 문자는 어떻게 나열되어 있나요? 좀 더 짧게 나타낼 수 있나요?

WWRRRWW → W2R4W2

첫째 행이 압축된 모습입니다. 어떤 원리인 것 같나요?

W2R4W2가 나타내는 의미가 무엇인가요? 이러한 이미지 압축 방식을 RLE(Run-Length Encoding) 방식이라고 합니다. 원리를 알았다면 빈칸에 답을 적어 봅시다.

이번에는 모눈종이에 그리고 싶은 그림을 그리고 같은 방식으로 압축을 해 봅시다. 색은 바탕의 흰색을 포함하여 다섯 가지로만 표현할 수 있습니다.

모둠별로 가장 압축이 많이 된 작품을 뽑아 봅시다. 그림은 어떤 특징을 가지고 있나요? 왜 압축이 많이 되었을까요?

작은 공간에 큰 이미지를 저장하는 방법을 이야기해 봅시다.

압축된 파일 풀기

2번째 학습 자료를 보세요. 그림이 일부분만 남고 지워져 있습니다. 어떤 그림인지 알 수 있나요? RLE 방식으로 압축되어 있는 기호만 가지고 그림을 다시 완성시키려면 어떻게 해야 할까요?

압축된 파일을 풀어내는 방법을 생각해 봅시다. 압축된 기호가 나타내는 의미가 뭔가요? W5R2W2는 무엇을 말하고 있는 건가요? 잘 생각이 나질 않는다면, 문자를 압축하는 활동으로 되돌아가 원리를 생각해 보세요.

압축을 푸는 방법이 생각났다면 압축을 풀어 보세요. 압축을 풀어 나열된 문자를 가지고 그림을 완성하면 됩니다.

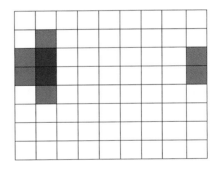

(압축 기호)
1 : W5R2W2
2 : W1R2W1R2B1R1W1
3 : R1B1R3B3R1
4 : R1B2R1B3R2
5 : W1R1B5R1W1
6 : W2R1B3R1W2
7 : W3R1B1R1W3
8 : W4R1W4

어떤 모양의 그림이 완성되었나요?

압축을 다시 풀어도 모양은 같습니다. 무엇을 뜻하는 것인가요? 이는 GIF 파일의 가장 큰 장점입니다.

GIF 이미지 압축 원리

다시 학습 자료 1로 돌아갑시다. 활동 1에서 예시 그림을 행별로 압축하는 활동을 했었다면 이번에는 행별로 압축된 것을 새로운 방법으로 한 번 더 압축하는 활동을 합니다.

행별로 표로 정리된 것을 길게 쭉 이어서 나타내 봅시다. 어떤 문자가 나오나요?

이것을 표를 이용하여 압축합니다. 이번에는 반복되는 행들이 보이네요. 어떤 식으로 진행되는지 봅시다.

W2R4W2	a
W1R2Y2R2W1	b
...	
...	

a, b, b, W2R4W2, B2W1G2W1B2, B2W1G2W1B2, W1B2G2B2W1, W2B4W2

3행까지 이미지가 압축된 모습입니다. 어떤 원리인 것 같나요?

그렇다면 나머지 행들도 각각 c, d, e를 이용하여 나타낸 다음 압축시켜 보세요. 전체를 다 압축하면 간단한 8개의 알파벳으로 구성됩니다. 무엇인가요?

이렇게 나온 abbaccde는 RLE 방식과 LZW(Lempel-Ziv-Welch) 방식을 혼용한 GIF의 압축 방식이라고 할 수 있습니다.

이 수업을 통해서 배운 것은 무엇인가요?

GIF는 인터넷에서 그래픽을 압축하여 빠르게 전송하려는 목적으로 개발되었습니다. GIF 이미지의 압축은 RLE 방식과 LZW 방식이 함께 사용됩니다. 반복되는 데이터를 압축하여 양을 줄이는 RLE 방식을 사용한 다음 똑같은 패턴의 데이터에 특수한 번호를 붙이는 방법인 LZW 방식으로 한 번 더 압축을 하여 나타냅니다.

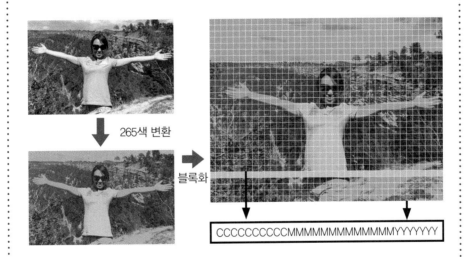

그림에서 확대된 한 줄을 보세요.

CCCCCCCCCCMMMMMMMMMMMMMYYYYYYYY라고 기록이 되어 있죠. 이것은 C10M13Y7이라고 간단하게 줄일 수 있습니다. 이것이 RLE 방식입니다.

RLE 압축 방식(run-length encoding)은 압축 알고리즘의 하나로서 연속적으로 반복되는 문자열(또는 데이터 단위)을 하나의 문자와 그 길이로 대체하는 방법을 사용합니다. 즉, wwweee

의 경우 w3e3으로 간단하게 표현할 수 있습니다. 가장 단순한 압축 방식이죠.

이번엔 심화 활동으로 알아본 압축 방식인 LZW 방식입니다. 앞선 그림에서 만약 C10M13Y7의 코드가 계속 반복되고 있다면, 이것을 간단하게 부호 A로 만들어서 압축하는 것입니다. 반복되는 행이나 문구가 있는 경우에 용이하게 사용될 수 있겠죠?

LZW 압축 방식(Lempel-Ziv-Welch encoding)은 파일을 읽어 들이면서 연속된 문자열들에 대한 표를 만들고 다음에 같은 문자열이 발견되면 이 표를 참조하는 압축 방법입니다. LZW 압축 방식은 문자열에 대한 표를 만드는 것으로 시작합니다. 표를 준비한 다음에는 실제로 파일에서 연속된 두 문자를 읽어 해당 문자열이 기억장소 내의 표에 이미 존재하는지를 검사합니다. RLE 방식에 비해서는 다소 까다로운 특성을 지니고 있습니다.

GIF 파일은 JPEG 파일에 비해 압축률은 떨어지지만 사이즈가 작아 전송속도가 빠르고 이미지의 손상도 적다는 장점을 가지고 있어요. 이미지 파일 내에 그 이미지의 정보는 물론 문자열과 같은 정보도 함께 저장할 수 있고, 여러 장의 이미지를 한 개의 파일에 담을 수도 있어요. 인터넷상에서 이미지 파일 포맷으로 가장 널리 사용되어 사실상 표준으로 평가되고 있답니다. 그러나 저장할 수 있는 이미지가 256 색상으로 제한되어 있어 다양한 색상을 필요로 하는 이미지를 저장하는 형식으로는 적당하지 않은 단점이 있습니다.

정답과 힌트

자료 1

- 반복되는 문자가 많아서 좀 더 짧게 나타낼 수 있다.
- 문자를 적고, 문자가 반복되는 횟수만큼 뒤에 숫자를 적는다(GIF 압축 중 RLE 방식).
- 총 8칸 중 앞부터 차례대로 하얀 칸 2번, 빨간 칸 4번, 하얀 칸 2번을 뜻한다.

W2R4W2
W1R2Y2R2W1
W1R2Y2R2W1
W2R4W2
B2W1G2W1B2
B2W1G2W1B2
W1B2G2B2W1
W2B4W2

- 같은 색이 가로로 많이 연속되어 있는 그림이 압축이 많이 된다.
- 같은 색이 계속 나열되어 있으면, 새로운 문자가 추가되는 것이 아니라 한 문자에 뒤의 숫자의 크기만 늘게 되므로 한꺼번에 줄여서 쓸 수 있다.

  (예) WWWWWW → W6, WWRWRY → W2R1W1R1Y1)

자료 2

- 압축된 기호를 다시 나열하여 그림을 그린다.
- 왼쪽은 색상, 숫자는 반복된 횟수를 뜻함. 하얀 칸 5번, 빨간 칸 2번, 하얀 칸 2번을 의미한다.
- 하트 모양의 그림이 완성된다.
- 이미지를 압축했다가 복원시켜도 이미지의 손상이 없다. GIF 압축 방식의 장점이다.

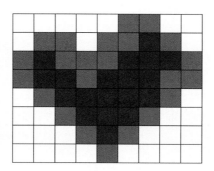

자료 3

- W2R4W2, W1R2Y2R2W1, W1R2Y2R2W1, W2R4W2, B2W1G2W1B2, B2W1G2W1B2, W1B2G2B2W1, W2B4W2로 나열할 수 있다.
- 반복되는 문구를 기호 하나로 지정하여 나타내는 원리(LZW 방식)이다.
- W2R4W2를 a로, W1R2Y2R2W1를 b로, B2W1G2W1B2를 c로, W1B2G2B2W1를 d로, W2B4W2를 e로 약속한 다음 그림을 더 압축시킨다. 그렇다면 본 그림은 abbaccde라는 간단한 기호로 나타낼 수 있다.

소프트웨어 교육 사이트 목록

KoreaSW
컴퓨터 과학, 프로그래밍, 피지컬 컴퓨팅 등의 강좌를 제공하는 한국형 소프트웨어 교육 사이트
http://koreasw.org

Code
주니어를 위한 코딩 교육 사이트
https://code.org/learn

Codecademy
다양한 프로그래밍 언어를 실습을 하며 배워 가는 코딩 교육 사이트
https://www.codecademy.com/learn

KhanAcademy
동영상 기반의 컴퓨터 과학 및 프로그래밍을 위한 쉬운 강의 사이트
https://www.khanacademy.org/computing/computer-programming

CodeChef
자바를 비롯한 다양한 스크립트 언어 프로그래밍 교육
https://www.codechef.com/ide

CodingGround
리눅스 운영체제 내에서 쉘 프로그래밍 기반으로 프로그래밍 교육
http://www.tutorialspoint.com/compile_c_online.php

Visualize programs
Python, Java, JavaScript, TypeScript, Ruby, C and C++ 프로그램의 시각적 실행 교육
http://pythontutor.com

MIT open courseware
MIT 대학에서 제공하는 무료 오픈 프로그래밍 언어 교육 강좌
http://ocw.mit.edu

HTML5 Rocks
HTML5를 학습하기 위한 Google project 사이트
http://www.html5rocks.com/en

Lynda
프로그래밍과 컴퓨터 과학을 배우기 위한 유료 사이트
http://www.lynda.com

교육용 프로그래밍 언어

가이도판 로봇 http://gvr.sourceforge.net 독일판 언어

게임블록스 https://gameblox.org

고돗 http://www.godotengine.org 게임 개발 도구

구글 블로키 https://developers.google.com/blockly

그린풋 http://www.greenfoot.org 자바 언어

넷로고 http://ccl.northwestern.edu/netlogo 자바 언어

라이트봇 http://light—bot.com

라프 http://www.marcolavoie.ca/larp/en/default.htm

랩토 http://raptor.martincarlisle.com

로베르타 http://www.open—roberta.org/willkommen 로봇제어 프로그래밍

로보마인드 http://www.robomind.net

루킹글래스 http://lookingglass.wustl.edu

마마 http://www.eytam.com/mama Educational 3D programming language

블루제이 http://bluej.org 자바 언어

비스킷 http://www.viscuit.com

비주얼로직 http://www.visuallogic.org

비트블로그 http://bitbloq.bq.com

스기멘즈 https://sgimenez.github.io/laby

스냅 http://snap.berkeley.edu

스몰베이직 http://www.smallbasic.com

스퀵이토이 http://www.squeakland.org/ http://etoysillinois.org

스크래치 https://scratch.mit.edu

스키라 https://www.scirra.com 게임 개발 도구

스타로고 http://www.slnova.org

스테이지캐스트 http://web.archive.org/web/20150708110429/http://www.stagecast.com

앨리스 http://www.alice.org

앱인벤터 http://ai2.appinventor.mit.edu

에이전트 시트 http://www.agentsheets.com

엔트리 http://play-entry.org

카렐 https://www.cs.mtsu.edu/~untch/karel

케이터틀 https://edu.kde.org/kturtle

코더블 https://www.kodable.com

코드몽키 https://www.playcodemonkey.com

코조 http://www.kogics.net/kojo

큐비버스 http://www.cubiverse.net

크런치질라 http://www.crunchzilla.com/code-monster

키즈루비 http://kidsruby.com

테일블레이저 http://taleblazer.org

툰톡 http://www.toontalk.com

틴커 http://tynker.com

푸로그램 http://phrogram.com

플로우고리즘 http://www.flowgorithm.org

해키티 http://www.hackety.com

홉스카치 http://www.gethopscotch.com 앱용 게임 개발

MS 터치디벨롭 https://www.touchdevelop.com

MS코두 http://www.kodugamelab.com

s2js http://www.s2js.com

참고 문헌

국내 문헌

강인애, 정준환, 서봉현, 정득년,《교실 속 즐거운 변화를 꿈꾸는 프로젝트 학습》, 상상채널,
    2011.

강인애, 설진성, "활동이론에 근거한 초등교사의 구성주의 교육실천 분석", 학습자중심교과교
    육연구논문지, 13(5), pp. 353~382, 2013.

경인교육대학교 미래인재연구소, "창의컴퓨팅 이슈리포트"(1, 2, 3호), 2015~2016.

교육인적자원부,《초등학교 정보기술활용 지도자료》, 2007.

교육인적지원부,《초·중등학교 정보기술교육과 컴퓨터교육과정의 통합방안 연구》, 2005.

교육인적자원부,《초·중등학교 정보기술교육 운영지침》, 교육과정자료 354, 2005.

교육인적자원부,《초·중등학교 정보기술교육 운영지침 해설서》, 교육과정자료 355, 2006.

구본혁, 허서정, 이희숙, 김창석, "MOOC를 활용한 플립러닝의 효과성 분석 및 수업 방안", 한국
    지능시스템학회 학술발표 논문집, 24(2), pp. 149~151, 2014.

김미용, 배영권, "스마트 교육 수업 모형", 한국콘텐츠학회지, 11(1), pp. 35~39, 2013.

김백희, 김병홍, "플립 러닝(Flipped Learning)을 기반으로 한 역할 교체식 토의 수업 방안 연구",
    우리말연구, 37, pp.141~166, 2014.

김상홍, "스마트교육 기반 플립러닝 수업모형 개발, 인천대학교 대학원 박사논문, 2015.

김수환, 한선관, "Computational Thinking 향상을 위한 디자인기반 학습", 정보교육학회논문지,
    16(3), pp. 319~326, 2012.

김수환, 한선관, "스마트러닝 환경에서의 프로젝트 학습 전략 및 요인 분석", 정보교육학회논문
    지, 17(3), pp. 243~252, 2013.

김슬기, "컴퓨팅 사고(CT)를 기반으로 한 SW융합교육이 초등학생들의 소프트웨어 관련 진로지
    향도에 미치는 영향", 경인교육대학교 교육대학원 석사학위논문, 2016.

김신자, "구성주의 학습환경 설계모형", 교과교육학연구, 5(2), pp. 5~20, 2001.

김용삼, "사례기반추론 교수–학습 모형의 설계 및 개발", 경인교육대학교 교육대학원 석사학위
논문, 2007.

김준수, "인지적 도제 학습을 활용한 이러닝 교수설계 모형 개발 및 적용 효과 연구", 관동대학
교 대학원 박사학위논문(미간행), 2013.

김진수, 《STEAM 교육론》, 양서원, 2012.

김진숙, 한선관, 김수환, 정순원, 양재명, 장의덕, 김정남, "SW교육 교수학습 모형 개발 연구",
수탁연구, CR 2015–35, 2015.

김현수, 한선관, "Computational Thinking의 개념을 활용한 정보영재 판별도구의 개발", 정보교
육학회논문지, 19(3), pp. 271~278, 2015.

노규성, 주성환, 정진택, "스마트러닝의 개념 및 구현 조건에 관한 탐색적 연구", 디지털정책연
구, 9(2), pp. 79~88, 2011.

류미영, "컴퓨팅사고(CT) 기반의 융합교육프로그램 개발: 초등 수학 교과를 중심으로", 경인교
육대학교 교육전문대학원 석사학위논문, 2015.

류미영, 한선관, "의미분별법에 의한 초등학생의 소프트웨어 이미지 분석", 정보교육학회논문
지, 20(5), pp. 527~534, 2016.

류미영, 한선관, "자녀의 소프트웨어 교육에 대한 학부모 의지에 미치는 요인의 구조방정식 모
형", 정보교육학회논문지, 20(5), pp. 443~450, 2016.

류미영, 한선관. "초등 SW 교육을 위한 CT 교육 프로그램 개발", 정보교육학회논문지, 19(1),
pp. 11~20, 2015.

박기범, "사회과교육에서 플립러닝(Flipped Learning)의 교육적 함의", 사회과교육, 53(3), pp.
107~120, 2014.

박선아, "블랜디드 러닝의 협력적 지식창출 절차적 모형 개발 연구", 한양대학교 대학원 박사학
위논문(미간행), 2011.

박선주, 김명신, "온라인 프로젝트 학습이 정보 활용 능력 신장에 미치는 효과", 정보교육학회논문지, 8(4), pp. 563~571, 2004.

박성순, "초등 정보보호 통합학습모형의 개발 및 적용", 경인교육대학교 교육대학원 석사학위논문, 2006.

박성순, 한선관, "초등 정보보호 교육을 위한 KASP-통합수업 모형", 정보교육학회논문지, 14(2), pp. 157~164, 2010.

박성익, 이상은, 송지은, "블랜디드 러닝에서 효과적 온/오프라인 학습에 영향을 미치는 요인 : 대학 강좌를 중심으로", 열린교육학회, 5(1), pp. 24~32, 2007.

박태정, 차현진, "거꾸로 교실(Flipped Classroom)의 교육적 활용가능성 탐색을 위한 교사 인식 조사", 컴퓨터교육학회논문지, 18(1), pp. 81~97, 2015.

배영주, 《자기주도학습과 구성주의》, 원미사, 2005.

백영균, 《정보기술활용교육론》, 문음사, 2002.

(사)한국U러닝연합회, 《플립러닝 성공전략/지식디자인 실무》, 2014.

신영준, 한선관, "초등학교 교사들의 융합인재교육(STEAM)에 대한 인식 연구", 초등과학교육, 30(4), pp. 514~523, 2011.

유영만, "수업체제설계의 연구동향과 발전방향", 교육공학연구, 한국교육공학연구회, 10(1), 1994.

윤종원, 한선관, "컴퓨팅 사고력 신장을 위한 디지털 스토리텔링 전략", 교육논총, 37(4), pp. 1~23, 2017.

이기철, "알고리즘 사고력 향상을 위한 발견학습 적용 연구", 경인교육대학교 교육대학원 석사학위논문, 2006.

이동엽, "플립드 러닝(Flipped Learning) 교수학습 설계모형 탐구", 디지털정책연구, 11(12), 2013.

이민경, "거꾸로 교실(Flipped classroom)의 교실사회학적 의미 분석 : 참여 교사들의 경험을 중심으로", 교육사회학연구, 24(2), pp. 181~207, 2014.

이민경, "거꾸로 교실의 효과와 의미에 대한 사례연구", 한국교육, 41(1), pp. 87~116, 2014.

이상수, "비계설정을 위한 블랜디드 러닝 수업설계 모형 개발", 한국교육정보미디어학회, 12(3), 2009.

이수경, 변숙영, 권성연, "정보통신기술 패러다임 전환에 대응한 원격훈련 환경 변화 분석 : 모바일 러닝을 중심으로", 한국직업능력개발원, 2010.

이스라엘 교육부, http://www.education.gov.ill

이승욱, 김용훈, 서희전, 김진호, 문경애, "차세대 e-러닝 서비스: e-러닝 시스템을 중심으로", 전자통신동향분석 제20권 제4호, 2005, pp. 155~166.

이원규 외, 《소프트웨어교육론》, 홍릉과학출판사, 2007.

이종연, 박상훈, 강혜진, 박성열, "Flipped learning의 의의 및 교육환경에 관한 탐색적 연구", 디지털융복합연구, 12(9), pp. 313~323, 2014.

이지연, 김영환, 김영배, "학습자중심의 플립러닝(Flipped Learning) 수업의 적용 사례", 교육공학회, 30(2), pp. 163~191, 2014.

인도 CENTRAL BOARD OF SECONDARY EDUCATION, http://cbse.nic.in/public.htm, 2005.

인도교육부, http://www.education.nic.in, 2005.

일본 문무과학성, http://.mext.go.jp.

임걸, "스마트 러닝 교수학습 설계 모형 탐구", 한국컴퓨터교육학회, 14(2), pp. 33~45, 2010.

임규혁, 《학교학습 효과를 위한 교육심리학》, 학지사, 2004.

임정훈, "창의적 인재양성을 위한 혁신방안으로서의 스마트러닝", 인적자원개발 콘퍼런스, 2012.

장상현, "교육3.0과 ICT 융합, 스마트교육", 한국콘텐츠학회지, 13(5), pp. 77~92, 2012.

전수진, 한선관, "최신 정보기술에 대한 초등교사의 인식과 태도에 관한 연구 : S-Learning, SNS, Web3.0 기술 중심으로", 정보교육학회논문지, 16(1), pp. 1~10, 2012.

전수진, 한선관, "Computational Thinking 역량 평가를 위한 서술형 수행평가 도구", 정보교육학회논문지, 20(3), pp. 255~262, 2016.

전수진, 한선관, "컴퓨팅 사고 향상을 위한 UMC 수업전략의 개발과 적용", 정보교육학회논문지, 20(2), pp. 131~138, 2016.

전희옥, "사회과 거꾸로 교실 수업 모형 개발", 사회과교육연구, 21(4), pp. 51~70, 2014.

정민, "Flipped Classroom 학습이 초등학생의 수학과 학업성취도와 태도에 미치는 영향", 한국교원대학교 석사학위논문(미간행), 2014.

최미나, 노혜란, 김명숙, "대학교육에서의 e−교수학습 포트폴리오 개념적 프레임웍 개발", 교육정보미디어연구, 11(2), pp. 147~165, 2009.

팀 벨(Tim Bell), 이원규 외 역, 《놀이로 배우는 컴퓨터 과학》, 홍릉과학출판사, 2006.

한국교육공학회, 《교육공학 용어사전》, 교육과학사, 2005.

한국교육학술정보원, "스마트교육동향", 2013−17호, 한국교육학술정보원, 2013.

한국교육학술정보원, "교실수업−사이버학습 연계를 위한 커뮤니티 기반 교수・학습 모형 개발 연구", 연구보고 KR 2003−22.

한선관, "알고리즘의 원리 발견을 통한 효과적 교수・학습 전략", 교육논총, 27(1), pp. 185~198, 2007.

한선관, "언플러그드 컴퓨팅과 EPL을 이용한 초등정보영재교육프로그램의 개발", 정보교육학회논문지, 15(1), pp. 31~38, 2011.

한선관, "언플러그드 컴퓨팅을 이용한 지능형시스템 수업 전략", 한국지능정보시스템학회 학술대회논문집, 2010(11), pp. 250~255, 2010.

한선관, 김경신, "초등학생을 위한 컴퓨터과학의 언플러그드 학습 방법 연구", 정보교육학회논문지, 11(4), pp. 497~504, 2007.

한선관, 김수환, "EPL을 활용한 수학문제해결 통합교육프로그램의 학년 수준 비교", 정보교육학회논문지, 14(3), pp. 311~318, 2010.

한선관, 김수환, "초등 SW교육의 필요성에 대한 학부모의 인식 분석", 정보교육학회논문지, 19(2), pp. 187~195, 2015.

한선관, 류미영,《컴퓨팅 사고력을 위한 소프트웨어 교육》, 생능출판사, 2016.

한선관, 신수범, "언플러그드 에듀테인먼트 교육프로그램의 개발", 정보교육학회논문지, 15(2), pp. 201~208, 2011.

한선관, 이연정, "e-Learning을 위한 객체지향 교수 설계에 관한 연구", 교육논총, 25(2), pp. 207~224, 2005.

한선관, 이철환, "컴퓨터 교육내용학 학습을 위한 개념학습 모형 연구", 과학교육논총, 16(1), pp. 355~368, 2004.

한선관, 전수진, "8차 교육과정을 대비한 초등 컴퓨터 교육에 관한 연구", 교육논총, 25(1), pp. 325~340, 2005.

한희섭, 한선관, "언플러그드 컴퓨팅을 이용한 예비교사의 정보교육 사례 연구", 정보교육학회논문지, 13(1), pp. 23~30, 2009.

함영기,《(실천하는 교사, 깨어 있는 시민을 위한) 교육 사유》, 바로세움 아리수에듀, 2014.

함영기, 김진숙, 황하선, 박진현, 박병건, 김영애, 신수범, "온라인 프로젝트 학습방법 개발 연구", 한국교육학술정보원, 연구보고서 KM 2001.

허희옥, "미래학교 지원을 위한 21세기 교수-학습 활동 개발 시리즈 1, 21세기 학습자 및 교수자 역량 모델링", 연구보고 KR p. 49, 2011.

황준호, 한선관, "스마트 학습 기반 블렌디드 수업 적용 연구", 정보교육학회논문지, 21(2), pp. 183~190, 2017.

국외 문헌

Baker, Celia, *Flipped Classrooms: Turning Learning upside down: Trend of "Flipping Classrooms" Helps Teachers to Personalize Education*, Deseret News, 2012.

Bergmann, J. & Sams, A., "Flip Your Classroom: Reach Every Student in Every Class Every Day", International Society for Technology in Education, 2012.

Bergmann, J., & Sams, A., "Flipping for Mastery", Educational Leadership, 71(4), pp. 24~29, 2013.

Bergmann, J., Sams, A., *Flipped Learning: Gateway to Student Engagement*, Eugene, Oregon: International Society for Technology in Education, 2014.

Bundy, A., "Computational Thinking is Pervasive", Journal of Scientific and Practical Computing, 1(2), pp. 67~69, 2007.

Carey Olmscheid, "The Effectiveness of Peer Tutoring in the Elementary Grades", EDEL 695 CSU Long Beach April 19, 1999.

Chiappetta, E. L., & Koballa Jr., T. R., *Science Instruction in the Middle and Secondary Schools*, 6th ed. Upper Saddle River, NJ: Pearson/Merrill Prentice Hall, 2006.

Computer Science Teacher Association & International Society fir Technology in Education, Computational Thinking Teacher Resources, 2011, http://csta.acm.org/Curriculum/sub/compThinking.html

Daniel C. Edelson, "Design Research: What We Learn When We Engage in Design", Journal of the Learning Sciences, 11(1), 2012.

England National Curriculum in Action, http://www.ncation.org.uk

England National Curriculum, http://nc.uk.net

England The Standard Site, http://www.standards.dfes.go.uk

Finkle, S. L., & Torp, L. L, "Introductory Documents Available from the Center for Problem-based Learning", Illinois Math and Science Academy, 1500 West Sullivan Road, Aurora, IL 660506-1000, 1995.

Honebein, P., Duffy, T. M., & Fishman, B., "Constructivism and Design of Learning Environments: Context and Authentic Activities for Learning", 1993.

Hyeoncheol Kim, "Smart Educational Content Quality Management and Teaching Learing Model Development Issues", Korea Education and Research Information Service, 2011.

IEEE Computer Society/ACM Task Force, Computing Curricula 2001 for Computer Science, http://www.computer.org/education/cc2001/final/index.htm

Jaehoon Kim, Keol Lim, Youngran Park, "Research on the Development of an Hybrid Instructional Model Using Information Technologies: Flipped Classroom", Internatiof Conference on Convergence Technology, 2(1), 2013.

Johnson, L., & Renner, J., "Effect of the Flipped Classroom Model on Secondary Computer Applications Course: Student and Teacher Perceptions, Questions and Student Achievement", Unpublished doctoral dissertation. University of Louisville, Louisville, Kentucky, 2012.

K. Brennan, C. Balch, M. Chung, *Creative Computing Guide Book*, Harvard University, 2015.

K. Brennan, M. Resnick, "New Frameworks for Studying and Assessing the Development of Computational Thinking", In Proceedings of the 2012 annual meeting of the American Educational Research Association, Vancouver, Canada. 2012(1), pp. 1~25, 2012.

K. Yatani, M. Sugimoto, and F. Kusunoki, "Musex: A System for Supporting Children's Collaborative Learning in a Museum with PDAs", In Proc. of IEEE Workshop on Wireless and Mobile Technology in Education, Taiwan, pp.109−113, Mar. 2004.

Keol Lim, "Research on Developing Instructional Design Models for Enhancing Smart Learning", Korea Association of Computer Education, 14(2), 2011.

Khan, S., *The One World Wchoolhouse: Education Reimagined*, New York: Twelve, 2012.

L. Williams and R. Kessler, *Pair-Programming Illuminated*, Addison Wesley, 2003.

Lave, J. & Wenger, E., *Situated Learning: Legitimate Peripheral Participation*, New York: Cambridge University Press, 1991.

Ministry of Education Science and Technology, "Smart Educational Propulsion Strategy", 2011.

NC Standard Course of Study, http://www.ncpublicschools.org/curriculum

Oblinger, D., Oblinger, J. L., & Lippincott, J. K., "Educating the Net Generation", Boulder: EDUCAUSE, 2005.

P. Baheti. et al., "Distributed Pair—programming : Empirical Srudies and Supporting Environments", Technical Report TR02—010, 2002.

Paik, Y. K., *Instructional Method and Educational Technology*, Seoul: Hakjisa, 2010.

Partnership For 21st Century Skills, "Framework for 21st Century Learning", 2009.

Perkins, D., "Technology Meets Constructivism: Do They Make a Marriage?", Educational Technology, 31(5), 1991.

Reeves, "Design-Based Research and Educational Technology: Rethinking Technology and the Research Agenda", 2006.

Richey & Klein, "A Guide for Novice Researchers: Design and Development Research Methods", 2007.

R. W. Howard, *Cognitive Psychology: Memory, Language, and Thought*, Macmillan, New York, 1987.

Sara Hallermann, John Larmer, John R. Mergendoller 지음, 설양환, 박한숙, 이수영 옮김, 《프로젝트 학습: 초등교사를 위한 안내》, 아카데미프레스, 2014.

State Education Department, New York, http://www.emsc.nysed.gov

Sugata Mitra and Ritu Dangwal, "Limits to Self-organising Systems of Learning the Kalikuppam Experiment", Journal compilation, 2010.

Susumu Kanemune, Wongyu Lee, Yasushi Kuno, "International Collaborattion in School Based on Multilingual Programming Language", IPSJ 2004(9), 7~12. 2004.

T. Bell, Unplugged CS site: http://csunplugged.org

T. C. Bell, I. H. Witten, and M. Fellows. Computer Science Unplugged: Off-line activities and games for all ages, 1998. available from http://unplugged.canterbury.ac.nz.

Tim Bell, "A Low-Cost High-Impact Computer Science Show for Family Audiences, Submitted to SIGCSE'99", Department of Computer Science, University of Canterbury, Christchurch, New Zealand.

Vygotsky, L. S., *Mind in Society: The Development of Higher Psychological Processes*, (M. Cole, V. John-Steiner, S. Scribner, & E. Souberman, Eds.), Cambridge, Massachusetts: Harvard University Press, 1978.

W. Allan, B. Coulter, J. Denner, J. Erickson, I. Lee, J. Malyn—Smith, F. Martin, "Computational Thinking for Youth". White Paper for the ITEST Small Working Group on Computational Thinking (CT), 2010.

Wikipedia(http://en.wikipedia.org/wiki/Educational_programming_language)

Wing, J. M., "Computational Thinking", Computations of the ACM, 49(3), pp. 33~35, 2006.

Wing, J. M., "Computational Thinking and Thinking and Thinking about Computing", Philosophical Transactions of the Royal Society, 366, 3717—3725, 2008.

Y. S. Chen, T. C. Kao, G. J. Yu, and J. P. Sheu, "A Mobile Butterfly-Watching Learning System for Supporting Independent Learning," In Proc. of IEEE Workshop on Wireless and Mobile Technology in Education, Taiwan, Mar. 2004, pp. 11~18.

Young Gon Ba., "Practice of Inquiry Oriented Learning Activities in the Flipped Classroom for Multivariable Calculus = Practice of Inquiry Oriented Learning Activities in the Flipped Classroom for Multivariable Calculus", 2013.

찾아보기

호출문 146
홈 네트워크 440
황금비 189
회로 장치 205
효과성 138
효율성 138, 147, 328
효율화 145
휴리스틱 138, 147

ADDIE 모형 45, 46
Agent 323
AR 221

CAD 185
CCL 표기법 63
Cloud 323
CSP 기법 336
CSTA 281
CT 관점 272
CT 실습 271

DDD 교수 · 학습 전략 274, 293
Dick & Carey 모형 45, 46, 47
DMM 교수 · 학습 전략 268, 283
DPAA(P) 교수 · 학습 전략 280
d-School 277

EPL 278, 349
EPL 컴퓨팅 351
e-러닝 40, 49

GIF의 압축 원리 522
GUI 기반 프로그래밍 143
GUI 방식 187

HCI 30
HDD 77

ICT 소양 245
ICT 소양 교육 36
ICT 활용 교육 36
IoT 322, 323, 440, 444
IP 96
IP 개념도 96
IP 주소 452

Kemp 모형 45, 47
KoreaSW.org 370